▶ 다석 유영모(1970년대).

▶ 정주 오산학교 1회 졸업기념 사진. 둘째 줄 왼쪽에서 두 번째가 20세의 다석(1910년 7월).

참

夢夕 柳永模先生 二二000夕紀念
1950. 6. 6.

▶ 중앙 YMCA가 주최한 회갑기념 강연회를 마치고. 앞줄 가운데가 다석,
  앞줄 왼쪽에서 네 번째 함석헌.

▶ 도쿄 유학 시절 재일본 YMCA 총무였던 김정식 선생의 가족과 함께한
  23세의 다석(맨 왼쪽, 1913년 도쿄).

▶ 방수원, 현동완, 김흥호, 함석헌과 함께한 다석(가운데, 1950년).

▶ 미국인 카워트와 함께. 다석은 카워트에게 고특(高特)이란 한국 이름을 지어 주었다.

▶ 광주 동광원에서 강의하는 다석(1960년대).

▶ 부인 김효정과 다석(1970년대).

▶ 구기동 집 주변을 산책하는 다석(1970년대).

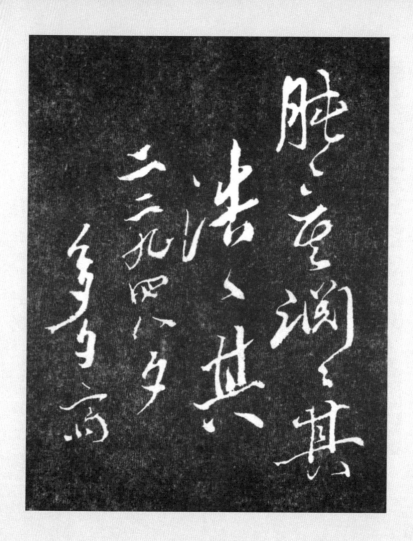

▶ 최호 선생 댁을 방문하여 방명록에 남긴 다석의 글씨. 집 주인의 이름 '浩' 자의
뜻을 살리기 위해 중용 32장의 문구인 '肫肫其仁 淵淵其淵 浩浩其天'에서 '仁', '淵', '天'을 빼고 썼다.
지극히 정성되게 어질고, 연못처럼 깊고 심오하며, 하늘처럼 크고 넓으라는 뜻이다.

다석 유영모

동서사상을 아우른 창조적 생명철학자

믿음이란 한 알의 밀알이 땅에 떨어져 죽음으로 많은 열매를 맺음과 같이
진리의 열매를 위하여 스스로 죽는 것을 뜻합니다. 눈으로 볼 수는 없으나
영원히 살아 있는 진리와 목숨을 맞바꾸는 자들을 우리는 믿는 이라고 부릅니다.
「믿음의 글들」은 평생, 혹은 가장 귀한 순간에 진리를 위하여 죽거나 죽기를 결단하는
참 믿는 이들의, 참 믿는 이들을 위한, 참 믿음의 글들입니다.

동서사상을 아우른 창조적 생명철학자

다석 유영모

박재순 지음

홍성사

머리글

이 책은 원래 2008년 여름 서울에서 열린 세계철학자 대회를 앞두고 현암사에서 펴냈던 것이다. 대한민국 학술원에서 우수학술도서로 선정되었고 학술도서로는 비교적 널리 읽혔다. 다석을 연구하는 동료 선배 학자들이 이 책을 읽고 격려하고 공감해 준 것은 고마운 일이다. 일본의 교토포럼에서 내는 〈철학신문〉에서 이 책을 바탕으로 다석의 사상과 철학을 두 차례 소개했고 일본의 철학교수들에게 자극을 주고 공감을 일으켜서 2009년 한국에서 한일철학대회를 갖게 되었다. 아쉬운 것은 세계철학자대회 일정에 맞추느라고 급히 원고를 편집하는 과정에서 작지 않은 오류가 생겼다. 본래의 원고내용과 각주를 큰 폭으로 줄이고 순서를 바꾸는 과정에서 여러 개의 각주들이 뒤바뀌게 된 것이다. 날짜와 글자 오류도 몇 군데 있었다. 책을 읽은 독자들께 사죄의 말씀을 드린다.

여러 해 동안 절판된 상태로 있던 책을 홍성사에서 다시 내기로 하였다. 홍성사가 다석의 정신과 철학을 높이 평가하지 않았다면 이런 결정을 내리지 못했을 것이다. 새로 내는 책에서는 여러 가지 오류를 바로 잡았을 뿐 아니라 줄였던 내용을 되살렸으며 다석의 삶과 사상의 시기 구분과 변화과정에 대한 논의를 보다 깊고 세밀하게 진전시켰다.

다석 유영모는 안창호와 이승훈의 민중교육운동과 삼일운동의 정신을 계승하면서 함석헌과 함께 씨올철학을 정립했다. 그의 철학과 사상은 철저히 민주적이고 민중적인 생명철학이다. 그의 정신과 사상은 동서정신문화의 만남과 민중의 주체적 자각으로 전개된 한국근현대의 정신과 사상을 구현하고 완성한 것이다. 그의 철학과 사상은 오늘 살아 있는 민중 한 사람 한 사람의 심정과 처지에서 민이 나라의 주인과 주체로 살도록 격려하고 이끄는 철학이고 사상이다. 오늘 한국 민중의 삶과 정신 속에서 동서정신문화가 합류하고 융합하고 있다. 동서정신문화의 합류 속에서 민중은 삶과 역사의 주인과 주체로 자각하고 나라와 세계의 주인과 주체로 살아야 한다. 민중 한 사람 한 사람이 삶과 정신의 주체로 자각하고 살 때 비로소 민주적인 나라가 되고 세계평화와 정의가 실현될 수 있다. 민이 삶과 정신, 나라와 역사의 주인이고 주체임을 자각하지 못하면 민주주의는 결코 실현될 수 없다. 다석 유영모의 철학과 사상은 민을 주체로 깨워 일으키는 민주철학이고 동서의 정신과 문화를 융합하고 회통하는 대종합의 사상이다.

민중의 주체를 자각하고 실현하고 완성하는 철학, 동서정신문화와 사상을 회통하고 종합하는 사상은 민주화와 과학기술화와 세계화를 동시에 경험하는 21세기의 민중에게는 너무나 당연하고 절실히 요청되는 철학이고 사상이다. 과학적이고 이성적인 생각과 이치를 중심에 놓으면서 동서정신문화를 회통·종합하고 민중의 주체적 자각과 실천을 지향하는 다석의 정신과 철학은 오늘의 시대정신과 민주정신을 담은 철학이고 사상이다. 그러나 당연하고 필요한 다석의 정신과 철학을 민중 뿐 아니라 전문 학자들도 이해하고 연구하기가 쉽지 않다. 한국사상, 유교, 도교, 불교, 기독교, 이성철학, 민주정신을 회통하고 아우르는 철학을 이해하기도 어렵고 민중의 심정과 처지에서 철학과 사상을 형성하기도 어렵다. 전문 학자들은 흔히 자신의 특수한 전공분야를 벗어나서 생각하고 논의하기가 쉽지 않고 서재와 책과 강의실을 떠나서 철학과 사상을 말하기가 어렵다. 특히 수학과 자연과학의 논리와 수리, 인과법칙과 실증적 사실을 기반으로 학문 활동을 하는 대학의 학자들은 역사와 예술, 철학과 정신을 논하는 경우에도 의미, 얼, 신(神), 하나 됨을 말하기 어려운 경우가 많다. 따라서 역사의 중심에서 민중의 삶과 고통 속에서 동서고금의 정신과 사상을 회통하면서 민중을 주체로 깨워 일으키는 다석의 철학과 사상을 전문 학자들이 전체적이고 체계적으로 연구하기가 쉽지 않다.

다석은 동양문명의 뼈에 서양문명의 골수를 담으려 평생 힘써 왔다고 하였다. 동서정신문화의 회통과 융합을 자신의 철학적 과제로 삼고 살아왔다는 말이다. 다석은 그의 삶과 정신과 철학을 통해 유불도와 한국 정신의 뼈에 기독교와 민주정신의 골수를 담았다. 민주적인 생명 철학자였던 그에게는 생명과 사람의 만남도, 동서 사상과 전통의 만남도 서로 주체로서의 만남이었다. 한국과 동양의 관점에서 서양을 보고 받아들인 것도 아니고 서양의 관점에서 한국과 동양을 보고 이해한 것도 아니다. 그는 동양정신문화의 깊이가 서양정신문화의 깊이와 하나로 통한다는 것을 알았다. 그래서 그는 동양경전을 깊이 아는 동양 사람이 동양경전을 모르는 서양 사람보다 서양경전을 더 잘 이해하고 서양경전을 깊이 아는 서양 사람이 서양경전을 모르는 동양 사람보다 동양경전을 더 잘 이해할 수 있다고 하였다.

오늘 민중의 삶에 충실했던 다석의 경전해석은 경전본문의 내용을 정확히 이해하는 데 머물지 않고 경전의 내용을 오늘의 삶과 연결 짓고 오늘의 삶 속에 살려내려 했다. 그는 더 나아가서 오늘 민중의 삶 속에서 경전의 내용과 뜻을 새롭게 창조하여 제소리로 말하고 살고 실천하려고 하였다. 흔히 학자들의 경전연구는 본문 내용을 정확히 이해하는 데 머물러 있다. 자신들이 탐구하고 이해한 경전내용과 의미를 시대정신에 비추어 오늘의 삶과 연결하려는 학자들도 있다. 그러나 경전내용과 의미를 오늘의 삶 속에서 새롭게 창조하여 제소리로 말하고 실천하는 학자들은 찾아보기 어렵다. 본능에 충실한 파충류가 현재에 매몰되어 살고 감정과 기억에 따라 사는 포유류가 과거와 현재를 관련지으며 산다면, 지성과 영성을 가진 인간은 과거와 현재를 비판하고 극복하여 새로운 미래를 계획하고 창조한다. 민중이 삶과 역사, 나라와 사회의 주인과 주체로서 살려면 과거의 전통과 속박에서 벗어나고 현재의 삶을 넘어서 새로운 미래를 구상하고 창조해 가야 한다. 그렇다면 종교의 경전이나 교리를 이해하고 해석하는 데 머물지 않고 그 내용과 의미를 오늘의 삶 속에서 새롭게 창조하여 제소리로 표현하고 실천할 수 있어야 한다. 과거의 경전과 교리를 오늘의 민중에게 강요하는 것은 과거를 가지고 현재와 미래를 속박하는 것이니 옳지 않다.

다석의 철학은 경전 속에서 나를 찾고 경전의 내용과 의미를 새롭게 창조하여 제소리로 표현하고 실천하는 철학이다. 그것은 민중의 삶 속에서 새로운 미래를 열고 창조하는 민주적인 생명철학, 영성적인 씨올 철학이다. 물론 경전의 내용을 깊이 이해하고 그 의미를 새롭게 창조하여 실천하는 일은 민중에게나 학자들에게 쉬운 일이 아니다. 그것은 까마득하고도 아득하게 멀고 어려운 일로 보인다. 그러나 참사람의 귀감이었던 예수는 진정한 경전해석의 전범을 보였다. 그는 히브리경전(구약성경)의 핵심과 뜻을 누구보다 깊이 파악했지만 히브리 성경의 내용과 문자에 매이지 않았다. 그는 대담하게 "모세(율법)는 그렇게 말했으나 나는 이렇게 말한다"고 선언했다. 그는 경전의 내용과 의미를 새롭게 창조하여 하나님 나라 운동을 시작함으로써 새로운 미래를 열었다. 민중이 삶과 역사, 나라와 사회의 주인과 주체로 살고 새로운 미래를 열어 가려면 마땅히 예수처럼 경전을 창조적으로 해석하고 실천해야 한다.

오늘 우리는 인터넷과 컴퓨터와 인공지능을 통해서 지식과 정보를 정리·분석하고 널리 알리고 공유할 수 있게 되었다. 과거의 경전과 전통과 철학에 대한 연구가 진전되어 서로 납득하고 공감할 수 있는 지식과 정보가 확립되면 경전과 철학의 지식과 깨달음이 공유되어 상식이 될 수 있다. 그렇게 되면 학자들뿐 아니라 민중이 다석과 예수처럼 경전을 창조적으로 해석하고 제소리로 말하고 실천하여 새로운 미래를 열어 갈 수 있을 것이다. 아직 많은 사람들이 모름의 어둠과 혼돈 속에서 경전들을 더듬어 갈 수밖에 없지만 예수, 유영모, 함석헌이 보여 준 경전해석의 모범을 따라서 가다 보면 생명의 진리를 탐구하고 실현하는 길이 뚜렷이 밝아질 것이다. 다석 유영모의 삶과 철학은 한국근현대에서 진리를 탐구하고 실천한 길과 그 과정을 우리에게 보여 준다. 동서문명의 만남과 민중의 주체적 자각을 철학으로 확립했다는 점에서 다석의 정신과 철학은 우리나라뿐 아니라 동아시아와 세계에서 정신과 사상의 어둠을 밝히고 혼돈을 몰아내는 큰 별이 될 것이다.

이 책이 다석 유영모를 연구하고 민주, 생명, 영의 진리를 탐구하고 실천하는 일에 도움이 되기 바란다.

2017년 1월

박재순

어떤 이는 "유영모를 만나 보지 못한 게 천추(千秋)의 한(恨)"이라고 아쉬워했다는데 필자는 유영모 선생님의 말년인 1975년경에 세검정에 있는 댁에서 두 시간 가량 말씀을 들을 기회가 있었다. 그때 유 선생님 댁 앞에는 맑은 계곡물이 흘렀고 작은 다리를 건너 마당에 들어서니 복숭아꽃이 가득했다. 아들 자상 씨가 벌을 쳤기 때문에 뒤뜰에 꽃이 많았다. 80대 중반의 유 선생님은 신선처럼 보였다. 머리털과 눈썹은 눈처럼 희고 분을 바른 듯 하얀 얼굴에는 붉은 복숭아 빛이 가득했고 입술은 어린아이처럼 빨갰다. 하루 한 끼 먹고 육욕을 버리고 온종일 무릎 꿇고 앉아서 하나님의 말씀만 생각했기 때문에 신선의 몸이 된 듯했다.

무릎 꿇고 앉은 유 선생님은 함께 온 사람들 수를 헤아리며 수에 대한 풀이를 했다. "하나는 나누어지지 않은 온전한 것, 큰 것, 한울, 처음을 나타낸다. …… 셋은 선다는 말에서 나왔다. 다리가 셋이면 어디서나 잘 선다. …… 다섯은 '다 섰다'를 뜻하고 여섯은 '이어 섬'이고 ……

열은 '열린다'는 뜻이다." 그리고 삶은 스스로 하는 것이라면서 발이 하는 일을 손이 도와서는 안 되고 손이 하는 일을 발이 도와서도 안 된다고 했다. "이렇게 하는 거요!" 하면서 무릎 꿇은 상태에서 유 선생님은 다리로만 벌떡 일어났다.

요즈음 사람들 힘이 떨어졌다면서 "한두 시간 강의하는 도중에 목말라서 물 먹는 사람은 남 앞에서 말할 자격이 없다. 나는 지금도 물 안 먹고 다섯 시간 이상 말할 수 있다"고 했다. 유 선생님은 밥 먹을 때도 물은 잘 안 먹는데 늘 입안에 물이 가득 고인다고 했다. 사흘 금식하고 50리를 걷고도 목마르기는커녕 입에 군침만 돌더라고 했다. 그래서 보니 정말 입안에 물이 가득 고였다. 그리고 다석은 "있을 것이 있을 곳에 있는 게 참이고 선이고 아름다움"이라고 했다. 밥알이 밥그릇 안에 있으면 깨끗하고 좋은 것이지만 얼굴에 묻으면 더러운 게 되고 똥이 똥통에 있으면 좋지만 옷에 묻으면 더럽다고 했다.

그때 받은 인상이 너무 강렬하고 말씀이 분명해서 지금도 다석의 모습과 말씀이 생생하게 떠오른다. 있을 것이 있을 곳에 있는 게 참이고 좋은 것이고 아름다운 것이라는 말씀은 오늘도 마음에 와 닿는다. 있을 것이 있을 곳에 없으면 흐트러지고 기운이 떨어진다. 너무 욕심이 많고 불안해서 뒤죽박죽 혼란스러운 세상에 누가 있을 것이 있을 곳에 있게 할까? 욕심을 비워 마음이 가라앉은 사람, 마음이 곧고 하나로 되어 자유롭고 싱싱한 사람이라야 있을 것이 있을 곳에 있게 한다. 있을 것이 있을 곳에 있으면 하나로 통해서 시원하고 힘이 절로 솟는다.

다석은 욕심을 비워 맘을 가라앉히고 몸과 맘을 곧게 세우는 일에 평생 힘썼다. 스스로 자신을 세상에 드러내지 않았으나 오늘날 그를 기리고 내세우는 이들이 갈수록 늘어난다. 그의 깊은 생각과 높은 정신이 혼돈스러운 세상을 등대처럼 비춘다. 그의 삶과 사상은 있을 것이 있을 곳에 있도록 이끌어 줄 것이다.

몇 해 전에 새길기독사회문화원 원장 길희성 교수와 새길교회 정대
현 교수께서 필자에게 강권하여 새길 강좌를 맡기고 열 번에 걸쳐 다석
의 사상을 강의하게 했다. 강의하면서 필자 자신이 많이 배웠다. 강의
를 끝낸 후 다석의 삶과 정신에 조금이나마 가까이 가보자는 뜻에서 다
석의 흉내를 내어 하루 한 끼 먹는 일을 10개월쯤 해보기도 했다. 몸과
마음이 가벼워졌고 속이 비어 있는 자유로움을 느끼기도 했으나 체력
이 약하고 소화흡수력이 부족한 탓인지 빠진 살이 돌아오지 않았다. 같
이 사는 사람이나 만나는 사람들이 걱정하고 불안해해서 하루 한 끼 먹
는 일을 중단하였다.

다석 강의를 한 후 다석의 삶과 사상에 대한 공부를 계속했다. 다석
학회에서 열린 《다석강의》 강독모임에도 열심히 참여했다. 다석 사상
을 소개하는 책을 내라는 요청을 여러 차례 받았으나 다석 사상의 깊이
와 크기를 알기 때문에 책을 낼 용기를 내지 못했다. 그러다 지난 1월
에 다리를 다쳐 집에서 지내는데 현암사의 형난옥 전무가 이 기회에 다
석의 삶과 사상을 알리는 책을 쓰도록 권유했다. 이에 용기를 낼 수 있
었다. 새길문화원에서 했던 강의원고를 바탕으로 2006년에 출간된 《다
석강의》의 내용을 반영하고 그동안 정리한 자료와 생각을 덧붙여 책을
쓰게 되었다.

이 책을 쓰면서 다석 사상의 깊이와 넓이에 새삼 놀라고 감탄하였다.
다석은 평생 자신의 몸과 영혼을 깊고 높게 파고들었다. 그의 말과 글
에는 요즈음 말로 엄청난 내공(內功)이 실려 있다. 그의 삶과 혼이 실린
글 속에 큰 힘이 담겨 있다. 다석의 삶과 사상은 동서 정신문화의 만남
의 결과였고 그 만남을 아름답게 성취시켰다. 그의 삶과 사상은 동서 문
명이 만나는 시대의 큰 흐름을 구현한 것이다.

60대 후반의 원숙한 시기에 이른 다석은 자신의 사상을 보물찾기하듯이 알 수 없는 글귀와 문장 속에 숨겨 놓았다. 그가 남긴 일기는 풀 수 없는 암호처럼 난해하고, 그의 정신과 영성은 아득히 높고 그 깊이는 까마득하다. 그의 정신과 사상을 이해하는 데 정말 장애가 되는 것은 글귀가 난해하다는 데 있다기보다, 그의 혼과 삶의 세계를 가늠해 보고 헤아려 보는 정신적인 안목과 체험이 부족한 데 있는 것 같다.

다석사상은 동서 문명의 만남과 우리 역사와 문화의 큰 흐름 속에서 보아야 한다. 우리는 세계문화에 대해서 개방적이고 수용적인 전통을 지니고 있다. 유교와 불교와 도교 그리고 기독교가 한국사회에 뿌리를 깊이 내린 것은 한국문화의 수용적이고 개방적인 성격에 힘입은 것이다. 서구문화와의 만남 속에서, 외세의 침입과 도전 앞에서 분출된 19세기 민중종교들인 동학, 증산교, 대종교, 원불교의 사상과 철학에는 민중성과 문화적 주체성을 지니면서도 세계개방성과 세계평화에 대한 비전이 담겨 있다. 한민족의 이러한 문화적 주체성과 세계개방성, 평화 지향성은 세계화 시대에 상생과 평화의 철학을 형성하는 데 밑거름이 될 수 있다.

우리 사회는 동양의 전통종교문화를 지니면서도 기독교 신앙을 깊이 받아들이고, 아래로부터의 민주화운동을 경험하고, 오랜 식민지 생활, 남북분단과 전쟁, 군사독재를 거치면서도, 급격한 산업화와 세계화를 맛보고 있다. 한국 근현대사의 이러한 값진 경험으로부터 인문학적 부흥이 일어나고 동서 문명을 아우르며 세계평화시대를 여는 철학이 나와야 한다.

다석 사상은 민족사학인 오산의 정신과 사상의 맥을 잇는 사상으로서, 안창호, 이승훈, 조만식의 기독교적 민족정신운동의 흐름 속에서 함석헌의 씨올사상으로 이어진다. 다석은 일제의 식민통치 아래서 민족

정신과 독립을 추구한 대종교 교주 윤세복, 신채호, 문일평, 최남선, 정
인보, 김교신과 함께 교류하면서 주체적인 민족사상과 정신을 추구했
다. 우리 사상계는 일제의 식민통치에 저항하면서 닦아 낸 주체적이고
창조적인 민족사상과 단절됨으로써 해방 후 사상의 뿌리를 잃고 말았
다. 다석의 사상은 한국사상의 뿌리를 밝혀준다.

다석사상은 우리 전통사상과 현대 사상의 결합이다. 우리 고유의 천
지인 합일사상, 기독교 사상 그리고 '생각'을 중심에 놓는 서구 근대철
학을 결합함으로써 동서고금을 통합하는 현대적 사상을 형성했다. 다
석의 사상은 두루 통하는 종합적인 한국사상이다. 한겨레의 정신적 원
형질인 '한'(크고 하나임)은 '하나'로 되고, 두루 통하게 한다. 한국인의
사상적 천재성은 하나로 꿰뚫는 데 있다. 최치원, 원효, 지눌, 율곡, 수
운, 해월, 다석, 함석헌은 모두 대종합의 사상가이다.

다석은 주관과 객관, 안과 밖, 주체와 전체, 곧음과 원만, 상대와 절
대, 유와 무, 인간과 신에 대한 서구의 이원론적 경향과 동양의 일원론
적 경향을 통합했다. 다석의 사상은 초월적이면서 과정적이고, 개성적
이면서 전체적이다. 다석에게서 '하나'는 유와 무를 통합하는 전체이면
서 사물과 생명과 인간을 실현하고 완성하는 과정과 목적을 아우른다.
곧음과 원만(동글암)이 통합된다. 곧음으로써 '하나 됨'에 이르고, 두루
통한다. 없이 계시는 하나님 안에서 유무상통(有無相通)한다. 햇볕에 그
을린 농부의 얼굴에서 최고의 진리인 화광동진(和光同塵)을 보고, 사회
와 역사의 무거운 짐을 진 민중에게서 그리스도를 본 것은 초월과 역사,
영(하나님)과 민중을 역설적으로 통합한 것이다. 이러한 다석의 관점은
일원론이나 이원론으로는 파악될 수 없고, 둘이면서 하나이고 하나이
면서 둘이라는 역설적이고 과정적인 일치로 이해된다.

다석의 사상은 함석헌의 씨올사상, 민중신학, 종교다원주의사상, 토

착화신학, 생명철학의 선구이다. 신학과 철학, 과학과 윤리를 통하고 몸과 마음, 이성과 영혼을 통전하는 사상이다. 우주적 넓이와 실존적 깊이를 지닌다. 유영모는 일상의 삶 속에서 이제 여기 이 순간의 삶에서 처음과 끝이고, 영원과 절대인 하나님을 모시고 이웃과 더불어 전체 하나의 세계를 이루려 했다.

유영모와 함석헌은 우리 근현대사가 낳은 위대한 철학자다. 둘의 사상은 성격과 방향이 다르지만 그 내용과 뿌리는 많은 부분에서 서로 일치한다. 유영모가 깊이 파고들어 새로운 사상을 형성했다면 함석헌은 깊은 통찰과 깨달음을 역사와 사회 속에서 널리 펼쳤다. 유영모와 함석헌은 아래로부터의 민주화과정과 동서정신문화의 만남의 과정으로 진행된 우리 근현대사에 충실하게 살았다. 유영모와 함석헌의 삶과 정신 속에 시대정신과 역사가 온전히 스며들 수 있었다. 유영모와 함석헌의 정신과 사상에는 민주정신과 동서 문화의 정신이 합류하여 큰 종합을 이루었다. 그리하여 이들의 정신과 사상에는 그리스와 서구 철학의 로고스(이성, 생각), 기독교의 말씀(사랑), 동아시아의 길(道), 한민족의 한(韓; 크고 하나임)이 합류하고 통합되었다.

유영모와 함석헌은 서구 정신사에서 항구적 영향을 끼쳐온 소크라테스와 플라톤에 비길 수 있다. '나'를 탐구하고 지행합일을 추구하고, 정신의 관점에서 사물과 인간을 파악했다는 점에서 양자는 비슷하다. 그러나 둘 사이에 차이도 있다. 소크라테스와 플라톤이 승리한 정복자로서 노예를 거느린 그리스민족의 귀족 청년들을 대상으로 철학을 했고 그리스문화의 지평 안에 머물렀다면, 유영모와 함석헌은 식민지 백성으로서 동서문명이 만나는 세계문명사적 지평에서 고통 받는 민족과 민중을 중심에 두고 세계평화의 철학을 형성하였다. 소크라테스와 플라톤이 서구 지성사에서 일으킨 정신적 자극과 영향력보다 유영모와 함석헌이 세계지성사에서 일으킬 정신적 자극과 영향력이 더 클 것이라고 기대할 수는 없을까?

유영모와 함석헌의 철학은 우리 역사의 밑바닥에서 형성된 씨울·생명·평화의 철학이다. 정의와 평화를 지향하는 민중의 철학이며, 동서 문명의 만남 속에서 형성된 상생의 철학이다. 동서 문화를 아우르는 유영모와 함석헌의 철학은 지구화와 생태학적 위기 속에서 상생평화의 세계를 지향해야 하는 인류에게 자극과 영감을 줄 것이다.

이 책을 쓰면서 많은 분들의 도움을 받았다. 김흥호 선생께서 다석의 강의를 속기록으로 남기지 않으셨다면 필자 같은 사람이 다석사상을 연구할 길이 막혔을 것이다. 김 선생께서는 《다석일지》 영인본 세 권을 빌려 주시고 늘 분에 넘치는 격려를 해주셨다. 또 다석의 삶과 사상에 관한 많은 지식과 정보를 박영호 선생의 여러 저서들에서 얻을 수 있었다. 필자가 물을 때마다 박 선생님은 친절하고 성실하게 말씀해 주셨다. 두 분께 감사드린다. 이 책을 쓰면서 이규성 교수와 자주 대화를 나누었고, 동양철학에 관한 이 교수의 지식과 통찰에서 많이 배울 수 있었다. 이 교수께도 감사드린다.

씨울재단을 시작할 때 격려해 주시고 용기를 주신 서영훈 선생께도 감사드린다. 필자와 함께 씨울재단을 세우고 이끌어가는 김원호 이사장과, 필자의 삶의 부족한 부분을 채워 주고 내게 버팀목이 되는 박경미 교수한테도 고마운 마음을 전한다. 집에서 이 책을 쓰는 동안 밥을 차려 주며 뒷바라지를 해주신 어머니께도 감사드린다.

다석의 삶과 사상은 사상과 영성의 큰 광맥임이 분명하다. 앞으로 두고두고 파내고 다듬어야 할 것이다. 이 책은 그런 노력의 하나라고 생각한다. 필자는 이 책에서 다석의 삶과 사상을 객관적으로 밝히려고 힘썼으나 내가 보고 이해한 관점에서 다석을 말할 수밖에 없었다. 그래도 내 생각보다는 다석이 직접 말하게 하고 다석 자신이 드러나게 글을 쓰려고 애썼다.

이 글이 다석을 이해하고 연구하는 데 도움이 된다면 보람이 있겠다.

2008년 7월

박재순

차례

일러두기

1. '하느님', '하나님'은 '하나님'으로 통일하여 표기하였다.
2. 인용문 가운데 한자는 괄호 안에 한글을 써 넣고 맞춤법에 어긋난 표현은 맞춤법에 맞게 고치고, '입니다'는 '이다'로 바꾸었다.
3. 같은 책에서 인용하거나 참고할 내용이 연달아 나올 경우 맨 마지막에 출처를 밝혔다.

한국 근현대사의 특성과 유영모의 철학

한국 현대사는 동서 문명의 만남과 민주화운동으로 전개되었다. 서구 정신문화의 핵심을 이루는 기독교 신앙, 민주정신, 과학사상(이성철학)의 유입으로 한국 민중의 동적 자각이 일어났다. 유영모는 현대사의 한가운데서 동서 정신문화를 아우르고 민중의 주체를 확립하는 생활철학을 형성하였다.

나라가 망하여 식민지 생활을 하는 한국 민중의 심정과 처지에서 유영모는 동아시아 종교문화인 유불선과 한국의 한사상에 바탕을 두고 서구의 기독교 신앙, 이성철학, 민주정신을 받아들여 창조적 생명철학을 확립하였다.

1. 유영모의 삶과 사상을 어떻게 볼 것인가?

다석의 삶과 영성은 보통 사람들이 흉내 내기 어렵고 세상의 흐름과는 동떨어진 것 같아서 낯설게 느껴지기도 한다. 그러나 그의 비범한 삶과 영성은 오늘의 정신적 혼란과 퇴폐 속에서 무지개처럼 빛난다.

다석 연구의 초기 단계에서는 다석의 정신과 사상이 제대로 드러나게 하는 것이 중요하다. 그런 의미에서 다석의 정신과 사상을 주관적인 잣대로 '나'의 좁은 틀 속에서 해석해서는 안 된다. 다석의 사유의 지평이 우리의 사유 지평보다 넓고 깊고 높기 때문이다. 열린 마음으로 다석의 글을 대할 때 다석 사상의 깊이와 크기가 드러난다. 그러나 다석의 생각 속에 빠져 버리면 다석 사상의 갈피를 잡을 수 없다. 다석에 대해서 거리를 두고 객관화시켜서 보아야 그의 사상을 정리하고 밝힐 수 있다. 그러면 다석의 삶과 사상을 어떤 맥락에서 보아야 할까?

첫째, 다석의 삶과 사상은 그 시대의 큰 틀에서 보아야 한다. 정치·군사의 힘과 산업경제의 힘을 앞세운 서구 문명과 동아시아 문명의 만남과 충돌 과정에서 다석의 삶과 사상은 닦여지고 형성되었다.

다석은 조선왕조가 몰락해 가고 서구 문물이 본격적으로 유입될 무렵인 1890년에 태어났다. 이때는 가톨릭 전교(傳敎) 100년이 지나고 개신교 선교가 시작되는 시기였다. 그는 1905년에 기독교 신앙을 받아들여 신앙생활에 깊이 들어갔다. 서당에서 유교 경전을 익히고 소학교와 중학교에서 신학문을 배웠으며 특히 수학과 물리를 좋아하고 천문학에 매료되었다. 평생 하늘의 별 보는 것을 좋아해서 옥상에 망원경을 만들어 놓고 별들을 관찰했다. 다석은 오산학교에 과학교사로 초빙되어 과학을 가르쳤다.[1]

그는 일찍이 서구의 민주정신과 과학정신, 기독교 신앙을 받아들이면서도 동양 사상을 깊이 탐구했다. 다석은 일제시대와 해방 후에 이미 최남선, 이광수, 정인보와 같은 당대 최고의 지성인들에게 동양 철학의 연구자로 알려졌다.

둘째, 다석의 삶과 사상은 민족정신사의 큰 흐름 속에서 이해되어야 한다. 다석은 함석헌과 함께 안창호, 이승훈, 조만식으로 이어지는 기독교 민족운동의 흐름을 잇고 있다. 몰락해 가는 나라를 구하기 위해 안창호가 조직한 비밀 단체 신민회의 평안도 책임자로서 이승훈은 신민회의 결의에 따라서 민족 교육을 위해 오산학교를 설립했다. 신민회 회원 여준이 학교의 중심에 있었고, 이광수 등이 오산에서 가르쳤고 신채호도 오산에 머물렀다. 오산중학교에서 유영모와 함석헌은 스승과 제자로 만났고 후에 씨알사상을 형성했다. 다석은 기독교 정신으로 민족정신을 일깨웠던 〈성서조선〉에 기고하면서 김교신을 가까이 했고, 민족정신문화를 탐구하면서 민족 계몽운동에 앞장섰던 최남선, 정인보, 이광수와 사귀었다. 다석은 최남선이 발간한 잡지 〈청년〉, 〈동명〉에 글을 발표했다. 최남선은 일제 말기에 변절했다지만 민족문화사상에 대한 그의 연구는 뛰어났다. 신채호를 포함해서 이들은 모두 일제의 지배 아래서 민족적이고 주체적인 근대문화정신을 추구했다. 해방 후 이들의 정신과 사상의 맥이 이어졌다면 한국 인문학이 좀더 풍성해지고 주체적인 한국 사상이 꽃피었을 것이다.

다석의 삶과 사상은 기독교 민족운동의 흐름을 넘어서 한국 근현대사의 큰 흐름 속에 있다. 서구의 정신과 문화를 활짝 열고 받아들이면서도 민족·민중·민주의 정신에 투철했던 다석의 사상과 정신은 19세기에 민중철학을 꽃피웠던 동학, 민족독립과 민주 평화의 정신을 구현한 3·1독립운동의 맥을 이은 것이다. 조선왕조가 몰락하는 과정에서 서구 문화와 세력의 침입으로 각성된 19세기의 민중정신과 운동이 한국의 근현대사의 시작이 되었고 이것이 3·1독립운동과 4·19혁명, 1970~80년대의 민주화운동의 원점이었다. 한국 근현대사의 중심에서 다석의 삶과 사상이 빚어졌다. 다석의 사상이 형성된 시대와 역사의 맥락을 떠나서 그의 사상을 밀과 논리로만 이해하면 다석 사상은 관념적이고 형이상학적 사상으로 위축될 수 있다.

셋째, 다석의 삶과 사상은 그의 곧은 성격에 비추어 이해되어야 한다. 다석의 사상은 그의 삶과 분리해서 이해할 수 없고, 다석의 성격과 개성을 모르고는 그의 삶과 사상을 제대로 이해하기 어렵다. 다석의 삶과 사상은 그의 독특한 개성을 반영한다. 유영모의 성격은 곧고 이지적이었다. 구부러드는 데가 없는 사람이었다. 아버지 같은 스승으로 받들던 남강 이승훈이 말년에 다시 담배도 피고 예순이 넘어서 노처녀와 재혼하자 다석이 따졌다. "선생님, 안 하시던 담배도 하시고 늦게 재혼도 하시니 나이 드셔서 힘이 떨어진 탓이 아닙니까?" 남강 선생이 한참 방바닥을 내려다보다가 "그래, 자네 말이 옳아" 했다고 한다. 스승을 향해서도 곧은 말을 할 만큼 다석은 곧고 흔들림 없는 정신을 지니고 있었다.

나라가 망하고 일제의 식민통치 아래 민족정신이 짓밟히는 상황에서 다석은 겨레의 얼을 곧게 세우려 했다. 그는 몸으로 살고 생각한 대로 실천했다. 21세 때부터 추운 겨울에도 몸에 찬물을 붓고 냉수마찰을 했다. 32세 때 오산학교 교장이 되었을 때 교장실의 등받이 달린 의자를 치우고 평상 위에서 무릎 꿇고 곧게 앉아서 공부하고 사무를 보았다. 몸과 마음을 곧게 가지고 하늘로 솟아오르는 삶을 살고자 했다.

그의 곧은 성격에 비추어 이해할 때 다석의 사상은 더 잘 이해될 수 있다. 다석은 평생 곧음을 추구했고, 곧음으로만 하늘(하나 됨, 하나님)에 이른다고 했다. 몸이 곧으면 몸의 기관들이 잘 통하고, 마음이 곧으면 마음이 통일된다. 곧음으로써 다석은 기독교와 한국 정신의 종합을 설명하기도 했다. 기독교 십자가의 철저함과 곧음으로써 한국정신의 둥글고 원만함이 완성된다고 하였다. 다석은 곧음으로써 '동글암'에 이를 수 있다고 하였다(1963년 12월 23일 일지). 다석은 동글암과 곧음의 결합을 추구했고, 그의 삶과 정신은 동글암과 곧음의 통합을 나타낸다.

넷째, 다석의 삶과 사상은 '삶과 죽음'을 넘는 치열한 구도자의 삶과 사상으로 이해되어야 한다. 그는 일찍부터 죽음을 깊이 생각하며 자랐다. 21세에 《노자》와 불경을 읽고 톨스토이의 종교사상에 심취했다. 톨스토이를 통해 19세기의 도덕적 이상주의를 받아들인 것으로 보인다. 톨스토이는 부유한 귀족으로서 농사꾼이 되려 했고 민중의 삶 속으로 들어가려 했으나 예수나 바울처럼 민중적·대중적 사유를 한 것 같지 않다. 엘리트적 이성주의와 도덕적 이상주의의 흔적이 톨스토이에게서 발견되는데, 이런 경향이 이성적 깨달음을 추구하고 영적으로는 금욕적이고 도덕적으로는 엄격했던 다석에게서도 엿보인다.

예수는 엄격한 금욕이나 높은 도덕 수준을 요구하지 않고 민중과 함께 먹고 마시며 어울렸다. 바울도 "믿음만으로 의롭다고 인정된다"는 복음적 가르침을 폄으로써 일반대중에게 기독교의 문을 넓게 열었다. 이에 반해 다석은 깊은 체험과 깨달음과 실천을 추구하는 구도자적 신앙과 사상을 추구하였다. 기독교 신앙과 복음이 시작될 때 예수와 바울이 기독교 신앙과 정신을 대중적으로 펼치는 것이 필요했다면, 기독교가 세상에 널리 퍼져 대중화되어서 깊이와 생명력을 잃은 오늘날에는 영적 깊이와 실천적 생명력을 추구한 다석의 구도자적 사상이 요구된다고 생각한다.

다석은 말과 교리, 개념에 머무는 신앙과 삶의 일치를 추구했다. 예수를 믿음의 대상으로만 보지 않고 예수를 따르고 예수의 삶을 살고자 했다. 예수의 생명과 얼이 오늘도 힘 있게 살아 있도록 하자는 것이었다. 예수를 믿고 따르는 이들은 예수 그리스도의 살과 피를 먹고 마심으로써 그리스도가 되어 그리스도의 자리에 서서 그리스도의 삶을 살아야 한다고 보았다.

내외간에 평생 다정하게 지낸 그는 53세 때부터 결혼 관계를 풀고 하루 한 끼 먹고 널빤지에 무릎 꿇고 앉아 생각에 몰두했다. 54세 때는 하늘과 땅과 '나'가 하나로 뚫리는 깊은 천지인 합일체험을 하였다. 이제까지 음악도 춤도 배제하던 근엄 일변도에서 음악이나 춤도 할 줄 알았으면 좋겠다고 하고 자신의 시구(詩句)에 옛 시조 가락 같은 것을 붙여서 부르기도 했다. 강의 시간에는 기쁨에 겨워 춤을 추기도 했다. 다석은 66세인 1955년 4월 25일에 1956년 4월 26일을 죽을 날로 선언하고 날마다 죽는 연습을 했다. 식색을 끊고 삶의 유혹에서 자유롭고 죽음의 두려움에서 벗어나 신선의 자유로움을 누렸다. 날마다 자기를 불살라 제사 지냄으로써 죽어서 다시 사는 삶을 살았다. 이날 일지를 쓰기 시작하여 1975년 1월 1일까지 삶과 사상을 담은 《다석일지》를 남겼고 1981년 2월 3일 세상을 떠나 하늘로 돌아갔다.

다섯째, 다석은 삶을 어떻게 끝냈는가? 1961년 다석은 아기였던 외손녀와 함께 옥상에 올라갔다가 떨어져 16일 만에 의식을 되찾았다. 외손녀는 껴안고 떨어진 덕에 무사했다. 병원에 입원했을 때 다석은 이렇게 말했다. "살기 위해 한 끼씩 먹는데 참 좋은 거야 …… 어떤 점에서는 아직 늙지 않았어요. 이 팔 힘은 20대보다 더 있어요. 나는 하초에 힘은 그대로 있어요. 그러나 정욕은 조금도 일지 않아요. 나는 이대로 퍽 평안하고 아무 일 없어요. 성한 것처럼 좋은 게 어디 있어요."[2] 1977년 6월 21일 산에서 세상살이를 마치기 위해 출가하였으나 사람들에게 발견되어 23일에 경찰에게 업혀 집으로 돌아왔으며 사흘간 혼수상태에 빠졌다가 깨어났다. 1978년 5월 함석헌의 부인 장례식에 참석하여 짧은 말씀을 하였다. 세상을 떠나기 3년쯤 전부터 기억이 희미해지기 시작했으나 몸가짐은 정갈했고 꿇어앉아 "하나님 아버지"를 부르며 좌망(坐忘)의 세월을 보냈다.

다석의 사상은 삶과 하나로 녹아 있으므로, 삶에 비추어 사상을 보고 사상에 비추어 삶을 보아야 한다. 삶이 빠진 다석 사상은 관념화되기 쉽고, 사상이 빠진 다석의 삶은 고집스러운 인간의 기행(奇行)과 괴벽으로 낮추어지기 쉽다. 다석의 사상은 그의 생명력과 정신력으로 충만하다. 그의 말과 글에 담긴 깊은 내공과 생명력, 정신력을 함께 볼 때 그의 사상은 온전히 드러날 것이다. 다석의 사상은 이론적 해석과 설명에 머물지 않는다. 그는 깊은 생명체험과 신앙체험, 깨달음을 바탕으로 사상과 철학을 펼쳤다. 그의 사상은 이해의 과정과 성격을 밝히는 이론적 해석학에 머물지 않고 삶과 존재의 깊이를 드러내고 진리와 삶을 실현하는 실천적 해석학이다.

2. 한국 근현대사의 특성과 유영모의 철학

1) 유영모는 철학자인가?

그동안 한국 철학사 강의는 정약용에 대한 소개로 끝나는 경우가 많았다. 그렇다면 정약용 이후 약 180년 동안 한국 철학은 없었던 것일까? 한국 철학계 원로였던 박종홍은 동학에서 창조적인 한국 철학의 가능성을 보았다.[3] 그는 한국 민중의 삶 속에서 우리의 철학과 사상이 형성될 수 있는 근거와 가능성을 확인하였다. "민주다 해방이다 하여 우리는 오늘에 이르러 비로소 느끼며 할 게 아니요, 이 땅의 백성들의 혈관 속에서 두고두고 그의 절실한 요구의 싹이 터서 자라 나오고 있었다. 민주평등의 사상도 자유해방의 사상도 그저 남의 것만은 아니다."[4] 그러나 박종홍이 박정희의 정치고문이 되면서 동학과 주체적인 한국 사상 형성에 대한 철학적 논의는 찾아보기 어렵게 되었고, 대학 강단의 주류 철학자들은 역사와 삶에 대한 깊은 통찰을 담고 있었던 동학이나 유영모·함석헌의 사상을 철학으로 인정하지 않았다.

역사와 삶에 대한 깊은 통찰을 담고 있었던 유영모와 함석헌이 그동안 주류 철학계의 관심 밖에 있었던 까닭은 무엇일까. 첫째, 남강 이승훈과 더불어 3·1독립운동과 기독교 민족운동의 맥을 이어 철학과 사상을 형성한 유영모와 함석헌의 사상이 해방 이후 일제 식민통치 시대에 형성된 학맥과 미국과 유럽에서 형성된 학맥으로부터 외면당했기 때문이다. 둘째, 각주 달린 논문을 쓰지 않았던 유영모와 함석헌의 글은 개념과 논리의 일관성과 적합성을 기준으로 삼는 근현대 서구 학문에 부합하지 않았기 때문이다. 개념과 논리의 일관성보다는 창조성과 심오함이 철학적 학문성의 일차적 기준이 돼야 함에도 불구하고 그들의 글은 형식이 자유롭다는 이유로 학계에서 인정받지 못했던 것이다. 셋째, 유영모와 함석헌이 이룩한 정신세계가 종합적이고 방대하기 때문에 연구에 어려움이 있는 것도 문제였다. 이들을 연구하기 위해서는 한국과 동양의 정신문화에 대한 지식과 기독교 사상에 대한 기본적 이해, 한국 근현대사에 대한 통찰뿐만 아니라 종교적이고 정신적인 진리 체험과 깨달음에 대한 공감적 이해가 요구된다. 하지만 분야를 나눠 세부적으로 연구하는 학자들에겐 유영모와 함석헌은 접근하기 어려운 존재였다.

더욱이 유영모가 '하나님'이라는 말을 자유롭게 쓰고 종교적인 체험을 강조하기 때문에 철학 연구자들에게 철학자라기보다 종교인으로 여겨지기 쉽다. 그러나 유영모의 종교체험은 특수하고 배타적인 종교체험이 아니라 보편적이고 궁극적인 생명체험이고 정신의 깨달음이었다. 그는 이성적으로 납득되지 않는 신비체험이나 신비주의를 거부했고 과학과 신학, 기도와 학문을 동일시했다. 그가 말하는 하나님은 친밀한 인격적 주체이면서 '웋'(上), '하늘', '하나', '말씀', '얼', '정기'(正氣), '없음'(無), '빔'(空)으로 다양하게 표현되기도 한다. 그는 하나님을 '한 나'(크고 하나인 나), '한웋님', '없이 계심'으로 표기하였다. 그에게 하나님은 상대의 '유(有)'와 절대의 '무(無)'를 아우르는 총체적 실재이며, 우주적 생명과 정신의 깊이와 주체를 나타내는 궁극적이고 초월적인 실재이다.

　서구 근대철학이 종교와 철학을 분리함으로써 영성과 종교의 차원이 결여된 철학이 되었다면 유영모는 이성과 영성, 종교와 과학을 통합한 철학자였다. 영성이 이성을 왜곡하지 않고 이성이 영성을 억압하지 않는 방식으로, 이성과 영성이 서로 충분히 실현되고 완성되는 방식으로 유영모는 이성과 영성을 통합한 철학을 형성하였다. 유영모는 "몬과 일을 되배우면 과학이고 깨쳐 배우면 철학"이라고 하였다. 물건과 일을 관찰과 실험을 통해 헤아리고 비교하여 진리를 탐구하면 과학이고, 자신의 편견이나 아집이 깨져서 '참 나'와 '참된 실재'에 이르는 것이 철학이라는 말이다. 더 나아가서 유영모는 과학과 철학의 근본이 말씀(로고스, 사랑)이라고 하여 과학과 철학을 통합하였다. 그에게 말씀은 존재와 생명을 구성하는 원리이고 존재와 생명을 실현하고 완성하는 길이다. "말씀이 없으면 관찰과 실험을 할 수 있다 해도 배우고 될(即炤) 수 없다. 말씀이 있어야 문제를 세우고, 모두 알게 되고 서로 통하게 된다. …… 수학이나 과학의 근본은 말씀이다. …… 말씀을 종합해서 사람 노릇을 하게 깨우쳐 주는 것이 철학이다."[5]

　철학은 편견과 아집, 피상적인 관찰이나 지식을 넘어서 삶과 역사와 존재의 진리에 대한 심층적인 탐구이며 통찰이다. 그렇다면 철학은 개념과 논리의 일관성과 정합성보다 삶과 존재의 깊이와 전체를 드러내는 심층적이고 총체적인 사유이다. 철학적 학문성의 일차적 기준은 개념과 논리의 정합성이 아니라 생명과 역사를 꿰뚫는 사유의 깊이와 넓이다. 정치철학자 스트라우스(Leo Strauss)는 '철학자' 또는 '위대한 사상가'를 '학자'와 구별하였다. 학자들은 대담하기보다는 조심스럽고 방법적이다. 위대한 사상가는 학자들이 탐지하지 못한 깊은 문제들을 대담하게 그러나 주의 깊게 다룰 수 있다.[6] 삶과 존재의 숨겨진 깊이와 넓이를 드러낸다는 점에서 유영모의 사상은 다른 어느 사상보다 더 철학적이다.

진리를 밝히는 '철학함'의 기본 조건은 자유이다. 진리를 바로 인식하려면 외부의 압력이나 내부의 욕망과 편견으로부터 자유로워야 한다. 외부의 위력이나 폭력으로부터 자유로운 내적 주체성을 가져야 하고 자신의 탐욕과 편견에서 자유로운 외적 개방성을 가져야 한다. 따라서 노예에게는 철학이 없다. 만일 노예 철학자가 있다면 외부의 압박과 폭력에도 불구하고 노예로서 내적 자유와 여유를 가졌기 때문일 것이다. 일제 식민통치 시대와 남북분단과 전쟁, 이념의 대립과 갈등, 군사독재와 자본의 지배로 이어진 한국 현대사에서 유영모처럼 자유롭고 진실하게 산 사람을 찾기 어려울 것이다. 유영모는 자유로운 삶 속에서 진실한 심정을 가지고 인생과 역사와 정신을 탐구하였다.

한민족은 적어도 조선왕조 이래 중국의 정치와 문화의 위력에 눌려 주체적이고 창조적인 철학을 산출하기 어려웠다. 더욱이 일제의 식민통치와 군사독재의 위력에 눌려 있는 동안 주체적이고 활달한 사상과 철학을 낳기 어려웠다. 외세의 정치와 문화를 추종하거나 외세와 타협한 주류 지배층과 민중 사이에 역사적 주체성과 문화적 정체성의 혼란이 있었다.

이러한 민족사는 서구의 역사와 다르다. 서구의 역사는 외적으로는 승리한 정복자의 역사였고, 내적으로는 권력투쟁과 계급투쟁을 통해 사회체제와 제도를 형성해 온 역사였다. 따라서 서구 역사에서는 역사적 주체성과 문화적 정체성의 혼란이 없었다. 서구 사회를 주도하는 주류의 사고가 그 사회의 정체성과 시대정신을 반영할 수 있었다. 정복과 투쟁의 역사 속에서 체질화된 폭력성과 배타성이 타자(자연과 이웃)에 대한 철학적 인식과 관점에 내재해 있으며, 이런 폭력성과 배타성에 대한 자기반성이 어렵다는 데 서구정신사의 문제가 있다. 그럼에도 서구 철학은 자신들의 사회 형태 및 시대정신과의 긴밀한 관련 속에서 형성되었다. 그러나 한국의 철학과 사상의 논의는 한국의 역사나 사회와 깊은 관련 없이 진행된 것 같다. 한국의 철학은 한국 역사와 사회로부터 생성되어야 한다.

유영모는 서구 정신과 문화를 적극적으로 수용하면서도 뚜렷한 역사적 주체성과 문화적 정체성을 가지고 철학적 사유를 전개하였다. 그는 식민지 백성의 한 사람으로서 고통 받는 민중과 함께 살고 민중과 함께 생각하면서 민주적이고 민중적인 영성의 철학을 형성하였다. 그는 우리 역사와 사회의 삶 속에서 우리말과 글을 가지고 깊고 창조적인 철학을 닦아 낸 한국의 철학자였다.

2) 한국 근현대사 — 동서정신문화의 합류

동서 문명이 제대로 만난 자리는 한반도였고 동서 문명의 정신적 만남을 진지하고 치열하게 사상과 철학으로 닦아낸 이는 유영모였다. 서구의 정신문명은 기독교와 '아래로부터의 민주화'로 대표되고 동양의 정신문명은 유교·불교·도교로 대표되는데 이 두 문명이 깊이 힘차게 만난 것이 한국 근현대사였다.

한국 근현대사는 동서양의 정신문화가 합류하는 과정으로 전개되었다. 실학파와 개화파의 근대화 시도가 실패로 끝나고, 조선왕조가 몰락해 가고 지배적인 정치종교 이념이 쇠퇴했을 무렵 오랜 세월 역사의 잠에서 깨어난 민중이 역사의 전면에 나섰을 때 기독교를 비롯한 서구 문화가 한국 사회 깊숙이 들어왔다. 역사와 사회의 기층 생명을 담지하는 민중과 서구 근대정신과 문화, 기독교와의 만남이 이루어졌다. 서구 근대문화의 충격으로 민중 속에 눌려 있던 민족의 정신과 생명력이 크게 분출했다.

유교·불교·도교의 종교 문화적 전통과 한국 고유의 정신과 문화를 지니고 한국 사회는 서구의 기독교, 과학정신, 민주주의를 받아들였다. 서구의 정신문화가 깊숙이 파고들어왔다. 이로써 '아래로부터의 민주화'가 힘차게 전개되었고 창조적인 종교문화사상이 분출되었다. 이렇게 분출된 한국종교문화사상이 동학, 증산교, 삼일정신, 유영모와 함석헌의 철학이다. 동서양의 정신문화가 깊이 창조적으로 만나는 과정으로서 한국의 근현대사가 전개되었다는 점에서 한국의 근현대사는 세계 근현대사에서 매우 특별한 위치에 있다.

서구 문화의 팽창과 정복으로 동서 문화의 만남이 이루어졌으므로 서구 사회에서는 동서 문화의 본격적인 만남이 이루어질 수 없었다. 그러면 주체적인 정신문화를 가지고 서구 문명을 받아들인 나라가 어디 있을까? 기독교 신앙을 깊이 받아들이고 아래로부터의 민주화가 힘 있게 일어나고 산업화가 이루어진 나라가 어디인가? 남미는 문화적 주체성을 상실했고 아프리카는 민주화와 산업화를 이루지 못했다. 인도는 300년 동안 영국의 통치 아래 있었지만 인도에서 기독교는 주변 종교로 머물렀고 봉건적 카스트제도가 그대로 남아 있다. 일본에서는 도쿠가와 막부 이래 300년 동안 지배 권력과 엘리트가 근대화 과정을 엄격히 통제했기 때문에 기독교는 배척되고 아래로부터의 민주화는 차단되었다. 중국에서는 공산화되면서 국가권력이 전통적인 정신문화를 억압하고 서구 정신문화인 기독교를 배척했다.

한국 사회는 동양의 전통종교문화를 지니면서도 기독교 신앙을 깊이 받아들이고, 아래로부터의 민주화운동을 경험하였다. 한국의 근현대사는 조선 봉건왕조의 몰락, 식민지 경험, 이념에 의한 민족분단과 전쟁, 군사독재와 민주화투쟁, 고도 산업화와 세계화와 같은 인류의 보편적이고 항구적인 가치와 주제를 함축하고 있다. 한국 근현대사의 이러한 값진 경험으로부터 인문학적 부흥이 일어나고 동서 문명을 아우르며 세계평화 시대를 여는 철학이 나와야 한다. 한국 근현대사의 역사적 흐름과 시대정신에 따라 진실하게 살고 생각했던 유영모는 동서 정신문명을 아우르는 깊은 영성과 평화의 철학을 닦아냈다.

3) 역사의 섭리와 동서 문명의 만남

다석이 동서 사상을 융섭한 위대한 사상가가 될 수 있었던 데에는 역사의 섭리가 있었다. 한반도에서 동서 문명의 위대한 만남이 이루어지기 위해서 역사는 한국의 근현대사에서 넓고 큰 공간을 열어 놓았다. 조선왕조가 몰락하고 지배 종교와 이념(유교, 불교, 도교)이 쇠퇴함으로써 서구 문화가 들어오는 데 장애가 될 수 있는 폐쇄적인 국가권력과 지배이념이 제거되었다. 그리고 오랜 세월 지배권력과 이념에 짓눌렸던 민중이 역사와 사회의 중심과 전면에 나서게 되었다. 한국민족의 가슴 깊은 곳에서 그리고 한국 민중의 삶의 중심에서 서구정신과 문화를 만날 수 있게 되었다. 더욱이 나라를 잃고 일본의 식민지가 됨으로써 동서 문명의 만남은 조장되고 촉진되었다.

세계의 다른 어느 곳보다 한반도에서 동양 문화와 서양 문화가 깊고 창조적으로 만날 수 있었다. 동서 문화가 한반도에서 깊고 창조적으로 만날 수 있었던 이유를 세 가지로 말할 수 있다.

첫째, 동양의 고등종교문화인 유교·불교·도교의 종교문화전통이 다른 어느 곳보다 한국에서 힘 있게 살아 있었다. 유교와 불교와 도교는 지배 종교와 이념으로서는 약화되었으나 민족문화와 민중의 삶 속에서는 생생하게 살아 있었다. 따라서 한국민족은 종교문화적 주체성을 가지고 서구 문화를 수용할 수 있었다.

둘째, 국가권력과 지배이념이 쇠퇴하여 민중에 대한 지배력이 약화되었을 때 민중이 역사와 사회의 전면에 나서게 되었고 민중이 직접 서구 문화와 정신을 자유롭게 받아들일 수 있었다. 서구 문화와 정신이 들어오게 되었을 때 지배 권력의 쇠퇴와 몰락으로 한국 역사와 사회에 민중이 활동할 수 있는 공간이 활짝 열렸고, 서구의 기독교와 민주정신과 새로운 과학과 지식은 오랫동안 잠들어 있던 한국민족과 민중의 잠재력을 깨우는 구실을 하였다.

동학·증산교·대종교·원불교와 같은 19세기의 민중종교철학들은 서구 문화와 정신의 영향과 자극을 받고 한국민족이 창조적으로 형성한 종교사상들이다. 서구 문화의 도전과 자극에 대한 응답으로 한국민중이 주체적이고 창조적으로 형성한 이 민중종교철학들은 심오하면서도 민중적이고 민족적이면서도 세계평화를 지향하였다. 한국 민중이 주체적인 정신문화를 가지고 서구 문화와 정신을 받아들임으로써 한국의 근현대사에서 아래로부터의 민주화가 힘차게 전개되고 급속한 산업화가 이루어졌다.

셋째, 한국은 서구 제국의 식민지가 되지 않고 일본의 식민지가 됨으로써 서구제국의 식민지였던 민족들이 서구 사회에 대한 반감을 가졌던 것과는 달리 서구 문화와 정신에 대한 친밀감을 가지고 민족해방과 민중교육, 민중계몽의 동력을 서구 정신과 문화에서 발견하게 되었다. 일제에 저항하여 민족독립운동을 하는 사람들은 앞장서서 서양의 기독교와 문화를 자발적으로 기쁘게 받아들였다.

한국민족과 민중의 삶과 역사 속에서 동양문명과 서양문명의 만남과 융합이 깊고 창조적으로 이루어지는 시기에 유영모는 나라 잃은 식민지 백성의 아픔을 겪으면서 자신의 삶과 철학을 형성하였다. 그리고 그의 진지하고 열린 삶과 정신에 동양 문명과 서양 문명의 핵심이 깊이 스며들었다.

4) 한국 정신문화의 개방적이고 평화적인 성격

한국 문화와 사회는 세계 문화에 대해서 개방적이고 수용적인 전통을 지니고 있다. 유교와 불교와 도교 그리고 기독교가 한국 사회에 뿌리를 깊이 내린 것은 한국 문화가 지닌 수용적이고 개방적인 성격에 힘입은 것이라고 생각한다. 서구 문화와의 만남 속에서, 외세의 침입과 도전 앞에서 분출된 19세기 민중종교들인 동학·증산교·대종교·원불교의 사상과 철학에는 민중성과 문화적 주체성을 지니면서도 세계 개방성과 세계 평화에 대한 비전이 담겨 있다.[7]

오랜 역사 속에서 고난을 겪으면서도 세계 개방성과 평화지향성을 지켜온 한민족의 문화적 전통은 세계 평화 시대를 앞당기는 데 기여할 수 있다. 다른 나라들의 건국신화에 흔히 나오는 정복전쟁과 억압의 이야기가 한민족의 건국신화들에는 전혀 나오지 않는다. 단군신화에는 '널리 사람을 이롭게 하고'(弘益人間), '어지러운 세상을 구하고 도리에 맞는 세계로 만든다'(濟世理化)는 평화적인 이념이 담겨 있다. 고구려, 백제, 신라, 가야의 건국신화에도 햇빛과 알에서 왕이 탄생한다는 평화롭고 생명 친화적인 이야기가 주로 나온다.

전쟁을 통해서 영토를 널리 확장한 광개토대왕 비문에도 한민족의 평화지향적인 성격이 잘 드러난다. 이 비문에 따르면 고구려의 시조 추모왕은 "천제의 아들이고 하백[강물]의 딸의 아들"임을 자처함으로써 하늘과 땅과 강물의 우주세계와 한 몸을 이루고 있음을 밝혔다. 그는 세상의 왕위에 싫증이 나자 하늘의 황룡을 불러 용의 머리를 밟고 하늘로 올라갔다고 하였다. 그의 아들은 "도로써 다스림을 일으켰다"(以道興治). 광개토대왕은 호를 영락(永樂)이라 하였고 평안 호태왕(平安 好太王)으로 일컬어졌으며, 적들을 관용과 덕으로 대했다. 정복 군주인 광개토대왕을 영락(永樂), 평안(平安)이라 부른 것은 평화주의적이고 종교적인 이념을 가지고 있음을 드러낸다.

한민족의 평화 지향적 전통과 성격은 상생과 평화의 시대를 여는 철학을 형성하는 데 기여를 할 수 있고 그런 철학을 내세울 자격을 닦아준다. 유영모는 한민족의 이러한 개방적이고 평화적인 전통과 성격을 살려서 깊고 평화적인 철학을 형성하였다.

5) 유영모의 철학: 상생과 평화의 영성을 탐구한 철학

유영모는 일제 식민시대와 독재정권 시대에 몸과 마음을 곧게 하고 깊은 영성을 추구하고 우리의 역사와 문화에 충실한 사상과 철학을 닦아 내었다.

아래로부터의 민주화 과정과 동서 정신문화의 만남의 과정으로 진행된 한국 근현대사에 충실했던 유영모는 민주정신을 바탕으로 동서 문화의 정신을 아우르는 큰 종합을 이루었다. 서재의 학자가 아니라 시대정신과 역사의 삶에 진실하게 살았기 때문에 유영모의 삶과 정신 속에 시대정신과 역사가 온전히 스며들 수 있었다. 그리하여 그의 정신과 사상에는 그리스와 서구철학의 로고스(이성, 생각), 기독교의 말씀(사랑), 동아시아의 길(道), 한민족의 한(韓, 크고 하나임)이 합류하고 통합되었다.

3. 유영모 철학의 특징과 성격

1) 한국 현대철학으로서의 유영모 철학

한국 근현대사는 서구 문화의 도전에 대한 한국 민중의 주체적이고 창조적인 응답으로 시작되었다. 우리의 현대적이고 민주적인 사상과 정신운동도 이로써 시작되었다. 동학과 동학혁명은 서구 문화의 도전과 충격에 대한 주체적 응답이었다. 동학이 제창한 시천주(侍天主), 사인여천(事人如天), 인내천(人乃天)의 원리는 민주정신의 기초가 되고, 동학과 더불어 민중의 자각과 운동이 일어남으로써 3·1독립운동과 4·19혁명으로 이어졌다. 민(民) 속에서 신(神)을 보고 민을 평등한 삶의 중심에 세웠던 동학은 민을 목민의 대상으로 본 정약용의 목민사상과는 다르다. 한국 현대사와 현대 철학도 동학과 동학운동에서 시작되었다.

유영모의 사상도 동학이 강조하는 시천주, 사인여천, 인내천의 사상을 내포하고 있으며, 민을 삶과 역사의 중심에 놓는다는 점에서 유영모의 사상은 동학의 사상과 가깝다. 그러나 동학에서는 주문과 경전이 한문으로 되었고 부적을 사용했으나, 유영모는 한글과 우리말로 생각하고 표현했으며, 과학적으로 사유했다는 점에서 양자는 다르다. 다석은 삶과 생각을 통전시킨 생활철학자이고, 학문(추리)과 기도(영감)를 통합시킨 현대적 사상가[8]였다.

2) 신선처럼 자유롭게 살았던 사상가

함석헌은 한민족의 종교문화의 근본줄기를 신선사상으로 보았다.[9] 세상의 이해관계와 다툼에서 벗어나 자연생명세계와 하나로 녹아드는 신선사상은 자연친화적이고 종교적이며 평화적인 사상이다. 자연친화적이고 평화적인 신선사상이 한국인의 예술과 생활 속에 깊이 배어 있다. 물과 바람에 어울리며 삶과 생각을 키우는 전통, 기교와 과장 없는 단순 소박한 도자기, 사람과 자연이 함께 녹아든 그림, 풍수지리에 어울리는 집과 정원에서 신선사상의 흔적을 볼 수 있다.

유영모는 치열하게 생각하고 파고드는 진리 탐구자이면서 초탈한 신선의 모습을 보였다. 민족사학자 문일평이 일제 때 유영모의 집을 다녀가서 지은 한시에 유영모의 집과 사는 모습이 그려져 있다.

> 깎아지른 듯한 바위로 둘러싸인 골에 산장을 찾으니 푸른 뫼 속에 집한 채 서 있고 물 구름 함께 어울려 한 고향이라 숲 속에 꽃은 다시 아름다워라 계곡에 시냇물은 오히려 서늘하고 약초 캐러 다니느라 어둑한 지름길을 뚫었다 씨 소나무는 외딴 집을 둘러 지키고 집 부엌에는 맛좋은 먹거리가 그득하니 상위에는 우유 토마토의 향기로다

유영모는 자신의 사는 모습을 이렇게 말했다. "좋은 의식(衣食) 않은 것 우리 집 자랑이요 명리(名利)를 웃보는 게 내 버릇인데 아직껏 바람 물 줄여 씀이 죄받는 듯하여라."[10] 검소하게 먹고 입으며 명예와 이익을 우습게 여기는 유영모는 바람과 물을 아껴 쓰면서도 바람과 물을 쓰는 것이 "죄받는 듯하여라"고 했다. 자연 속에서 초탈한 삶을 살면서도 자연을 아끼는 다석의 겸허하고 정성스런 마음가짐을 알 수 있다.

다석은 "척주(脊柱)는 율려(律呂), 사람은 몸 거믄고"[11]라고 했다. 다석은 척주를 율려라고 함으로써 몸을 삶의 기본음(基本音)으로 보고 사람을 '몸 거문고'라고 함으로써 맘을 악기로 보았다. 몸과 마음의 예술적 일치를 말한 것이다. 몸과 마음의 중심은 척주이고 척주가 곧고 바르게 조율이 될 때 맘에서 아름다운 소리를 낼 수 있다.

다석은 생명과 영을 예술로 보았다. 법과 도덕, 제도와 풍습만으로는

삶과 영이 완성될 수 없다. 예술의 차원과 경지가 있어야 삶은 완성되고 구원된다. "인생은 피리와 같다. ······ 피리를 부는 이는 신이다."[12] 일상의 삶을 영과 예술로 높인 유영모의 삶은 신선의 삶이고 그것을 추구한 그의 사상은 '걸림 없는 옹근 삶'(圓融無碍)을 추구한 한국의 고유한 신선사상이다. 그는 신선처럼 욕심 없이 자유로운 삶을 살았다.

3) 씨올 사상과 민주정신

다석은 하나의 씨올로서 참되게 살려고 했다. 다석의 삶과 생각을 움직인 기본 원리는 씨올을 역사와 사회의 중심에 놓는 민주주의였다. 삶과 진리에 대한 깨달음과 구도자적 헌신이 그를 씨올의 삶과 사상에로 이끌었다. 죽음에 대한 심각한 고민, 톨스토이와 동양 사상의 영향은 교리와 전통에 매인 정통신앙에서 벗어나게 했고 구도자적인 신앙의 길로 가게 했다. 동경에서 예과를 마친 다석은 인생과 진리에 대해 깊이 고민하고 성찰한 끝에 대학 진학을 포기하고 농사꾼으로 살기 위해 귀국했다. 일본제국시대의 대학 이념은 부국강병과 입신양명을 고취하는 것이었다. 대학에 들어가 출세의 길을 가는 것은 진리와 사랑을 따르는 삶이 아니었다. 조선왕조는 남에게 일 시키고 놀고먹으며 족보 자랑하는 양반도덕으로 망했다고 보았다. "지식을 취하려 대학에 가는 것은 편해 보자, 대우받자 하는 생각에서입니다. 이것은 양반사상, 관존민비 사상입니다." 그는 "이마에 땀 흘리며 사는 농부"[13]를 이상으로 알았다. 그는 일하며 섬기는 삶을 추구했다. 그의 삶은 부자와는 거리가 멀었다. "나는 지금 노동자 복장을 하고 밖에 나가라면 나가겠지만 부자(富者)의 차림을 하고는 못 나가겠습니다." 다석은 '뭇 생명이 하나로 되게 하려는' 하나님의 뜻이 이루어지기만을 바랐다. 그는 자녀들도 구(舊) 제도의 중학만 졸업시켰다. 대학교육을 받아 지배층이 되어 하나님의 미움을 사는 것을 바라지 않았기 때문이다. 그는 사람이 참되게 살려면 가난한 서민으로 겨우겨우 살아야 한다고 했다.[14]

유영모는 "참 종교는 상놈의 종교"라면서 "종교가 귀족적이 되면 이미 영원한 정신을 잃은 것"이라고 했다. 다석은 "노동자 농민이 세상의 짐을 지는 어린양"[15]이고, "빨래하고 청소하는 여성이 귀인(貴人), 한사(閑士)들의 속구주(贖垢土)"[16]라고 했다. 그는 노동자, 농민에 대한 따뜻한 눈길을 지니고 노동자, 농민에게 가까이 다가가려고 평생 힘썼다. 유영모는 흙먼지를 뒤집어쓰며 일하는 농부의 햇빛에 그은 얼굴을 노자가 말하는 진인(眞人)의 경지인 "빛을 부드럽게 하고 티끌과 같아짐"(和光同塵)이라고 하였다.[17] 노동자, 농민의 삶을 중심으로 보고 생각한 다석은 풀뿌리 민주주의자다. 노동자 농민을 오늘의 예수로 보는 다석의 사상적 통찰이 씨올사상과 민중신학의 기본 바탕이 되었다.

4) 나라의 얼을 바로 세우는 주체사상

다석은 민족 주체사상을 형성했다. 평생 그는 개인과 나라의 주체를 바로 세우려고 힘썼다. 개인의 '나'를 주체로 바로 세우는 것과 나라의 주체를 바로 세우는 것이 서로 다른 일이 아니었다. 다석은 독립하여 곧게 서는 것의 근거를 종교와 철학의 깊은 데서 찾는다. 곧게 서는 것은 하늘을 머리에 이고 직립한 인간의 본질이고 본성이다. 그래서 그는 성직설(性直說)을 말했다.[18] '고디 곧게' 서는 것이 사람의 본분이고 곧아야 하나님께 갈 수 있으며, 하나님을 머리에 이고 하나님을 모신 사람만이 곧게 설 수 있다고 했다. 다석은 한국을 등걸(단군)이 하늘 열어 세운 나라로 여겼고 등걸을 "머리 옹인 님 우리님금"(머리에 옹[하나님]을 인 님 우리 님금)[19]이라고 했다. '옹'(위, 하늘, 하나님)을 머리에 일 때 곧게 서고 곧게 서는 이만이 나라를 바로 세운다는 것이다.

다석은 단군을 나무 등걸 나무뿌리로 보고 나무의 둥글고(朴) 소박한 '자연'과 연결함으로써 한국정신의 자연친화적 성격을 밝혔다. 단군은 우리 겨레의 뿌리(등걸) 되시는 원만하신 둥근 이다. '널리 사람을 이롭게 하는' 홍익인간(弘益人間)의 이념도, '두루 이치가 통하는' 이화세계(理化世界)의 이념도 둥글고 원만한 정신을 나타낸다.

다석은 기독교의 곧고 꼿꼿한 나무 십자가와 한국의 자연친화적인 합일정신을 결합시킨다. 다석의 사상에서 곧고 진취적인 기독교·서구 정신과 둥글고 원만한 한국·아시아 정신이 아름답게 결합되었다. 하나님의 거룩과 의로움, 인간의 깊은 죄의식을 말하는 기독교는 배타적이고 타협 없는 곧음을 지닌 종교다. 한민족의 정신적 원형질은 한, 하늘, 나무 등걸의 동글암, 원만을 품고 있다. 다석의 삶과 정신 속에서 등걸(단군)과 그리스도가 만나고 있다. 둥근 등걸과 곧은 그리스도가 만남으로써 한국은 곧게 선 나라가 될 수 있다.

주(註)

1 박영호, 《다석 전기—류영모와 그의 시대》, 교양인, 2012. 104쪽.

2 박영호, 《진리의 사람 다석 유영모》 下. 두레 2001. 334쪽.

3 박종홍은 동학의 독창적 사상성과 민주평등 사상적 성격을 강조했다. "천도교는 여러 사상의 영향 밑에 서면서 인내천(人乃天)이라는 면을 강조하여 한국사람의 것으로 만든 것이다. 우리의 독자적인 사상이라 하여 부족함이 없을 것이다." 박종홍, "한국사상연구에 관한 서론적인 구상", 〈박종홍전집〉 4권, 형설출판사, 1980. 15쪽.

4 박종홍, 《한국사상사논고》, 서문당, 1977. 227쪽.

5 유영모, 《다석강의》, 현암사, 2006. 506쪽.

6 Leo Strauss, "An Introduction to Heideggerian Existentialism", 27~46 in *The Rebirth of Classical Political Rationalism*, ed. Thomas L. Pangle (Chicago: U of Chicago P, 1989). 29~30.

7 유병덕 편저, 《한국민중종교사상론》, 시인사, 1985. 22~24쪽.

8 유영모, "하나", 《다석일지》(영인본) 上, 김흥호 편, 760쪽.

9 함석헌, "우리 민족의 理想", 《함석헌 전집》 1, 한길사, 1983. 365쪽.

10 박영호, 《진리의 사람 다석 유영모》 上, 두레, 2001. 359~60쪽.

11 유영모, 《다석일지》(영인본) 上 (1955년 4월 27일 일지), 3쪽.

12 유영모, "밀알(1)", 《다석일지》(영인본) 上, 817쪽.

13 《진리의 사람 다석 유영모》 上, 204쪽.

14 《진리의 사람 다석 유영모》 下, 227~228쪽 참조.

15 유영모, "짐짐", 《다석일지》(영인본) 上, 789~92쪽.

16 '속구주'(贖垢主)는 '때를 씻는 구세주'를 뜻한다. 김흥호 편, 《제소리—다석 유영모 강의록》, 솔, 2001. 323쪽.

17 "화기광 동기진(和其光 同其塵)"(빛을 부드럽게 하여 티끌과도 함께 함)은 老子 道德經 4장에 나오는 말로서, 도덕에 일치하는 이상적인 진인(眞人)의 삶의 모습을 나타낸다. 《진리의 사람 다석 유영모》 上, 42쪽.

18 최원극, "柳永模 스승", 〈새벽〉(1955. 7월 호), 81쪽. 《다석일지》(영인본) 上, 900쪽 참조.

19 김흥호 저, 《다석일지 공부》 7, 솔, 2001. 441쪽.

1장

다석 사상의 변화와 시기 구분

유영모는 젊은 시절부터 삶에 충실한 구도자적 사상가였다. 그의 삶과 사상은 단절과 변화보다 내적 일관성과 통일성을 유지했다. 시대와 사사로운 감정에 따라 변화를 겪지 않는 대신 새로운 체험과 성찰에 따라 그의 삶과 사상은 발전되고 변화되었다.

유영모의 삶은 네 시기로 나눌 수 있다. 첫 시기는 기독교 신앙에 입문하여 삶과 정신을 세워간 시기이다. 둘째 시기는 동양 철학을 연구하면서 보편적인 종교신앙을 바탕으로 생명철학을 형성한 시기이다. 셋째 시기는 내적 체험을 통해서 자아로부터 벗어나 기독교 신앙에 바탕을 두고, 생명과 정신의 자유에 이른 시기이다. 넷째 시기는 하늘과 땅과 '내'가 하나로 되는 천지인(天地人) 체험을 통해 동서고금을 아우르는 대통합의 사상에 이른 시기다.

1. 신교육을 받고 기독교 신앙을 갖게 된 시기(1890~1913)

다석은 1890년 서울에서 태어났다. 어려서 서당에서 한문을 배우고 소학교에서 신교육에 접하기도 했다. 나라의 주권을 잃었던 1905년에 기독교 신앙에 들어가서 일요일에는 여러 교회들을 찾아다니면서 하루 종일 예배를 볼 정도로 신앙생활에 열심이었다. YMCA에 출입하면서 시대정신과 새로운 지식을 배웠다. 1910~1912년과 1921~1922년에 오산학교에서 가르쳤다. 1910년에 21세의 나이로 오산에서 가르칠 때 열정을 가지고 신앙정신으로 가르치자 학생들이 크게 변하는 것을 보고 이승훈은 유영모가 오산을 기독교 학교로 바꾸었다고 한다. 정통신앙을 가지면서도 여준과 같은 학자들의 영향으로 불경과 《노자》를 읽게 되고 많은 고전과 신학문 서적을 읽었다.[1] 이 시기에는 발표된 글이 없고, 그의 사상을 알 수 있는 자료가 없다. 기독교 정통신앙을 바탕으로 동양경전과 서구의 과학지식과 철학사상에 대한 교양을 쌓아 가는 시기였다.

2. 오늘살이에 충실한 생명철학의 시기(1914~1939)

1910년경 아우 영묵의 죽음을 계기로 다석은 죽음에 대해서 심각한 성찰을 하면서 교리적인 정통신앙에서 벗어나 오늘의 삶에 집중하는 생명철학을 추구하였다. 그는 자신의 사상을 최남선이 창간한 〈청춘〉에 발표하였다. '나의 一二三四'(2호, 1914년), '활발'(活潑)(6호), '농우'(農牛)(7호), '오늘'(14호), '무한대'(15호)가 그것이다. 첫 번째 글 '나의 一二三四'는 매우 짧은 두 쪽 분량의 글인데 다석의 사상이 압축되어 있다. 이 글은 인간 존재가 흙, 생물, 혈육, 생령(生靈)으로 이루어졌다고 보았다.

흙덩이로서의 '나'는 "지심(地心)에 끌리는 낙하향(落下向)과 관습에 매이는 타성(惰性)"을 지녔고, 생물로서의 '나'는 "천일(天日, 하늘의 해)을 낫하는[하늘의 해를 향해 얼굴을 드는] 향상능(向上能)과 진화를 꾀하는 정력(精力)을 가졌다". 그리고 혈육으로서의 '나'는 "치정(痴情)을 끄는 자웅성(雌雄性)과 쾌락을 욕구하는 본능이 있다". 생령으로서의 '나'는 "고결을 존중하며 자비를 감발(感發)하여 …… 완전[에로] 나아가려 하는 양능(良能)을 가졌다". 다석은 흙과 혈육의 본성은 "물질적 유동(流動), 타락, 권태, 치정, 탐욕"이고, 생물과 생령의 본성은 "생명적 충동 – 향상, 정진(精進), 고결, 자비"라고 하였다. 그러고는 "오직 시시각각에 흙덩이를 땅에 돌릴 때까지는 유동(流動)을 제어하여 나가며, 충동을 발양하여 활발발(活潑潑)한 생명력을 기를 것"이고, 이것만이 "나의 대자연(大自然)으로 알고 갈 길"이라고 하였다.[2]

이어서 쓴 '활발'에서는 "활발은 만복의 근원이요, 게으름은 백화(白禍)의 실마리"라면서 "1초 1각마다 활발이 아니면 게으름뿐이니 게으름을 물리치려면 또 활발 이뿐이다"라고 하여 생명의 활발을 촉구하였다. '농우'는 "자기의 할 일을 자기 힘껏 다하고 때를 따라 돌아오는 자연의 안식을 누리는" 소의 단순하고 아름답고 깨끗한 삶을 배우자는 것이다.[3]

'오늘'이 〈청춘〉 14호에 실리고 '무한대'가 〈청춘〉 15호에 실렸으나 '무한대'는 1917년 6월 23일에 썼고 '오늘'은 1918년 4월 5일에 썼다.[4] '무한대'를 먼저 쓴 다음 자신의 생명철학을 심화시키고 다듬어서 '오늘'을 썼다고 생각된다. 실제로 1918년 1월 13일부터 산 날수 세기를 시작함으로써 다석은 '오늘살이'에 들어갔다. 오늘살이를 시작한 지 석 달쯤 후인 4월 5일에 '오늘'을 썼으므로 이 글에는 오늘살이의 철학이 들어 있다. '오늘'은 다석의 초기 사상을 가장 완벽하고 성숙하게 보여 주는 짜임새 있고 완성된 글이다.

'무한대'는 인생의 배경과 토대가 되는 우주의 무한한 시공(時空)과 원자·분자의 미세한 세계를 더듬어 보고, "전물질(全物質)을 기화(氣化)하면 …… 간단평등 '하나'님인 우주인 것"을 깨닫고, '무한'의 어머니 같은 크고 자비로운 품속으로 "말 안 듣는 뭇 동생(同生)과 왜저가는[그릇된 길로 가는] 아우들도 타이르고 건져내어 손목 함께 얼싸 잡고 돌아가서"[5] 안기려 했다. 우리가 사는 우주는 '무한한 하나'임을 깨닫고 무한의 품에 온 인류와 함께 들어가려고 했던 다석은 있는 것은 오직 "오늘, 여기, 나"('오늘'에서)임을 확인하고 '오늘살이'를 추구하였다.[6] 주어진 시간에 충실하여 자신의 삶과 인격을 갈고 닦으려는 다석의 노력은 1922년경에 쓴 자작시에 잘 나타나 있다. "멋대로 놀고 사치하면 다 함께 몸이 망하고, 학문과 예술 사업은 더불어 사는 세상에서 오래가는 것이니, '이제'를 돌 삼아서 '나'라는 옥을 일생 동안 닦으며, 해를 삼키고 달을 토하며 백년을 늙어 가리라"(放逸奢侈偕身亡 學藝事業共世長 今石我玉一生攻 呑日吐月百年老).[7] '이제'와 '나'에게 집중하고 해와 달의 주인으로서 살려는 다석의 의지와 다짐이 잘 드러나 있다.

1922년 5월경에 다석이 지은 오산학교 운동가에는 다석의 역동적이고 주체적인 생명사상이 잘 나타나 있다. 첫 소절에서는 역동적인 우주 속에서 사는 인간의 생명을 '목숨 불'로 파악하였다. 후렴에서는 목숨 불로 파악한 인간이 입을 열면 "우레 울리고", 손을 들면 "번개치리라"고 하여 인간을 우주를 움직이는 주인과 주체로 보았다.[8]

1923년 1월 19일에 〈동명〉에 쓴 '자고 새면'은 '밤에 자고 날이 새면'을 뜻하며, 다석이 12,000일을 기념하여 쓴 글이다. 스스로를 '단단자'(斷斷子)라 하여 다른 모든 것을 끊고 끊어 주어진 생명에 충실하려고 했다. "오직 생명이니라. …… 오직 그때 그때의 나의 목숨을 크(靈)

게 할 것뿐이다. …… 영생을 믿노라. 영작대성(永作大成)할 대생명만을 좇아가노라."

생명의 완성을 추구하는 생명철학의 기본 논리를 다석은 성경에서 확인한다. "생명은 사람의 빛", "천하의 무엇보다도 귀한 것이 생명", "너희는 세상의 빛", "네게 있는 빛이 어두우면 그 어두운 것이 얼마나 어둡겠나뇨." 생명은 빛이고 가장 귀한 값을 가졌고 인간은 세상의 빛이며 자기의 속에 있는 생명의 빛을 밝혀 생명을 완성해 가야 한다는 것이 성경의 가르침이라는 것이다.

다석은 생명 완성은 기독교뿐 아니라 모든 종교가 지향하는 가르침이라고 하였다. "생명치(生命値, 생명의 가치)를 천상천하에 유독존한 것이라고 깨달은 석존은 생명 완성을 성불(成佛)이라 하였고, 생명광(生命光)을 천생덕심(天生德心, 하늘이 준 마음의 덕)으로 느낀 공자는 생명 완성을 성인(成仁)이라 하였고, 생명광을 신의 독생자라고 믿은 예수는 생명 완성을 천부(天父)의 완전하심과 같이 되는 것이라 하였도다."

다석은 현실에서 가장 신비하고 영광스러운 것은 생명뿐이라고 하였다. 그리고 세상의 모든 것은 "오직 이 생명을 거룩하게 이루게 하도록 쓰게 되는 경우에만 의미가 있고, 가치가 있다"고 보았고 '내'가 생명의 주체임을 선언하였다. 34세였던 1923년에 이미 다석은 "내가 곧 길이요, 진리요, 생명이니라"는 예수의 말씀을 예수 개인의 특별하고 배타적인 주장이 아니라 생명의 길을 가는 모든 인간의 대장부다운 주체적인 선언으로, 다시 말해 다석 자신의 말로 받아들였다.[9]

그리고 다석은 '남'에게서도 '존중한 생명'만을 봄으로써 더욱 깊고 풍성한 생명에 이르려고 하였다. "깬 사람의 생명의 환희를 접하게 되면 그 힘과 빛이 합치하여 피차의 복리가 배가할 것이요, 아직 못 깬 사람에 대하여도 그 깨기를 기다리는 동안에는 증오나 모멸이나 시기와는 다른 반대되는 자비의 힘과 인애(仁愛)의 빛이 내 생명 속에서 솟으리로다."[10] 더 나아가 다석은 집에서 기르는 짐승들에게서 생명의 기이함과 신비를 느끼려 한다. 밥에 대한 욕심과 고기를 먹고 싶은 욕구를 떠나서, 재산이라는 생각을 벗어나서 "생물 그 자체의 생명과 그 천성을 관조할 때엔 물아(物我)를 모두 잊고 명(命)의 신비와 생의 영광을 다시금 느낄지니라".[11]

다석은 이 글에서 생명을 주로 '빛'으로 보고 광학적인 빛, 태양광선과의 관계에서 생명을 설명하였다. 바람과 물, 동물과 식물의 "생성운용이 모두 태양광선의 작용"이고 "사람의 사지백체를 운동하는 힘도 태양광선에서 난 것"이고, "어떠한 명승이나 미색도 다 태양의 영광(榮光) 일부가 표현하는 것"이다. 또 햇빛이 책에 비칠 때 위대한 사상이 "현재 내 마음에 활약하게 되는 것이다". 그러나 태양은 무심하여 "일체의 함령(含靈, 인간)의 진선미를 돕는 때나 저 산천초목을 사조(射照)하게 되는 때나 똑같이 정진희사(精進喜捨)할 뿐"이다. 다석은 태양광선처럼 사람의 생명도 "오직 힘 있게 그날 그날의 생명의 빛을 방사(放射)" 해야 한다고 말했다.[12]

다석은 함석헌이 오산학교에서 가르치기 시작했던 1928년부터 1963년까지 35년 동안 YMCA 연경반에서 성경과 동양경전을 가르쳤다. 1935년에는 경기도 고양군 구기리로 이사하여 농사를 짓기 시작했다. 다석은 연경반 강의를 하면서 동양철학에 대한 탐구에 몰두하였고 1931년경부터 김교신의 성서연구 모임에 나가서 말하기 시작했다. 다석의 가르침에 크게 감동한 김교신은 "동양사람이 가장 심원하게 기독교를 이해하리라는 추측은 필경 적중할 듯하다"라고 했다.[13] 정통주의 신자들인 무교회 신앙인들에게는 성경보다 노자(老子) 이야기를 주로 하였다.

1937년 1월 3일의 성서연구모임에서 다석은 요한복음 3장 16절을 가지고 강론하였다. 예수의 '육신'이 아니라 예수가 하나님으로부터 받은 성령이 하나님의 '독생자'이며, '독생자'인 성령은 하나님의 생명이다. 하나님은 하나님의 생명인 성령을 사람의 마음속에 넣어 주셨다. 사람은 제 맘속에 하나님의 본성(씨)을 키워서 하나님과 하나 되는 것이 삶의 궁극적인 목적이다.[14] 사람의 맘속에 영원한 생명의 본성, 씨앗, 불씨가 있다는 것은 동양철학적 어법이며, 다석의 성경풀이는 성경에 대한 동양철학적 해석이었다.

이 시기에 다석은 '오늘의 삶'에 집중하는 생명철학에서 시작하여 유교, 불교, 도교의 동양철학적 생명사상에로 나아갔다. 기독교 신앙의 핵심을 견지하면서도 기독교의 교리적 종파적 울타리를 벗어나서 유교, 불교, 도교에 두루 통하는 보편종교적 관점에 이르렀다.

3. 숨과 기독교 신앙에로의 집중(1939~1943)

다석의 보편종교적 신앙과 철학은 오늘의 삶에 충실한 생명철학적 수행과 실천을 통해서 터득한 지혜를 나타내고, 동양철학과 서구사상에 대한 연구와 통찰을 통해 형성된 철학적 깨달음을 나타낸다. 도덕적인 노력과 실천에서 그리고 철학과 사상의 이해와 성찰에서 다석은 나름으로 최선을 다했으나 만족할 수 없었다. 그의 생명철학과 보편종교적 신앙은 지식과 이론에서는 두루 뚫리고 통하는 것이었는지 모르나 그의 정신과 심정에서는 부족하고 아쉬움이 있었다. 그리하여 다석은 '나'(의 정신과 영혼)를 깊이 파고드는 체험적인 사상과 철학을 추구하였다.

1939년에 쓴 '저녁찬송'은 다석 사상의 새로운 변화와 발전을 보여 주는 중요한 글이다. 그동안 그는 생명을 주로 '빛'으로 보고 빛처럼 날마다 힘 있고 뚜렷이 살 것을 강조하였다. 그러나 이 글에서는 빛보다 어둠이 중요함을 말하였다. 다석은 1922년경에 함석헌에게 "어둠이 분명 빛보다 크다"는 말을 하였으나 그동안 빛에 끌리어 어둠에 대해 분명한 생각을 하지 못하였다고 한다. 그러나 '자아'에서 벗어나 '무사'(無私)에 이르면 흑암이나 사망의 두려움이 없다고 하였다.

불이나 태양에 대한 숭배는 히브리 사상에서 부정되고 극복되었음을 다석은 시사한다. 창세기에 "(먼저) 저녁이 있고 아침이 있다" 하였고, 묵시록에 "새 하늘과 새 땅에는 다시 햇빛이 쓸데없다" 하였으므로 성경은 저녁에서 시작하여 저녁에서 끝난다고 '저녁'을 찬양하였다. "저녁은 영원하다. 낮이란 만년을 깜박거려도 하루살이의 빛이다." 다석은 태양의 빛은 물질을 대표하고, 어둠은 정신을 나타낸다고 보았다. 물질인 태양도 "우주의 한 작은 화로"에 지나지 않으며, "정신은 물질보다 크다"고 하였다. 빛은 등잔의 불꽃이라면 어둠(정신)은 등잔 속의 기름과 같다고 했다. "공(功)을 감추는 미와 힘은 등잔 속의 기름이요, 상(賞)을 타는 광영(光榮)은 심지 끝의 불이니라. 기름은 은밀한 가운데 계신 아버지의 영원하신 지시대로 감이요, 불은 버려진 세상의 한때 자랑이다." 다석은 어둠 속에서 생명의 불을 일구는 기름과 같은 정신의 세계를 추구하였고, "어둠을 꺼림은 하나님의 것을 도적하려는 자(생명을 사유하려는 자)"라면서 "영원한 저녁"을 그리워하였다.

어두운 저녁을 그리워한 다석은 '일을 하다 쉬는 것'(休息)과 '숨을 쉬는 것'(氣息)이 같은 쉼(息)이라는 데서 '사람의 본분'을 보았다. 숨과 일의 상호관련성을 이렇게 말했다. "숨은 피를 돌리기, 피는 양분을 옮기기, 양분은 일할 힘을 내기, 힘은 양분을 얻는 것과 목숨을 돌아보는 모든 일을 하기 위함이니 숨을 위한 일이요, 일을 위한 숨이로다."

사람의 삶의 근본과 본분이 숨과 쉼에 있음을 확인한 다석은 "쉼이 없는 쉼과 쉼이 없는 숨" 다시 말해 영원한 쉼과 영원한 숨을 추구하였다. '저녁찬송' 끝에 저녁(夕)과 숨·쉼(息)을 관련시킨 '식관'(息觀)이라는 한시(漢詩)를 남겼는데 마지막 소절에서 "많은 저녁에는 숨 쉼이 있어야 하고(多夕要息), 영원한 저녁에는 숨 쉼이 없다(永夕不息)"고 했다.[15] 많은 저녁에 숨을 깊이 쉼으로써 숨 쉼이 없는 영원한 안식에 이르려 했다. '저녁과 숨·쉼'에 대한 이 글의 생각은 다음 단계의 삶과 사상으로 발전하는 실마리와 기초가 되었다.

다석은 더욱 체험적이고 깊은 삶과 정신의 세계로 들어가기 위하여 삶과 정신의 큰 전환을 시작하였다. 1941년 2월 17일에 마음을 새롭게 하고 '예수정신'을 신앙의 기조로 삼아 일일일식(一日一食)을 시작하였고 다음 날 해혼(解婚) 선언을 한 뒤 아내와 오누이처럼 지내기로 하고 잣나무 널 위에서 자기 시작했다. 체험적인 신앙을 추구하던 다석은 1942년 1월 4일에 깊은 신앙체험을 하고 신앙시들을 써서 〈성서조선〉에 발표하였다. 이어서 1943년 2월 5일에 하늘과 땅과 자신이 하나로 뚫리는 깊은 깨달음의 체험을 하였다.[16]

50대에 이르러 '많은 저녁'이라는 뜻을 지닌 아호 '다석'(多夕)을 쓰기 시작한 것은 이러한 사상의 변화를 나타낸다. 그가 1939년에 '저녁찬송'을 쓸 때는 유영모(柳永模)라는 이름을 썼는데 1941년 8월 22일에 쓴 '기별 낙상유감'(〈성서조선〉 152호)부터 '다석재'(多夕齋)라는 아호를 쓰기 시작하였다.[17] '저녁찬송'에서 저녁과 숨 쉼에 생각을 집중한 유영모는 자신의 이름을 '다석'으로 정하고 새로운 사상을 글로 발표하였다. 일일일식을 시작하고 해혼 선언을 한 해인 1941년 '소식 1'(10월 21일)을 〈성서조선〉에 발표한 이래 '소식 2'(['려(欲)를 길러라', 11월 28일]), '소식 3'('눅임의 깃븜', 12월 5일), 1942년 1월 22일에 '소식 4'('우리가 뉘게로 가오리까')까지 '숨과 쉼'에 관한 네 편의 글을 썼다. 그리고 1942년 1월

10일에는 '부르신 지 38년 만에 믿음에 들어감', 1942년 2월 4일에 '이 것이 주의 기도요, 나의 소원이다'를 썼다.

이 기간에 쓴 글들의 관심은 '숨·쉼(消息)', '가온 찍기', '예수 – 기독교 신앙'에 모아져 있다. 먼저 '숨 쉼'에 대해서 살펴보자. 다석의 '숨 쉼'에 관한 논의는 역동적인 우주관과 주체적인 생명관을 바탕으로 전개된다. 다석의 역동적인 우주관과 주체적인 생명관은 일찍 형성된 것으로 보인다. 1918년 1월 28일 일기에 다석은 "큰 흙덩어리를 타고 거닐며 노는데 하늘 길은 끝없이 넓구나"(乘大塊, 逍遙兮 天道浩蕩)[18]라고 하였다. "큰 흙덩어리를 타고"는 우주의 무한대 속에서 지구를 타고 논다는 말로써 천문학과 물리학의 새로운 지식을 반영하고, "거닐며 노는데"는 《장자》의 '소요유'(逍遙遊)에 나오는 유기체적인 기철학을 시사한다. 우주의 크기와 운동에 대한 천문학적이고 물리학적 지식과 동양의 유기체적이고 통일적인 정기사상이 다석의 생명철학에 깊이 결합되어 있다.

'오늘', '여기', '나'에 관한 논의로 시작했던 다석의 생명철학은 '숨'에 관한 논의로 나아간다. 다석에 따르면 소식(消息)은 '숨', '목숨'(생명)을 소비하는 것으로 생활동정의 근본이며 생활동정은 다른 사람들에게 영향을 주므로 '소식'(消息)은 '소문', '통신'을 뜻하게 된다.

또 소식에는 기식(氣息)과 신식(信息)이 있다. 기식은 호흡으로 되고, 호흡의 기는 "천지간에 가득 찬 대기(大氣)"이며, 신식은 왕복으로 되는데 왕복의 신(信)은 "신인간(神人間)에 바로 놓인 성신(誠信)"이다. "대기는 생리의 본원이요, 성신은 윤리의 본원이다. 코로 숨쉬는 자, 대기의 자식이요, 맘(심정)으로 왕복하는 자, 성신의 자식이다."

다석은 먹고사는 살림보다 숨 쉬는 삶 자체를 더 근본적이고도 중요하게 여겼다. 천지간에 풍부하게 주어진 '대기'는 하늘이 베푼 양식이다. 따라서 다석은 감격하고 감사함으로 깊고 큰 숨을 쉬어야 한다고 역설한다.

　다석은 《장자》 '소요유'(逍遙遊)에서 천지의 깊고 큰 숨을 보았다. 다석의 '소요유' 풀이에 따르면 사시운행과 작용의 배후에 '절대한 기운'이 있고 덥고 추운 계절의 변화는 '천지 대기의 호흡'(息)이며, 대기는 "생물들의 호흡이 서로 부는 것"이다. 다석은 장자의 이러한 상상적 추리가 '실험적 분별'보다 깊이 진리를 꿰뚫고 드러내며, '법열적'(法悅的), '신앙적'(信仰的)이고 진선미(眞善美)를 함양하게 됨을 강조한다. 다석은 "천지간에는 정대(正大) 지고(至高)한 기가 충만하고, 만중(萬衆)의 근본은 기(氣)요, 인(人)의 본심까지가 그 기인 줄로 여긴" 옛 동양의 정기(正氣)사상을 끌어들인다. 또 《맹자》의 호연지기를 말하면서 "만물이 모두 나에게 갖추어 있다"(萬物 皆備於我)라는 관념 내지 신념, 신앙을 얻었다면서 정기사상과 '모든 것이 나에게 있다'는 주체사상을 결합시킨다. 그리고 "고금을 막론하고 기가 뚫린 사람에게는, 능히 대감격(大感激)을 가진 자", 즉 신앙을 가진 자이며 그런 사람에게는 하나님(아버지)이 이미 '큰 목숨'을 주셨다고 하였다. 숨 쉬는 일을 감격으로 하는 사람은 신앙을 가진 사람이라는 것이다. 오히려 불신자는 《맹자》의 호연지기도 곡기(穀氣)에서 왔다면서 "먹어야 사는 줄"만 알고 대기의 존재를 직감할 수 없는 사람들이다. 다석은 대기를 넘어서 천지만물의 모든 형태와 변화가 다시 말해 "공간이란 이로(理路)를 통하고 시간이란 사연(事緣)을 벌려서 오인(吾人, 우리)에게 감촉되는 것이 모두 소식이요, 신식(信息)"이라고 했다.[19]

　다석은 우주의 무한한 시간과 공간을 말하면서 대기를 숨 쉬고 사는 인생의 작고 덧없음을 말한다. 그리고 '오늘', '이제'에 충실하여 '나'를 갈고 닦으려 힘썼지만 '나'와 '숨'이 일치하지 않고, '이제'와 '나'가 하나로 되지 못함을 절감하였다. 시간과 생명의 참된 주체가 되지 못하였다는 것이다. 다석은 '이제'와 '나'에 대한 성찰을 통해서 무한한 시간과 공간 안에서 숨쉬는 '나'는 덧없는 존재이며 시간과 공간, 생명(숨)의 주인이 될 수 없음을 깨달았다. 시간과 공간을 내 뜻대로 쓸 수 없는 '나'는 무한한 우주의 시공(時空)에 비하면 '무'(無), '영'(零), '점'(點)에 지나지 않는다. 다석은 그동안 '나'를 갈고 닦기 위해 순간순간의 시간을 붙잡으려 애를 썼으나 시간의 '이제'와 생명의 '숨'과 하나로 되지 못하고 '이제'와 '숨'의 주인이 되지 못함을 절감하였다. 내가 시간과 공간의 주인이 되려고 할 때 "시간은 '이제'란 칼날로 닳고, 공간은 '여기'라는 이(齒端)로 물어 넘긴다. 금인(今刃, '이제'라는 칼날)에 깎이고 자치(玆齒, '여기'라는 이빨)에 씹히는 인생이다." '내'가 시간과 공간의 주인 노릇을 할 수 없음을 절감한 다석은 이제까지 '오늘살이'에 힘쓰고 '나'를 갈고 닦아서 "시간에 공(功)을 쌓고 공간에 덕(德)을 펴려는" 도덕적·종교적 노력의 살림의 파산을 선언하였다.

그리고 영원한 시간과 무한한 공간을 주관하실 이는 하나님이며, '나'는 위치만 있고 존재는 없는 것임(位而無)을 확인하고 모든 것을 숨쉼(消息)으로 파악한다. "우주는 소식이요, 하나님은 소식주(消息主)시요, 나는 소·식이다." '나'는 하나의 숨쉬는 점(點)일 뿐이라는 것이다. 다석은 '숨쉬는' 하나의 '점'이 됨으로써 숨(생명)과 일치되고 시간과 공간에서 해방되어 시간의 '이제'와 공간의 '여기'의 주인이 되려고 하였다. 어떻게 숨(생명)과 시공(時空)의 주인이 될 수 있는가? 다석은 이미 대기를 숨 쉬는 기식(氣息)과 하나님과 인간의 소통인 신식(信息)을 구별하였다. 사람은 시간과 공간의 주인이며 숨(消息, 생명)의 주인인 하나님과 소통하고 관계함으로써 시간과 공간의 주인이 되고 숨과 생명의 주인이 되고 자유롭게 살 수 있다. 그러나 다석은 이제까지의 '오늘살이'를 부정하거나 포기한 것은 아니다. "공덕을 지으려던 틀 두어 개를 여기 내놓고 앞서 살림을 파산하겠다"고 함으로써 이전의 살림에서 기본 생각을 살려가겠다는 것을 분명히 하였다. 그러고는 자신의 다짐을 이렇게 말하였다. "'이제'를 돌삼아서 '내'란 옥을 닦으련다. 지나간 시간은 못 좇나니, 오직 '이제' 내 때로다. 사는 날 닦는 때로만 우리 백년 하리라."[20]

다석은 '소식 2'의 '려(欲)를 길러라'에서 자연생명이 다차원적이고 중층적인 본성을 지니고 있으며, 생명의 욕망이 진화의 발전 단계에 따라 달라진다고 하였다. 흙과 돌은 물성을 따라 편히 있으려 하고 바람과 물은 힘의 흐름을 따르려 하고 생물은 자라고 번식하려 하는데 인간은 하늘을 지향하고 하늘에 이르려 한다. 생물이 땅에 엎드려 살다가 하늘을 향해 꼿꼿이 일어서서 살게 된 것은 "지심에서 천심으로 간 것이다". 따라서 지심에서 천심으로 가는 것이 인간의 자연이고 본성이다. "지심(地心)을 딛고, 일심(日心, 광명하고 열렬하게)에 살매, 천심(天心, 無私卽子步, 太虛)에 이르는 것이 인심의 이(利)다. 인심의 이를 고동(鼓動)하는 것은 이성이요, 고혹하는 것은 정욕이다. 천심, 일심, 지심, 물심, 인심을 도모케 하여 도심이라 하면 진리다. 자연이다."[21] '소식 1'에서 우주의 시공과 '나'를 한 점으로 만들고 신과 소통하려 했다면 '소식 2'에서는 우주와 자연생명의 총체적 본성과 욕구를 인간의 자리에서 종합적이고 총체적으로 실현하려고 하였다. 지심(땅의 본성)에서 천심(하늘의 본성)에 이르는 것을 인간의 자연과 본성으로 보고, 하늘에 올라 하늘의 본성에 따라 살려는 인간의 본성적 욕망을 고동(鼓動)시키는 것이 이성(理性)이고, 천심·일심·지심·물심·인심을 총체적으로 움직이고 실현시키는 것이 도심이고 자연이라고 하였다. 지심을 딛고 일심에 살며 천심에 이르는 것이 인심에 이로운 것이며, 인간의 자연과 본성을 실현하고 완성하는 것이다. 땅(물질)을 딛고 하늘(空虛와 神靈)로 솟아오르는 것이 인간의 본성을 실현하는 것이고 인간에게 이로운 것이다. '나'와 세상을 한 점으로 찍고 하늘을 향해 위로 솟아올라 앞으로 나가는 것이 다석의 '가온 찍기'의 핵심 내용이다.[22]

일일일식을 하고 해혼 선언을 하고 널 위에서 자기 시작함으로써 겉으로는 엄격하고 철저하여 차갑게 느껴지지만 속으로는 생명의 따뜻함과 기쁨과 해방을 추구하였다. 1941년 12월 5일에 쓴 '소식 3'(녹임의 기쁨)에서 이런 변화를 밝혔다. 이제까지의 삶은 "그저 옳게 하겠다"는 애씀과 힘씀이었는데 이것은 "마치 갈길 듯 불려던 매운바람이었고, 깨끗하기를 원하였던 것은 쌀쌀히 얼어붙으려던 눈"이었다고 하였다. 다석은 "그 굳어만지던 목숨 속에 다시 한 번 녹임이 돌아온다"고 하였다. 그리고 이러한 '녹임'이 있어야 엄혹한 겨울과 같은 '늙음'과 '죽음'의 봉우리를 넘을 수 있고, 넘은 다음에 "고원(高原)에 큰 봄을 맞을" 수 있다. 다석은 1941년이 자신의 일생의 '그루봄'(둘째 봄)으로 여겨진다고 하였다. 이것은 다석이 자신의 살림을 버리고, '나'를 한 점으로 찍어 버리고 "아버지[하나님] 집의 삶"을 살기 시작함으로써 주어진 기쁨이고 따뜻함이며 해방이었다.[23] 이런 변화를 경험한 후에 다석은 더욱 부드러워지고 너그러워졌으며, 강의 시간에 자신의 시에 가락을 붙여 노래를 부르기도 하고 어깨춤을 덩실덩실 추기도 하였다.[24]

다석이 이렇게 '저녁'의 어둠 속에서, 하나의 '점'으로서 '숨쉬는' 기쁨에 이른 것은 우주 생명(숨)의 주인인 하나님과의 인격적 관계를 강조하고 하나님과의 관계와 소통 속으로 들어간 것과 일치한다. 그가 기독교 신앙을 다시 강조하게 된 것은 우주와 생명에 대한 철학적 이해에 머물지 않고, 그 깊이와 높이에서 체험적으로 주체적으로 경험하고 체득한 것을 뜻한다. 그가 일일일식과 해혼 선언을 한 후 1년쯤 지나서 체험적이고 고백적인 변화가 시작되었다. 이런 변화는 1942년 1월 10일에 쓴 '부르신 지 38년 만에 믿음에 들어감'과 1942년 1월 22일에 쓴 '소식

4'('우리가 뉘게로 가오리까'), 1942년 2월 4일에 쓴 '이것이 주의 기도요, 나의 소원이다'를 통해서 글로 표현되었다.

다석이 이 시기에 쓴 글을 보면 기독교 신앙과 정신에 집중하고 있다. 이렇게 기독교 신앙에 깊이 들어가게 된 것은 사상과 정신 활동의 자연스러운 발전과 귀결이다. 〈성서조선〉을 통해서 김교신과 같은 정통주의 신앙인들과 사귐을 가진 것도 다석이 기독교 신앙에 돌아오는 데 영향을 주었다고 생각된다.

다석은 1942년 1월 4일 새벽에 아내가 치통으로 괴로워하던 자리 옆에서 아내의 치통이 낫기를 기도하다가 깊은 깨달음과 영적 체험을 하였다. 기도 가운데 전 허공계가 '마귀의 안개'(魔霧)임을 깨닫고 마귀의 안개를 헤치는 데는 성신(聖神) 없이는 불가능하다고 믿었다. "게으름과 족한 줄 모름에서 몸은 사람의 짐이 되고 육이 병의 보금자리가 된 것을 보고 게으름을 제치고 모든 미련을 떼고 앞만 향해 내처서 가야 살 것"을 보았다. 다석은 뒤(과거)는 죽은 것이요, 죽은 것을 지키고 있다가는 죽음에 그칠 것이라고 여기고, '뒤에 죽을 것'(육체의 삶)을 거두어서 '앞의 삶'(새로운 삶)에 양식으로 이바지를 함으로써 '성한 몸', '새 생명을 여는 몸'이 될 것을 보았다. 이렇게 앞으로 나가는 '이기는 목숨' 앞에는 병도 침범치 못하고 침범된 병도 물러나고 없어질 것으로 여겼다. 다석은 일찍이 "내게 실천력을 주는 이가 있으면 그가 곧 나의 구주(救主)"라고 말했다. 예수를 따르되 예수에게서 직접 실행력이 주어지지 않는 한 예수만 바라보는 것은 의미가 없다는 말이었다. 다석은 이 날 "예수의 이름은 오늘도 진리의 성신(聖神)으로 생명력을 풍성하게 내리신다"고 증언하였다.

다석은 1942년 1월 4일에 "아버지 품에 들어갔다"면서 이날을 자신이 거듭난 날(重生日)로 선언하였다. '38년 만에 믿음에 들어감'에 실린

'믿음에 들어간 이의 노래'에서 "나는 시름없고나, 이제부터 시름없다. …… 내 것이라고는 다 버렸다. '죽기 전에 무엇을 할까'도, '남의 말은 어쩔까'도 다 없어진 셈이다"라고 '사적(私的) 자아'를 깨트리고 자유에 이른 것을 선언하였다. 그의 자유는 '몸의 욕망'을 잊고, 낯(체면)을 벗고, '마음'을 비우는 데서 오는 것이고 '주'(예수)를 따라 '하나님의 말씀'을 이루기 위한 것이다. 요한복음 1장 4절 "생명이 말씀에 있으니, 생명은 사람의 빛이라"를 다석은 자신이 거듭난 날인 1월 4일과 결부시켰다. 그리고는 요한복음 7장 53절과 8장 1절의 말씀을 깊이 새긴다. "[예수를 비난하던 못된 무리들은 날이 저물매] 다 각각 집으로 돌아가고 (7:53), 예수는 감람산으로 가셨다(8:1)." 다석은 집을 "모든 타성과 미련을 빚어내서 살길보다 죽을 길로 통케 되기 쉬운 데"라고 하였다. 머리를 둘 곳(집)이 없다고 한 예수는 "저문 날에 혼자 산으로 가셨다 함이 두렵고도 그립습니다"라고 하면서 다석은 "아, 한울 향한 산이여, 기도할 곳이여!" 하고 탄식하였다.[25] 저녁에 홀로 기도하러 산으로 간 예수, 집 없는 예수를 그리워하고 집 살림을 하는 자신의 삶을 두려워한 다석은 이름을 '많은 저녁'(多夕)이라 하고, 집에 있으나 하늘을 향해 기도하는 산(山) 생활을 추구하였다. 다석이 죽기 3년 전에 죽음을 맞고자 삼각산으로 가출한 것은 예수처럼 산에서 죽기를 바랐기 때문이다.

1942년 1월 22일에 쓴 '소식 4'('우리가 뉘게로 가오리까')에서는 기독교 신앙을 더욱 분명히 밝혔다. 노자, 석가, 공자의 한계를 지적하고, '인자(人子) 예수'에 대해서 이렇게 말했다. "말씀(道)으로 몸 일으고 뜻을 받아 맘 하시니, 한울밖에 집이 없고, 걸음걸인 참과 옳음! 뵈오니 한나신아들(獨生子) 예수신가 하노라." 다석은 '뜻'을 풀이하여 "우주 전체의 생명이 서로 사랑함으로 하나가 되게 하시려는 아버지의 뜻"(요 17:22, 23)이라고 하였다. 다석이 이해한 기독교 신앙의 목적은 우주 전체의 생명이 서로 사랑함으로 하나가 되게 하는 데 있다. 다석은 예수가 '묵은 누리'(낡은 세상)의 돌받침을 깨트리고 '하늘 문'을 세우셨다고 하였다. 이로써 "새 천지의 개벽"은 시작되고 인간은 "천문(天門)으로 통하게 되었다."[26]

1942년 2월 4일에 쓴 '이것이 주의 기도요, 나의 소원이다'는 주기도문을 다석이 나름대로 풀이하여 자신의 소원을 밝힌 글이다. 다석은 여기서 주기도문을 매우 적극적으로 해석하였다. 주기도문과 다석의 풀이를 비교하면 그 차이가 분명해진다. 그리고 그 차이를 보면 다석의 기독교 신앙이 더욱 적극적이고 실천적인 것임을 알 수 있다. 주기도문과 다석의 풀이가 달라지는 것은 다음 부분이다. "우리가 우리에게 죄지은 자를 사하여 준 것같이 우리 죄를 사하여 주시옵고 우리를 시험에 들게 하지 마시옵고 다만 악에서 구하옵소서. 나라와 권세와 영광이 아버지께 영원히 있사옵나이다. 아멘"(마 6:12-13). 이것을 다석은 이렇게 바꾸었다. "우리가 서로 남의 짐만 되는 거짓 살림에서는 벗어나서 남의 힘이 될 수 있는 참 삶에 들어갈 수 있게 하여 주시옵소서. 우리가 세상에 끄을림이 없이 다만 주를 따라 옿으로 솟아남을 얻게 하여 주시옵소서. 사람 사람이 서로 널리 생각할 수 있게 하옵시며 깊이 사랑할 수 있게 하옵소서. 아버지와 주께서 하나이 되사 영 삶에 계신 것처럼 우리들도 서로 하나이 될 수 있는 사랑을 가지고 참말 삶에 들어가게 하여 주시옵소서. 아멘."

첫째, 주기도문은 "우리에게 죄 지은 자를 사하여 준 것같이 우리 죄를 사하여 주옵시고"라고 하여 '죄의 용서'를 구하는 것인데 다석은 "우리가 서로 남의 짐만 되는 거짓 살림에서는 벗어나서 남의 힘이 될 수 있는 참 삶에 들어갈 수 있게 하여 주시옵소서"라고 바꾸었다. 우리말 주기도문에서 '죄'로 번역된 내용이 그리스어 본문과 라틴어 본문에서는 '빚'으로 해석된다. 아람어에서 '빚'은 '죄'를 뜻하기도 하였다. '죄'가 도덕적·법적 개념이라면 '빚'은 사회경제적 관계 개념이다. 성경과 기독교의 언어와 사고가 철저히 하나님과 인간, 또는 이웃과 '나'의 관계 속에서 형성된 것임을 감안하면, 이스라엘에서 '타자'에 대한 '부담'을 뜻하는 '빚'이 '죄'와 상통하는 말로 쓰인 것은 당연하다고 생각된다. 본래 '죄'는 성경에서 하나님 또는 타자에게 저질러진 것이거나 그 결과로 이해된다. 이에 대하여 다석이 쓴 '짐'이라는 말은 '빚'보다 사회경제적 관계와 역사적 상황을 구체적이고 실질적으로 나타낸다. '빚'이 사회경제 관계를 나타내는 중립적 개념이라면 '짐'은 민중의 사회경제 관계와 상황을 직접적으로 나타내는 말이다. 사회와 역사의 바닥에 있는 사람일수록 무거운 짐을 지도록 강요되고 힘과 돈과 꾀가 많아 높은 자리에 올라갈수록 짐을 남에게 떠넘긴다. 힘 있는 사람들이 짐을 서로 떠넘김으로 결국 힘없는 이들에게 무거운 짐이 굴러 떨어지는 사회는 무정하고 불의하며 위선적인 사회다. 불의하고 부정한 사회관계 속에서 서로 남의 짐이 되는 거짓 살림이 이루어진다. 다석은 이러한 거짓된 사회생활에서 벗어나 "남의 힘이 될 수 있는 참삶에 들어갈 수 있게" 하여 달라고 기도한다. 위로부터 하나님이 주시는 힘을 얻어 남의 힘이 되는 것이 '참삶'이다. 다석의 이러한 주기도문 풀이는 세상의 무거운 짐을 지고 신음하는 이들에게서 무거운 짐을 벗겨 주고 밥상공동체를 이루려한 예수의 삶과 정신에 부합된다.

둘째, 주기도문의 본래 내용은 "우리를 시험에 들게 하지 마시옵고 다만 악에서 구하옵소서"인데 "우리가 세상에 끄을림이 없이 다만 주를 따라 옿으로 솟아남을 얻게 하여 주시옵소서. 사람 사람이 서로 널리 생각할 수 있게 하옵시며 깊이 사랑할 수 있게 하옵소서"로 바뀌었다. 시험에 들지 않게 하고 악에서 구해 달라는 기도는 소극적인 최소한의 기도이다. 다석은 적극적으로 "주를 따라 옿으로 솟아남을 얻게 하"고 "서로 널리 생각할 수 있게 하옵시며 깊이 사랑할 수 있게" 해달라고 기도한다. 주기도문이 예수운동의 걸음마 단계에서 어린이가 드리는 소극적이고 최소한의 기도라면 다석의 기도문은 예수운동의 성숙한 단계에서 어른이 드리는 적극적이고 실천적인 기도이다. "주를 따라 하나님께로 나아가고 서로 사랑하는 것"은 예수운동과 예수정신의 핵심적이고 근본적인 내용이다. 다석은 기독교 신앙의 핵심적이고 근본적인 내용을 적극적으로 드러냈다.

셋째, 주기도문에 나오는 "나라와 권세와 영광이 아버지께 영원히 있사옵나이다. 아멘"은 "아버지와 주께서 하나이 되사 영 삶에 계신 것처럼 우리들도 서로 하나이 될 수 있는 사랑을 가지고 참말 삶에 들어가게 하여 주시옵소서. 아멘"으로 바꿨다. 주기도문에 나오는 이 구절은 본래 고대 사본에는 없는 것으로서 후대에 첨가한 것으로 추정된다. "나라와 권세와 영광"은 국가를 권력과 영광의 관점에서 보는 국가주의적 사고의 흔적을 드러낸다. 다석의 풀이는 이러한 국가주의적 사고의 흔적을 말끔히 없애고 공동체적이고 영적인 내용으로 바꾼 것이다. 하나님께 모든 것을 돌리는 신앙에서 하나님의 영원한 생명을 따라서 "서로 하나이 될 수 있는 사랑"으로 참된 삶에로 들어가는 신앙을 내세운다.

다석은 오직 한 가지 소원을 가지고 있다. 하나님의 뜻대로 '누리'(세상)를 하나 되게 하는 것이다. 그런데 누리를 하나 되게 할 이는 '옳으신 그 어른', 하나님, 예수 그리스도이다. 누리를 하나 되지 못하게 하는 것은 무엇인가? "만물보다 거짓된 '나'의 마음"이다. 다석의 기도는 "거짓된 나의 마음을 뿌리째 뽑아버려" 달라는 것이다. 그러면 "그 뿌리 뽑힌 속의 속에서 용솟음쳐 나오는 샘물이 강이 되어 흐를" 것이다.

다석은 이제 하나님을 아버지로 그리워하며 하늘 아버지의 힘으로 산다. "하늘로 내려와 내 속을 만드시고 채우시는 어버이의 크신 허락이 …… 나와 내 손에 쥐어졌으니 …… 내게 보내시는 사랑과 생명의 보급을 호흡해 이 몸을 피이며 살으리."[27] "내 속을 만드시고 채우시는 어버이 …… 내게 보내시는 사랑과 생명의 보급"에서 하나님의 창조자적 주체성과 은총이 부각되고, "(어버이의 크신 허락이) …… 나와 내 손에 쥐어졌으니 …… 호흡해 이 몸을 피이며 살으리"에서는 '나'의 능동성과 적극성이 강조된다. 신의 은총과 인간의 주체성이 함께 강조된 것이 다석 사상의 특징이다.

다석은 기독교 신앙의 집중을 통해서 '나'를 한 점으로 무화시키고 부정하며 깊은 체험과 깨달음을 통해서 하나님과 소통하고 교류하는 삶의 자유와 기쁨을 얻었다. 이 시기에 가온 찍기의 철학과 하나님을 아버지로 모시고 하나님의 아들로서 사는 효의 신학이 형성되었다.

4. 동양문명의 뼈에
서양문명의 골수를 넣는 철학(1943~1981)

다석이 50대 초반에 기독교 신앙에 집중했는데 이러한 기독교 신앙에의 배타적 집중은 오래 지속되지 않았다. '나'를 하나의 점으로 만들고 부정하는 '가온 찍기'의 철학, 하나님의 아들로서 하나님을 어버이(아버지)로 섬기는 효의 신학은 그 이후에도 계속 강조되었으나 기독교 신앙에의 집중은 다시 약화되고 있다. 1943년 천지인 합일 체험 이후의 글에는 '예수만!'이라는 신앙은 나타나지 않는다. 이 시기에 쓴 글로는 '제소리'(〈새벽〉, 1955년 7월 호)가 있고. 1956년 10월 17일~1957년 9월 13일에 행한 연경반 강의의 속기록을 풀어낸 《다석강의》, 1955~1975년의 《다석일지》가 있다. '제소리', 《다석강의》, 《다석일지》에는 1955

년 이후 자신을 온전히 불살라 하나님께 제사 지내는 삶을 추구했다는 점에서 다석 사상이 내용적으로는 철저하고 근본적으로 성경과 기독교 신앙에 충실했지만 기독교의 교리와 종파적 울타리에서는 벗어나고 있다.

이렇게 시작된 다석 사상의 넷째 시기는 동서고금의 정신과 사상을 회통함으로써 좀더 깊고 자유로운 사상과 정신의 경지에 이른 사상의 완성기이다. 청소년기에 기독교 신앙에 빠졌다가 기독교의 울타리를 넘어서 동양의 종교사상과 생명철학에 깊이 몰두했고, 다시 한 번 기독교 신앙에 깊이 들어갔다가 천지인 합일 체험을 거쳐 동서양의 정신과 사상을 아우르는 대종합의 사상에로 나아갔다. 이렇게 두 차례씩 동양과 서양의 정신에 깊이 빠져드는 경험을 했기 때문에 다석은 동서양의 정신문화를 옹글게 통합하는 사상을 형성할 수 있었다. 다석은 동양정신과 서양정신의 성격과 개성을 살려내고 드러내는 방식으로 통합하였다. 기독교 신앙과 정신, 민주정신과 과학사상, 동아시아종교사상과 한국전통사상이 각기 더욱 철저하고 심화된 형태로 다석의 삶과 사상 속에 구현되고 통합되었다. 다석은 이것을 "동양문명의 뼈에 서양문명의 골수를 넣는다"는 말로 표현했는데, 동양과 서양 사이에 주종관계나 선후관계를 따지지 않고, 양쪽을 전적으로 긍정하고 수용하는 방식으로 동서정신문화의 종합에 이르렀다.[28]

1) 다석의 천지인합일체험과 대종교의 삼일철학

다석의 천지인 합일체험과 삼일철학 연구

다석 사상의 넷째 단계로의 변화는 어떻게 이루어진 것일까? 1942년 2월 4일에 쓴 "이것이 주의 기도요, 나의 소원이다" 이후 1955년 7월에 〈새벽〉에 발표한 '제소리' 이전까지 13년 동안 다석은 글을 발표하

지 않았다. 이 기간에 어떤 일이 있었던가? 1942년 3월에 〈성서조선〉
사건'으로 57일 동안 옥고를 치렀고 1943년 2월 5일에는 북악산(北岳
山) 산마루에서 하늘과 땅과 자신이 하나로 되는 큰 체험을 하였다.[29]
이어서 1945년에 김교신의 죽음을 겪고 해방의 혼란과 6·25전쟁의 참
극을 경험하였다. 이러한 일련의 사건들이 다석의 삶과 사상에 영향을
주었겠지만 천지인 합일 체험이 다석의 사상과 정신에 가장 큰 영향을
주었다고 생각한다.

　다석은 1943년 2월 5일(음력 설날) 이른 아침에 북악 마루에서 천지
인 합일 체험을 하였다. 이때 지은 시구는 다음과 같다.

　　　瞻徹天 潛透地
　　　申身瞻徹極乾元氣 · 沈心潛透止坤軸力 · [30]

　　　우러러 하늘 트고 잠겨서 땅 뚫었네
　　　몸 펴고 우러러 끝까지 트니 하늘 으뜸 김 가운데
　　　맘 가라앉혀 잠기고 뚫어서 땅 굴대 힘 가운데 디뎠네
　　　(박재순 새김)

　이 글에서 다석은 하늘과 땅과 하나로 된 자신의 체험을 표현하였다.
그에게 천지인 삼재의 합일은 이론이나 철학 이전에 몸과 마음으로 체
험되는 사건이고 실재였다. 천지인 합일의 철학과 논리는 우주와 인간
의 존재와 삶을 설명하는 것이기 이전에 삶의 실재이고 실천의 논리였
다. 따라서 그는 '하늘과 땅과 자신'이 하나임을 체험하고 '하나'를 붙잡
고 '하나'를 지향하였다.

　이 체험 이후 '제소리'를 발표하기까지 다석은 한글의 천지인(天地人)

철학과 한국종교문화사상에 대한 연구에 몰입한 것으로 보인다. 이 시기에 대종교 3대 교주 윤세복과의 교류를 갖고, 《천부경》, 《삼일신고》 등 삼일철학에 대한 연구를 했을 것으로 추측된다. 1955년 4월 27일의 일지에 따르면 다석은 금석호 장로에게 '삼일철학합편일책'(三一哲學合編一冊)을 주었다.[31] '삼일철학합편일책'은 대종교의 경전인 《삼일신고》, 《신리대전》(神理大典), 《회삼경》(會三經) 등을 포함한 《역해종경(譯解倧經) 4부합편》이다. 삼일철학으로 불렸던 이 책은 1949년에 대종교에서 간행되었다. 대종교를 창시한 나철은 삼일신고에 근거하여 한민족의 정통 철학을 '삼일철학'(三一哲學)이라고 하였다. 1955년에 쓴 '제소리' 이전의 글에서는 한글철학이나 3·1철학에 대한 언급이 나오지 않다가 '제소리'에서부터 한글철학과 천지인 합일철학이 중요하게 나온다. 다석이 '기'(氣)를 '김'으로 번역하는 것은 《역해종경(譯解倧經) 4부합편》의 영향이라고 생각된다.[32] 다석은 대종교에서 중요하게 여기는 《천부경》을 번역했고 《삼일신고》에 나오는 성통공완(性通功完)이라는 말을 중요하게 받아들여 자주 언급하였다. 한국전통사상의 핵심을 나타내는 것으로 여겨지는 《삼일신고》 5장 진리훈의 문귀 '성통공완시'(性通功完是)를 다석은 "바탈을 트고 마틈을 마츰이 이다"(바탈을 싹트게 하고 자기 사명을 완성하는 일이 나의 일이다)로 풀이한다(1955년 10월 6일 다석일지). 《삼일신고》 3장 천궁(天宮)에 "안으로 본성을 통하고 밖으로 사명을 이룬 사람은 영원한 즐거움을 얻는다"(性通功完者 永得快樂)라고 했다.[33]

그러나 다석은 《천부경》에 대한 연구와 해설을 계속하지도 않았고, 대종교나 《삼일신고》의 내용에 대해서 그 이상 언급이나 논의를 하지도 않았다. 대종교의 '삼일철학'을 깊이 연구하고 검토한 다음 그 나름의 독자적인 철학을 형성해 갔다고 생각한다. 다석은 "바탈을 트고 인간의 사명을 완성한다"(性通功完)는 삼일철학의 가르침을 중요하게 받아들여 자신의 철학에서 밑돌로 삼았다. 사람의 바탈이 하늘과 통하고 영원에 닿아 있다고 보고, 바탈(속알)을 뚫고 살려서 자기 생명의 목적과 사명을 완성하려고 했다. 다석에게 바탈을 트는 것은 하늘, 하나님, 성령과 통하는 것이다. 그는 중용을 줄곧 뚫림으로 보고 바탈을 줄곧 뚫어서 성령, 말씀, 하나님과 통하는 것이라고 했다. 다석에게 바탈(본성)을 통하는 것은 바탈을 뚫고 비움으로써 신과 통하여 생명을 완성하는 것이다. 바탈을 튼다는 것은 하늘(神)과 통하는 것이다. 이것이 천지인 합일을 이루는 것이고, 하나님 아버지와 사귀는 것이다. 이것은 다석의 사상에서 한국전통사상과 기독교 사상을 결합하는 핵심 개념이자 원리가 되었다.

다석의 한국전통사상 연구는 한글과 우리말에 집중되었다. 1955년에 발표한 '제소리'에서 천지인 삼재사상에 기초한 한글 풀이를 제시하였다. 그리고 다석일지에서 한글에 대한 연구와 풀이를 계속하였다. 다석은 우리말과 한글 연구를 통해서 한국전통사상과 기독교 사상의 만남을 추구하였다.

여기서 다석 사상의 성격과 시대적 의미를 밝히기 위해서 한민족의 정통철학으로 제시된 대종교의 삼일철학과 비교할 필요가 있다. 나철을 중심으로 대종교의 삼일철학을 살펴본 다음 다석의 천지인 합일철학과 비교하려고 한다.

대종교의 삼일철학

1909년에 대종교를 세우고 1대 교주가 된 나철은 1911년에 《신리대전》(神理大典)을 발간하고 《삼일신고》를 깊이 연구하면서 '삼일철학'을 한민족의 정통철학으로 내세우고 포교에 힘썼다. 나라를 잃은 한민

족은 대종교의 삼일철학에 크게 호응하였으며 주시경, 신채호, 정인
보, 안호상 등 수많은 민족지도자들이 합류하였고 신도수가 30만 명
에 이르렀다. 대종교는 만주를 중심으로 독립운동에도 힘썼으며 무장
투쟁의 중심에 섰다. 만주에서 군관학교를 설립하여 항일투사 양성에
힘쓰고, 북로군정서(北路軍政署)를 주도하며 무장독립운동을 적극적으
로 전개했다. 1920년 10월, 대부분 대종교인으로 조직된 독립군은 백
포종사(白圃宗師) 서일(徐一)의 지휘 아래 김좌진(金佐鎭)·나중소(羅仲
昭)·이범석(李範奭) 등의 통솔을 받아 화룡현의 청산리전투에서 큰 전
과를 올렸다.

나철의 삼일철학은 인간과 세계를 설명하는 종교적·철학적 원리이
고 체계였다. 삼일철학의 논리는 "체성(體性)에서 볼 때는 하나요, 작용
(作用)에서 볼 때는 셋이라는 '三一'의 논리이다."《삼일신고》는 삼일철
학을 삼신일체론(三神一體論)과 삼진귀일론(三眞歸一論)으로 설명한다.
삼신일체론은 우주의 생성경로와 만물의 존재관계를 셋이면서 하나인
한얼(三一神)로 설명한다. 삼일신(三一神)은 "합하면 위없는 첫 자리에
계신 일신(一神)이고 나누면 하늘을 생하는 대덕, 무수한 세계를 주재
하는 대혜와 많고 많은 만물을 만드는 대력으로 삼분된다". 우주의 생
성은 대덕과 대혜와 대력이라는 작용의 속성을 가지면서 체성에서 하
나인 한얼(一神)로 비롯된다. 또한 만물의 존재 관계는 한얼의 작용면
인 덕·혜·력의 이법이 크게 편재함으로써 질서가 유지되고 운행이 가
능해진다는 것이다.

나철은 그의 《신리대전》에서 '삼일신고'의 논리를 이렇게 설명했다.
"'한얼'은 '한임'과 '한웅'과 '한검'이신데, '한임'은 '만들어 됨'(造化)의 자
리가 되시고, '한웅'은 '가르쳐 됨'(敎化)의 자리가 되시고, '한검'은 '다스
려 됨'(治化)의 자리가 되신다"(역해종경 신리대전 54쪽). 나철은 신이 하

늘에서는 '위'가 되고, 물질세계에서는 '비롯'이 되고 사람에게서는 '먼저'가 된다고 하였다. 또한 "하나는 셋의 몸이 되고, 셋은 하나의 쓰임이 된다"고 하였다(《역해종경》 65쪽).

삼일철학은 인간이 하늘로부터 받은 성·명·정(性命精)을 닦아서 한얼에게 돌아가 성통공완에 이르는 것에 대해서는 삼진귀일론으로 설명한다. 《삼일신고》 진리훈에서는 인격의 상하등급이 되는 내역과 각 사람이 '한얼'에 합일하는 참다운 품성을 회복시키는 방법에 대하여 다음과 같이 밝힌다. "사람과 만물이 한 가지로 셋의 참함을 받았으니 곧 성과 명과 정이다. 사람은 그것을 온전히 했고 만물은 치우쳤다. 참다운 성품은 착함도 악함도 없으므로, 상등가인(上等嘉人)이 통하고, 참다운 목숨은 맑음도 흐림도 없으므로 중등가인(中等嘉人)이 알고, 참다운 정기는 두터움도 엷음도 없으므로 하등가인(下等嘉人)이 보전하는데, 참함에 돌이키면 한얼(一神)이 될 것이다(《삼일신고》 진리훈 역해종경 27쪽). '참'이라는 면에서 진성(眞性), 진명(眞命), 진정(眞精)이 하나로 이어지는 것이므로 오로지 참에 돌아갈 때 한얼이 될 수 있다는 것이다. 본래부터 품수한 참을 회복하고 돌이키는 것은 그 내용에 있어 삼진이 한얼에 모이는 것을 뜻한다. 성명정은 작용하는 면에서 인성이 구분된 것이고, 이로부터 상철·중철·하철의 구별이 생긴다. 상철은 선악이 없는 성에 통한 사람이고, 중철은 청탁이 없는 명을 안 사람이고, 하철은 후박이 없는 정을 보유한 사람이다.[34]

체성이 진이라면 작용은 성명정이 된다. 타고난 그대로의 성명정을 삼진이라고 하고, 삼진이 서로 의존하여 심기신(心氣身)의 삼망(三妄)을 생성하며 진과 망이 함께 작용하여 감식촉(感息觸)이라는 삼도(三途)가 나타난다. 감식촉, 다시 말해 감정, 숨, 부딪침을 규제하는 지감(止感), 조식(調息), 금촉(禁觸)의 수련을 통하여 삼진, 참된 성·명·정에 돌아

간 것이 성통공완(性通功完)의 경지이다(《역해종경》 33쪽). '회삼경'에서
는 지감을 명심(明心)에 조식을 양기(養氣)에 금촉을 수신(修身)에 배당
하여, 각각 불교, 선교, 유교의 수행법의 요체로 간주함으로써 불선유
의 삼교를 통합한 것으로 보고 있다(《역해종경》 194쪽).

이러한 수련을 거쳐 삼진에 도달하면 '빔, 밝음, 건강'(虛明健)의 경지
에 이르며, 이것은 대덕, 대혜, 대력의 한얼이 성명정의 세 속성과 합
일하는 것을 의미한다. 그리하여 지인용(智仁勇)을 갖추어 한얼의 뜻을
그대로 행하는 공화(功化)를 얻게 된다는 것이다(《역해종경》 132쪽). 이
러한 세 가지 인격 완성을 통하여 형성된 자아를 회삼경에서는 성아(性
我), 영아(靈我), 도아(道我)라고 한다(《역해종경》 183쪽).

나철은 하늘의 세 신과 사람의 세 마루가 하나라고 했다. 인성의 구조
도 한울의 기운을 받고 형성된 삼분 구조다. 따라서 삼일철학에서 지향
하는 인격의 완성을 위한 표준점은 나면서부터 품수한 성명정의 삼진
(三眞)에 들어가 한얼이 되는 데 있다. 삼과 일이 돌이키고 나아가서 한
얼에 이르러 합해야 신인(神人)이 된다.[35]

《한단고기》는 삼일철학의 기본 논리로서 "하나를 잡아서 셋을 포함
하고"(執一含三) "셋이 만나서 하나로 돌아간다"(會三歸一)는 원리를 내
세운다.[36] 집일함삼과 회삼귀일은 존재와 사유에 대한 깊은 통찰을 담
고 있지만 일과 삼의 순환논리를 내포하고 있다. 나철의 제자 서일이
《삼일신고》와 《신리대전》을 바탕으로 지은 《회삼경》(會三經) 삼아장(三
我章)에 따르면 "선천과 후천이 따로 없다. 오직 공명정대한 자아가 되
는 것이요, 텅 빈 마음을 가져서 모든 것을 용납할 수 있는 내가 되면 곧
선천후천이 막히지 않고 통한다"(《역해종경》, 184쪽). 그러므로 선후천
이 통하는 길을 맞이하려면 삼망(三妄)에 의해 막혀진 아집을 트는 것이
라고 하였다(《역해종경》, 184쪽).

삼일철학은 삼일(三一)의 순환논리와 주체철학을 함께 지니고 있다. 그러나 선천과 후천의 시대적 장벽을 뚫는 주체로서의 '나'를 발견하고 자각한 것과 삼과 일의 순환논리는 통합되기 어렵다. 서일이 발견한 주체의 철학이 삼일철학의 순환논리적 사유에 의해서 제약되었다고 생각한다. 만일 선천과 후천을 돌파하는 혁명적인 주체철학이 확고하다면 대종교와 대종교의 지도자들이 시대의 제약과 사회정치의 조건에 위축됨 없이 새 시대를 열어가는 힘을 가질 수 있었을 것이다.

대종교의 삼일철학에 대해서 좀더 자세히 검토해 보자. 삼일철학은 우주의 생성과 변화에 대한 삼일신론적 형이상학적 설명 체계이며, 신인합일을 지향하는 수행과 구원의 이론체계이다. 삼일철학은 인간의 수행과 구원의 과정에 대한 이론과 설명으로서는 인간의 존재와 심성에 적합할 수 있고 큰 의미를 가질 수 있다. 삼과 일의 설명방식이 사물과 심성의 세계를 이해하고 설명하는 데 효과적일 수도 있고 설득력이 있을 수도 있다. 한국인의 심성과 문화 속에 삼과 일의 사유와 논리가 배어 있을 수 있다. 그러나 삼일철학은 우주와 만물의 생성과 변화에 대한 설명으로는 너무 소박하거나 신학적이다. 우주만물의 생성과 변화에 대한 설명체계로서 삼일철학의 보편성과 정당성을 과학적으로나 사실적으로 검증할 수 없다.

기독교의 삼위일체론을 끌어들여서 삼일철학의 보편성을 말하는 것도 의미가 없다. 기독교의 삼위일체론은 신의 인간 구원에 대한 기독교의 특수한 교리이지 우주와 역사를 설명하는 보편적 진리가 아니다. 기독교의 가르침에 따르면 초월적인 신이 인간의 구원을 위해 아들을 역사 속으로 보냈고, 그 아들이 역사 속에서 구원을 성취했고 아들이 세상을 떠난 다음에는 성령이 역사 속에서 신의 구원활동을 이어갔다. 삼위일체론은 신의 이러한 삼위일체적 구원활동에 대한 설명방식이다. 이에 반해 삼일철학의 삼신일체론은 인간 역사와의 직접적인 관련성이 없다. 조화, 교화, 치화의 삼신을 각기 천지만물의 생성과 변화, 인간의 교육과 문화, 국가와 사회의 정치 질서와 통치와 관련지을 수 있으나 이런 관련의 필연성을 말할 수 없고, 꼭 이러한 삼신분화로써 우주와 인류의 존재와 변화의 방식을 설명해야 하는지 확신할 수 없다.

삼일철학은 한민족의 고유한 사상인 천지인(天地人) 삼재(三才) 사상에서 나온 것으로 추정된다. 우실하에 따르면 천지인 삼재론은 우리 민족의 가장 깊은 사상적 뿌리인 동북방 샤머니즘과 태양숭배사상과 연결된 사상으로서 3수의 분화(1 道－三神/三才9=3×3 81=9×9)가 특징인 세계관이다. 이 삼재론은 영의 세계인 하늘에 대한 관심이 주가 되고 하늘과 땅을 잇는 인간(무, 샤만)의 능력이 강조되는 고대 샤머니즘이 정리된 것이며 하늘과 땅과 인간을 수직으로 이어서 해석하는 인식틀을 가지고 있다.[37] 천지인 삼재사상은 하늘과 땅을 인간이 잇고 소통함으로써 천지인 합일을 말하는 사상인데 하늘을 지향하고 하늘을 중심에 두는 것이 특징이다.

천지인 삼재 사상은 고대인들이 본능적이고 직관적으로 삶 속에서 체득한 우주관과 인생관이다. 천지인 삼재 사상은 하늘과 땅과 인간의 우주적·생명적·영적 실재에 근거하고 하늘과 땅, 영과 물질의 우주적 생명적 상호작용과 교감을 반영한다. 또한 하늘과 땅의 중심에 있는 인간이 하늘과 땅을 연결하고 소통함으로써 이루어지는 하늘과 땅과 인간의 합일은 인간의 생명과 정신 속에서 어느 정도 경험되고 확인되는 것이다. 천지인 삼재 사상은 하늘을 그리워하고 하늘과 소통하고 하늘로 가려는 인간의 열망을 담고 있다.

하늘을 지향하는 인간을 통해서 하늘과 땅과 인간의 합일을 말하는 천지인 삼재사상이 삼일철학에서는 삼과 일의 순환논리와 삼신일체론적 우주론, 그리고 인간의 본성(性命精)을 회복하여 신에게로 돌아가는 삼진귀일론으로 바뀌었다. 삼재사상에 비해서 삼일철학은 좀더 정교하고 체계적이지만 순환적이고 사변적이다. 서일이 공명정대한 자아가 되면 '낡은 시대'(先天)와 '새 시대'(後天)를 통하게 한다고 한 것은 주체철학을 선언한 것이다. 그러나 낡은 시대를 뚫고 새 시대를 여는 이러한 주체철학은 삼과 일의 순환적 사유 안에서 충분히 발전될 수 없었다. 더욱이 하늘에서 받은 본성인 성·명·정에로 돌아가서 신과 하나로 되는 삼일철학의 수행론은 복고적이고 정태적이며, 이러한 수행론에는 새로운 생명과 정신을 창출해 나가는 진취적·역동적 생각이 결여되어 있다.

또한 초대 교주 나철이 일제의 박해를 받았을 때 자결한 것이나 무장투쟁이 실패하고 많은 사람들이 죽자 충격을 받은 2대 교주 김교헌이 병사한 것은 종교인으로서 시대적·정치적 억압과 시련을 극복하는 신앙적 깊이에 이르지 못한 것을 나타낸다. 또한 대종교가 항일무장투쟁에 앞장선 것은 민족사적으로 큰 의미를 가지면서도 민족의 현실과 시대의 한계에 매여서 비폭력과 상생평화의 새로운 문명과 시대를 열어가는 철학과 종교로 발전하지 못한 것이라고 생각된다.

삼일철학은 한민족의 고유한 사상과 정신에 근거한 철학으로서 민족정신을 일깨우고, 민족을 결집시키는 철학이며, 우주의 생성변화와 인간완성에 관한 종합적이고 체계적인 사상이다. 그러나 선천과 후천을 통하게 하는 자아의 확립을 선언한 서일의 주체철학은 삼과 일의 순환논리와 복고적인 사유에 갇히고, 민족주의적인 한계와 무장투쟁의 정치적 제약 속에서 후천시대를 여는 새로운 철학으로 발전하지 못했다. 민족정신에 근거하면서도 민족의 한계와 무장투쟁의 정치논리를 넘어서서 세계적인 지평에서 상생과 평화의 새로운 문명을 여는 세계적이고 보편적인 철학으로 발전할 필요가 있었다. 삼일철학은 일제의 식민 통치에 맞서 무장투쟁을 벌이는 엄혹한 상황에서 심화되고 발전할 수 있는 여유를 갖지 못한 것 같다.

다석의 천지인 합일 철학

다석은 천지인 합일체험을 한 후 천지인 합일을 지향하는 귀일철학 (歸一哲學)을 내세움으로써, 한국 고유의 천지인 삼재사상을 회복했다. 삼일철학이 삼과 일의 순환논리로써 우주생성과 인간의 수행과 깨달음의 과정을 말한다면, 귀일철학은 인간이 땅에서 일어나서 하늘로 올라가고 앞으로 나가는 것을 강조함으로써 천지인 합일에 이를 뿐 아니라 우주의 생명과 인간의 정신이 지향하고 나아가는 진화사적 사명과 목적을 성취하려 한다.[38] 하늘과 땅 사이에서 인간이 참된 인간이 되어 자신을 실현하고 완성하는 것은 천지인의 합일을 성취하는 것이며, 땅을 기는 생명에서 직립하는 인간으로 진화한 생명진화의 역사적 과정을 완성하는 것이다.

이처럼 다석의 귀일철학에서는 천지인 합일의 생명적 실재와 생명 진화사적 현실과 미래적 완성의 시간적 차원이 부각된다. 다석의 귀일철학에서는 '하나'에 집중하고 '하나'를 지향함으로써 삼일의 순환에서 벗어나 시간의 차원이 강조되고 역사의 방향과 목적이 뚜렷이 드러난다. 천지인 합일을 강조함으로써 개인의 영적 깊이와 전체 하나의 세계가 결합된다. 다석은 사변적이고 신비주의적인 요소를 빼고, 이성적이고 실천적인, 영성적이고 세계개방적인 생활철학을 형성하였다.

다석은 삼일철학을 종교적이고 형이상학적인 이론체계나 설명체계로 받아들이지 않았다. 다석은 삼신일체론을 말하지도 않았다. 그것은 검증할 수 없는 종교적, 형이상학적 사변이거나 교리라고 여겼기 때문이다. 삼일철학이 천지인 합일 사상을 가지고 종교적이고 형이상학적인 설명체계와 인간과 한얼의 합일에 이르는 수행체계를 형성했다면, 다석의 귀일철학은 천지인 합일사상을 인간과 생명의 진화사적 성취와 완성의 실천철학으로 발전시켰다.

다석은 삼일철학의 삼진귀일론과 성통공완 사상을 부분적으로 받아들였다. 다석도 참과 곧음을 일관되게 강조했고 참과 곧음을 통해서만 본성을 트고 하나님께 이를 수 있다고 보았다. 그러나 양자의 수행 방법에서는 차이가 드러난다. 대종교의 수행 방법은 본래의 성명정을 회복하기 위하여 '마음의 감정을 멈추고(지감), 숨을 고르고(조식), 부딪침(닿음)을 금하려(금촉)' 하였다. 다석의 수행법에서는 인간의 본성을 정기신(精氣神)으로 표현하고 수행방법은 '몸 성함 맘 놓음 뜻(바탈) 태움'으로 표현하였다. 다석이 말한 정기신은 성명정을 거꾸로 놓은 것이다. 대종교의 수행법이 맘의 감정(性)을 다스림을 먼저 말하는데 다석은 몸의 성함(精)을 먼저 말한다. 다석의 수행은 정신이나 원리에서 시작하지 않고, 구체적인 몸의 현실에서 출발한다. 그러나 대종교의 수행론은 마음의 감정을 다스리는 지감을 먼저 말함으로써 마음의 심리상태에서 수행을 시작한다. 그리고 수행의 세 가지 방식인 감정을 멈춤, 숨을 고르게 함, 부딪침(닿음)을 금함은 모두 소극적이고 신체적·심리적 차원과 관련되어 있다. 이에 반해 다석은 몸성히 맘놓여 뜻 태우를 말하고, 바탈(性)을 뚫고, 끊임없이 '나'를 낳아가며, 생각을 통하여 나를 불태우고 새롭게 형성함으로써 솟아올라가서 앞으로 나아가는 것을 강조했다.[39] 다석의 수행론은 생각을 중심에 놓는다는 점에서 현대적이고 몸과 밥(일일 일식)에서 시작한다는 점에서 구체적, 현실적이다. 다석이 몸을 성하게 하고 마음을 놓고, 뜻(바탈)을 태우고 타고 올라간다고 한 것은 대종교의 수행법인 '마음의 감정을 멈춤', '숨을 고르게 함', '부딪침을 금함'보다 적극적이고 심층적이다. 바탈(性)이 뚫려서 거룩한 영과 소통함으로써 생각하고 말씀을 불사름으로써 신과 하나 됨에 이른다는 것은 보다 적극적일 뿐 아니라 더 깊은 우주적 차원에로 들어감을 뜻한다.

하늘로부터 받은 성·명·정의 본래적 상태인 삼진에로 돌아감으로써 신과 하나로 된다는 삼일철학의 사고보다는 바탈을 뚫고 태워서 새로운 생명과 영의 세계로 나아간다는 다석의 사유가 더 진취적이고 역동적이다. 삼일철학에서도 성통공완을 말하여 바탈을 트고 하늘로부터 받은 인간의 사명을 완성한다는 말이 나오지만 성통공완의 내용은 성명정의 본래적인 상태를 회복하여 신과 하나로 되는 경지에 이른다는 생각에 머물고 있다. 다석의 수행론에서 성통공완은 생명진화의 과정을 완성하고 신과 하나로 되는 일로 확대되고 수평적인 역사의 완성과 수직적인 영적 합일이 통합되고 있다.

선천(낡은 시대)과 후천(새 시대)을 막힘없이 통하게 하는 서일의 주체철학은 "내가 곧 길이고 진리이고 생명"이라는 다석의 '나' 철학과 일치한다. 다석의 귀일철학은 '하나'에 집중하여 동서고금의 사상과 정신을 회통함으로써 민족적 한계를 넘어섰고, 상대적 유무를 뛰어넘는 자리에서 끊임없이 '나'를 낳고 새롭게 형성함으로써 선천과 후천의 벽을 뚫고 자유와 공평, 상생과 평화의 대동 세상을 열고자 하였다.

다석이 천지인 합일 체험을 한 후 12년 만에 쓴 '제소리'는 공적으로 쓴 마지막 글이라는 점에서 의미가 크다. '제소리'에서 다석의 천지인 합일 철학과 귀일철학의 단초가 제시되고 있다.

'제소리'에서 다석은 '하나'와 '셋'의 관계를 말하면서도 '하나'에 초점을 두었고, '하나'를 향해 솟아올라가는 것에 관심을 집중하였다. '하나'와 '셋'을 다석은 살아 있는 사람과 사람의 관계 속에서 이해했다. '나'를 일(一), '남'을 이(二), '여럿'을 삼(三)으로 보고, 나, 나와 남, 여럿도 '하나'에 힘입어 살고 '하나'에 근거하여 앎에 이를 수 있다고 하였다. 또한 사람은 땅에서 "저마다 제 머리를 들고 하늘 위로만 받들고 저마다 [하나를 향해] 올라갈 생각만을 가지고" 살 때 비로소 "나남 없이, 일이 (一二) 없이 살게 된" 존재이다. 다석은 '하늘'과 '하나'와 '하나님'을 동일시하면서 '하나'를 모시고 받들고 '하나'를 향해 나아갈 때 사람들은 비로소 더불어 살 수 있다고 하였다. 그리고 그 '하나님'을 님으로 부르고, 하나님만을 모든 사람의 머리로 인정하고 느끼고 믿는다고 하였다. "그 한(壹) 높은, 한 위(皇上)께 님으로 부르옵기를 믿어 바치나이다. 한 우님만(唯皇上帝)이 계시어 모든 살아 있는 사람의 머리되심을 느껴 믿고 있습니다."

다석은 '하나와 셋'의 삼일철학을 구체적으로 살아 있는 인간의 삶과 관계 속에서 보았고, 그 인간이 '하나'에 힘입어 살고, '하나'를 머리에 이고 모시고 위로 '하나'를 향해 올라가는 삶을 살자고 함으로써 '하나'에 집중하는 귀일철학을 말하였다.

다석은 한글의 기본모음을 ㆍ, ㅡ, ㅣ를 중심으로 천지인 합일철학을 말했다. ㆍ는 하늘의 '처음'과 '원만'을 나타낸다. 다석은 "하늘을 원형시(圓形示)한대도 대원시(大圓示)는 못하는 것"이라고 하였다. 하늘을 원형으로 나타내더라도 큰 원으로 나타내지는 못한다는 것이다. 오히려 ㅇ을 자음으로 만든 것은 하늘의 아들인 인간의 발전대원만을 그리기 위한 것이다. 이러한 다석의 해석은 천지인 가운데 인간을 중심에 놓고 천지인 합일철학을 전개하고 있음을 시사한다. 발전대원만은 하늘을 추구하는 인간에게서 이루어지는 것이다. 다석에 따르면 생각하는 인간과 하늘(하나님)을 하나 되게 하는 것은 말씀이다. 사람을 나타내는 ㅣ의 위쪽 끝에 주목하여 이 끄트머리에서 우주, 인생, 사물이 함께 엉클어진 실뭉치의 실 끝, 실마리를 찾는다. 다석은 이 끄트머리에서 생각의 불꽃이 피어오르고 말씀을 살라서 위로 올라간다고 하였다. 생각하고 말씀을 사름으로써 "저절로 다다른 데가 '맨 처음 말씀이 계심' 거기였다". 다석은 생각하는 인간의 이성을 통해서 전체 하나인 하나님, 초월적인 하늘에 이르고 천지인 합일에 이르려고 하였다. 이로써 다석은 한국 고유의 전통사상을 현대적인 사상으로 발전시켰다.

2) 다석의 제소리

1943년의 천지인(天地人) 합일 체험이 유영모 사상의 새로운 전기를 가져온 것으로 추정된다. 이 체험 이후 '제소리'를 발표하기까지 다석은 한글의 천지인(天地人)철학과 한국종교문화사상에 대한 연구에 몰입한 것으로 보인다. 1955년 4월 27일에 《삼일신고》로 추정되는 '삼일철학합편'을 남에게 주었다는 기록[40]으로 보아 이미 전부터 한국전통종교 사상에 대한 연구를 했다는 것을 알 수 있다. 그 이전의 글에서는 한글 철학이나 단군신화, 3·1철학에 대한 언급이 나오지 않다가 '제소리'에 서부터 한글 철학이 중요하게 나오기 시작한다. 천지인 체험 후 다석은 한국의 고유한 천지인 사상에 대한 연구로 들어갔고 한글과 한국전통 종교문화 속에 배태된 천지인 합일 철학, 3·1철학에 이르렀다. 한국의 고유한 천지인 합일 철학은 다석에 의해 동서고금을 아우르는 보편적인 철학으로 확장되었다. 이 시기에도 물론 기독교 신앙과 정신이 중요한 내용으로 내장되고 있지만 기독교의 교리적 종파적 울타리와 경계는 철폐되고 두루 뚫리고 활짝 열린 정신과 사상의 세계로 들어가게 되었다. '제소리' 이후의 글에서는 내용적으로는 예수의 정신과 생명을 담고 있는 경우에도 '예수만!'이라는 말이 나오지 않고 있다.

이 시기에 쓴 글로는 '제소리'(〈새벽〉 1955년 7월 호)가 있고 1956년 10월 17일~1957년 9월 13일에 행한 연경반 강의의 속기록을 풀어낸

《다석강의》가 있다. 이 가운데 '제소리'는 그의 변화된 사상의 내용과 경지를 잘 드러낸다. 이 글에는 기독교 신앙, 한글에 담긴 천지인(天地人) 철학, 본성을 깨우쳐 완성하는 동양 철학, 생각을 중심에 놓는 근대서 구철학이 종합적으로 나타난다.

다석은 1955년에 '제소리'를 발표한 후 일체 글을 발표하지 않았다. 이 글은 다석의 인생관과 세계관을 압축적으로 보여준다. 다석의 사상이 오롯이 담겨 있는 '제소리'를 자세히 살펴보는 것은 다석 사상의 깊이와 성격을 이해하는 데 도움이 된다. '제소리'의 내용을 살펴보자.

사는 자리와 때

이 글 첫 머리에서 다석은 무한한 우주를 천문학적 지식을 가지고 설명한 후 자신의 삶의 자리를 말한다. "······ 직경 20만년 되는 은하계 성무(星霧)보다 넓고 우리 성무와 어깨를 마주대고 돌아가는 1천조 성무로 짠 클럽 직경 1천 8백억 광년인 우리 우주보다 넓고 한울(太空)의 한늘(太元)보다 높고 한늘을 먹음은 몸(바탕·바탈·맘)보다 높(넓, 깊, 큼, 빔, 참을 다 포함)은 한 자리 [ㄴᆞㄱ(가온 찍기)] 이런 곳에 산다."

다석의 삶의 자리는 '가온 찍기'의 한 점인데 그 점은 무한대의 우주보다 크고 그 우주를 머금은 마음보다 높고 깊은 자리이다. 다석은 이 자리를 설명하는 데 기독교 사상, 정기사상, 유교사상을 끌어들인다. 그는 먼저 이 자리를 기독교적으로 이해한다. 아버지(하나님), 한나신 아들(獨生子), 참 거룩하신 얼(眞理靈)의 삼위일체가 살아 움직이는 자리이다. 또 다석은 이 자리를 정기사상으로 설명한다. 이 자리에서는 얼김(眞理靈氣, 正義氣)으로 코가 뚫려 생기(生氣)가 몸의 4백 조 살알(細胞)을 뚫고 뱃심(의지력)이 되고 지구 전체와 우주 전체와 하나로 통하게 한다.

그러나 생기가 몸을 통해 마음을 움직이는 체험은 영속적인 것은 아니다. 다석은 이것을 다시 성경의 8복 선언과 연결 짓는다. 얼김이 좁은 몸속에서 마음을 좀 울리다 마니 늘 아쉬움이 남는다. 아쉽고 부족하므로 '울고프다'. "우는 이가 좋음이 있나니, 저희가 마음 삭음(위로)을 받을 것이니라"(마 5:4). 먹은 마음이 삭아서 얼이 큰다. 마음은 목숨을 크게 하고 높이려 한다. 만물이 피어나는 것도 천체의 입자가 부서져 빛이 나는 것도 자신을 삭이고 부수어서 목숨과 존재를 키우고 높이려는 것이다. 여기서 다석은 다시 인간의 본성, 덕(德)을 일깨워 실현하고 완성하려는 한국·동양의 철학사상을 끌어들인다. "우리 안에 밝은 속알(明德)이 밝아 굴러 커지는 대로 우리 속은 넓어지며, 우리 껍질은 얇아지리! 바탈 타고난 마음 그대로 온통 울리어 굴려, 깨, 솟아. 날아오르리로다." 마음의 타고난 본성을 일깨워 솟아나서 날아오르는 마음자리에서 다석은 산다. 다석의 삶의 자리는 기독교와 정기사상과 한국·동양의 사상으로 표현되는 높은 경지이다.

이어서 다석은 자신이 사는 때를 '이제'라고 말한다. '사는 때'는 '사는 이'의 때라면서 시(詩, 흥겨움), 시(時, 때), 시(是, 이것, 옳음)를 일치시켜 '이때' 다시 말해 '이제'는 '사는 이'의 흥겨운 때라고 하였다. 사는 이와 사는 시간이 하나로 되어 '이제'의 주인이 되어 흥겹고 신나게 산다는 것이다.

삶의 머리와 밑동: 하나님

다석은 참 존재('있')는 '하나'(一)에 근거한 것이라고 보았다. '하나' 없이는 여럿이 존재할 수도 살 수도 없다. "큰 밑동 하나(壹)에서 살리심을 받자와, 내가 살고(알고), 남이 살고(알고), 여럿이 살고 아는 것"이다. 사람이란 "땅 위에서 …… 여럿이 저마다 제 머리를 하늘 위로만 받들고 …… 저마다 올라갈 생각만을 가지고 …… 살게 된" 존재이다. "한우님만이 계시어 모든 살아있는 사람의 머리되심을 느껴 믿고 있" 다. 여기서 다석은 모든 존재의 밑동인 '하나'와 모든 사람의 머리되시고 모든 사람이 찾아서 위로 올라가야 할 '하나님', '한우님'을 동일시한다.

더러움과 깨끗함

다석은 또한 "물질 자체는 불구부정(不垢不淨)이다. 있을 데 있는 것이 정한 것이요, 있어서는 안 될 곳에 떨어진 것은 더럽다고 치우는 것뿐이다"고 하였다. 물질이 있어서는 안 될 곳에 있거나 필요하지 않은 곳에 덧붙여 있을 때 더러운 것이 된다. '덜어낼 것', '덜릴 것'이 더러운 것이다. 덜 것을 덜어내는 이, 치울 것을 치우는 이, 씻을 것을 씻은 이가 깨끗한 이, 거룩한 이다. 다석은 여기서 빨래하는 여인들이 귀인과 선비들의 때를 씻어 주는 주님이라고 함으로써 민중을 구원의 주체로 보는 민중신학적 관점을 드러내고 있다. "우리의 모씨(母氏), 처씨(妻氏), 매씨(妹氏), 부씨(婦氏), 표모씨(漂母氏)는 빨래라는 십자가를 졌다 할는지, 귀인(貴人), 한사(閑士)들의 속구주(贖垢主)가 되었다 할는지?"[41] 물질과 더러움에 관한 다석의 논의에서 두 가지 사실이 확인된다. 첫째, 다석은 물질 자체를 더럽다고 하지 않고, 물질이 '있지 않을 곳'에 있으면 더럽다고 함으로써, 물질과 정신의 이원론에 빠지지 않았다. 둘째, 다석은 노동자, 농민을 '오늘의 예수'라고 함으로써 민중신학적 관점을 견지하였다.[42] 역사와 사회의 진실은 사사로운 이해관계를 넘어선 높은 자리에서 볼 때 온전히 보인다. 그런데 이해관계를 넘어선 높은 자리는 사랑과 정의의 눈으로 보는 자리이며 사랑과 정의가 짓밟힘으로써 고통당하는 사람들의 자리에서 그들의 눈으로 보는 자리이다. 따라서 역사와 사회 그리고 인생의 진실은 낮은 자리에서 볼 때 잘 드러난다. 물질과 민중에 대한 다석의 이러한 이해는 다석 사상을 이해하는데 중요한 단서가 된다.

기독교 사상과 한글철학

다석은 '제소리'에서 자신이 이해한 기독교 사상과 한글의 천지인 철학을 결합하여 자신의 사상의 틀 거리를 제시하였다. 맨 처음에 만물이 말씀으로 창조되었다는 요한복음 1장의 내용을 중심으로 자신의 사상을 정리하였다.

> 맨 처음에 말씀이 계시고, 이 말씀으로 지어진 만물은 이 말씀을 드러낸 '온 끝'이다. 우주 만물 속에 말씀의 끄트머리, '올'(실마리)이 나타나 있다. 말씀의 한 '긋'(긋, 주체)인 사람은 생각함으로써 만물에 나타난 말씀의 실마리를 끊어가면서 이어가야 한다.[43]

한글의 천지인 철학에 따르면 인간을 나타내는 ㅣ는 하늘과 땅을 잇는 존재인데 ㅣ의 위쪽 끄트머리에서 생각을 불태움으로써 하늘과 소통하고 하늘로 올라간다. 다석은 이러한 한글의 천지인 철학을 요한복음 1장에 나오는 말씀의 신학과 결합한다. 요한복음 1장에 따르면 맨 처음에 만물이 말씀으로 창조되었다. 말씀으로 만물이 지어졌으므로 만물은 말씀의 끄트머리, 실마리를 드러낸다. 생각하는 존재인 사람은 말씀의 한 끄트머리이면서 말씀의 한 주체이다. 사람은 생각함으로써 만물에 나타난 말씀의 엉클어진 실마리를 이어간다. 그리하여 말씀의 주인인 하나님께 이르러 '하나 됨'에 이른다.

인간은 만물에서 실마리를 잡고 말씀을 생각함으로써 천지인 합일에 이른다. 여기서 말씀은 로고스(이성)이기도 하고 천명(天命, 하나님의 말씀), 하나님의 사랑과 정의이기도 하다. 신약성경을 그리스어로 썼기 때문에 말씀을 로고스라고 하였지만 히브리 성경(구약성경)에서는 말씀이 하나님의 말씀과 명령이며 예언자와 율법(계명)에 나타난 말씀의 내용은 '하나님의 사랑과 정의'이다. 다석은 말씀을 '이성'으로 보기도 하고, '신의 뜻, 명령'(天命)으로 보기도 한다. 신의 말씀, 사랑과 정의를 생각함으로써 사람은 '하나 됨'에 이르는 존재이다. 다석의 이러한 사상에는 천지인 합일 철학과 기독교의 말씀 사상과 근대철학의 이성적 사유가 결합되어 있다.

이어서 다석은 한글의 천지인 철학을 제시한다. 먼저 'ㄱ'은 하늘의 그늘, '사람의 머리 두는 데'를 나타내고 'ㄴ'은 발바닥이 땅바닥을 딛는 모양을 나타낸다고 하였다. 다석은 알파벳의 A가 '쇠머리'(하늘로 향한 머리)에서, B는 '집'(땅의 잠 자리)에서 온 것임을 말하면서 한글의 ㄱ, ㄴ과의 유사성을 확인하였다.

이어서 다석은 우리 모음의 원조인 ㆍ, ㅣ, ㅡ가 각각 하늘, 사람, 땅을 나타낸다고 하였다. ㆍ(아래아)는 "모든 것이 천(天)에 원(元)하고 시(始)하고, 환(還)하는 원만(圓滿)"을 나타낸다. ㅡ(으)는 평지 곧 세상을 보이며, ㅣ(이)는 "사람이 꼿꼿이 선 모습"을 나타내며 "인칭(人稱), 물칭(物稱), 명형격(名形格)을 보이는 소리"다. 다석은 ㅣ(이)의 소리가 한어(漢語)로는 이(伊), 일어(日語)로는 이(イ)로 세계적이라고 하였다. 영어의 I가 '자아'를 나타내는 것도 우연이 아니라고 하였다.

'ㅣ'는 사람의 '나'를 가리키는데 'ㅣ'의 위쪽 '끗'이 "우주, 인생, 사물이 함께 헝클어져 된 이 실뭉치의 한 실의 끗"이다. 그리고 만물은 (말씀의) '온 끝'이다. "모두가 올이요, 실이요, 끈이요, 줄이다." '나'의 '끗'에서 생각이 나와 '온 끝'(만물)의 실마리를 끊기도 하고 잇기도 하여 풀어 나간다.[44]

ㄱ, ㄴ과 ㆍ, ㅣ, ㅡ에 대한 다석의 설명이 한글을 창제한 본래의 의미를 드러낸 것이라고 할 수는 없더라도, ㄱ, ㄴ과 ㆍ, ㅣ, ㅡ에 대한 다석의 철학적 의미 부여라고 볼 수는 있다.[45] 그리고 한글의 글자에 다석이 이러한 의미 부여를 함으로써 한글 글자의 새로운 깊은 의미가 생성될 수 있다. 만일 이러한 의미 부여가 임의적이고 자의적인 것이어서 쓸데 없는 것으로 판정된다면 다석의 한글풀이는 정당성과 의미를 상실하게 될 것이다. 그러나 다석의 한글 풀이가 한글의 글자에 대한 새롭고 깊은 의미를 창출하고 한글에 깊은 철학과 의미를 생성시킨 것으로 인정된다면, 다석은 한글을 철학화한 인물로 높이 평가되어야 할 것이다.

제사

'제소리'에서 다석은 자신의 사상을 '제사'(제물)를 중심으로 전개하였다. 만물, 살림, 생각을 '불태우고 바치는' 제사라는 관점에서 설명하였다. 이것은 그의 사유가 치열하고 철저하며 역동적임을 말해 준다. 다석은 만물이 "피고 피인 꽃이요, 끝"이며, "서로 품앗이로 피가 되고 불꽃이 되어 돌아가 주는 것도 같다"고 하였다. 그리고 "불꽃 중의 불꽃은 사람의 거룩하게 위로 올리는 생각"이라고 하였다. 다석은 인간의 살림도 만물의 존재와 활동도 불꽃이고 불사르는 제사, 번제(燔祭)라고 했다. 인간의 살림은 먹이인 물질을 불살라서, 즉 번제(燔祭)로 드려서 힘을 얻는 것이다. 만물이 말씀의 끝이면서 피, 꽃, 불, 불꽃으로 피어나서 서로 먹이와 힘이 되는 불꽃 제사라고 하였다. 만물도 불꽃으로 타오르는 제사이고 인간의 살림도 불사르고 타오르는 제사이며, 생각을 말씀을 불사르는 제사이다. "머리를 위로 우러러 들게 하는 거룩한 생각은 사람을 영원히 살게 하는 불꽃이다."[46] 생각은 사람을 위로 올라가게 하고 하늘(하나님)과 소통하게 한다.

다석은 삶과 생각뿐 아니라 만물 자체가 제사라고 보았다. 제사를 중심에 놓는 이러한 다석의 생각은 "몸으로 산 제사를 드리라"(롬 12:1)는 말씀, 속죄의 제물을 드리는 구약성경의 전통, 십자가에 달린 예수의 죽음을 인류의 구원을 위한 속죄와 화해의 제물로 이해한 신약성경에서 비롯된 것이다. 실제로 다석은 기독교에서 말하는 예수의 십자가 속죄 사건을 먹고 먹히는 자연생명의 상생작용과 만물의 상호작용에까지 확장하여 적용하고 있다. 다석은 기독교의 속죄신앙을 자연만물의 존재와 활동의 보편적인 근본원리로 확장하였다. 다석은 1957년의 강의에서 "예수가 이렇게 대속함으로써 모든 물질이 대속해 준다는 것을 깨달아야 한다"고 말하였다.[47] 그러나 일을 할 때는 제사 지내듯 정성껏 하고 백성을 다스리는 데도 제사 지내듯 조심하여 하라는 동양의 고대사상이 다석에 영향을 준 것일 수 있다.[48] 중국 고대 사회에서 황제가 천자(天子)로서 하늘과 땅과 조상에게 제사 지냄으로써 나라를 바르게 이끌려 했던 것[49]이나 '제사 지냄'은 이롭다는 주역의 생각이 다석에게 중요하게 받아들여졌다.[50] 제사는 하늘과 소통하고 하늘과 하나로 되는 행위이다.

사람은 생각하는 존재이고 생각은 말씀을 불사르는 불꽃이다. 말씀을 불사르는 생각이 사람이 드릴 참된 제사다. 만물 속에 말씀의 실마리가 있다. 말씀의 실마리를 잡고 천지를 창조한 말씀과 그 말씀의 주인이신 하나님께로 나아가는 것이 사람의 본분이다. 다석은 생각 제사를 통해 만물 속에서 태초의 말씀에로 나아간다. 맨 처음에 말씀이 계시고, 만물이 말씀으로 지어졌으므로 만물은 말씀의 '온 끝', '실마리', '줄'이며, 사람은 함께 말씀을 사르는 생각으로 생명과 말씀의 실마리를 풀고 끊고 이어감으로 맨 처음 말씀의 계심에로 나아간다.[51]

1956년 3월 6일의 일지에서 다석은 "우리 한늘에는 百億千兆(백억천조) 별들이 저마다 제 몸을 부스러 피워 사뤄 빛내는 해"라고 했다. 하늘의 별들도 제 몸을 불살라 희생제사를 드리면서 하나님께 이르는 사랑과 진리의 길을 가리킨다.

난해한 글 놀이와 보물찾기

'제소리'는 다석의 변화된 사상의 내용과 경지를 보여준다. 이 글에는 기독교 신앙, 한글에 담긴 천지인(天地人) 철학, 본성을 깨우쳐 완성하는 동양 철학, 생각을 중심에 놓는 근대서구철학이 종합적으로 나타난다. 그러나 '제소리'의 내용은 이전의 글에 비해 이해하기 어렵고 난해하다. 잡지에 쓴 글인데도 '피'(피는 꽃)=피(血)=꽃=불꽃=제사와 같은 말놀이가 자세한 설명 없이 나오고, 이해하기 어려운 단어들을 나열하기도 한다.[52] '제소리'는 다석 사상을 압축하여 제시한 중요한 글이지만 독자에게 전달하고 소통하는 데는 성공하지 못한 글이다. 그 이후 《다석일지》에서는 다석의 글이 더욱 난해해져서 암호와 같은 기호와 표현들을 사용함으로써 다석이 자신의 사상을 숨겨 놓았다는 느낌을 갖게 된다. 다석의 깨달음과 사상이 오묘하고 깊어서 그의 사상의 진면목을 누구에게나 알기 쉽게 전달하기 어려운 측면이 있었을 것이다. 그러나 다석이 자신의 생각을 대중의 눈높이에 맞추어 알기 쉽게 표현하고 전달하려고 했다면 얼마든지 이해하기 쉽게 글을 쓰는 능력을 가지고 있었다고 생각한다. 다석은 자신의 사상을 보물찾기하는 것처럼 깊이 숨겨 놓은 것 같다. 마치 자신의 삶과 존재를 숨겼듯이 자신의 사상과 철학도 숨겼다.

왜 그랬을까? 그 까닭은 그의 사상과 삶이 쉽게 저절로 이루어진 것이 아니라 몸과 마음과 정신을 다해서 스스로 갈고 닦고 체험해서 매우 어려운 과정을 거쳐서 몸으로 얻어진 것이기 때문이라고 생각한다.

사상과 정신은 조제된 식품처럼 남의 것을 가져다 쓰면 되는 것이 아니라 스스로 애쓰고 노력해서만 가질 수 있는 것이다. 따라서 다석의 정신과 사상을 배워서 자신의 것으로 삼으려면 다석과 비슷한 애씀과 노력이 있어야 한다. 애쓰고 노력하지 않으면 아무도 자신의 사상과 철학을 가질 수 없다.

3) 동서 문명의 종합

1943년 천지인 합일의 체험을 한 다음, 기독교의 종교적 테두리를 벗어나서 한국전통사상과 동양경전에 대한 더욱 깊은 연구와 성찰을 통해 다석은 동서고금을 아우르고 회통하는 원숙하고 심오한 사상과 정신의 경지에 이르렀다. 동서고금을 아우르고 회통시키는 그의 사상은 1956~1957년에 행해진 《다석강의》에서 확인된다. 다석은 "서양문명과 문화의 골수를 동쪽의 문명과 문화에다 집어넣을 수 있다"[53]고 하였다. 그리고 이것은 자신이 평생 하는 말이라고 하였다. 다석은 이미 20대 때부터 기독교 신앙을 가지고 서양의 학문과 문화를 받아들이면서도 동양의 경전과 사상에 대한 연구에 힘써 왔다. 동양문명과 서양문명이 만나는 역사적·문명사적 과정 속에서 다석은 자신의 삶과 사상을 형성해 왔다. 그 점에서 다석은 평생 동서 문명의 창조적 만남과 융합을 추구했다.

그러나 다석은 《다석강의》 이전에는 동서 문명의 대등하고 주체적인 만남과 결합을 분명하게 말하지 않았다. "서양문명을 동양문명의 뼈에 골수로 삼는다"는 표현도 여기서 처음으로 확인된다. 다석은 여기서 서양문명과 동양문명 가운데 어느 것이 중요하다고는 생각하지 않았다. 골수와 뼈 가운데 어느 것이 주(主)고 어느 것이 종(從)이라고도 말할 수 없다고 하였다. 다석에게는 "새 것, 옛 것, 서쪽, 동쪽이 없다. 다 하나다". 다석이 평생 동서 정신문화의 융합을 추구했으나 이 시기에 이르러 비로소 동서 문화의 대등하고 주체적인 통합에 이르렀다.

다석은 과거와 현재, 동양과 서양을 초월한 '하나'의 자리에서 봄으로써 과거와 현재, 동양과 서양을 하나로 소통하고 통합할 수 있었다. 모든 것을 아우르고 통합한 '하나'의 자리에서 보면 전체의 자리에서 부분을 보는 것처럼 더 깊고 넓게 동양과 서양을 이해할 수 있다. 따라서 다석은 "동양 사람이 동양 사정을 잘 안다고 하고 서양 사람이 서양 사정을 잘 안다고 하는 것을 바꾸어 보고 싶은 마음"을 가지고 있다고 하였다. 다시 말하면 동양 사람이 서양 사정을 더 잘 알고 서양 사람이 동양 사정을 더 잘 안다는 것이다. 역사와 문화의 지식과 정보에 관한 것이라면 동양 사람이 동양의 문화전통을 더 잘 알고, 서양 사람이 서양의 문화전통을 더 잘 안다고 할 수 있다. 그러나 역사와 문화 속에 담긴 정신과 철학에 대해서는 그 전통의 밖에서 보는 사람이 더 깊고 더 전체적으로 볼 수 있다. 예를 들어 성경을 아는 사람이 동양경전을 읽을 때 동양경전만을 알고 동양경전을 읽는 사람보다 동양경전을 더 깊고 풍부하게 이해할 수 있을 것이다. 거꾸로 성경만을 알고 성경을 읽는 사람보다 동양경전을 알고 성경을 읽는 사람이 성경을 더 깊고 풍부하게 이해할 수 있을 것이다. 이것은 물론 동양경전도 성경도 제대로 깊이 모르는 사람에게는 해당하지 않는 말이다. 동양경전이나 성경은 역사와 문화의 전통을 넘어서 보편적이고 궁극적이며 시대 초월적인 진리를 지니고 있으므로 '하나'로 통하는 그 진리를 이해한 사람은 동양과 서양의 어느 한쪽만을 보는 것보다 양쪽을 다 보았을 경우에 진리를 더 풍부하게 전체적으로 볼 수 있다는 것이다.

또한 다석은 동양 사람으로서 서양을 손님으로 대접한다면 서양을 동양보다 앞세울 수도 있음을 시사하였다. 서양을 앞세움으로써 동과 서가 하나로 되는 길, "자유와 평등의 길로 가는 것"이라고 하였다. 그러나 다석이 "서양문명을 동양문명의 골수로 하겠다"는 것은 '내 세계', '내 심정의 세계'를 이루는 주체적인 시도이며 노력이다.[54]

동양문명의 뼈에 서양문명의 골수를 넣는다고 했을 때 다석은 구체적으로 무엇이 동양문명의 뼈고 무엇이 서양문명의 골수라고 생각했을까? 다석의 다양하고 심층적인 사상 전체가 동양문명의 뼈에 서양문명의 골수를 넣으려는 노력의 과정이고 결과였다고 할 수 있다. 다시 말해 어느 한 가지만을 말할 수 없고, 여러 가지 요소와 내용을 제시할 수 있을 것이다. 서양문명의 골수를 동양문명의 뼈에다 넣는다고 말하는 문맥에서 다석은 '예수'와 '주일'(主一)을 관련시켜 자신의 주체적인 동양적 '예수 이해'를 제시한다. 주일(主一)은 '정신을 한 곳으로 모아 온전하게 한다'는 말이다. 다석은 하나, 하나님을 중심으로 생명과 역사를 실현하고 완성한다는 의미로 쓰고 있다. 주일(主一)은 과거와 현재와 미래를 하나로 꿰뚫고 주체의 깊이와 자유에서 전체의 하나 됨에 이름으로써 인간의 본성과 목적을 실현하고 완성하는 것이다. 주일과 관련시켜 보면 과거와 현재와 미래의 역사는 하나로 이어지고 뚫려 있다. 오늘의 우리와 과거의 예수가 하나로 이어지고 통한다. 주일과 관련시키는 이러한 예수 이해는 동양문명의 뼈에 서양문명의 골수를 넣은 사례가 될 수 있다. 다석에 따르면 예수는 '자기완성'을 위해서 계속 나오시는 분이고, "지금도 (우리가) (예수를) 완성하려고 그 뜻을 받고 이어오는" 것이다. 그리고 사람의 생명은 이전보다 더 향상되고 발전되는 존재이다. 다석은 예수를 초월적·신적 존재로만 여기지도 않고 시대와 지역에 한정된 역사적 존재로만 여기지도 않는다. 예수는 역사 속에서 계속 완성되어 가는 존재이고, 예수를 믿고 따르는 이들에 의해서 예수는 완성되어 가는 존재이다. 다석은 "예수의 말씀을 '누리의 빛'으로 알고 나라와 민족을 초월하여 우리의 정신이 나아가는 한 얼 줄[정신의 줄]"이라고 생각한다. 우리는 "하나님의 아들 예수를 통해 …… 하늘나라를 더욱 밝히고 따져 더 커지도록 힘써야" 하고 이렇게 함으로써 "그리스도를 완성해 나가야" 한다.[56] 이로써 다석은 인간과 그리스도를 역사 속에서 일치시키고 주체로서의 '나'와 전체로서의 '하나'를 통전하는 주체적이고 공동체적인 기독교 이해를 제시하였다. 다석은 동서의 정신과 사상을 융합하는 새로운 사상의 지평을 연 사상가이다. 그가 이룩한 사상세계는 원효나 율곡이 경험하지 못한 인류사적 문명통합의 새로운 정신세계이다.

주(註)

1   《진리의 사람 다석 유영모》上, 199~200쪽.
2   유영모, '나의 一二三四', 〈청춘〉2호(1914년), 101~102쪽.
3   김흥호 편, 《제소리: 다석 유영모 강의록》, 솔, 2001. 371, 374~5쪽.
4   같은 책, 382, 394쪽.
5   유영모, '무한대', 《제소리》, 381~2쪽.
6   유영모, '오늘', 《제소리》, 491~2쪽. 오늘에 대한 논의는 '4장 1) 하루살이'를 참조
    하라.
7   함석헌은 오산학교 학생 시절(1921~2년)에 다석으로부터 이 자작시를 들었다고 하였
    다. 함석헌, '늙은 유영모 선생님', 《제소리》, 20쪽 참조.
8   함석헌, '젊은 유영모 선생님', 《제소리》, 17쪽.
9   유영모, '자고 새면', 《제소리》, 395, 397쪽.
10 같은 글, 397~8쪽.
11 같은 글, 398~9쪽.
12 같은 글, 399~400쪽.
13 《진리의 사람 다석 유영모》上, 318~9쪽.
14 《진리의 사람 다석 유영모》上, 321~2쪽.
15 유영모, '저녁찬송', 《제소리》, 387~389쪽.
16 '다석 유영모 연보', 《다석강의》, 현암사, 2006. 961쪽.
17 유영모, '기별 낙상유감', 《성서조선》152호, 200쪽. 《다석일지》(영인본) 上, 641쪽 참
    조.
18 유영모, '소식(消息)'1, 《제소리》, 339쪽.
19 다석은 자주 지구와 우주의 크기와 운행 속도에 대해 언급하고 성찰하였다. 같은 글,
    339, 343쪽. 그 밖에 '무한대', 《제소리》, 333, 335, 338, 376~7쪽 참조.
20 유영모, '소식(消息)'1, 《제소리》, 332~3, 335, 338~344쪽.
21 유영모, '소식'2, 《제소리》, 347, 349~350쪽.
22 '가온 찍기'에 대해서는 이 책의 '5장 가온 찍기'를 참조하라.
23 유영모, '소식'3(녹임의 기쁨), 《제소리》, 351쪽.
24 김흥호, '머리말', 《다석일지 공부》1, 7쪽.
25 유영모, '부르신 지 38년 만에 믿음에 들어감', 《제소리》, 361~6쪽.
26 유영모, '소식'4(우리가 뉘게로 가오리까), 《제소리》, 354~6쪽.
27 유영모, '이것이 주의 기도요, 나의 소원이다.', 《제소리》, 367~8쪽.
28 《다석강의》, 310쪽.
29 박영호, 《진리의 사람 다석 유영모》下, 두레, 2001, 84쪽 이하 참조.
30 《진리의 사람 다석 유영모》下, 84~5쪽.
31 《다석일지 공부》1, 23~4쪽.
32 《역해종경(譯解倧經) 4부합편》30, 194쪽 등. 유영모, '제소리', 《제소리》, 316쪽 등.
33 임승국 번역 주해, 《한단고기》, 정신세계사, 1998, 238~9쪽.
34 유병덕 편저, 《한국민중종교사상론》, 시인사, 1985, 59~62쪽.

35 《역해종경》, 67쪽. 유병덕 편저, 《한국민중종교사상론》, 시인사, 1985, 63쪽.
36 임승국 번역 주해, 《한단고기》, 정신세계사, 1998, 235~6, 243~4쪽.
37 우실하, 《전통문화의 구성원리》, 소나무, 1998, 116~127쪽.
38 유영모, '소식'2, 《제소리》, 349~350쪽.
39 《다석강의》, 223~4쪽.
40 김흥호 풀이, 《다석일지 공부》1, 23~4쪽.
41 유영모, '제소리', 《제소리》, 315~8, 320, 322~3쪽.
42 《다석강의》, 564쪽.
43 유영모, '제소리', 《제소리》, 324~5, 328~9쪽.
44 유영모, '제소리', 《제소리》, 325~7, 329쪽.
45 한글의 다른 모음과 자음들에 대한 다석의 풀이에 관해서는 이 책의 '막대철학-한글철
   학'에 관한 장을 참조하라.
46 유영모, '제소리', 《제소리》, 같은 글 328~9쪽.
47 《다석강의》, 568쪽. 1955년 4월 29일에 쓴 한시 가운데 '자연상속은(自然相贖殷)'이 나
   오는데 김흥호는 이 구절을 '자연이 서로 깨끗이 빨아 대속하는 것은 십자가의 그림자 같
   다'고 풀이하였다. 《다석일지 공부》1, 27~8쪽.
48 유영모, '제소리', 《제소리》, 318쪽.
49 이동환 역해, 《중용》, 현암사, 2008, 197쪽 이하 '제사 의식과 통치' 참조.
50 유영모, '건', 《다석일지》(영인본) 上, 794쪽.
51 유영모, '제소리', 《제소리》, 324, 331쪽.
52 유영모, '제소리', 《제소리》, 316~8쪽.
53 《다석강의》, 310쪽.
54 《다석강의》, 311~3쪽.
55 《다석강의》, 310쪽.
56 《다석강의》, 310~311쪽.

2장

삶과 죽음의 가운데 길

죽음에 대한 깊은 생각에서 다석의 삶과 사상과 영성이 형성되었다. 그는 일찍부터 죽음을 진지하게 받아들였다. 열세 형제 가운데 둘만 남고 다 죽었다. 그 가운데 두 살 아래의 영묵은 함께 신앙생활하며 가까이 지냈는데 19세에 갑자기 죽음으로써 유영모가 죽음에 대해 심각하게 생각하는 계기가 되었다.

그는 기독교의 정통교리에 만족하지 못하고, 죽음의 문제를 극복하는 실천적인 삶의 사상을 추구하였다. 유영모에게 죽음의 문제는 남의 문제가 아니라 '나'의 문제이고 사변과 이론의 문제가 아니라 삶과 현실의 문제였다. 그것은 '내'가 살고 죽는 문제였다.

안병무를 만난 자리에서 다석이 요한복음의 "나는 길이요 진리요 생명"이라는 말씀에서 '나'는 나의 '나'를 가리킨다고 하자 안병무는 "그게 어찌 선생님의 '나'입니까. 그건 예수의 '나'입니다"라고 했다. 그러자 다석은 "나는 성경을 볼 때 남의 이야기로 보지 않아요. 내가 살고 죽는 이야기로 봅니다"라고 대답했다는 것이다. 여기에서 서구적인 접근과 동양적인 접근이 갈라진다. 다석에게 예수의 '나'는 한 개인의 '나'가 아니라 하나님의 '나'요 영원한 '나', 우리 모두의 '참 나'이다. 다석에게서 배운 함석헌은 예수만이 1인칭을 제대로 쓴 이라고 했다.[1] 하나님만이 "나는 나다" 할 수 있는 분이고[2] 사사로움이 없는 예수만이 '나'라고 할 수 있다. '참 나'가 되려면 사사로운 '나'는 죽어야 한다.

오랜 생각 끝에 유영모는 "몸은 죽고 얼은 영원히 산다"는 결론에 이르렀다. 그는 '삶'과 '죽음'의 주체인 '나'가 누구인지 탐구했다. 몸, 맘, 개인에게 매인 '나'는 상대적인 '나'이며 육체에 매인 '나'이지만 '얼의 나'는 영원한 생명으로 보았다. 얼의 나는 하나님과 하나 되는 영원한 '나'이다.

얼의 나를 영원한 존재로 보는 다석의 사상은 영혼이 실체적으로 있어서 육체가 죽어도 영혼은 죽지 않는다는 영혼불멸 사상이나 몸이 죽으면 영혼은 다른 몸으로 태어난다는 윤회전생(輪廻轉生) 사상과는 다르다. 얼의 나는 영원한 생명인 하나님 또는 성령과의 연락과 소통 속에서만 존재하기 때문이다. 다석에게 얼의 나는 실체적으로 존재하는 것이 아니라 하나님과의 관계 속에서 늘 새롭게 태어나야 한다. 육체의 욕망과 죄에 매인 나는 죽고 물질의 지배에서 자유로운 얼의 나로 살아나야 한다.

소멸하고 죽을 수밖에 없는 몸과 마음의 '나'가 죽음으로써 얼의 '나'는 살아난다. 물질적이고 신체적인 '나'의 죽음을 통해서 그리고 그 죽음 안에서 얼의 '나'가 영원한 생명에 이른다. 다석의 이러한 결론은 "죽음을 통해 구원에 이르고 죽음으로써 다시 산다"는 성경과 기독교의 구원관과 부활신앙을 교리적으로가 아니라 삶 속에서 실천적으로 체득한 데서 나온 것이다.

1. 죽어야 산다

1) 죽음으로써 사는 진리

고대 서양의 그리스·로마에서는 자아의 실현과 확장을 추구하고 사회의 가치와 국가이념을 구현할 사회적 능력과 자질을 지닌 존재로 인간을 교육하고 단련시켰다. 동양에서는 자연과 사회에 순응하고 자기를 변화시키기 위해 '자연과 통하는 인간의 본성'을 닦는 수양에 힘썼다. 인간의 본성과 자질을 개발하고 단련시키려고 한 것은 동양과 서양에서 다름이 없었다. 동양의 종교문화에는 자기부정의 전통이 있으나 기독교에서처럼 '죽어서 다시 산다'는 원칙은 분명히 나타나지 않는다. '죽어서 다시 산다'는 사상은 영혼불멸 사상이나 윤회전생 사상과는 다르다. 영혼불멸이나 윤회전생은 육체의 죽음과는 관계없이 영혼이 살아 있음을 전제한다. 영혼은 죽을 수 없는 존재인 것이다. 그러나 '죽어서 다시 산다'는 것은 '죽음으로써', '죽음을 통해서', 죽음을 진지하게 경험하고 맛봄으로써 참된 새로운 삶에 이른다는 것을 뜻한다.

죽음을 통해서 다시 산다는 가르침은 기독교의 근본 내용이다. 예수가 세상의 죄를 대신 지고 희생양으로 십자가에서 죽음으로써 인류에게 구원의 길을 열었고 십자가에서 죽고 다시 살았다는 것이 기독교 신앙의 핵심이다. 다석은 죽음을 통해서 산다는 기독교 신앙 원리를 동양적·한국적으로 받아들이고 실천했다.

1942년 1월 초에 깊은 신앙체험을 하고 쓴 글 '우리가 뉘게로 가오리까'에서 다석은 죽음으로써 삶에 이르는 생명의 원리가 기독교 신앙 원리일 뿐 아니라 보편적인 삶의 원리임을 밝힌다.

전일체[전체 하나인 자리]에서 무엇이나 누구나 사(私)하는[이기적으로 저만 생각하고 사는1 자는 근소(近小)[가깝고 작은 일]로 말라죽고, 공(公)하는 데에 원대한 생명을 완성하는 자리니 죽고 또 죽어라 살고 또 살리라! 사(私)하다가 믿음 없이 죽으면 영(永) 죽지마는, 공도(公道)대로 굳은 믿음으로 죽으면 반드시 산다.[3]

이 글에서 다석의 기독교적 신앙체험이 "절대 …… 일체 …… 전일체"의 깨달음에 이르렀음을 알 수 있다. '절대 하나', '전체 하나'는 다석이 이후 죽을 때까지 집중하고 강조했던 주제이다. '절대 하나'이며 '전일체'인 영원한 생명의 세계에서는 위와 아래, 높고 낮음의 구별이 없다. 개체와 물질에 집착하는 이기적인 삶(私)은 가깝고 작은 것(近小) 속에서 말라 죽고 서로 살리고 더불어 사는 공동체적인 삶(公)은 원대한 생명을 완성하게 된다. 이기적인 삶을 살다가 믿음 없이 죽으면 영원히 죽지만, 공동체적인 삶의 길을 따라 굳은 믿음을 가지고 살다가 죽으면 반드시 산다. 절대 하나의 자리에서 보면 죽음으로써 사는 길이 확연하게 드러난다는 것이다.

이 글에서 '절대, 일체, 전일체'와 같이 일원적이고 절대적인 차원이 생명 진화와 신생의 시간적인 주체의식과 결합된다. 과거의 낡은 삶(舊生)에서 벗어나 미래의 새로운 삶(新生)에로 들어가는 것이 생명 진화이며 구원이고 신생이다. 다석은 구생(舊生)과 금생(今生)과 신생(新生)을 구별한다. 오늘의 생명(今生)은 본래 흙과 물과 바람에서 나왔다. 흙과 물과 바람은 그 자체로서 편안하고 안정된 존재이다. 여기에 햇빛이 비추어져서 혈육(血肉)으로 된 생명체가 생겨났다. 흙과 물과 바람과 같은 물질이 자신의 편안함을 버리고 죽음으로써 혈육으로 사는 생명체가 생겨난 것이다.

혈육으로 이루어진 생명체도 영원한 생명을 가질 수 없다. 육체의 삶은 참된 삶이 아니라 임시로 빌린 삶(假生)이고, 궁극적 삶이 아니라 다른 목적을 위해 쓰이는 과정적이고 도구적인 삶(中間生)이다. 다시 말해 혈육의 삶은 그 자체가 목적이 아니라 참 신(神)과 참 삶을 위한 먹이(양식)다. "동식물이 생물이로되 중간생(中間生)으로 먹이는 양식이 됨 같이, 사람의 혈육도 참 신과 참 삶을 위하여" 먹이가 되어야 한다.

따라서 육체가 죽고 육체로 다시 살아나는 것이 아니라, 육체는 죽고 다른 새로운 생명으로 살아나야 한다. 물질로서는 죽고 혈육으로 살아났듯이, 혈육으로는 죽고 '영원한 생명'으로 살아나야 한다. 어떻게 혈육으로 죽고 '영원한 나'로 살아나는가? 다석은 자신의 살과 피를 먹음으로써 '영원한 나'로 살 수 있다고 말한다. 살과 피는 육체적인 욕망과 이기적 욕구를 따른다. 살과 피의 쾌락과 욕망을 버리고 햇빛의 허영에서 벗어나 살과 피가 죽음으로써 새로운 영적 삶에 들어간다. 다석은 살과 피의 죽음을 말하는 데서 한 걸음 더 나아가 살과 피를 영적 양식으로 먹음으로써 새로운 영적 삶(新生)에 이른다고 말한다.

다석은 물질과 생명과 영 사이에서 죽음으로 사는 원리를 확인했다. 물질이 자기의 편안함을 버리고 죽어서 혈육의 생명이 되었고 혈육의 생명이 욕망과 쾌락을 버리고 죽어서 얼의 생명으로 다시 태어난다. 죽음으로써 다시 태어난다는 생각은 '때의 너'와 '담(다음)의 나'를 대립시킴으로써 역사적이고 시간적인 긴장 속으로 들어간다.

여기서 다석이 말하는 '너'와 '나'의 긴장은 이중적이다. 먼저 낡은 과거와 새로운 미래의 시간적 긴장이 있다. 이 경우에도 연대기적인 과거와 미래의 긴장이 아니라 연대기적 시간과 질적으로 다른 새로운 시간, 영원한 시간의 긴장이다. 또 다른 긴장은 물질적·육체적 존재와 영적 존재의 긴장이다. 다석은 낡은 과거의 존재, 물질적·육체적 존재를 '너'라 하고 새로운 영원한 시간에 속한 존재, 영적 존재를 '나'라고 했다.

이런 맥락에서 예수가 '나의 살과 피'를 먹어야 영원한 생명을 얻는다고 말한 것(요 6:50-58)을 다석은 사람마다 각기 자신인 '나'의 살과 피를 먹는 것으로 이해할 수 있었다. 예수의 '나'는 역사적 예수의 사사로운 '나'가 아니라 절대 하나, 영원한 생명, 얼의 '나'라는 것이다. 살아 계신 하늘의 아버지는 생명의 총본부이다. 생명의 총본부인 절대 하나, 전일체인 하나님, 얼의 '나'가 영원한 생명의 '나'이다. 다석은 물질적이고 육체적이며 사사로운 삶을 추구하는 옛 삶은 '너'로 지칭하고 영원한 생명, 전체의 공동체적 삶을 추구하는 새 삶은 '나'로 지칭한다. '너'는 흙, 바람, 물과 같은 물질에 속한 존재이고, 햇빛의 따뜻함과 아름다움에 끌리는 혈육의 존재이다.

기독교에서는 흔히 영원한 생명의 주인이신 하나님을 '너'로 부르고, 죄와 죽음에 매인 육적인 인간 존재를 '나'로 부름으로써 '나'에게서 벗어나 '너'에게서 영원한 생명에 이르려고 한다. 이에 반해서 다석은 영원한 생명인 하나님을 '나'라 하고, 물질과 햇빛에 매인 삶을 '너'라고 함으로써 얼의 '나', 미래의 새로운 '나'와 하나님의 '나'를 동일시하고, 이러한 '나'를 물질적이고 육체적인 존재로서의 '너', 죄와 죽음에 매인 과거의 낡은 존재로서의 '너'와 대립시킨다.

다석의 이러한 어법은 기독교의 전통적인 어법에 익숙한 사람들에게 혼란을 일으키지만 인간의 참된 본성과 천성(天性)을 일치시키는 동양의 어법과 일치한다. 모든 문제와 생각의 초점을 '나'에게 집중함으로써 다석은 강력한 '주체의 사유'를 발전시켰다. 그의 이러한 주체사상은 물질과 햇빛, 죄와 죽음에 매인, 과거의 낡은 비주체적인 삶으로서의 '너'로부터 미래의 새로운 공동체적인 '나'의 거듭남(新生)을 말함으로써 역사적 주체의식에 이른다. 인간은 생성소멸하는 물질의 법칙을 넘어서, 낳고 죽는 혈육의 시간적 경계(때)를 벗어나서 전체 하나인 얼의 생명으로 다시 태어나야 한다.

2) 죽을 날을 잡다

새로운 영원한 생명으로 태어나려면 현재의 삶이 죽을 운명에 있다는 사실을 진지하게 받아들여야 한다. 다석은 '이승'이라는 시에서 인생의 덧없음을 이렇게 노래한다.

> 이승의 목숨이란 튕겨놓은 줄(鉉), 쟁쟁(錚錚)히 울리나 머잖아 그칠 것!
> 이승의 목숨이란 피어놓은 꽃, 연연(姸姸)히 곱다가도 갑자기 시들 것!
> 이승의 목숨이란 방울진 물, 분명히 여무지나 덧없이 꺼질 것![4]

다석은 "자연적 인생의 끝은 멸망이다. 멸망이라는 확정판결을 받고 나온 것이 인생이다"라고 단언한다. 인생은 "집행유예적 망할 놈"으로서의 삶이다. 인간들은 이 사실을 잊고 "집행유예적 망할 놈으로의 현실 살림"에 빠져 있다.

인생이 죽음으로 달려가는 것임을 알고, '죽음으로써 사는 길'을 참 삶의 길로 본 다석은 만 65세 되는 해에 죽을 날을 잡아 놓고 생과 사를 넘는 참되고 영원한 삶의 길을 추구했다. 다석은 1956년 4월 26일을 죽을 날로 잡아 놓고 1955년 4월 26일부터 1년 동안 하루하루를 죽음의 연습과 삶의 해방을 위한 날로 삼았다. 만 65세면 세상에서 공직을 은퇴하는 나이다. 이 나이에 다석은 자신을 죽음 속으로 내던지고 사상과 정신의 출애굽을 했다. 그해 5월 23일 일기에서 '올(1955)'이라는 제목 아래 세로로 크게 "今大自紀念年祀"(올해는 특별히 자기를 불살

라 하나님께 바치는 해)라고 썼다. 김흥호는 이 글을 "나를 불살라 없애
는 해요 하나님의 빛이 가득 차는 해"라고 풀이했다. 다석은 몸으로 산
제사를 드렸다. 1년 동안 하루하루 죽는 연습을 하며 깊이 생각하고 큰
깨달음 속에 살았다.

1955년 4월 26일부터 1975년 1월 1일까지 하루하루의 삶과 생각을
일지(日誌)에 새겨 놓았다. 다석이 남긴 글이 매우 적기 때문에 다석의
일지는 다석의 삶과 정신을 연구하는 데 가장 중요한 자료가 된다. 다석
의 삶과 함께 다석의 일지는 다석이 후세에 남긴 가장 중요한 업적이다.

다석이 어찌하여 1956년 4월 26일을 사망예정일로 잡았을까? 이 날
짜와 얽힌 사연을 풀어보면 다석의 정성스러운 마음가짐과 돈독한 인
간관계가 그대로 드러난다. 다석은 그가 아꼈던 김교신의 죽음을 생각
하다가 이날을 사망예정일로 잡았다고 한다. 김교신(1901~1945)은 일
제시대 양정고등보통학교(지금의 양정고) 교사로서 제자들을 가르쳤고,
함석헌 등과 함께 〈성서조선〉(聖書朝鮮)을 간행하면서 기독교 신앙과 민
족 사랑을 온몸으로 실천하였다. 일찍이 김교신은 함석헌과 함께 동경
고등사범학교에서 공부하면서 우치무라 간조의 성경연구반에서 교회
의 제도와 형식을 떠나 신의 사랑과 의에 충실한 신앙을 배웠다. 김교
신은 곧은 인격과 깊고 뜨거운 신앙을 지닌 비범한 인물이었다. 다석
은 함석헌을 통해 김교신을 알게 되었고 〈성서조선〉에 기고하면서 김
교신을 가까이하게 됐다. 정통신앙을 지킨 김교신과 유영모 사이에 신
학적 차이가 있었으나 그 차이를 넘어 존경하고 아끼면서 믿음과 진리
의 사귐을 나누었다.

1945년 4월 25일에 김교신이 죽었는데 다석은 김교신이 죽은 다음
에도 김교신이 난 날(4월 18일)과 죽은 날(4월 25일)이 되면 늘 김교신을
추모하였다. 김교신이 죽은 지 10년이 되는 날인 1955년 4월 25일을

지나서까지 다석은 살기를 원치 않았다. 그래서 1955년 4월 26일부터는 날마다 죽는 날로 정하고 1956년 4월 26일에는 자신의 죽음을 완성하기로 결심했다.[5] 사망예정일(1956년 4월 26일)까지 자신이 산 날수와 이승훈이 산 날수가 24,151일로 일치하는 것을 발견하고 기이하게 여기며, 다석은 김교신, 유영모, 이승훈의 일생을 태어난 날, 죽은 날, 나이, 산 날수를 수첩에 기록해 두었다.[6]

3) 죽음은 영원한 삶의 밀알을 심는 일

하나님과 함께 영원한 삶을 살려면 사사로운 나, 낡은 나는 죽고 새로운 나, 전체의 나로 살아야 한다. 그러면 사사로운 나는 어떻게 죽는가? 사사로운 나는 육체의 욕망에 매인 나이다. 육체의 욕망은 육체의 생존과 충족밖에 모른다. 육체의 욕망에 갇히면 육체와 함께 죽는다. 예수는 육체의 생존법칙과 욕망의 굴레에서 벗어나 자신의 살과 피를 생명의 양식으로 주었다(요 6:51).

요한복음에서 예수의 살과 피는 육체적인 의미와 영적 의미를 함께 가지고 있다. 예수는 영원한 생명을 위해 육체의 살과 피를 희생했고, 희생한 살과 피는 영원한 생명을 주는 영적 존재가 되었다. 전체를 위해 희생한 예수의 살과 피는 육체의 생존방식과 법칙을 초월하여 서로 살리는 공동체가 되고, 전체를 살리는 '전일체'(全一體)가 되었다. 예수의 살과 피가 육체의 경계를 넘어서 영원한 생명의 양식이 되었다.

예수는 "내 살과 피를 먹으라" 했지만 예수의 살과 피는 지금 여기에 없다. 지금 내가 먹을 수 있는 살과 피는 '나' 자신의 살과 피밖에 없다. 예수는 "내 살을 먹고 내 피를 마시는 사람은 내 안에서 살고 나도 그 안에서 산다"(요 6:56)고 했다. 예수가 내 속에 살아 있다면 예수의 살과 피는 '내 살과 피' 속에 있다! 내가 지금 '예수의 살과 피'를 먹으려면 '내 살과 피'를 먹는 수밖에 없다. 그래서 다석은 "…… 혈육이 죽어서 다시 산다는 것보다 혈육을 양식 삼아 먹어서 새 생명을 일운다"[7]고 말한다. '살과 피'를 먹고 마신다는 것은 살과 피를 초월하여 서로 살리는 영적 존재로 된다는 것을 뜻한다. '내 살과 피'를 먹는다는 것은 '내 살과 피'의 욕망을 이기고 얼의 생명을 일으키는 것이다.

삶의 목적은 얼의 생명을 일으키는 것이다. 얼의 생명을 일으키려면 혈육으로는 죽어야 한다. 그런 의미에서 삶은 죽는 연습이다. "종교의 핵심은 죽음이다. 죽는 연습이 철학이요 죽음을 없이 하자는 것이 종교다. 죽음의 연습은 생명을 기르기 위해서다." 다석은 죽음의 연습으로서 단식(斷食)과 단색(斷色)을 강조했다. 금식하면 '내 살과 피'에 저장된 영양으로 산다. "산다는 것은 육체를 먹고 정신이 산다는 것이다. 밥을 먹듯이 육체를 먹는 것이 단식이다. …… 정신은 죽음을 넘어설 때 드러난다."

참된 인생은 죽음으로부터 시작된다. 다석은 새로 태어나는 얼 생명을 병아리로 비유했다. "죽은 후 비로소 병아리로 사는 것이다. 몸은 병아리를 기르기 위한 도시락이다. 병아리가 길러지면 몸은 기쁘게 버린다." 병아리는 차원이 다른 새로운 삶을 나타낸다. 몸으로 사는 삶은 알이고 영원한 영적인 삶이 병아리다. 따라서 "죽음은 [영원한 삶의] 밑알 캥이를 심는 일이다".[8] 다석의 삶은 날마다 육체의 자아가 죽는 삶이었고 죽음으로써 영원한 삶, 참된 삶의 밑알캥이를 심는 삶이었다.

2. 몸으로 드리는 산 제사

다석은 날마다 죽음으로써 영원한 삶의 밑알을 심으려 했다. 날마다 죽는 연습을 하고 얼의 생명으로 살아나기 위해서 다석은 몸으로 산제사를 드리는 삶을 살았다.[9] 자신의 살과 피를 불살라 바침으로써 새로운 생명으로 태어나려고 하였다. 육적인 낡은 자아는 죽고 '영의 나'로 사는 삶은 그 자체가 하나님께 드리는 산제사이다. 영적인 삶을 위해 자신의 육적인 욕망과 허영을 불태우는 것은 몸으로 산제사를 드리는 것이다. 유영모의 삶과 사상은 몸으로 드리는 제사에 모아져 있다.

몸으로 산제사를 드리는 것은 성경과 기독교 신앙의 중심 내용이다. 예수는 죄와 죽음에 빠진 인류를 구하고, 인류와 함께 영원한 생명의 나라에 들어가기 위해서 하나님과 인류 앞에 몸으로 산제사를 드렸다. 그는 산제사를 통해서 죽고 다시 살아났다. 바울은 하늘나라의 시민으로서 그리스도인들은 몸으로 산제사를 드려야 한다고 말했다. "여러분은 여러분의 몸을 하나님께서 기뻐하실 거룩한 산 제물로 드리십시오. 이것이 여러분이 드릴 합당한 예배입니다. 여러분은 이 시대의 풍조를 본받지 말고, 마음을 새롭게 함으로 변화를 받아서, 하나님의 기뻐하시고 온전하신 뜻이 무엇인지를 분별하도록 하십시오"(롬 12:1-2, 새번역).

다석은 성경의 말씀을 따라 몸으로 산제사를 드리려 했다. 몸을 산 제물로 드림은 자기를 불살라 죽이고 새롭게 태어나는 일이다. 그는 예수처럼 죽어서 사는 길을 갔다. 자신을 제물로 바침으로써 자신뿐 아니라 인류의 영혼이 깨어나 영원한 생명에 들어가기를 바랐다.

다석은 예수를 믿는 삶에 머물지 않고 예수를 따르려 했고 예수를 따르는 삶에 머물지 않고 예수와 함께 예수의 삶을 살고 예수의 길을 가려고 했다. 그는 예수가 졌던 십자가를 스스로 지려고 했다. 다석은 자신의 삶을 제물로 바침으로써 뭇 사람들과 함께 참 생명의 길을 가려고 했다.

1) 허파와 염통의 제사

다석에게는 밥을 먹고 소화하고 흡수하고 숨 쉬는 일 자체가 음식물을 불태워 생명 에너지를 내고 생명 에너지를 불태워 살아가는 제사였다. 피를 모으고 돌리는 염통, 피를 정화하는 콩팥, 나쁜 가스를 배출하고 산소를 끌어들이는 허파의 일이 먹이, 곧 제물을 불살라 제사드리는 일이었다.

다석은 먹고 숨 쉬고 피가 도는 몸의 생리작용 자체를 제사로 본다. 먼저 숨 쉬는 허파와 새 피를 돌리는 염통이 제사를 드린다. "앞서 나가 살고 돌아온 묵은 피와 그 피에 실려 온, 위에서 오늘날 새로 주신 즘생[짐승]을 밤낮 없이 불살라 새 피를 내는 허파 앞에. 새 피를 받아 온몸에 벌려 있는 4백조(四百兆, 萬萬萬) 살알[세포]에 돌려 이바지어 드리우려는 몸밖에 먹음이 없는 '염통' pope 넙(드림 마튼 이)가 있는 가슴에 네 나가 설 데다"(1956년 1월 18일 일지).

허파는 "묵은 피와 그 피에 실려 온, 우에서 오늘날 새로 주신 즘생을 밤낮없이 불살라 새 피를" 낸다. 묵은 피에 실려 온, 오늘 새로 주신 '즘생'은 날마다 밥으로 먹는 동물과 식물의 생명이다. 묵은 피와 먹이로서의 생명을 불살라 새 피를 내는 일이 허파가 드리는 제사이다. 그러므로 숨 쉬는 일이 제사다. 염통은 새 피를 "온몸에 벌려 있는 4백조 세포에 돌려 이바지어 드리려는 맘밖에 없는" 제사장, 드림 맡은 이, 교황(Pope)이다. 제사장은 제물을 드리는 일을 맡은 이 곧 '드림 맡은 이'다. 염통은 제사장처럼 온전한 마음으로 하나님과 사람에게 드리는 일을 한다. 염통은 4백조 세포들과 모든 기관들이 잘되기만을 바라고 모두를 축복하는 마음을 먹고 있다. 이렇게 몸은 이미 제사를 드리고 있다.

2) 거룩한 생각의 제사

다석은 생각을 이성적 자아의 기능으로 본 데카르트와는 달리 생각을 자아를 불사르는 일로 보았다. 생각하는 일이 곧 자아를 불살라 하나님께 드리는 제사였다. 다석에게 생각은 몸에서 피어나는 것이다. 생각과 몸이 통전되어 있다. 생각에 대한 다석의 이러한 이해는 생각에 대한 데카르트의 이해와는 다르다. 데카르트는 "사유(思惟)하고 연장(延長)이 없는 실체"로서의 정신과 "사유하지 않고 연장을 가진 실체"로서의 물체를 엄격히 구분하였다. 이에 반해 다석은 마음의 생각과 몸의 생리작용의 직접적인 연관성을 말하였다. 마음과 몸은 하나의 큰 틀 속에서 긴밀히 결합되어 있고 연속되어 있다. 다석은 몸 속 깊은 데서 몸 전체의 생리작용으로부터 생각이 우러난다고 하였다.

"새 피가 깊은 허리 기둥 뼈 안쪽으로 굳게 달린 콩팥에 가서 알짬 샘물로 되어 잠근 동산 덮은 우물로 간직된다. 또 그 우물가에서는 알짬 샘물[精力]이 구름 피우듯이 온 몸 우로 떠오르도다"(1956년 1월 18일 일지). 사람의 얼은 그 떠오르는 구름으로 살이 찌고 살이 찐 얼은 "다시 거룩한 생각의 구름을 피여 올린다". 다석에 따르면 피어 오르는 거룩한 생각의 구름이 "한우님께로 올라가는 기름이요 빛"이다. 그것은 "참 목숨의 기림 빛 …… 빛난 기름"이다. 이것은 "참 받으실 만한 목[목숨]을 드림이다." 다석은 이 말 끝에 '로마서 12장 1절'이라고 썼다. 이것은 "몸으로 산 제사를 드리라"는 로마서 12장 1-2절에 대한 다석의 해석이요 적용이다. 정말 사람이 하나님께 드리는 제사는 '알짬 샘물'(精力)에서 피어오르는 거룩한 생각의 구름이며 이것이 목숨을 제물로 드림이다.

인간의 삶이란 "물질을 번제로 드림"이고 밥을 불살라 피어난 피는 "불꽃 곧 번제"이다. 피는 "반드시 위로 올라가는 꽃내(향기)로 씌워야,

살라야" 한다. 피를 꽃내[꽃냄새]로 씌우고 불사르는 일은 거룩한 생각이 하는 제사이다. 거룩한 생각에서 말씀이 피어난다. 거룩한 생각을 피어 올리는 일은 말씀을 사르는 일이다. 목숨 사름, 생각 사름, 말씀 사름이 하나이지만[10] "말씀 사름은 목숨 사름보다 더 큰 제사이다".[11]

다석에게서는 정력과 생각과 얼이 하나로 통전되고 있다. 정력이 변하여 신령한 얼을 살찌우고 신령한 얼에서 생각의 구름이 피어오르고 이 생각의 구름이 하나님께 드리는 거룩한 제사가 된다. 다석의 이러한 통합적인 사상은 정·기·신(精氣神)을 통전적으로 보는 도교사상을 반영한다. 단전호흡을 통해서 정력이 기(氣)로 승화되고 기는 다시 신(神)으로 승화된다. 물질인 밥(생명체)이 정력(精力)으로 변화하고 정력은 기로, 기는 신으로 변화함으로써 물질과 정신은 연속되어 있고 직접적으로 상호작용한다. 이러한 동양의 사유방식을 통해서 다석은 생각을 몸의 행위로 거룩한 영적 제사로 이해할 수 있었다. 밥(물질)과 몸과 정신을 통합적으로 파악한 다석은 물질과 몸을 알뜰살뜰 아낀다. 제사를 값없이 함부로 드릴 수 없듯이 때 없이 밥을 먹어서도 안 되고 '알짬샘물'을 낭비해서도 안 된다.

다석에게 생각은 단순히 머리의 행위만이 아니라 몸과 머리와 얼의 전인적 행위이다. 또한 생각은 이성의 계산적 행위가 아니라 자신을 불사르고 헌신하는 행위이다.

3) 제사의 이로움

다석은 족보나 무덤, 조상제사에서 벗어나야 한다고 주장했다. 그런 것은 과거에 속한 것이고 오늘의 생명을 약화시키고 고갈시킬 뿐이다. 그리하여 다석은 조상제사를 폐지한 것이 기독교의 업적이라고 말하기도 했다. 다석은 조상제사를 몸의 제사로, 삶의 제사로 바꾸었다. "몸으로 산제사를 드리라"는 성경의 가르침을 다석은 철저히 문자적으로 몸으로 실천하려고 했다. 성경의 말씀을 문자적으로 실천하려고 했다는 점에서 다석은 성경의 내용을 문자적으로 받아들이려는 한국의 많은 보수적이고 전통적인 근본주의 기독교인들보다 더 철저하고 근본적이다. 제사에 관한 다석의 사상은 기독교 신앙을 주체적이고 실천적으로 수용한 것이다.

제사에 관한 다석의 사상은 주역의 사상으로부터도 영향을 받았다. 다석은 제사에 관한 주역의 사상을 적극적으로 이해하고 받아들였다. 주역에서 하늘을 나타내는 건(乾)을 원형이정(元亨利貞)이라고 한다. 형(亨)은 "상하가 형통하고 하늘과 통하고 만물과 통하여 형통하게 되는 것"을 뜻한다. 형은 향(享)과 같은 자인데 향은 "제향이라고 하여 하늘에 제사를 지내고 만물을 음복하는 것"을 뜻한다. 제사는 두루 통하여 태초의 원기 넘치는 삶, 하늘의 영원한 삶을 여는 일이다. 다석은 이러한 제사를 기독교의 십자가와 연결시킨다. "원자인 독생자가 제사를 지내는 것이 십자가다."

제사가 전체 생명을 살리고 정신과 영혼을 근원적으로 살리는 일이므로 "제사지내는 것처럼 인생에게 이로운 것은 없다". 그러나 이러한 제사는 현실적 이해관계 속에서 사는 개체의 사사로운 생명, 낡은 자아에게는 쓸데없는 일이고, 해(害)가 되는 일일 수도 있다. 제사는 현실적 이해관계를 넘어서 물질적 가치관에서 벗어나 자유롭게 사는 존재의 세계를 위한 것이다. "…… 이용이니 소용이니 하는 생각 없이 사는 것이 존재다. …… 하늘을 머리에 이고 땅을 발밑에 깔고 앉아 있는 것이 좋다. …… 아무것에도 쓸 데 없는 것이 정말 쓸데 있는 것이다. 하늘, 인간, 억만 별, 구만리 광활한 땅은 무엇에 쓰나? …… 사람은 하늘을 가질 때 자기를 가지게 된다. 하늘이 나이기 때문이다."[12]

자신을 불살라 제사 지냄으로써 그는 삶의 매임에서 벗어나고 죽음을 넘어선 자유로운 삶을 살았다. 죽음 앞에서 삶의 집착 끊고 죽음에 대한 두려움 벗어나 위로 하늘로 올라 빈탕한데(허공)에서 자유로이 놀았다. 다석은 몸으로 제사드리는 삶을 통해서 모든 사람과 함께 영원한 삶에 들어가려고 하였다.

3. 죽음: 영원의 날개를 펴는 날

1) 죽음은 생명의 꽃

다석은 말년에 기억력을 잃었다. 71세 때 손녀와 함께 옥상에서 떨어져 머리를 크게 다치고 20여 일간 의식을 잃고 지냈는데 그 후유증인지 모른다. 죽기 3년 전에 집을 떠나 인생을 마감하려고 홀로 산속에 들어가 며칠을 지내다 사람들에게 발견되어 업혀 온 후 마지막 2, 3년을 좌망(坐忘)의 세월로 보냈다. 그러나 몸과 마음이 흐트러지지는 않았다. 널판자 위에 무릎을 꿇고 앉아 이따금 "아버지! 아버지!" 하고 하나님만 불렀다. 다석의 평생은 하나님을 그리워하며 하나님을 향해 위로 솟아오르는 삶이었다. "속은 넓어지고 우리 꺼풀은 얇아지리니 바탈 타고 난 마음 그대로 왼통 울려 속알 굴려 깨쳐 솟아 날아오르리로다"(1956년 4월 25일 일지).

다석에게 죽음은 새로운 삶의 시작이다. "누에는 죽어야 고치가 된다. 죽지 않으려는 생각은 어리석은 일이다. 실을 뽑았으면 죽는 것이다. 집을 지었으면 그 속에 드는 것이다. 니르바나에 드는 것이다. 생각의 실을 다 뽑기까지는 살아야 하고 실을 다 뽑으면 죽어야 한다. …… 無[무]에서 와서 無로 가는데 (無는) 新正[신정]의 새 시대이다."[13] 인간은 죽어서 생각과 말씀으로 지어진 집에 들어간다.

다석은 죽음을 가까이하고 느끼며 살았다. '죽음'에서 자유로운 삶을 살았으며, 결국 죽음을 좋아하게 되었고 죽음을 맛보고 죽어 보고 싶다고도 했다. 유영모는 "만년에 죽는 날을 기다리기를 나이 찬 처녀가 시집가는 날을 기다리는 것과 같이 호기심과 설렘과 벅찬 마음으로 기다렸다." 다석은 죽은 뒤 하나님 나라의 대신정(大新正), 큰 새해를 맞으려 했다.

죽음을 깨끗한 마침으로 보는 다석은 반드시 화장(火葬)을 해야 한다고 했다. "혈육의 근본은 흙이고 정신은 하늘에 근본을 두고 있다. 정신은 하늘에 돌아가고 몸은 빨리 흙으로 돌아가게 죽으면 재로 만들어 버리면 그만이다. 무슨 흔적을 남기려고 할 것 없다. 영원한 것은 진리의 생명뿐이다. 화장은 대번제(大燔祭, 히 9:12)이다." 화장하고 남은 재를 북한산에 뿌리면 어떻겠느냐고 묻자 "…… 일부러 뿌릴 것 무엇 있어요. 화장한 이들에게 치워 달라면 잘 치워 줍니다"고 했다. 무덤도 비석도 필요 없고 뼈도 필요 없다는 것이다. 이름을 남길 필요도 없다. 다석이 90 평생 살다 죽었을 때 다석의 이름을 말한 언론이 없다. 자신의 뼈와 이름까지 불살라 제사드렸다. 참으로 깨끗하다.

다석에 따르면 '깨끗'은 깨어서 끝에 서는 것이다. "마지막을 거룩하게 끝내야 끝이 힘을 준다. …… 전광석화(電光石火)처럼 생명의 찰라 끝에 생명의 꽃이 핀다. 마지막 숨 끝 그것이 꽃이다. …… 마지막을 아름답게 끝내는 것이다. 그러기 위해서는 마지막을 기다릴 것이 아니라 순간순간이 마지막 끝을 내어야 한다. 그렇기 때문에 언제나 끝이 꽃이다. 인생의 끝은 죽음인데 죽음이 끝이요 꽃이다. 죽음이야말로 엄숙하고 거룩한 것이다."[14]

2) 죽음: 영원의 날개를 펴는 날

다석은 분명한 생명관을 지녔기 때문에 죽음을 '끝이요, 꽃'이고 '엄숙하고 거룩한 것'이라고 했다. 그에게 생명은 두 가지다. 하나는 육체에 갇힌 생명, 육체의 혈육과 함께 썩고 죽음으로써 끝나는 생명이고, 다른 하나는 육체를 넘어서 영원히 사는 얼과 영의 생명이다. 두 가지 생명에 따라 두 가지의 '나'가 있다. 육체의 목숨에 붙은 '나'는 혈육의 욕망과 충동에 따라 살고 얼의 '나'는 혈육의 욕망과 충동을 넘어서 '전체 생명의 부름'과 '사랑과 정의의 공도(公道)'를 따라 산다.

참 생명의 자리에서 보면 죽음은 없다. "죽음이란 없다. 하늘에도 땅에도 죽음이란 없는 것인데 사람들이 죽음의 노예가 돼 있다."[15] 믿음으로 죽음을 맞을 때 죽음은 새로운 생명의 세계로 들어가는 문이고 생명의 질적 변환이 일어나는 엄숙한 사건이다. "종(種)이 깨지고 유(類)가 산다고 할까? 밀알이 떨어져 인류가 산다고 할까. 육체가 무너지고 정신이 산다고 할까. 나를 깨치고 나라를 열어야 한다. …… 나는 고노병사(苦老病死) …… 썩는 거야. 그러나 나라는 진선미성(眞善美聖)이야. 목숨은 썩는 거야 그러나 말씀은 빛나는 거야. 빛나려면 깨야지, 깨져야지, 죽어야지."[16] 깨고 깨지고 죽는다는 우리말에서 '죽어야 산다'는 진리의 뜻이 잘 살아난다. 죽음을 넘어서 살려면 '깨어나야' 하고, '깨져야' 하고, '죽어야' 한다. 자연적인 죽음을 통해 저절로 영생을 얻는 게 아니다. 삶 속에서 깨고 깨지고 죽어야 한다.

죽어야 산다고 믿는 다석은 이 세상에 "죽으러 왔다"고 단언한다. 그러나 죽음 자체가 목적은 아니다. 살기 위해 죽는 것이다. 인생은 '죽음으로써 사는 것'이다. 인생은 죽음을 이기고 사는 것이고, 목숨은 끊으며 이어가는 것이고, 말씀은 육적인 삶을 끝내고 깨어나는 것이다. 죽음의 시간을 기다리는 것이 아니라 지금 여기서 적극적으로 죽음을 앞당겨 받아들이고 새 삶을 시작하는 것이다. 죽어 가는 몸속에서 영원한 삶에 이르자는 것이 인생의 길이고 믿음의 길이다.

다석의 죽음관에는 죽음 속에서 영생과 부활을 보는 기독교의 관점이 반영되어 있다. 십자가는 "죽음이 삶에 삼키우는 것"이다. 죽음은 삶으로 죽음을 삼키는 것이며, "정신이 육체를 이기는 것"이다. 그리고 지금 여기서 죽음을 이긴 성숙한 승리자가 되어야 한다. "육체를 이겨야 성숙한 정신이 된다." "마치 적의 목을 자른 기사처럼 자기의 죽음을 보고 미소를 지을 수 있는 정신이 성숙한 정신이다."[17]

죽음을 통해 죽음을 넘어 참된 삶에로 들어가는 일 그것은 심오하고 기쁜 일이다. "연못 속에 뛰어드는 개구리의 생명은 무상한 것 같지만 적막을 깨뜨리는 그 물소리는 한없이 심오하다. 인생의 죽음은 시간이란 연못 속에 뛰어드는 것이나 마찬가지다. 그러나 영원한 생명에 뛰어드는 물소리는 한없는 묘미가 있다. …… 죽음을 넘어서 울리는 소리 그것이 복음이다. …… 몸은 물속으로 그러나 소리는 바람과 같이, 몸은 흙 속으로 그러나 마음은 희망과 같이 울려 퍼진다."[18]

다석에게 죽음은 마지막이 아니라 위대한 삶의 시작이다. 우리는 대장부처럼 "저녁에 잠자리 들어가듯이 한번 웃고 죽는 길에 들어설 수 있다".[19] "죽음은 천국에 도착하는 것이고 제2목적은 하나님을 만나는 것"[20]이다. 인간의 몸과 마음은 "죽어도 죽지 않는 영원과 연결된 긋[21]을 가지고 있다. …… 이 긋이 자라고 움직이면 깃이 되어 날아간다. …… 죽을 때는 이 세상 바닷가를 넘어서 영원의 날개를 펴는 날이다". "죽은 후 날아가는 영원한 바다"는 비길 데 없이 "넓고 깊은 자유의 바다"이며, 죽음은 이 세상의 해안선을 떠나는 영광스럽고 찬란한 "육리 (陸離)"가 되어야 한다.[22]

다석은 죽음을 찬란한 육리라고 했지만, 감각적 물질문명에 깊이 빠진 오늘의 사람들은 죽음을 두려워하고 싫어하며, 외면하고 잊으려 한다. 그러나 죽음을 앞둔 사람이 죽음을 외면하려고 발버둥 치다가 지쳐서 죽는 것이 마땅한 일인가? 사람이라면 마땅히 죽음을 알고 다가오는 죽음을 맑은 정신으로 맞이해야 할 것이다. 삶과 죽음에 대한 뚜렷한 생각과 실천이 있으면 말과 행동에 생명력이 있다.

3) 빈탕한데서 노는 삶

다석은 삶과 죽음에서 초연하여 흔들림 없는 마음을 지니고 살았다. "죽는다고 해서 죽어 없어지는 것이 아니다. 이 세상에서 바로 살 줄 알고 말씀을 아는 사람은 사는 것이 좋은 것인지 나쁜 것인지, 그리고 기쁜 것인지 슬픈 것인지 잘 모르고 산다. 죽는 것이야말로 축하할 일인지 모른다고 생각하면서 산다. 살려 준다고 해서 좋아할 것도 없고, 죽이겠다고 해서 흔들릴 것도 없다."[23]

생사를 넘어선 사람은 우주만물의 주인으로서 욕망과 허영, 분노와 미움에서 벗어나 놀이하는 마음으로 즐겁게 살 수 있다. 이런 자유는 자신의 몸과 마음을 제사드리는 사람이 누리는 자유이다. 제사는 자아를 불살라 허공, 빈탕한데 하늘에 올리는 일이다. '빈탕'은 빈 것, 허공을 뜻한다. 물질과 욕망을 태워 버렸으니 '비고 없다'. 비고 없는 곳은 하늘이다. '한데'는 '바깥, 넓은 데, 막힘없이 크게 하나로 확 트인 데'를 뜻한다. 하나님께 나가기 위해 모든 것을 불살라 제사지낸 사람은 '빈탕한데' 곧 '하늘'에서 논다. 다석은 이것을 '빈탕 한데 맞혀 노리'(與空配享)라 했다.[24]

제사는 삶과 죽음의 경계를 넘어서 하늘의 세계에서 사는 것이다. 하늘, 영원한 생명의 자리에 서면 모든 것이 자유롭고 기쁘다. 다석은 제사(祭祀, 享)를 '놀이'라고 한다. 더 나아가서 "이 세상의 일을 …… 잠을 자고 일어나고 깨어 활동하는 것을 죄다 놀이로 볼 수 있다. …… 하나님 앞에서 어린아이처럼 이 세상을 지나가면 말끔히 놀이가 될 수 있다". 다석은 "하나님을 모시고 늘 제사드리기 때문"에 인생을 놀이로 살수 있다고 한다.[25] 자신을 제사 지내는 사람은 큰 사람이고 "…… 진정 큰 사람(大者)이란 …… 꾸미고 살지 않는다." 꾸밈없이 자유롭게 놀려면 "빈탕한데 얼(魂)이 연락되어야 한다. …… 우리는 묶고 묶이는 큰 짐을 크고 넓은 '한데'에다 다 실리고 홀가분한 몸으로 놀며 가야 할 것이다. 그리고 종당에는 이 몸까지도 벗어버려야 한다. …… 다 벗어버리고 홀가분한 몸이 되어 빈탕한데로 날아가야 한다."[26]

다석이 죽음을 넘어서 살고 빈탕한데서 놀이하는 삶을 살자고 하지만 세상을 버리고 떠나자는 것은 아니다. 다석의 빈탕한데 놀이는 세상에 대한 무한책임과 탐구와 헌신으로 이어진다. 빈탕한데서만 물질의 본성은 있는 그대로 그 깊이에서 드러나고 사람은 사람의 본성이 실현되고 완성되기 때문이다. 다석에게서 빈탕한데 맞추어 노는 것은 인간이 자유롭고 책임적인 존재로서 영원한 생명을 이어가며, 세상과 역사의 모든 일에 책임을 지는 일이고, 물성(物性)을 온전히 밝혀 물질세계를 심판하는 일이다.[27] 그것은 세상과 역사를 완성시키는 일이기도 하다. 왜냐하면 빈탕한데에서만 큰 하나 됨에 이를 수 있고 큰 하나에 이를 때만 참된 공평과 자유에 이를 수 있기 때문이다.

다석에 따르면 빈탕한데의 주인은 하나님의 말씀이다. '큰 하나 됨'과 자유와 공평이 이루어질 수 있는 정신적 토대인 빈탕한데의 주인은 하나님의 말씀이고 하나님의 말씀은 천명(天命)이며 로고스이고, 말씀의 내용은 사랑과 정의이다. 사랑과 정의 안에서 우주생명과 역사는 실현되고 완성된다. 다석에 따르면 빈탕한데의 주인인 말씀이 과학과 철학의 근거이다. 물성을 밝히는 과학도 말씀이 없으면, 물질에 매임 없이 물질의 본성을 있는 그대로 밝히고 드러낼 수 없다. 과학자들도 말씀이 있어야 "문제를 세우고, 모두 알게 되고 서로 통하게" 된다. 말씀은 철학의 근거이며, 철학은 "말씀을 종합해서 사람 노릇을 하게 깨우쳐 주는 것"이다.[28] 물질적·육체적 자아가 죽어야 빈탕한데에 들어갈 수 있고, 빈탕한데서 놀이를 할 때 비로소 사람은 말씀에 따라 살 수 있고 말씀에 따라 살 때 비로소 사람은 사람 노릇을 바로 하고 물성을 온전히 밝히고 드러낼 수 있다.

一주(註)

1 함석헌, 〈인간을 묻는다〉, 《함석헌 전집》 4, 한길사, 1983. 344쪽.
2 구약성서학자이며 선교학자인 나이트에 따르면 '야훼'는 "나는 나다"를 뜻한다. 조지 나이트, 《나는 나다: 이것이 나의 이름이다》, 최성일 편역(한신대학교출판부, 2003), 152~7쪽 참조.
3 유영모, '우리가 뉘게로 가오리까', 〈성서조선〉 158호(1942년 3월 호), 59쪽, 58~60쪽 참조.
4 유영모, '결정(決定)함이 있으라', 〈성서조선〉 135호, 75쪽.
5 《다석일지 공부》 1, 475쪽.
6 '다석 유영모 스승님 추모담'(1982년 2월 3일), 구기동 다석의 자택, 《다석일지》(영인본) 上, 부록 8~9쪽 참조.
7 유영모, '우리가 뉘게로 가오리까', 〈성서조선〉158호, 60쪽.
8 유영모, '밀알(2)', 《다석일지》(영인본) 上, 822~824쪽.
9 유영모, 《다석일지 공부》1, 김흥호 풀이, 솔, 2001, 51쪽.
10 유영모, 《제소리—다석 유영모 강의록》, 김흥호 편, 솔, 2001, 328쪽.
11 유영모, '건', 《다석일지》(영인본) 上, 795 쪽.
12 유영모, '건', 《다석일지》(영인본) 上, 795~6쪽.
13 박영호, 《진리의 사람 다석 유영모》 下, 366~9쪽.
14 박영호, 《진리의 사람 다석 유영모》 下, 353~369쪽.
15 박영호, 《진리의 사람 다석 유영모》 上, 50쪽.
16 유영모, '깨끗'(버들푸름 35), 《다석일지》(영인본) 上, 841~842쪽.
17 유영모, '꽃피', 《다석일지》(영인본) 上, 828쪽. 다석은 이 글에서 "죽음이 삶에 삼키운 바 되는 것"이 십자가라고 하는데 이것은 고린도전서 15장 54절 "사망을 삼키고 이기리라"고 한 내용과 일치한다.
18 유영모, '깨끗'(버들푸름 35), 《다석일지》(영인본) 上, 841쪽.
19 유영모, '인간사상(人間思想)', 《다석일지》(영인본) 上, 816쪽.
20 유영모, '밀알(2)', 《다석일지》(영인본) 上, 822쪽.
21 '긋'은 유영모가 '이어나가는 생명의 끝'이라는 뜻으로 쓰는 말이다. '긋'은 이어나가는 생명인 '나'의 끄트머리이고 새로운 정신과 얼의 싹이다. 다석은 '긋'을 풀이하여 'ㄱ'은 하늘, 'ㅡ'는 땅, 'ㅅ'은 생명을 나타낸다고 하였다. '긋'은 땅을 뚫고 하늘로 솟아오르는 참 생명의 싹이다. 이에 대해서는 《다석강의》 209~211쪽 참조.
22 유영모, '깨끗'(버들푸름 13), 《다석일지》(영인본) 上, 756쪽.
23 박영호, 《진리의 사람 다석 유영모》 上, 29쪽.
24 유영모, '빈탕한데 맞혀 놀이', 《다석일지》(영인본) 上, 891쪽. 《다석강의》, 464쪽 이하 참조.
25 《다석강의》, 466~7쪽.
26 유영모, '빈탕한데 맞혀 놀이', 《다석일지》(영인본) 上, 898쪽. 《다석강의》, 490~2쪽 참조.
27 《다석강의》, 498~500, 504~5쪽.
28 《다석강의》, 506~7쪽.

3장

하루살이: 하루를 영원처럼

다석은 어제에 매이지 않고 내일의 걱정에서 벗어나 하루를 영원처럼 살았다. 하루를 자유롭게 힘껏 살기 위해 하루 한끼 먹고(一食), 말씀을 찾고(一言), 바로 앉으며(一坐), 어진 마음을 품고(一仁) 살았다. 다석은 인간의 하루살이 일생은 이처럼 늘 같아야 한다는 뜻에서 오늘을 '오! 늘'이라 풀이했다. '오늘'에 관한 다석의 풀이를 동양철학가였던 고(故) 류승국으로부터 들었다. 류승국은 대학원에서 철학 공부를 하던 시절에 일주일에 하루는 다석의 집에서 온종일 지내며 말씀을 들었다고 한다. 류승국이 30대 후반에 결혼을 할 때 다석은 경기도 이천까지 찾아와 결혼식에 참여했다. 당시 철학계의 원로들인 박종홍, 고형곤 등이 두루 참여했는데 다석에게 한 말씀을 청하니 이렇게 말했다고 한다. "신랑, 신부 두 사람, 오늘 먹은 마음을 오! 늘 잊지 마시오." 류승국은 평생 이 말을 잊지 못했다고 하였다.

1. 하루를 영원처럼

1) 하루살이

유영모는 아침에 잠이 깨어 눈을 뜨는 것이 태어나는 것이고, 저녁에 잠자리에 들어 잠드는 것이 죽는 것이라고 하였다.[1] 하루 동안에 일생을 산다는 '하루살이'요 '오늘살이'다. 하루를 일생처럼 산다는 뜻으로 말하면 하루살이이고 하루하루가 다 그때그때의 오늘임을 알고 오늘에 집중해서 산다는 뜻으로 말하면 오늘살이다. 하루살이는 날마다 죽음을 연습하는 것이고 오늘살이는 오늘 참되고 영원한 삶을 맛보는 것이다.

다석은 일찍부터 오늘 하루에 집중하는 사상과 삶을 추구했다. 1918년 1월 13일부터 자기가 이 세상에서 산 날을 세기 시작하였고 같은 해 4월 5일에 탈고한 '오늘'에서 '오늘살이'(今日生活)를 힘주어 강조했다. 다석이 산 날수를 세기 시작한 계기가 무엇인지는 알 수 없다. 다만 '오늘'이라는 글 끝에 《논어》, 불경, 성경을 인용함으로써 다석의 오늘살이가 성경과 동양경전에 근거하고 있음을 밝히고 있다. "아침에 도(道)를 들으면 저녁에 죽어도 좋다"(《논어》), "사람의 생명이 호흡 간에 있나니라"(42장경), "내일은 내일 염려할 것이오, 한날 괴로움은 그 날에 족하니라"(마태복음).[2] 산 날수를 헤아리며 오늘살이를 한 사람이 이 세상에 누가 또 있었는지 모른다. 다석은 자기의 산 날수만 아니라 가까운 이들, 함석헌과 김교신의 산 날수도 세며 살았다.

다석은 일찍이 칼라일(Thomas Carlyle)의 '오늘'이라는 시를 좋아하여 오산학교 학생들에게 가르쳤고 다석에게서 이 시를 배운 함석헌은 이 시를 외울 만큼 좋아하였다.[3] 다석의 오늘살이는 칼라일의 '오늘'이라는 시에서 자극과 영향을 받은 것이라고 생각된다.[4] 그러나 영웅숭배에 빠진 칼라일이 평범한 사람들을 낮추어 본 것과는 달리 다석은 삶을 더 깊이 파고들었고 평범한 사람들의 삶에서 진리를 발견하였다. 이 점에서 다석이 쓴 '오늘'은 칼라일의 '오늘'이란 시와 비교가 된다.

오늘

여기 또 다른 파란 새날이 밝누나
조심하라 어물쩍 하릴없이 보내지 않도록
이 새날은 영원에서 태어났느니라
밤이면 다시 영원으로 돌아가노라

미리 만나라 아직 아무도 못하였지만
모든 이의 눈에서 곧 영원히 사라진다
여기 또 다른 파란 새날이 밝는다
조심하라 어물쩍 하릴없이 보내지 않도록

칼라일의 오늘은 밝고 아름답다. 오늘은 영원으로부터 새롭게 주어져서 영원으로 다시 돌아간다. 다석은 오늘을 깊이 파고든다. 다석은 칼라일과는 달리 파란 밝음보다 저녁의 어두움을 소중히 여겼고 지금 여기의 '나'를 깊이 파고들었고 오늘 하루의 삶에서 영원을 타고 오르기 위해 하루를 일생으로 알고 치열하게 살았다.

다석은 '오늘'에서 '오늘, 여기, 나'를 강조했다. "삶의 실상은 오늘 여기 나에서 볼 뿐"이며, 있는 것은 '오늘, 여기, 나'밖에 없다. "어제란 오늘의 시호(諡號, 죽은 이에게 붙이는 호칭)요 내일은 오늘의 예명(豫名, 미리 붙여준 이름)뿐, 거기라 저기라 하지마는 거기란 거짓 사람의 여기요 저기란 저깃 사람의 여기 될 뿐. 그이라 저이라 하지마는 그도 나로라 하고 살고 저도 나로라 하고 살 뿐. 산 사람은 다 나를 가졌고, 사는 곳은 여기가 되고 살 때는 오늘이로다." 과거, 현재, 미래에 걸쳐 있는 것은 언제나 그때그때의 '오늘', '여기', '나'가 있을 뿐이다. 그리고 '오늘', '여기', '나'는 이름만 다를 뿐 같은 것이거나 삼위일체로 하나라고 한다.

다석은 오늘의 삶과 일을 위해서 '나'의 생명력을 발휘해야 한다고 보았다. 과거의 의미는 '오늘 나의 생명력'을 길러냈다는 데 있고, 미래는 '오늘 내 생명력'을 발전시켜 '미래의 나'를 형성하는 데 있다. 다석의 결론은 '오늘 여기 나'의 삶을 힘껏 살자는 것이다. "어제 슬픔은 어제 속에 장사하고 내일 즐거움은 내일 가 누리기로 하고 오늘은 오늘살이에 전력하야 맛보고 갈고 씹고 삼키고 삭히어 내 몸에 넣고 말 것이라."

그리고 산다는 것은 "때와 곳을 옮기면서 곧 내 생명을 변증(辨證)하면서 일을 하는 것"이며, '일'을 통해서 "나와 남과 물건 세 편이 연결하는 가운데 생명이 소통하면서 진리를 나타내며 광명(光明)이 따른다". 그리고 '일'에는 높고 낮음, 귀하고 천함이 없다면서 다석은 오늘 내가 맡은 일이 귀하고 거룩하고 신성하다고 하였다. "무슨 일이나 오늘 내가 해야만 할 일이면 그 일이 참 큰 일이요, 참 귀한 일로 아는 것이 옳다. 한 학과를 익힘이나 한 이랑 김을 맬지라도 크도다 나여! 귀하도다 오늘이여! 거룩하도다 일이여! 신성하도다 오늘 내게 일로 살게 됨이여!" 그리고 다석은 오늘 하는 '일'과 '나'를 일치시킨다. 어떤 일에 집중하는 그 시간에는 그 일에만 '내'가 있고, 그밖에 천만가지 사물에 '나'는 없다. 따라서 '나'와 내가 지금 하는 '일'은 하나가 된다. "산 나는 산 오늘의 산 일뿐이로다."

이렇게 '오늘' '내'가 '여기'에서 몰입하는 '일'을 통해 다른 사람의 '나'와 생명력을 가지고 소통하는 새로운 세계가 끝없이 열린다. "사람이 하루에도 열 가지 일을 잡으면 십세계(十世界)에 전생(轉生)한다고 할 수도 있고 십종회생(十種回生)이 된다고 할 수도 있다." 그리고 일하는 사람 사이에 남자와 여자, 노동자와 지식인의 차별도 없다. "부녀(婦女)는 족히 부엌일과 바느질로 3천 세계를 벌릴 수 있고 서생은 족히 글방이나 서재에서 대천세계(大天世界)를 가를 수 있다." 또한 '일'을 통해서 여러 다른 세계들이 유기체적으로 만나고 합류한다. "이 붓, 이 종이도 식물과 동물의 목숨은 물론 필공(筆工) 지공(紙工)의 목숨과 피땀으로 된 별세계에서 나온 물품이로다." 모든 일들에는 "진리가 있고 도리가 있으니 …… 그 진리를 살펴 잇고 그 도리를 밟아 행하면 족하".[5] 일 속에서 새 세계가 열리고 유기체적인 전체 생명과 합류하고 영원한 진리를 이어가고 도리의 길을 간다.

다석의 하루살이에는 '오늘 여기의 삶'을 강조하는 현세적 사상, '오늘의 나'에게 집중하는 주체철학, 오늘의 삶과 일에서 '나, 남, 물건'을 통합하는 유기체적 생명관, 오늘의 구체적인 일 속에서 영원한 진리를 발견하고 새로운 세계를 보는 보편적이고 궁극적인 진리관이 담겨 있다.

지금 여기의 삶에 대한 강조는 한국적 사유의 전통에서도 두드러진다. 단군신화에는 창조도 종말도 없고 하늘과 땅, 과거와 미래를 관통하는 유기체적인 전체 생명이 있을 뿐이다. 단군신화는 영과 육, 초월과 내재의 구분 없이 오늘의 현실적 삶에 충실하다.[6] 최해월이 향벽설위에서 향아설위로 제사의 원리를 바꾼 것은 과거의 조상을 향해 제사지내지 않고 지금 여기의 '나'를 향해 제사지내는 동학의 주체적 정신을 나타낸다. 무교에서 굿을 통해서 신령과 만나 천(天)·지(地)·인(人) 합일의 조화를 이루면서 현세적 축복과 번영을 추구하는 것도 오늘의 삶을 강조하는 한국적 사유전통을 반영한다.[7] 다석의 하루살이는 한국적 정신과 삶에 충실한 것이다.[8]

그러나 단군신화, 동학(최해월), 무교의 한국 사상에서는 영원에 대한 관심, 주체적인 '나'에 대한 강조가 부족하다. 서구 근대의 개인적 주체 철학에서는 영원에 대한 관심이나 유기체적인 전체 생명에 대한 관심이 부족하다. 기독교 사상에서는 유기체적인 전체 생명에 대한 관심이 부족하고, 오늘에 대한 관심은 종말에 대한 관심에 밀려나기 쉽다. 다석의 하루살이가 오늘의 삶에서 유기체적 전체 생명과 소통하려고 한 것은 한국·동양의 사상을 반영하고, 영원한 삶을 지향한 것은 현실 속에서 하나님을 만나려는 기독교 신앙의 열망을 드러낸 것이며, 삶의 주체로서의 '나'에게 집중한 것은 서구 근대의 주체 철학과 정신에서 영향을 받은 것이다. 하루살이 정신 안에서 한국·동양의 정신과 서구·기독교 정신이 결합되어 있다.

2) 오늘에서 영원에로

다석은 오늘의 구체적인 일에 집중했지만 그 구체적인 일 속에서 영원한 삶으로 들어가려고 하였다. 다석은 '오늘'이라는 말 자체를 '오! 늘'이라 하여 영원과 연결 지었다. '오늘' 하루에는 '늘'(영원)이 들어 있다. '오늘'에서 '늘'의 세계를 열려고 했다. 다석은 하루를 '할우'라 했고 '할우'란 "하늘님을 위하여 일할 오늘"이라고 하였다. 다석은 오늘을 '오! 늘', 영원과 잇닿은 시간으로 보았고, 하루를 '할우, 하우'라 하여 '하나님 계신 위로 오르는 날'로 보았다.[9]

유영모는 오늘 하루의 시간에서 영원에로 솟아오르려고 했다. 그는 날마다 날(日)을 타고 하나님에게로, 영원에로 솟아오르기를 바랐다. '온 날'이라는 글에서 그는 다가온 '날'을 타지 못하고 시간을 그저 흘려보내는 경우가 많았다고 고백한다. 하루를 그저 보내 버린 저녁이 되면, 다음 날 새벽에는 '날'을 타게 빌어 달라고 다석은 예수와 하나님 어머니에게 기도한다. '날'을 탄다는 것은 시간에 매이고 시간에 떠밀려 사는 것이 아니라 시간을 초월하여 영원한 생명의 자리에서 시간의 주인으로서 시간을 부리며 사는 것을 뜻한다. 다석에게 시간을 타는 방법은 그이[10]를 그리워하는 길밖에 없다. '나'의 욕망과 '너'에 대한 집착을 넘어서 우리 모두가 우러르는 '그이'를 그리워하고 사랑하고 생각하게 되어야 '날'을 집어타게 된다.[11]

세상에서 사는 동안 하루살이는 늘 새롭게 오늘살이가 되어야 한다. 늘 미완성과 부족을 느끼고 맨 처음의 마음으로 하루의 삶을 시작하는 것이 오늘살이의 기본 자세다. 다석은 초심을 버리지 않았다. 스스로 달관하고 해탈하고 도통한 것으로 착각하고 자기 안에 머무는 게으름에 빠지지 않았다.

호암 문일평이 죽은 후 다석이 쓴 '일생선'(一生鮮)이라는 글에는 오늘살이하는 마음가짐이 잘 드러난다.

> 한 머리면 몇 토막에 한 토막은 몇 점인가
> 하루하루 점여내니 어느덧 끝점 하루
> 하루는 죽는 날인데 萬[만]날 壽[수]만 녁이네
>
> 맛 없이도 머리토막 죄여내어 없이 됐고
> 세간살이 한답시고 간대[가운데] 토막 녹았으니
> 님께는 무얼 바치나 꼬릴 잡고 뉘옻네[뉘우치네]
>
> 국거리는 못되어도 찌개라도 하시려니
> 찌개감도 못되면 고명에는 씨울[쓰일]거니
> 성키만 하올 것이면 님께 드려 보고져

五十 구빌 도라드니 큰 토막은 다 썼고나

인간의 도마 우에선 쓸데없는 찌꺼기나

님께서 벌녀 주시면 배부르게 五天人![12)

하루살이를 20년 이상 해온 다석이 인생의 끄트머리만 남았고 쓸모없는 찌꺼기 같은 존재임을 탄식한다. 그래도 하나님께 맡기면 물고기두 마리와 보리 떡 다섯 개로 5천 명이 먹고 열두 광주리나 남았다는 성경의 기적이 일어날 수 있다는 것이다.

나이 오십에 이르러 좋은 세월 다 보내고 인생의 끝자락을 하나님께 드리겠다는 다석의 다짐이다. 하루하루 하나님께 온전히 드린 다석의 삶은 세월이 흐를수록 더욱 빛나고 풍성했다. 66세 때는 사망예정일을 정해 놓고 하루살이를 더 철저하게 하여 더욱 깊은 정신세계와 사상의 지평을 열었다.

2. 다석의 하루살이 모습

김흥호에 따르면 다석은 하루 한 끼, 새벽 일찍 일어나기, 찬 물수건으로 몸 문지르기, 시간 약속 잘 지키기, 늘 걸어 다니기, 늘 꿇어앉음을 실행했다. 경어 쓰기, 남에게 잔심부름 안 시키기, 한복 입기, 시계 안 차기, 차·음료수 안 마시기, 얼음과자 안 먹기, 음식점 안 가기, 약잘 안 먹기, 비싼 과일 안 먹기, 부채질 안 하기를 했다.[13)

1921년에 유영모를 처음 만난 함석헌은 유영모를 "마음이 가라앉은분 …… 자기를 꼭 지키고 있는 분"이라고 했고, 몸가짐이 흐트러지거나 큰 소리를 내지 않았고, 걸음걸이가 한결같았고 앉을 때는 늘 무릎을 꿇고 앉았다고 하였다. "무슨 일에나 누구에게나 그저 예사로 대하시는

일이 없으신" 분이며 정성스럽고 참된 분이라고 하였다.[14)

새벽에 일어나 한 시간 가량 몸을 푸는 체조를 했다. 그다음에 무릎 꿇고 앉아 경전을 읽고 깊은 묵상 속에서 떠오르는 생각들을 기록했다. 다석은 마치 하루를 영원처럼 알고 하루가 일생인 듯이 살았다.

1) 냉수마찰과 운동

다석은 피돌기가 잘 되게 하기 위하여 20세 전부터 냉수마찰을 했다. 실내체조, 배숨쉬기를 했다. 3시쯤 일어나 냉수마찰과 맨손체조를 1, 2 시간씩 했다. 다석이 날마다 했던 운동은 간단한 운동인데 피돌기와 몸 푸는 데 도움이 되고 누구나 할 수 있는 운동이다.

먼저 바닥에 엉덩이를 붙이고 앉아 두 다리를 나란히 앞으로 뻗는다. 1) 두 팔을 어깨 폭과 높이로 들어 올린다. 2) 어깨 높이로 올린 두 팔을 양쪽으로 힘껏 벌린다. 3) 두 팔을 안으로 오므려 굽히면서 두 손등끼리 몸통 앞뒤로 부딪친다. 4) 두 팔을 앞으로 뻗치면서 두 팔을 붙인 채 손바닥으로 위로 향하게 하여 밖으로 비튼다. 5) 그대로 머리 위로 손을 넘겨 두 손바닥으로 뒷잔등을 소리 나게 친다. 6) 두 팔을 앞으로 돌려 어깨 높이로 나란히 든다. 7) 허리를 굽히며 두 손으로 발바닥을 잡을 수 있도록 힘껏 엎드려뻗친다. 8) 같은 자세로 한 번 더 허리를 굽혀 두 손으로 각각 발바닥을 잡고 힘을 준다. 9) 허리를 바로하며 두 손을 앞으로 나란히 뻗는다. 10) 두 팔을 두 다리 위에 내려놓는다. 이상의 몸 놀림을 30분 이상씩 날마다 아침저녁으로 해야 한다.

하루 한 끼 먹으면서 냉수마찰과 운동을 한 때문에 다석은 소화력이 부족한 적이 없었으며, 병에 걸리지 않았고 감기에도 걸리지 않았다. 다석은 일생 속옷 없이 지냈고, 토시나 목도리를 하지 않았다.[15)

2) 해혼의 목적: 자연생명과 인간 본성의 회복

다석은 건강하고 힘이 셌으나 아내는 몸이 약해서 38세에 폐경이 되었다. 해혼을 한 다음에는 한방에 살았으나 아내는 아랫목, 다석은 윗목에서 잤다. 아내와는 오뉘처럼 다정하게 지냈다.

다석이 해혼하고 하루 한 끼만 먹는 생활을 한 이유는 무엇인가? 다석은 인간의 식생활과 성생활이 자연생명의 법칙과 인간의 본성을 거스르고 왜곡하였다고 보았다. 1956년 8월 26일 일지에 '역성계'(逆性界)라는 한시가 있다. "소는 생식의 본능을 가지고 있고, 쥐는 생존의 본능을 가지고 있다. 소는 생식을 위하여 교미하고 쥐는 생존을 위하여 먹는다." "식욕으로 위장을 상하는 금수가 적고 색정으로 코 떨어진 개를 못 보았고, 부족증(不足症) 들린 돼지가 없고 아편중독된 염소가 안 다닌다." 그러나 인간은 생존본능과 생식본능을 잃고 먹는 것 자체에 몰입하고, 성행위 자체를 추구한다. 이것은 자연생명의 본능과 인간의 본성을 거스르는 것이다. 다석은 인간이 실성하였고 역성에 빠졌다고 하였다. 역성계는 "인간의 본성을 거역하고 악마와 하나가 된 세계, 하나님을 배반한 세계"이다. "인간은 아직까지도 역성세계를 벗어나지 못하고 있다. 그것은 남녀의 본능, 먹는 본능을 상실했기 때문이다."[16] 인간도 자연의 동물들처럼 식생활과 성생활은 필요에 따라 아껴서 해야 한다. "밥을 살려고 먹게 되어야 하고 남녀는 낳으려고 만나게 되어야 한다."[17]

다석이 해혼하고 일일 일식을 한 것은 자연생명의 본능과 인간의 본성을 부정하고 극복하기 위해서가 아니라 생명의 자연적 본능과 인간의 본성을 회복하고, 실현하고, 완성하기 위한 것이다. 다석은 자연생명세계를 진화의 발전과 역사 속에서 보고 변화 발전된 단계에 따라 본성이 다르다고 하였다. 흙과 돌의 물성(物性)은 물질의 법칙에 따라 땅 위에 편하게 있으려 하고, 생물은 물성을 따르면서도 해의 빛과 열을 따라 자라고 번식하려 하며, 인간은 땅의 물질세계로부터 하늘의 태허(太虛, 靈)에로 나가려는 존재이다. 땅에 있으면서 하늘에 통하는 것이 인간의 자연이고 본성이다. 따라서 인간의 자연과 본성을 실현하기 위해서 낮은 단계의 욕망을 제재하려는 욕망도 인간의 자연이고 본성이다.[18]

해혼하였지만 다석은 가정을 해체하거나 부정하지는 않았다. 오히려 남녀관계와 부부생활의 영적 목적을 말하였다. 남녀가 있는 것은 보다 높은 뜻을 깨닫고 실현하기 위한 것이다. "남녀의 뜻은 …… 하나님의 거룩을 깨닫기 위한 것이다. …… 남녀의 사랑이 하나님의 사랑에까지 도달할 때 그것은 영원한 사랑이 되는 것"이다.

다석은 남녀관계는 하나님의 뜻을 이루는 데서 완성된다고 보았다. 이성(異性)은 '나'에게 "인생[의 목적]을 알라고 하나님께서 보내주신", "하나님의 편지"이다. '남의 편지'는 절대 보지 말아야 한다. 인생의 목적은 하나님 나라를 이룩하는 것이고, 하나님 나라를 이룩하는 것은 "사람이 되는 것"이다. 그리고 '사람이 되는 것'은 하나님의 형상대로 지어진 본래의 모습을 찾는 것이다. 참된 자기의 얼굴, '본래적 자아'는 남자도 여자도 아니고 '신'[신의 형상, 얼굴]이다. 참된 자아를 찾는 것이 하나님 나라를 이루는 것이고 그것은 하나님 또는 예수 그리스도와 하나 되는 것이며 다석은 이것을 영적 결혼이라고 하였다. "결혼을 완성하는 것은 영적 결혼이다. 하나님과 결혼하면 육적 결혼은 저절로 풀어진다. 이것이 해혼이라는 것이다."[19]

다석은 하나님 나라를 이루기 위하여, 남녀를 넘어서 사람이 되기 위하여 해혼을 하였다. 그의 해혼이나 금욕은 인생과 생명에 대하여 소극적이고 부정적인 것이 아니라 생명과 본성을 완성하고 인생의 높은 목적을 실현하기 위한 것이었다. 그의 해혼은 하나님, 그리스도와 하나로 되는 영적 결혼이며, 남녀를 넘어서 참 사람이 되는 것이다. 그는 남녀의 얽힌 감정과 욕망에서 벗어나 정신적으로 자유로운 도인과 신선으로 살았다.

3) 하루가 천 년같이 천 년이 하루같이

1941년에 해혼 선언을 한 후에 다석은 관(棺)에 쓰이는 잣나무 널빤지를 만들어 안방 윗목에 놓고 낮에는 방석 삼아 앉고 밤에는 그 위에서 잤다. 등뼈를 고르게 하고 죽음과 친숙해지자는 것이다. 다석은 일어서거나 걸어 다니지 않으면 언제나 정좌를 하였다. 유영모의 정좌법은 독특했다. 앞무릎은 붙이고 두 다리는 벌리고 엉덩이는 땅에 붙이고 앉았다. 다석의 정좌는 일반 정좌나 가부좌보다 고통스럽지만, 허리가 꼿꼿해지고 숨을 더 깊고 편하게 쉴 수 있다. 박영호는 유영모의 정좌에 대해서 이렇게 말하였다. "저절로 숨이 깊어지고 피가 빠르게 돌아 온몸이 더워진다. 위를 비롯한 내장의 여러 기관의 활동이 활발해지고 모든 기관의 내분비가 잘 되어 입 안에 침이 고인다. 이를 일러 기(氣)가 뚫린다고 일컫는다. 거기서 마음을 비워 하나님의 성령이 가득 차면 마음에 기쁨이 북극의 오로라처럼 황홀하다."[20]

꿇어앉는 것은 겸손함을 뜻하고 곧게 진리를 찾는 구도적 자세이다. 경전을 읽고 묵상하며 진리를 몸과 마음에 체화하려고 하였다. 찾아오는 사람이 있으면 진리에 대한 깨달음을 나누었다. 죽음을 뜻하는 널빤지 위에 앉아 날마다 죽고 새로 태어나서 오직 하나님을 그리워하며 하나님께 나아가려 했다. 생각과 말씀과 영으로 충만한 몸이 되려 했다. 마음은 낮아지고 몸은 힘차게 솟아오르려 했다.

죽음의 자리인 널에 앉아 살았던 유영모는 권위와 허식을 버리고 삶에 충실하였다. 유영모는 자기가 할 수 있는 일을 남에게 시키지 아니하였다. 자기 방 청소는 자신이 하고 아궁이에 불을 지피는 일조차 제

손으로 하였다. 남에게 일 시키기 좋아하는 것은 몹쓸 양반놀음이라면서, 제 몸 거둠은 제 손으로 하자고 하였다.[21] 다석에게 진리와 도덕의 권위는 있었으나 권위주의는 일체 없었다. 박영호의 신발에 고추장이 떨어진 것을 본 다석은 얼른 다가가 손가락으로 닦아 냈다고 한다.

도를 닦고 몸과 마음을 닦아 세우려는 사람은 제 일을 제가 해야 한다. 사람의 몸은 우주의 중심이고 하나님이 거하는 신령한 곳이다. 귀한 손님 대접은 남 시키지 않고 직접 해야 하는 것이다. 그러므로 제 몸이 소중한 줄 알면 제가 대접하고 보살펴야 한다.

다석은 허름하게 입고 조금 먹고 술 담배는 물론 얼음과자, 음료수도 안 먹고 찬물조차 먹지 않으려 했다. 외식도 안 하고 비싼 과일도 안 먹었다. 아주 먼 거리 아니면 늘 걸어 다녔는데 시간 약속을 어기는 일이 없었다고 한다. 인천에 걸어갔다 걸어온 다음 날, 제자들과 함께 북한산 꼭대기에 올랐는데 젊은이들이 지쳐서 허덕였으나 유영모는 산을 나는 듯했다. 지치지 않고 배고픈 줄 모르고 목마른 줄 모르는 스승을 보고 함석헌도 일일 일식을 결심했다.[22] 다석은 28년간 세검정에서 YMCA까지 1시간 10분 걸리는 길을 걸어 다녔다. 버스가 들어온 후에도 이 길을 늘 걸어 다녔다.[23]

단전호흡으로 단련된 다석의 아랫배는 솥뚜껑을 엎어놓은 것처럼 불룩 나왔다. 그는 "나는 다리로 걷지 않고 배로 걷는다"고 말하기도 했다. 배의 힘으로 걸으니 힘든 줄 몰랐다고 한다. 많이 걷다 보면 발바닥에 열이 나고 피돌기가 잘 되고 신경에 자극이 되어 좋은 생각이 난다.

4) 두루 통하는 삶

다석의 삶은 두루 통하는 삶이었다. 다석의 사위 최원극에 따르면 다석의 일일 일식은 "도통(道通), 이통(理通), 신통(神通)의 단계를 향하는

141

'정신의 등산'을 위한 것"이다.[24] 다석은 늘 꿇어앉고(一坐), 늘 한 끼 밥을 먹고(一食), 진리의 말씀만을 탐구하고(一言), 한결 같은 사랑으로 살았다.(一仁), 이러한 다석의 삶에서 배운 김흥호는 "진리로 삶과 죽음이 통하고"(一言生死通), "사랑으로 있음과 없음이 통하고"(一仁有無通), "한 끼 먹음으로 낮과 밤이 통하고"(一食晝夜通), "꿇어앉음으로 하늘과 땅이 통한다"(一坐天地通)고 사통(四通)을 말하였다. 다석은 김흥호의 사통(四通)을 이렇게 풀이하였다. "하늘과 땅은 근원으로 통하고, 무릎 꿇고 앉으면 하늘과 땅이 편안하다"(元通天地一坐天地安). "밤낮으로 형통하고 두루 통하는데, 하루 한 끼 먹으면 밤낮으로 한가하다"(亨達晝夜一食晝夜閑). "살거나 죽거나 이롭고 평화로워, 한 말씀으로 삶과 죽음을 안다"(利和生死一言生死知). "있음과 없음을 곧게 뚫으면, 있음과 없음을 하나로 보게 된다"(貞徹有無一見有無觀, 1955년 12월 24일 일지).

김흥호의 사통에 대한 유영모의 풀이를 보면 순서가 뒤집힌 것이 드러난다. 김흥호의 사통은 말씀(一言), 사랑(一仁), 밥(一食), 꿇어앉음(一坐)의 순서로 되어 있다. 그러나 다석의 풀이에서는 꿇어앉음(一坐), 밥(一食)이 먼저 나오고, 다음에 말씀(一言)이 나온다. 김흥호가 말씀과 사랑과 같은 정신적인 주제를 앞세운다면 다석은 꿇어앉음, 밥과 같은 신체적이고 물질적인 주제를 앞세운다. 다석은 끝에서 사랑(一仁) 대신에 '(곧게 뚫어서) 있음과 없음을 하나로 봄'(一見)을 말한다. '있음과 없음을 하나로 봄'이 사랑이다. 사랑하는 사람만이 '가진 것이 없는 사람'에게서 '있는 것'을 보고, '가진 것이 많은 사람'에게서 없는 것을 볼 수 있다.

다석이 사통에 대한 풀이의 마지막에서 사랑(一仁) 대신에 '곧게 뚫어서 있음과 없음을 하나로 봄'(一見)을 말한 것은 사랑(仁)이 달콤한 감정과 같이 가볍고 쉬운 것이 아니라, 곧게 뚫어서 '있음과 없음을 넘어서는 자리'에서야 비로소 나오는 것임을 나타낸 것이다. 현실에서 사랑은

십자가처럼 무겁고 고통스럽게 성취되는 것이다. 곧은 정의와 혹독한
시련 속에서 사랑은 실현된다.

다석에게는 곧게 꿇어앉는 몸가짐이 가장 중요했다. 꿇어앉음(一坐)
은 중화(中和)이며 "하늘과 땅이 통하고 편안해지는 것"이다(1955년 12
월 24일 일지) 곧은 몸가짐과 마음가짐이 있고 난 다음에 한 끼 밥 먹는
일이 잘될 수 있고 밥 먹는 일이 바로 된 다음에야 참된 말씀이 나오고
참된 말씀에 이르러야 있음과 없음을 자유롭게 넘나들 수 있다. 다석은
1955년 10월 28일 일지에 쓴 '좌망'(坐忘)이라는 한시에서 "낮에는 잊
고 앉아 숨 쉬고(坐忘消息晝), 밤이면 안식에 들어가 은혜롭게 잔다(寢恩
安息宵). 맡은 일 쉬지 않고 하여 본성을 회복하고(復性不息課). 새벽이
되면 지성으로 말씀을 이룬다"(至誠成言曉)고 하였다.

이 시는 다석의 하루살이를 나타낸다. 앉아서 숨 쉬고, 깊이 자고,
할 일 하고, 말씀을 이루는 것이 다석의 하루살이다. 다석의 하루살이
는 하나로 뚫린 삶이었다. 꿇어앉음으로 몸이 뚫리고(一坐), 한끼 식사
로 생명이 뚫리고(一食), 한 말씀으로 생각이 뚫리고(一言), 한결같은 사
랑으로 정신이 뚫린다(一仁). 하나로 뚫린 다석의 삶은 몸으로는 하늘
과 땅의 우주와 통하고 목숨으로는 자연생명과 통하고 생각으로는 시
대의 정신과 사상에 통하고, 정신으로는 고통 받는 사람들의 삶과 심
정에 통하였다.

—주(註)

1 "…… 아침은 어머니 뱃속에서 나올 때요, 저녁은 죽는 때이다. 우리가 조심조심 저녁을 맞으러 갈 때 여전히 대장부답게 초연히 맞이해야 한다. …… 우리는 저녁에 잠자리에 들어가듯이 한번 웃고 죽는 길에 들어설 수 있다." 유영모, '인간사상'(人間思想), 《다석일지》(영인본) 上, 816쪽.

2 유영모, '오늘', 《제소리》, 394쪽.

3 함석헌, '젊은 유영모 선생님', 《제소리》, 13쪽.

4 박영호, 《진리의 사람 다석 유영모》上, 288~9쪽.

5 유영모, '오늘', 《제소리》, 391~394쪽.

6 이남영, '사상사에서 본 단군신화', 《韓國思想의 深層研究》韓國學시리즈 1, 도서출판 宇石, 1984, 68~69쪽.

7 조흥윤, '무(巫)의 구원관—개인적 차원', 《이성과 신앙》, 수원가톨릭대학출판부, 1995, 84~85쪽.

8 우리의 조상들이 명절 때 부른 노래로 "오늘이 오늘이소서"가 있는데, 고려 말에서 조선 중엽 때까지 불렸다고 한다. 유영모, '오늘', 《제소리》, 394쪽.

9 《진리의 사람 다석 유영모》下, 172쪽.

10 다석은 하나님, 그리스도, 군자, 님을 나타내는 말로 '그이'라는 말을 쓴다. '그이'는 나와 너, 그리고 모두가 함께 인정하는 이, 믿고 따를 수 있는 이다. 《다석강의》 44, 50, 53쪽.

11 《다석일지 공부》1, 314~5쪽.

12 1939년 4월에 문일평의 죽음을 맞아 쓴 글의 끝에 붙은 시이다. '호암 문일평형이 먼저 가시는데', 〈성서조선〉, 1939년 《다석일지》(영인본) 上, 636쪽.

13 이에 대하여는 《다석일지》(영인본) 上에 실린 '다석 유영모(多夕 柳永模) 연보'(박영호) 참조.

14 함석헌, '젊은 유영모 선생님', 《제소리》, 17쪽.

15 《진리의 사람 다석 유영모》下, 47~9쪽.

16 유영모, '소식2', 《제소리》, 348, 656~7쪽.

17 유영모, '남녀', 《다석일지》(영인본) 上, 865쪽.

18 유영모, '소식2', 《제소리》, 349~350쪽, 347쪽.

19 유영모, '결혼', 《다석일지》(영인본) 上, 869~872쪽.

20 《진리의 사람 다석 유영모》下, 39, 44쪽.

21 《진리의 사람 다석 유영모》上, 282~3쪽.

22 김흥호, '늙은 유영모 선생님', 《제소리》, 23쪽.

23 《진리의 사람 다석 유영모》上, 51쪽.

24 최원극, '유영모 스승', 〈새벽〉(1955년 7월 호), 81쪽. 《다석일지》(영인본) 上, 900쪽에서 재인용.

4장

밥 철학과 깨끗한 삶

다석은 육체의 생존을 위해서 밥을 먹지 않고 자신의 생명과 정신을 완성하고 깨끗하고 아름다운 삶을 이루기 위해서 밥을 먹었다. 밥을 먹는 방식과 태도, 이유와 목적을 밝힌 다석의 밥 철학을 살펴보고, 그가 밥을 먹고 살아낸 아름답고 깨끗한 삶의 모습을 알아보자.

1. 밥 철학

1) 몸 성한 비결: 금식과 일중식

다석은 금식을 자주 하고 하루 한 끼 먹는 일중식(日中食)을 하였다. 일중식도 금식의 일종이라고 할 수 있다. 그것은 아주 안 먹으면 죽으니까 생명을 유지하기 위해서 먹되 필요한 만큼만 먹는 것이다. 다석은 오랫동안 두 끼 먹고 살다가 1941년 2월 17일부터 하루에 저녁 한 끼니씩만 먹었다. 석 달이 지나서 여느 때의 안색으로 돌아왔다.[1] 다석은 엄격히 하루 한 끼만 먹고, 간식, 군것질을 일체 하지 않았다. 최원극에 따르면 다석의 일일 일식은 새벽 3시에 일어나서 15시간 이상을 물 한 방울 입에 대지 않는 엄격한 것이었다.[2]

다석이 금식과 일중식에 힘쓴 것은 밥을 줄임으로써 육으로만 살지 않고 정신으로 살고, 저만을 위하지 않고 남을 위해 공(公)과 전체(全體)를 위해 살자는 것이었다. 하루 한 끼 식사를 함으로써 다석은 몸과 마음이 건강하고 편안해져서 하늘의 뜻대로 신령하게 살고자 했다. 다석은 일중식이 석가가 실천했던 건강법이라고 하였다. 하루 한 끼 먹는 일은 말 그대로 점심(點心), 마음의 욕심을 줄여 한 점으로 만드는 일이다. 탐욕을 줄이면 몸과 마음이 건강하고 편안해진다. "내가 하루에 한 끼씩 먹어보니 몸 성한 비결은 점심에 있다. 하루에 한 끼만 먹으면 온갖 병이 없어진다."[3]

1963년에 함석헌이 대광고등학교 운동장에서 땡볕 아래 두 시간 넘게 강연하다가 쓰러진 일이 있다. 하루 한 끼 먹는 사람으로서 어지럼증을 느낀다는 게 있을 수 없다고 여긴 다석은 함석헌에게 "어떻게 된 일이냐?"고 물었다. 함석헌이 웃으며 "나올 때 잔입을 했습니다"라고 말하자 크게 실망했다고 한다. 함석헌이 사회활동이 많고 초대를 많이 받으니 먹을 유혹을 받겠지만 하루 한 끼 먹는 사람은 잔입은커녕 군입도 해서는 안 된다는 것이다. 간식을 일체 하지 않고 한 끼만 먹으면 영양실조, 어지럼증, 목마름, 질병이 있을 수 없다는 게 다석의 신념이다. 그는 사흘 굶고 50리 길을 걸었는데도 목마르기는커녕 입에 군침만 돌더라고 했다.

다석은 부모가 돌아가셨을 때 5일 동안 단식했다. 초상집에는 금식을 하고 갔다. 부모 제삿날은 금식하고 제사 비용은 그 지역의 어려운 이를 돕는 데 썼다. 그밖에 신앙적인 이유로 5일, 7일, 11일 여러 차례 단식을 하였다.[4] 1957년 1월 27일에는 '나' 자신을 더욱 깊이 생각하려고 5일간 숨만 쉬고 지냈다. 2월 2일의 일지에 이렇게 썼다. "120시간 숨만 쉬고 설교하니 입술이 마른다. 물을 먹고 자고 일어난 오늘은 퍽 피곤이 풀린다. 바람이 양식이요 물이 양식인 것을 깨닫는다. 낱알이 양식이거니 못하고, 고기 약재(藥材)를 생각하는 것은 숨결과 물이 밑바탕 됨을 잊어버린 것이다." 1960년 3월 11일에 금식한 후 느낌을 쓴 글에서 이렇게 말했다. "2~3일만 안 먹고 안 마시고 보면 살에 닿는 바람이나 낮에 닿는 물이 마치 목구멍으로 넘어가는 물과 같이 시원하다. …… 저(自己)가 받을 수 있게 되는 터(환경)라고 느끼는 것은 모두 (빛, 소리, 냄새, 맛, 맨치[만짐], 올[이치]) 먹이(食物)가 되는 생리(生理)가 있는 것 같다." 다석은 모든 신체 감각과 앎까지도 생명을 살리는 먹이가 될 수 있다고 느꼈다. 사람은 오늘 먹은 밥알의 힘으로만 사는 것이 아니다. 수억 년 동안 바람과 물을 마시면서 길러진 생명의 힘이 몸속에 쌓여 있고, 정력을 빚어 만든 기운과 기운을 승화시킨 신령한 힘이 몸과 마음에 깃들어 있다. 사람의 몸속에는 우주생명의 기운이 들어 있고 살면서 길러 온 몸과 마음의 기운이 쌓여 있다. 그리고 사람의 생명을 길러 주고 북돋아 주는 자연 생명세계의 힘을 입고 사람은 살아간다. 오늘 먹은 낱알의 힘으로 사는 이는 쉽게 지치고 병들게 되지만 몸과 마음속에 숨겨진 힘으로 사는 이는 지치지 않고 생기 넘치게 살 수 있다.

2) 밥 철학

밥은 사랑으로 나누어 먹는 것이다

오늘 한국 사회에서 양식이 없어서 밥을 못 먹는 사람은 많지 않다. 주기도문에서 "일용할 양식을 달라"는 기도는 흔히 형식적이고 상투적인 기도로 그치게 된다. 세계적으로 보면 한쪽에서는 지나친 영양섭취와 비만으로 몸이 망가지고 병들고 있는데 다른 쪽에서는 굶주림과 영양실조로 병들어 죽어 간다. 세계 인구의 15퍼센트는 여전히 굶주리고 있다. 식량이 부족해서 큰 위기가 올 것이라고도 한다. 미국 드라마에서는 밥상의 음식을 던지며 노는 장면이 자주 나오고 한국에서는 음식물 쓰레기로 몸살을 앓는다.

밥은 몸이 필요한 만큼만 아껴 먹되 사랑으로 나누어 먹어야 한다. 밥을 사랑으로 나누어 먹는 것이 다석이 실천한 하루살이 정신의 근본 토대였다. 다석은 자신의 일곱 가지 생활태도를 '일곱 가지 생각할 일'(七思)로 표현하고 마지막 일곱 번째 생각할 일로서 "밥 먹을 때는 사랑으로 나눌 것을 생각한다"(食思割愛)고 하였다. 다석은 '일곱 가지 생각할 일'을 적은 다음에 "내게 '일곱 가지 생각할 일'이 일어나기는 '食物[식물]은 割愛[할애]로만 보겠다'는 데서 비롯된다"고 썼다.[5] '밥을 사랑으로 나누는 것'이 다석의 삶과 정신의 근본바탕이라는 것을 다석 자신이 밝힌 것이다. 다석이 하루에 한 끼만 먹는 것은 '먹고 남는 양식'을 나누자는 게 아니라 '지금 내가 먹는 밥'을 사랑으로 나누어 먹자는 것이다. 그것은 밥만을 나누는 것이 아니라 몸을 나누고 목숨을 나누는 것이다.

다석이 밥을 '나누어 먹는 것'으로 보고 그것을 자신의 삶의 기본정신으로 본 것은 그의 기독교 이해, 예수 이해에서 나온 것이다. 예수 자신이 하나님 나라 운동으로서 밥상공동체 운동을 펼쳤고 죽음을 앞두고는 '빵과 포도주'를 자신의 살과 피로 알고 먹으라고 하였다. "예수는 음식을 나눔으로써 삶을 나누었고, 삶을 나눔으로써 사랑과 평화의 깊은 일치를 이루었다. 참으로 하나님의 임재(臨在)를 경험하게 했다."[6] 예수의 살과 피를 나누어 먹고 예수의 삶과 정신으로 사는 것을 다석은 기독교 신앙으로 이해했다. 다석은 날마다 밥 먹고 물 마실 때마다 '예수의 살과 피'를 먹고 마시려고 했으며 이것이 신앙의 근본행위라고 보았다.[7) 다석이 밥에 대해 관심을 집중하고 밥 먹는 일을 삶과 신앙의 근본 행위로 본 것은 예수의 삶과 정신을 이어받은 것이다. 날마다 밥을 먹고 물을 마실 때 예수의 살과 피로 알고 먹고 마시는 것은 기독교 정신과 신앙의 핵심이고 다석의 삶과 정신의 중심에 속한다.

다석은 밥을 평화와 직결시키기도 하였다. 1944년 11월 11일 세계 평화기념일 강연에서 다석은 사람마다 밥을 잘 먹으면 평화롭다고 말했다. "사람마다의 입이 밥(벼)으로 배가 부르면 평화롭다(和)."[8)

밥 먹음이 예배다

다석은 '맙'[9)이라는 글에서 밥 먹음이 예배라고 하였다. 밥 먹을 때 불교에서 드리는 기도인 오관게(五觀偈), 몸은 하나님의 성전이라는 바울의 생각, 예수의 살과 피를 먹고 마시는 성찬을 미사(예배)로 여기는 가톨릭의 예배를 연관 지으면서 다석은 밥 먹음을 예배로 보는 자신의 사상을 전개한다.

불교의 오관게는 밥 먹을 자격이나 공로가 없이 먹는다는 것을 말하고, 살려는 욕심으로 먹지 말고, 정신을 깨우는 약으로 먹어야 한다는 것을 가르친다.[10) 밥 먹을 때 드리는 기도로서 오관게만큼 좋은 기도가 없다면서[11) 다석은 밥을 '정신이 깨어나는 약'으로 먹어야 한다는 오관게의 가르침을 진지하게 받아들였다. "밥은 정신을 깨우는 약으로 먹는다. 그래야 이롭다. 그러나 욕심으로 먹으면 독을 먹는 것이나 마찬가지다."[12) 밥을 먹는 목적은 정신이 깨어나고 사람이 되자는 것이다. "이제라도 깨어서 완전한 사람이 되려고 정신을 깨우치는 약으로 먹는 것이다. …… 사람 되게 하는 원동력으로 먹는다." 정신을 깨우치는 약으로 밥을 먹는다는 생각은 서양이나 기독교에는 없는 것이다. 이것은 몸과 정신을 갈고 닦으며 일깨우는 불교의 수행전통에서 나온 것이다. 이런 수행전통이 다석의 하루살이 삶에 깊이 박혀 있다.

공로나 자격이 부족한데도 먹는다는 오관계의 생긱을 디석온 대자연의 공로와 하나님의 은혜로 먹는다는 생각으로 확장한다. "…… 하나님의 은혜로 수많은 사람의 덕으로 대자연의 공로로 주어져서 먹는 것이다. …… 돈은 밥의 가치의 몇 억분의 일도 안 된다. …… 사람들이 수고한 대가의 일부를 지불하는 것뿐이다. …… (밥은) 순수하며 거저 받는 하나님의 선물이다."[13] '나의 공덕'이 부족하다는 불교의 생각에서 대자연의 공로, 하나님의 은혜와 선물이라는, 좀더 적극적이고 신앙적인 생각으로 나아간다.

'나의 몸'이 '하나님의 성전'이라는 바울의 생각과 성찬을 예배로 보는 가톨릭의 예배의식에서 다석은 밥 먹음은 하나님께 드리는 예배라는 생각을 발전시켰다. 날마다 밥 먹는 일을 예배로 봄으로써 다석은 가톨릭의 종교적이고 제의적이며 형식적인 예배의식을 깨트리고 일상의 삶과 몸과 영이 통전된 삶의 예배, 다시 말해 신약성서와 바울이 말한 '몸으로 드리는 제사'로 돌아간다. 다석이 하루에 한 끼 식사를 한 것은 하나님께 몸으로 산제사를 드리는 일을 실천한 것이다. "하나님께 예배드리는 극치는 하루에 한끼 먹는 일이다. 그것은 정신이 육체를 먹는 일이며 내 몸으로 제사를 지내는 일이기 때문이다."[14]

날마다 먹는 밥은 다른 생명체가 제 생명을 '나'에게 바친 것이고, '나'를 살리기 위해 드려진 희생제물이다. 그러나 밥은 '나'에게 머물지 않고 '나'를 넘어서 '나' 속에 계신 하나님께 드리는 것이며, '내'가 먹는 것이 아니라 하나님이 먹는 것이다. 따라서 "밥 먹는다는 것은 예배다. …… 내가 먹는다고 생각하는 사람은 제물을 도적질하는 것이다." 다석에 따르면 인생의 목적은 예수처럼 하나님과 이웃에게 밥과 제물이 되는 것이다. "우리도 성숙하여 밥이 될 수 있도록 태초부터 계획적으로 만들어진 작품이다." 쌀이 익어야 밥이 될 수 있듯이, 인생도 무르익어야 밥이 된다. 성숙해져서 밥이 되려고 밥을 먹는 것이다. 밥이 될 수 있는 사람만이 밥을 먹을 자격이 있다. 사람이 밥이 된다는 것은 구체적으로 무엇을 뜻하는가? 다석은 "인생뿐 아니라 일체가 하나님께 바쳐지기 위한 제물 …… 밥"이라고 한다. 그러나 인생은 짐승처럼 자기의 육체를 바치는 밥이 아니라, 말씀을 바치는 밥이다. "인생이란 밥을 통해서 우주와 인생이 얻는 영양은 무엇일까. 그것은 말씀이다. …… 밥에는 말씀이 있다. …… 온 인류를 살리는 우주의 힘이 되는 성령의 말씀이 있다. …… 인생은 하나님의 말씀을 바칠 수 있는 밥이다." 다석은 여기서 밥과 육체와 말씀을 결합한다. "인생은 밥을 먹고 육체를 기르고 이 육체 속에는 다시 성령의 말씀이 영글어 정신적인 밥 말씀을 내놓을 수 있는 존재다. …… 목숨은 껍데기요 말씀이 속알이다."[15]

밥을 먹고 육체를 길러 소멸할 육체 속에서 영원한 생명의 씨알인 말씀을 영글게 하는 것이 인생의 목적이고 사명이다.

굶어야 산다

육체 속에서 영적인 밥인 말씀을 영글게 하려면 먹는 본능에서 자유로워야 한다. 사람은 생존의 필요와 몸의 요구를 넘어서 너무 많은 생명을 잡아먹는다. "식사는 먹거리의 장사(葬事: 장례 지내는 일)다. 우리의 입이란 열린 무덤이라 식물·동물의 시체가 들어가는 문이다. …… 풀 한 포기도 살려는 생물이다. 그런데 사람은 하루 종일 산 것을 너무 많이 잡아먹는다."[16]

욕심으로 먹기 때문에 과식하고 과식하기 때문에 많은 생명을 죽이고 자신의 생명도 병들어 죽어 간다. 욕심으로 먹는 것은 "먹고 사는 것이 아니라 먹고 죽는 것이다." 살기 위해서 약으로 밥을 먹으려면 밥에 대한 욕심을 끊고, 밥 먹는 일을 끊을 수 있어야 한다. 다석은 밥 먹기에 대해 독특한 생각을 제시한다. 끼니는 끄니(끊이)라며 먼저 끊고 이어야 한다는 것이다. "끄니(끼니)는 끊어야 하는데 잇기만 하려고 한다. 끊는 것이 먼저이지 잇는 것은 나중이다."[17]

다석에 따르면 우주 자연세계도 인간도 지나치게 많이 먹으면 '속 허물'(병)이 생긴다. 우주의 빈탕(허공)에 몬(물질)이 지나치게 가득 차면 '속 허물'이 생기고 사람의 몸도 지나치게 많이 먹으면 '속 허물'이 생긴다. 그리고 이 '속 허물'에서 '속 쓰림'이 나온다. 그러므로 병은 많이 먹어서 생기는 것이고 병을 고치려면 금식해야 한다. 병이 나으려면 먹어야 한다는 생각은 크게 잘못된 것이다. 다석은 우주 자연세계도 큰 쓰림이 있고 한숨이 있다고 하였다. 그리하여 다석은 우주도 사람도 탈이 나면 먹기를 끊고 몸과 마음을 곧게 해야 낫는다고 보았다. "큰 빈탕에도 큰 쓰림이 있느니라. 이것이 한늘[우주]의 한숨이다. 한늘이나 사람이나 탈은 고디를 직혀야만 곧힌다. 속이 쓰린 것이 낫도록 먹기를 끊는 것이 고디다"(1955년 11월 1일 일지).

우주자연생명세계도 물질이 지나치게 가득차면 탈이 나고 한숨이 나온다고 한 것은 우주의 빈탕한데와 물질에 대한 근본적인 성찰이면서 탐욕과 경쟁원리에 따라 무한성장을 추구하는 자본주의 산업사회의 물질적인 포만과 생태계 파괴의 현실에 대한 근본적인 성찰이다. 오늘 지구생태계와 인류사회야말로 물질적 욕망과 물질들로 포만하여 탈이 나고 한숨을 쉬고 있다. 다석의 처방대로 고디를 지켜야 곧게 하여 고칠수 있다. 다석에게 고디는 물질적인 탐욕과 유혹, 물질의 힘과 폭력에 휘둘리지 않고 하늘을 향해 하늘 길을 가는 곧음을 뜻한다. 그것은 사랑과 정의의 길로 가는 곧음이다. 다석은 정신과 영이 고디라고 한다. 물질의 탐욕과 포만에서 생긴 지구 생태계와 현대문명의 탈은 고디를 지켜 곧게 하고 곧게 함으로써 고친다. 다석에게 고디는 먹어서 생긴 병을 고치기 위해 "먹기를 끊는 것"이다.

사람은 너무 배불러도 폭력에 빠져들고 너무 배고파도 폭력을 휘두르게 된다. 몸과 마음에 알맞게 먹어야 평화가 온다. 비만으로 고민하는 현대인은 굶주림을 배워야 하지 않을까. 창자가 비면 몸을 소중히 여기고 생명을 절실히 느끼며 하나님의 사랑과 은혜를 그리워하게 된다. 굶주린 시간은 생명과 사랑에 대한 감수성이 살아나는 은총의 시간, 신령한 시간이다. 배부르면 목마르지만 배고프면 군침이 돌고 목마른 줄 모른다. 금식을 통해 병이 낫고 영이 충만해지고 정신이 살아난다.

2. 아름답고 깨끗한 삶

몸이 필요한 만큼 먹고, 굶주림 속에서 주어진 생명을 있는 그대로 충만하게 느끼고 살았던 다석은 군더더기 없는 깨끗하고 아름다운 삶을 살았다. 어제의 매임과 내일의 염려에서 벗어나 물욕과 명예욕에 물들지 않은 하늘의 빈탕에서 살았던 다석의 삶은 건강하고 아름답고 깨끗했다. 물욕과 육욕과 명예욕을 버리고 진실하고 깨끗한 삶을 살고자 했던 다석에게 "맛과 멋으로 사는 향락생활은 자살행위"이고, "주지육림(酒池肉林)이 지옥"이었다.[18]

세상살이의 기쁨과 행복에 겨워 살면 참 삶과 삶의 근원인 하나님을 알기 어렵다. 다석은 뼈아픈 고독 속에서 참 삶에 이르고 하나님을 만나게 된다고 했다. "…… 세상에서 최후의 불행이랄 수 있는 홀아비가 되어 보아야 신앙을 알기 시작한다. 연애하고 결혼하고 자식 낳고 할 때는 하나님을 바로 알기 어렵다. 홀아비가 되어 하나님을 믿으라는 말은 못할 말이지만 뼈아픈 고독 속에서 하나님을 만나게 된다."[19]

다석의 뼈아픈 고독은 단독자의 닫힌 고독이 아니다. 고독과 아픔은 '나'와 '남'이 하나로 되는 공동체적인 삶에로 들어가는 문이다. "아픔과 쓴맛을 같이 맛볼 때에만 나와 남 사이를 가로 막는 산과 골짜기를 넘어서서 온 세상에 넘치고 넘치는 늠실늠실 춤을 추는 꿈을 이룰 수가 있을 것이다."[20]

1) 몸 성하고, 맘 놓이고, 뜻(바탈) 태우는 삶

다석이 욕심을 줄이고 산 것은 주어진 생명을 온전히 실현하고 완성하기 위해서였다. 그에 따르면 사람에게는 몸, 맘, 바탈이 있다. 그는 사람의 본성을 바탈이라 하고, 바탈을 속알, 얼이라고 했다. 《중용》(中庸)의 번역에서 바탈에 대한 그의 독특한 생각이 드러난다. 그는 "하늘 뚫린 줄"(天命)을 "바탈"이라고 했고, 중용(中庸)을 "줄곧 뚫림"이라고 했다.[21] '중용'을 인간의 바탈과 하나님(성령) 사이의 '줄곧 뚫림'으로 본 것이다. 바탈은 인간의 가장 깊은 속에 있어서 하늘과 소통하는 자리이며, 하나님과 소통하는 얼이다. 또 다석은 사람의 본성을 '속알'이라고도 했는데 속알은 "솟구쳐 올라가는, 앞으로 나가는 창조적 지성"[22]이고, "덕이요 인간성이요 인격, 신성, 하나님 아버지의 형상"[23]이다.

인간의 바탈은 인간의 가장 깊은 속에 있다는 점에서는 가장 개성적인 것이고, 신과 소통하는 것이라는 점에서는 가장 궁극적이고 전체적인 것이다. '나'의 속을 깊이 파고 들어갈수록 개성은 살아나고 공적인 전체에 이른다. 다석에게 인생의 목적은 바탈을 살리고 온전하게 하는 것이다. 바탈을 살리는 것은 개성을 살리는 것이면서 전체 생명을 살리는 것이다. 바탈을 살리는 것은 '내 속'으로 깊이 파고 들어가는 것이면서 전체 하나인 하나님과 빈탕한데의 나라인 하늘나라에 이르는 것이다.[24]

몸이 성하면 마음이 놓이고 마음이 놓이면 바탈이 살아난다. 바탈이 살아나면 개성이 자라고 "개성이 자랄수록 …… 더 깊은 바탈을 느끼게 되고 …… 자기의 바탈을 파고 들어가는데 인생은 한없이 발전해" 가며 "이 바탈을 타고 우리는 하늘에까지 도달"한다. 다석은 '바탈 타기'가 인생의 가장 즐겁고 감사한 일이라고 생각했다.[25] 다석은 건강하고 온전한 사람, 곧 성한 사람을 이렇게 규정했다. "살이 뚫어진 데가 없고 구멍이 막힌 데가 없고, 입은 열기보다 닫힐 힘이 세인 몸에 가라앉은 몸으로 생각의 불꽃이 특히 높이 피어오르고 오르는 데서 성한 사람을 봄"(1955년 7월 22일 일지). 몸이 성하고 마음은 안정되고 생각이 잘 나는 사람이 건강하다.

바탈을 살려서 하나님과 인간과 더불어 사는 데 장애가 되는 것이 식욕과 육욕(리비도)이라고 다석은 보았다. 이 점에서 다석은 불교적 성향을 드러낸다. 그래서 그는 식욕과 육욕을 끊고 살려고 했다. 욕심 버리고 하루 한 끼 먹으면 만병이 없어지고, 치정을 끊으면 마음이 편안하다. 세상에 마음을 가장 움직이는 것은 남녀 관계다. 남녀 관계를 끊으면 마음은 저절로 가라앉는다. 마음이 가라앉으면 지혜의 광명이 나타난다. "몸에 기름이 가득 차고 마음에 심지가 꼿꼿하고 정신에 지혜가 빛난다." 몸이 성하고 마음이 놓이면 바탈에서 생각을 하게 되고 생각하면 뜻이 타오른다. 뜻은 인생의 의미이고 목적이며 지향이다. 뜻이 타오르면 "…… 지혜의 광명으로 만물을 비추게 된다". 그런데 정신의 광명을 흐리게 하는 게 노여워하고 화내는 것(瞋恚)이다. 그래서 다석은 "뜻 태워 만인을 살리는데 화가 난다는 것은 말이 안 된다"고 했다.[26] 불교에서 말하는 대로 탐욕을 버리고 치정을 버리고 화를 버려야 온전하고 건강한 삶을 누린다.

몸이 성하고 마음이 놓여서 바탈(본성)을 타고 인생의 목적과 사명을 완성한다는 다석의 사상은 한국전통종교 경전인 《삼일신고》의 가르침 '성통공완'(性通功完)과 일치한다. "바탈 트고 생명의 사명을 완성한다"는 《삼일신고》의 가르침에 대해서 다석은 1955년 10월 6일의 일지에서 언급하고 있다. 몸이 성하고, 몸이 놓이면, 바탈을 태워서 뜻을 이룬다는 다석의 사상은 한국종교경전의 사상에서 영향을 받은 것이 분명하다.

'몸 성하고, 맘 놓이고, 바탈 태우는' 사상은 기독교 사상과도 결합된다. 기독교의 구원은 타락한 인간이 하나님의 힘을 입어, 잃어버린 신의 형상(참된 인간성)을 회복하여 진정한 사람이 되고 하나님의 자녀로서 사람 노릇을 하게 되는 것이다.[27] 몸이 성하고 마음이 놓여서 바탈(본성)을 살려서 실현하고 완성하는 것은, 다석에 따르면, 사람이 사람으로 되는 일이며 사람 노릇을 하는 것이다. 다석은 이 일이 하나님의 힘으로 하는 일이므로 쉽다고 한다. 이 일은 "내 힘으로 하는 것이 아니라 하나님의 힘을 받아서 사람을 사니 사람노릇을 하기처럼 쉬운 것은 없다. …… 사람에게는 한계가 있다. …… 내가 할 일은 쉬는 것뿐이다".[28]

몸이 성하고 마음이 놓이고 바탈을 터서 살리는 일에 대한 다석의 사상에는 불교의 금욕사상, 인간의 본성과 사명을 일치시키는 한국전통사상, 기독교의 은총 사상이 결합되어 있다.

2) 깨끗

다석은 몸성히, 맘놓이, 뜻(바탈) 태우는 삶을 추구했는데 이것은 몸과 맘과 뜻(바탈)을 온전하고 깨끗하게 하는 것을 뜻한다. 밥 욕심에서 깨끗해야 몸이 성하고, 치정(욕정)에서 깨끗해야 마음이 놓이고 생각과 의지가 깨끗이 불태워질 때 얼이 살아난다. 다석의 하루살이 삶은 깨끗을 추구한 것이다.

무엇이 더러운 것인가? 물질 자체는 더러운 것이 아니다. 다석에 따르면 물질은 '더럽지도 않고 깨끗하지도 않은 것'(不垢不淨)이고, 심정(心情)은 '더러울 수도 있고 깨끗할 수도 있는 것'(可垢可淨)이다. 있을 곳에 있는 물질은 깨끗한 것이고, 있을 곳에 있지 않은, 다시 말해 '필요한 곳에 있지 않은' 물질의 위치와 상태가 더러운 것이다. 따라서 '있을 곳에 있지 않은 것'을 더럽다고 치우면 깨끗해지는 것이다. 있을 곳에 있을 것이 있는 것이 참이고 선이고 아름다움이다. 다석은 《채근담》에 나오는 홍자성의 말을 인용하여 말한다. "마을 집 마당 싸리비로 쓸은 자취, 머리감은 여인의 빗은 머릿결에 힘찬 아름다움이 있다."[29] 다석은 평생 새벽마다 찬물로 몸을 닦았고, 주위를 쓸고 닦는 일에 힘썼는데, 말년에는 마당을 자주 쓸어서 비가 쉬 닳았다고 한다.

더럽다는 것은 필요하지 않은 곳에 붙은 것으로 덜어내야 할 것이다. 따라서 다석은 더러움을 '덜[덜어야 할 것]을 업은 것'이라고도 했다. 그런데 다석은 물질 자체가 더러운 것은 아니지만 물질은 덜리는 것, 닳고 소멸하는 것, 때 묻고 더러워지는 것이라고 하였다. 물질세계에서는 덜어낼 것이 늘 생긴다. 따라서 참된 깨끗은 빈탕(없음과 빔)에 있다. "땅도 하늘도 덜 것이다. 덜 것은 다 덜어야 깨끗할 것이니 그것은 빈탕밖에 무엇이랴? 빈탕은 맘이다."[30] 덜 것은 다 덜어낸 마음의 빈탕에서 깨끗하고 진실하고 아름다운 삶이 나온다. "…… 피리는 속이 비어야 한다. …… 아름다운 가락이 무한히 흘러나온다. 그것이 말씀이다. …… 허공이 피리의 본질이다. 깨끗이 피리의 생명이다."[31]

더 나아가 '깨끗'은 시간과 공간에서 이루어지는 물질세계의 모든 관계와 존재에 사로잡히지 않는 '자유'와 '초월'이다. 그것은 나·남, 생·사, 유·무를 초월한 삶이다. "깨끗은 나남 없는 이제다. …… 하루하루가 다 영원한 현재다. …… 생사를 초월한 사람은 깬 사람이요 끝에서 사는 사람이다. …… 끝은 유무를 초월한 세계다. 생사를 초월하면 유무도 초월한다. …… 저승에 깨어나 그 나라에 끝마침이 깨끗이다. 이 세상을 끝내고 저 세상을 사는 것이다."[32]

물질과 물질에 대한 욕망에 붙잡힌 것이 더러운 것이다. 돈과 권력에 붙어서 사는 것이 더럽고 부패한 것이다. 씨올을 섬기고 참을 찾는 벗을 깊이 사귄 다석의 삶은 깨끗하고 힘찬 삶이었다. 서러운 씨올을 섬기고 벗을 깊이 사귀는 깨끗한 삶의 원칙은 "그저 나므름 업시 제게로부터"이다. '그저' 군소리 없이, 변명이나 자기 정당화 없이 남을 탓하거나 나무람(나므름)없이 살아야 한다. 그것은 "언제나 불평, 불만 없이 제 속에서 무한한 존재를 끄집어내는 것이다"(1955년 9월 11일 일지). 남에게 기대거나 남을 탓하면 지저분해진다. 남과의 관계에서 깨끗하려면 남에게 기대지 말고 남을 탓하지 말고 스스로 제 바탈에 힘입어 '제게로부터' 살아야 한다. 이 원칙에 충실했기 때문에 다석은 벗을 사귀거나 씨올을 섬기는 데 깨끗할 수 있었다.

3) 씨올의 삶

'제게로부터', '스스로 함', '깨끗'이는 개인의 깨끗한 삶의 원칙일 뿐 아니라 풀뿌리 민주주의의 기초다. '스스로 함'이 자유와 평등의 기초다. 양반 귀족들은 스스로 할 일을 스스로 하지 않고 남에게 시킴으로써 남의 자유와 평등을 짓밟는다. 억눌린 민중은 억지로 '남의 일'을 함으로써 '스스로 하는 삶'을 살지 못한다. '제게로부터' '스스로 하는 삶'은 민주적이고 깨끗한 삶이다. '스스로' 하지 않는 모든 삶은 비민주적이고 더럽고 부패한 삶이다.

다석은 더럽고 부패한, 낡고 비민주적인 거짓된 삶에서 벗어나 서러운 씨올과 더불어 사는 깨끗하고 진실한 삶을 살았다. 다석의 제자 박영호는 다석의 삶에 대해 이렇게 말했다. "그의 한 삶은 모름지기 세상 욕심을 버리고 오로지 하늘 아버지만 바라는 삶이었다. 예수의 가르침 그대로 남들의 위에 앉아 섬김을 받고자 아니하고 남들을 섬기고자 낮은 자리에 서는 씨알(庶民)의 삶으로 한결같았다. 그러므로 자랑할 학력도 으리한 경력도 있을 리 없었다. 참을 찾는 벗을 사귀고 서러운 씨알과 더불어 살았다."[33]

다석은 진실하고 깨끗한 삶을 위해서 자신의 존재와 이름에 대한 욕심도 끊었다. 유영모가 50대부터 쓰기 시작한 '다석'(多夕)이라는 아호[34]도 그의 이러한 삶을 나타낸다. '많은 저녁을 뜻하는' 다석(多夕)이라는 이름이 시사하듯이, 유영모는 해가 진 저녁의 사람이 되고자 했다. 스스로를 저녁의 어둠 속에 두려 한 것은 자기를 감춘 것이요 제 존재와 이름에 대한 집착과 욕심을 끊은 것이다. 다석은 이름도 존재도 숨기고, 이름 없는 씨올들과 함께 씨올로 살 수 있었다.

유영모는 40대 중반까지 서울 종로에 살았지만 몸차림은 온전히 시골사람이었다. 검은 수염을 기르고 한복을 입고 고무신을 신었다. 김교신이 유영모에 대해서 이렇게 썼다. "조상 대대로 서울 종로의 보신각에서 5리 바깥에 살지 않았고 거의 당대에도 50평생에 1만 6천 180여 일의 생애를 거의 종로 저자에서 보고 들으며 살았던 이가 말하였다. '나에게 영광이 있다면 오직 한 가지 영광밖에 없다. 그것은 보는 사람마다 나더러 묻기를 언제 시골서 왔느냐고 묻는 일이다. 대개 남들이 보기에는 시골치라고 해도 몇 달 전에나 혹은 며칠 전에 이사 온 시골치지 몇 해 전에 온 것같이도 보이지 않는 모양이니, 이것이 내 나라에서 받은 대접의 유일한 영광이다'라고 하였다. 저가 몸은 서울 종로에 있으되 그 마음은 항상 땅 갈이 소를 사모하여 마지않았던 탓으로 그

사상은 물론이요. 그 몸맵시와 언어 행동이 모두 시골화해졌던 까닭이다."[35] 이 글에서 다석의 투철한 민중정신을 알 수 있다. 이름 없는 시골 사람의 하나로 대접받은 것을 다석은 "내 나라에서 받은 유일한 영광"이라고 하였다. 출세와 명예를 버렸기에, 일제의 권력과 타협할 생각을 버렸기에 부패와 불의와 거짓에 물들지 않은 깨끗한 삶을 살았다. 그는 역사와 사회의 바닥에서 씨올들과 더불어 오늘 하루의 삶을 있는 그대로 힘껏 살 수 있었다.

겸허하게 참을 추구했던 다석은 참을 찾는 벗을 소중히 여겼다. 제자나 후배도 '언니'나 '형'이라 불렀다. 함석헌을 '함언', '함형'이라 불렀고 김교신을 '김언', '김형'이라 하였다. 20여 년 아래인 이현필하고도 깊은 우정을 나누었다. 1939년에 쓴 '저녁찬송'에서는 다석이 제자인 함석헌을 '형'이라 부르고 자신을 '제'(弟)라고 부르기도 하였다. 그러나 함석헌은 유영모 앞에서 몸가짐을 매우 조심하였고 끝까지 자신의 스승으로 높였다. 함석헌도 자신보다 20세 이상 연하인 안병무와 김용준을 '형'이라 불렀다. 이처럼 호칭에 자유로운 것은 다석이 남성과 연장자 중심의 가부장제적 권위주의에서 벗어난 것을 뜻한다.

다석은 자기로부터 벗어났기에 권위주의와 특권의식을 떨쳐버리고, '사람 사이'를 계산하고 따지지 않고, 이해관계를 넘어서 씨올을 하나님처럼 섬기는 자유롭고 평등한 삶을 살 수 있었다. "사람 사이를 계산하고 따지는 것은 사람의 운명을 캄캄하게 한다. 사람 사이는 따지는 것이 아니다. 씨알(民)을 위함이 하나님을 위함이라, 씨알을 모른다면서 하나님만 섬긴다 함도 하나님을 모른다면서 씨알만 위한다 함도 거짓이다."[36]

씨올처럼 낮아지고 참의 벗에게 활짝 열렸던 다석의 겸허하고 자유로운 삶은 하늘처럼 크고 깨끗하고 아름다웠다. 노자는 삶의 세 가지 보물이라며 어진 맘으로, 검소하게, 남을 앞지르지 말고 살라고 일러 주었다. 다석은 노자의 가르침을 충실히 지켰다. 다석은 진리와 사랑의 마음으로 살았고 이를 데 없이 검소하게 살았고 남을 앞지르기는커녕 철저히 자신을 숨기고 이름조차 감추었다. 그래서 다석은 땅 속에 묻힌 보화처럼 더욱 빛난다.

1 《진리의 사람 다석 유영모》下, 20쪽.
2 최원극, '유영모 스승', 〈새벽〉(1955년 7월 호), 81쪽. 《다석일지》(영인본) 上, 900쪽에서 재인용.
3 《진리의 사람 다석 유영모》下, 20쪽.
4 《진리의 사람 다석 유영모》下, 23쪽.
5 《다석일지 공부》1, 30~31쪽.
6 박재순, 《예수운동과 밥상공동체》, 남명문화사, 1987. 70쪽.
7 《다석강의》, 328~9쪽.
8 《진리의 사람 다석 유영모》上, 310쪽.
9 제사드릴 때는 밥을 '맘'이라고 한다. 유영모, '맘'(버들푸름 39), 《다석일지》(영인본) 上, 860쪽.
10 오관게: 計功多少 量彼來處(이 밥이 올 때까지 공덕을 생각할진데), 村己德行 全缺應供, (덕행이 부족한 나로써 먹기가 송구하다), 防心離過 食等爲宗(식사에 염탐하면 삼독도 구축되나니), 正思良藥 爲療形枯(생사를 멸하는 양약으로 생각하면서), 爲成道業 應受此食(도업을 이루기 위하여 이 음식을 먹는다).
11 유영모, '맘'(버들푸름 39), 《다석일지》(영인본) 下, 857쪽.
12 유영모, '속알'(버들푸름 40), 《다석일지》(영인본) 上, 861쪽.
13 유영모, '맘'(버들푸름 39), 《다석일지》(영인본) 上, 858~9쪽.
14 다석은 하루 한 끼 먹는 일이 제사 지내는 의미의 극치라고 하였다(嘗義極致日正食). 유영모, '하나', 《다석일지》(영인본) 上, 760쪽.
15 유영모, '맘', 《다석일지》(영인본) 上, 857~859쪽.
16 《진리의 사람 다석 유영모》下, 19쪽.
17 유영모, '속알'(버들푸름 40), 《다석일지》(영인본) 上, 861쪽.
18 유영모, '남녀'(버들푸름 41), 《다석일지》(영인본) 上, 867-8쪽.
19 《진리의 사람 다석 유영모》上, 66쪽.
20 유영모, '속알', 《다석일지》(영인본) 上, 863쪽.
21 유영모 옮김, 박영호 풀이, 《中庸 에세이》, 성천문화재단, 1994, 29, 41, 45, 47쪽.
22 유영모, '정(2)', 《다석일지》(영인본) 上, 738쪽.
23 유영모, '긋 끝 나 말씀', 《다석일지》(영인본) 上, 736쪽.
24 유영모, '건'(버들푸름 23), 《다석일지》(영인본) 上, 794쪽.
25 유영모, '건'(버들푸름 23), 《다석일지》(영인본) 上, 793~4쪽.
26 유영모, '몸성히, 맘놓이, 뜻태우'(버들부름 24), 《다석일지》(영인본) 上, 799~800쪽.
27 이에 대해서는 Dietrich Bonhoeffer, Nachfolge, 〈DBW〉 vol. 4 Chr. Kaiser Verlag, 1989, 300쪽. Dietrich Bonhoeffer, Ethik, Chr. Kaiser Verlag, 1975, 86쪽 참조.
28 유영모, '바람직한 상', 《다석일지》(영인본) 上, 849~52쪽.
29 유영모, '제소리', 《제소리》, 322~3쪽.
30 유영모, '제소리', 《제소리》, 322~3쪽.
31 유영모, '밀알 1', 《다석일지》(영인본) 上, 817쪽.

32 유영모, '말씀', 《다석일지》(영인본) 上, 888쪽.
33 《다석일지》(영인본, 上)에 실린 '다석 유영모(多夕 柳永模) 연보'(박영호)의 끝에 나오는
    글이다.
34 《진리의 사람 다석 유영모》 下, 99쪽.
35 이 글은 김교신이 〈성서조선〉에 쓴 것이다. 《진리의 사람 다석 유영모》 上, 329쪽.
36 《진리의 사람 다석 유영모》 下, 223쪽.

5장

'가온 찍기'와 무등(無等) 세상

다석은 1941년에 마음의 전기를 맞아 예수정신을 신앙의 기조로 삼고, 그해 2월 17일부터 일일 일식을 하고, 다음 날 해혼선언을 하고 잣나무 널판에서 자기 시작했다.[1] 그 이전에도 '오늘살이'로서의 하루살이를 힘써 왔으나 이제 더 깊게, 본격적으로 하루살이를 시작한 것이다. 이전에는 지금 여기의 나에 집중하는 도덕적·종교적 수행에 힘쓰는 하루살이였다면 이제는 지금 여기의 나에서 자유로워지는 하루살이, '나'의 죽음을 넘어서 사는 기쁨과 은총의 하루살이였다. 그것은 지금 여기의 '나'를 한 점으로 찍어서 영원한 삶의 자유에 이르는 '가온 찍기'의 하루살이였다.

과거와 미래의 시간에서 벗어나고, 공간의 환경과 관계로부터 자유로워져서 지금 여기의 삶의 중심을 붙잡고 앞으로 나아가기 위해서, 시간과 공간의 참된 주체와 주인이 되기 위해서 다석은 시간과 공간, '이제, 여기, 나'의 '가운데'를 한 점으로 찍는 가온 찍기를 한다.

1. '가온 찍기'란 무엇인가?

1) 가온 찍기란 용어의 사용과 의미

'가온 찍기'란 말이 처음 나온 것은 1955년 9월 22일 일지이다. "마음에 한 점을 찍고 곧장 위로 오른다"(直上 一點心)는 말과 함께 'ㄱ.ㅅ지기'란 표현이 나온다(1955년 9월 22일 일지). 다석은 일지에서 가온 찍기란 말을 여러 가지로 표현했다. ㄱㅅ지기(1955년 9월 22일 일지), ㄱ온ㅅ지기(1956년 1월 17일 일지), ㄱㄴㅅ지기(1956년 1월 19일 일지), ㄱㄴ 찌기(1956년 12월 12일 일지), ㄱ온 찍기(1968년 12월 9일 일지) 등. 가온이란 말은 ㄱ 또는 ㄱㄴ, ㄱ온으로 표기되었는데 '가운데'(中)를 나타낸다. 하늘과 땅의 우주적 가운데를 나타낼 때는 하늘을 나타내는 기역(ㄱ)과 땅을 나타내는 니은(ㄴ)[2] 사이에 ・를 찍은 ㄱ으로 표기하고 가고 오는 무한한 시간의 가운데를 나타낼 때는 ㄱㄴ, ㄱ온으로 표기하였다.

가온 찍기에서 가온은 가운데(中)를 나타내고, ㅅ지기, 찌기는 찍기를 나타낸다. 다석은 1956년 11월 22일의 강의에서 가온 찍기를 두 가지로 설명한다. 첫째 가온 찍기는 "나의 무한한 가치를 자각하고 …… 신성하고 영특한 영원의 한복판을 …… 명중시켜 진리를 깨닫는 것"이다. 이 경우에 가온 찍기의 표현까지 다석은 설명한다. "기역 니은을 그리고 그 가운데 한 점을 찍는다." 다석의 설명대로 하면 ㄱ이 된다. ㄱ은 하늘을 나타내고 ㄴ은 땅에 닿는 것을 나타낸다. 하늘과 땅 사이에 한점을 찍음으로써 가온 찍기는 하늘과 땅과 내가 하나로 되고 진리를 깨닫고 영원한 삶에 이르는 것을 나타낸다. 다석은 또 가온 찍기를 시간적으로 설명한다. "기역과 아오(・)라는 한 점과 합치면 'ㄱ'가 되고 아오와 ㄴ을 합치면 'ㄴ'(온)이 되어 가고 가고 영원히 가고 오고 오고 영원히 오는 그 한복판을 탁 찍는 가온 찌기야말로 진리를 깨닫는 순간이요, 찰나 속에 영원을 보는 것이다."[3]

가온 찍기에 대한 표기에서 다석이 '찍기'란 말을 피하고 ㅅ지기, 찌기로 표기하기 때문에, 그가 이런 표기로써 가운데를 찍는다는 의미와 함께 가운데를 지킨다는 의미를 나타낸 것이 아닌가 추측하게 된다. 가온 찍기를 점심(點心)이라고 할 때는 가온 찍기가 마음에 점을 찍는다는 의미를 지닌다. 다석이 한가운데를 "탁 찍는다"고 할 때도 가온 찍기가 분명히 찍는다는 의미를 지닌 것으로 판단된다. 그러나 다석이 가온(ᄀᆞᆫ)은 만물과 삶의 중심이며, 만물과 삶은 "저절로 제 가운데 돌아온다"[4]고 했고, 가온 찍기를 함으로써 가운데에 이르러 가운데 길(中道)을 간다[5]고 한 것은 가온 찍기(ᄀᆞᆫㅅ지기)에 가운데에 머물러 가운데를 지킨다는 의미가 있음을 시사한다.

2) '나'의 실상: 숨 쉬는 한 '점'일 뿐!

가온 찍기 철학에로의 변화를 밝혀 주는 글이 1941년 10월 21일에 쓴 '소식'(消息)이다. 이 글에 따르면 '나'는 시간과 공간의 세계에서 위치만 있고 존재는 없는 하나의 '숨 쉬는 점'일 뿐이며, 이러한 '점'이 됨으로써 참 생명을 누릴 수 있다.[6] '나'를 한 점으로 만들고 그 점의 가운데를 찍는 '가온 찍기'는 '이제와 여기'를 한 점으로 무화시키고 비움으로써 '이제 여기'의 시간과 공간에서 자유로워지고 '이제와 여기'의 주인이 되는 것이다.

가온 찍기는 '시간'과 '내'가 하나의 점에 불과하다는 것의 발견이며, 그 진실한 실상에로 들어가는 것이다. 다석에 따르면 우주의 무한한 시간이 실상은 하나의 점이다. 우주는 끊임없이 움직이고 돌아가며, 우리의 혈액도 돌아간다. 우리의 삶이 머무를 곳이 없다. "영원한 미래와 영원한 과거 사이에서 '이제 여기'라는 것이 접촉하고 있을 뿐이다. 과거와 미래의 접촉점이 '이제 여기'인 것이다. 그 한 점이 영원한 미래를 향해 가고 있다."[7]

시간이 하나의 점임을 확인한 다석은 '나의 존재'가 '영'(零)이고 '무'(無)이며 자리만 있을 뿐 없는 존재(位而無)라고 보았다. '나'는 시간과 공간 안에서 아무런 소유도 권리도 없는 존재다. 시간과 공간도 '이제', '여기'란 하나의 점일 뿐 내 마음대로 시간과 공간을 쓸 수 있는 게 아니다. '내'가 시간과 공간의 주인이 될 수 없음을 깨달은 다석은 하나님을 시간과 공간의 주인으로서 새롭게 발견하였다. 하나님은 시간과 공간의 주인이며, 생명 속에 생명의 충만한 기운을 불어넣었다. 우주는 '숨 쉬는 세계'이고, 하나님은 '숨의 주인'이고, '나'는 '숨 쉬는 한 점'이다.[8] 다석은 나와 우주와 하나님을 숨으로 파악하였다.

따라서 시간과 공간의 매임에서 벗어나 오직 숨 쉬는 일이 '나'의 일이다. 내가 '이제'를 가지고 '쌓으려, 이루려' 하면 시간의 칼날에 깎이고, 공간의 이빨에 물린다. 시간과 공간의 주인이 되어 자유롭게 사는 길은 오직 하나의 숨 쉬는 점이 되어, 숨(생명)의 주인인 하나님 안에서 숨을 쉬는 것이다. 그래야 '이제'의 주인이 되어 '이제'에 살 수 있다.

이제에 사는 사람은 아무 걸림이 없고 자기의 때를 사는 것이므로 흥겹고 자유롭다. 《시경》(詩經)에서 시(時)와 시(是, 이것, 이제)는 통한다면서 시(詩), 시(時), 시(是)를 일치시킴으로써 이제의 삶이 나 자신의 자유롭고 흥겨운 삶임을 말한다. "시축(時軸)이 서 가지고야 올(理)이고 이(是-)고가 날 것이다. 시(詩)는 일어나는 짓거리다(興於詩). 《시경》(詩經)에 시(時)는 시(是)로 통한다. 사는 때는 사는 이의 때, 이 때, 제 때 – 이제—ㅂ니다. 이것이 목숨의 올(命理)이요 살라는 말씀(生命)이다. 이 말씀을 듣고 짓이 안 날 놈이 어디 있겠으며 제로라 일어나지 않을 이가 있으리까? …… 인생은 詩. 時, 是—이제다. …… 제가 이제 사는

것 …… 아끼는 죽은 이제, 이 담은 못난[오지 않은] 이제를 따지느라 生
[산] '이제'를 드리려는 '이'는 없겠다. 그러므로 이[나]는 이제 살았다."9)

다석은 '내'가 한 점이 될 때 '하늘'(한읗)과 통할 수 있고 '하늘'과 통할
때 '지순한 진리'에 명중할 수 있다고 하였다.10) 오직 내가 할 일은 '나'를
한 점으로 찍어서 진리와 생명의 중심인 '하늘'을 맞추는 일이다. 이것
이 가온 찍기이다. 가온 찍기는 '내'가 모든 욕망과 허영을 없애 버리고
하나의 점이 되는 것이다. 그리고 시간과 공간의 주인이며 숨의 주인인
하나님을 만남으로써 숨을 바로 쉬고, 시간과 공간의 주인이 되어, 하늘
(하나님)과 소통하고 사귀는 삶에로 들어가는 것이다. 숨을 바로 쉬고 시
공(時空)의 주인이 되고 하늘과 사귀는 것이 인생의 목적이고 사명이다.

3) '나'와 세상은 깨져야 한다

가온 찍기는 '나'와 세상을 깨트리고 솟아올라 하늘의 숨을 쉬며 하나
님과 사귀는 것이다. 숨을 바로 쉬고 시공의 주인이 되어 하나님과 사귀
려면, 먼저 사욕에 사로잡힌 '내'가 깨져야 한다. 몸의 사욕과 물욕에 사
로잡히면 시간과 공간에 붙잡히고 세상에서 '옆으로 기는 삶'을 살게 된
다. 그러므로 몸뚱이의 욕망을 충족시키는 삶은 물질을 섬기는 우상숭
배 생활이다. 다석은 몸뚱이의 충족뿐 아니라 마음속에 일어나는 욕망
과 기대조차도 '우상'이라고 하였다. "몸뚱이의 충족은 죄를 낳는다. 맛
을 그리워하는 것은 못쓴다. 무엇을 좀 갖겠다든지, 좋은 소식 좀 듣겠
다 하는 것은 실제 마음이 거기 머뭇거리는 증거이다. 이런 생각은 하나
의 '우상'이니 삼가야 한다."11) 물질 또는 물질적인 삶에 대한 온갖 집착
이나 생각이 '우상'이다. 이 우상이 깨져야 참된 삶에 이른다.

다석은 18,888일째 되는 날에 파사(破私), 다시 말해 '내'가 깨지는 것
을 체험하였다.12) 또 '내'가 깨져 "무사(無私)만 하고 보면, 흑암이나 사

망의 두려움이 없음을 알았다". [13] 다석은 파사(破私)의 깨달음을 이렇게
말했다. "목숨은 썩는 거야. 그러나 말씀은 빛나는 거야. …… 빛 날게
면 깨야지, 깨져야지. 죽어야지." [14] '내'가 깨지고 드러나는 것은 "영원
한 생명이 폭발하여 나타나는 나뿐이다". 그러므로 깨어져야 할 '나'를
나타내는 "이름이란 수치요 나와는 아무 상관이 없다". '나'는 '영원자의
아들'이요 내 속에는 '하나님 아버지의 형상'이 있다. '내'가 깨지고 살아
난 '나'는 '나라'(國家)와 같은 것이다. [15] 사사로운 '나'의 생각이나 의지
가 깨져서 사적인 의도 없이 볼 때 분열 없는 절대의 진리에 이를 수 있
고, 영원한 평화에 들게 된다. [16]

4) 가온 찍기의 내용과 목적

1956년 11월 12일에 쓴 가온 찍기에 대한 글에서 다석은 가온 찍기
의 내용과 목적을 압축적으로 제시한다. 이 글에 따르면 가온 찍기는
세 단계로 이루어진다. 첫째, 가온 찍기는 '나의 존재'에서 이름이나 욕
심, 부차적인 인간관계와 같은 껍데기를 점찍어 버리고, 오직 '살아 있
는 나', 순수한 주체로서의 나에 이른다. 둘째, 가온 찍기는 이 살아 있
는 '나'의 불꽃(생각)을 자꾸 태워 나감으로써 '나'를 새롭게 한다. 셋째,
가온 찍기는 지금 여기의 자리에서 땅을 굳게 딛고 실천해 가는 것이다.
여기서 제시한 가온 찍기의 세 단계는 시간적인 선후관계가 아니라 논
리적인 선후관계를 나타낼 뿐이다. 각 단계는 뗄 수 없이 결합되어 있
고 동시에 이루어지기 때문이다. 여기서는 가온 찍기의 내용과 목적에
대해서 보다 자세히 알아보려고 한다.

솟아오름과 속으로 파고들어감의 일치

다석은 가온 찍기에 대해서 맨 처음 언급한 글에서 가온 찍기를 이렇

게 표현한다. "心線路 接境이오 一線이다 前進이 一路다 直上 一點心." 풀어보면 "마음에 난 한줄기 길이 경계에 이른다. 하나의 선이다. 앞으로 나가는 것이 한 길이다. 마음에 점을 찍고 곧게 위로 오른다". 마음이 경계에 부딪치면 앞으로 나아갈 길은 마음에 한 점을 찍고 위로 곧게 올라가는 길밖에 없다. 그리고 같은 날 일지에서 "ᄀᄉ지기 잇다감 생각 그저 나므름 업시 제게로브터"라고 썼다. "잠시 있다가 가는 인생임을 생각하고", 마음에 한 점을 찍어 마음의 온갖 욕심과 허영을 한 점으로 줄이면 "그저 나므름 업시 제게로브터"(남을 나무라지 않고 제 힘으로) 사는 삶에 이른다(1955년 9월 22일 일지). 여기서 '위로 올라감'과 '제게로부터'가 결합된다. 가온 찍기는 곧게 올라가는 것이면서 '제게'로 들어가, '제게로부터' 사는 것이다.

마음에 점을 찍고 솟아오르면 남을 나무람 없이 불평불만 없이 제 속에서 하늘 길을 열고 생명력을 이끌어낼 수 있다. 여기서 솟아오르는 초월이 제 속으로 파고 들어가는 것과 결합된다. 초월이 속으로 파고 들어감이고 속으로 파고 들어감이 초월이다.

이런 역설적 논리가 어떻게 성립하는가? 이러한 논리는 다석의 독특한 인간 이해에서 나온 것이다. "사람은 만물의 근원이요 밑둥"이다.[17] 사람은 우주생명진화의 중심이며 끝이다. 사람의 본성, 속알은 하나님과 직통하는 자리이다. 우주만물 가운데 사람처럼 깊은 자리가 없고 사람처럼 높은 자리가 없다. 우주만물을 초월하는 자리는 사람의 속에 있다. 참으로 초월하려면 사람의 '속의 속'으로 파고 들어가야 한다.

나는 영원한 생명의 끄트머리

'위로 솟아오름'과 '제 속으로 들어감'을 일치시키는 다석의 논리는 가온 찍기의 내용을 규정한다. 가온 찍기는 제 속에서 영원한 생명을 만나는 것이며 그것은 또 '참된 나'를 깨닫고 발견하는 것이기도 하다. 가온 찍기는 "신성(神聖)하고 영명(靈明)하고 영원한 나(하나님)의 한 복판을 똑바로 맞추어 참 나를 깨닫는 것"이다. 다석은 '참 나'는 "내 맘에 하나님으로부터 온 영원한 생명(얼나)의 긋(點)"이라고 함으로써 '나'와 영원한 생명을 일치시킨다. 가온 찍기를 한 '가운데의 한 점'은 영원한 생명을 드러내고 영원한 생명과 이어지는 것이면서 또 지금 여기의 작은 한 점으로서의 '긋'(끝)을 가리킨다. 먼저 가온 찍기는 영원한 생명과 진리를 드러낸다. 그것은 "진리를 깨닫는 순간이요 영원을 만나는 순간"[18]이다.

그러나 다석의 가온 찍기는 영원을 말하면서도 지금 여기의 '나'에게 집중한다. 가온 찍기는 '내' 속에 와 있는 영원한 생명의 '이 긋[끝, 끝수]'을 잡는 일이다. '이제'의 '나'는 한 점이지만 이제 여기의 삶 속에 나타나 이어 나가는 '영원한 이의 한 긋'이다.[19] 내 속에 영원 전부터 내려오는 생명줄이 있고 이 줄의 끄트머리가 '나'다. 지금 여기에 있는 '내 속'의 끄트머리인 "우리의 숨 줄"은 "하늘에서부터 내려온 나"이며 "영원한 생명줄"이다. "이 숨 줄 끝을 붙잡는 게 가온 찍기."[20] 사람은 만물의 근원과 밑동이면서 영원한 생명이 이어져 가는 생명줄을 쥐고 있는 존재, 영원한 시간의 중심과 맞닿은 존재이다.

영원한 생명의 긋, 하나님의 형상으로서의 긋이 '나'이며 이러한 '긋'으로서의 '나'를 아는 데서 나의 삶은 시작한다. 가온 찍기는 '영원한 나'의 발견이다. "이 세상에서 나처럼 값비싼 것이 없다. …… 영원한 생명이 폭발하여 나타나는 나뿐이다." 영원한 생명의 긋으로서의 '나'는 나의 이름과는 아무 관계가 없다. 다석은 "이름은 감옥에서 죄수에게 붙인 번호 같은 것"이라고 했다. 그리고 "영원한 생명에 이름 없다. 긋을 알면 된다"고 하였다. '나'를 발견하고 확인하는 가온 찍기는 말씀풀이로 이루어진다. 다석은 경전의 말씀을 주체적으로 해석하여, 말씀과 '나'를 동일시하는 데 이른다. 말씀에 점을 찍고 결국은 모든 말씀이 개념화되어 가장 짧은 말로 줄어든 것이 '나'다. "가온 찍기는 나를 보는 거고 나를 보는 거울은 경·말씀이다. 가온 찍기는 말씀풀이다. 말씀에 점찍고 모든 말씀이 나로 압축된다."[21] 말씀풀이는 '나'를 알아서 '나'를 찾고 세우는 데 있다.

자꾸 나를 낳아 가야

다석에 따르면 인간은 생각하는 존재여서 나와 남, 있음과 없음을 생각하는데 결국 생각만으로는 알 수 없는 지경(모름)에 이른다. 그래서 '가온 찍기'를 하게 되는데 가온 찍기는 나 자신에게로 돌아와 생각함으로써 자신을 불태우는 것이다(1956년 11월 12일 일지). 이것은 내면의 세계에 머무는 주관주의가 아니다. 다석은 "'나'를 안 자만이 형이상도 알고 형이하도 안다"[22]고 했다. 바깥의 세계를 깊고 넓게 알기 위해서는 '나'를 분명히 알아야 한다는 것이다.

그런데 다석에게 '나'를 아는 것은 관념과 지식으로 아는 게 아니다. '나'는 삶의 불꽃이기 때문에 '나'를 불태움으로써만 '나'는 생겨나고 존재하며, 그러한 존재로서의 '나'를 알게 된다. 가온 찍기를 한 '가운데의 끄트머리'는 "불꽃밖에 없다. 생각의 불꽃 끄트머리인 '나'를 자꾸 낳아서 나가야 한다". '나'를 삶의 불꽃으로 보고 생각의 불꽃으로 '나'를 태우고 나가야 한다고 하고, 내가 "자꾸 나를 낳아 가야 한다"[23]고 한 것은 다석이 '나'를 매우 주체적이고 역동적으로 이해한 것이다.

가온 찍기의 목적은 자꾸 나를 낳아 가는 것이며 나를 낳아 간다는 것은 나의 바탈, 속알을 살리는 것이다. "나는 영원자의 아들이요 내 속에는 속알이 있다. 속알은 덕이요 인간성이요 인격, 신성, 하나님 아버지의 형상이 있다. 나는 그릇에 담긴 보배요, 속알 실은 수레다." 가온 찍기는 "고디 곧장 오르고 올라 내 속에 있는 고니(神)를 살려 내어 …… 내 속에 가장 옹근 속알이 있는 것을 자각하여 깨닫고 나오는"24) 것이다.

'나'를 불태우고 새롭게 낳는 것은 앞으로 나가는 것을 뜻한다. 가온 찍기는 처음과 끝을 잇는 이 '숨 줄 끝'을 순간순간 점찍는 것이다. '이 긋'(이제 여기에 있는 생명의 끄트머리)으로서의 '나'는 영원한 첫긋(태초)과 맞긋(종말)을 알고자 그리워한다. 그러나 첫긋과 맞긋도 이긋에서 시작해야 한다. "…… 참을 찾는 것은 이긋을 찾는 것이다. 이 끝이 참이다. 이 끝에서 처음도 찾고 마침을 찾아야 한다. …… 산다고 하는 것은 순간순간 점을 찍는 것이요 점을 도려내는 것이다."25) 이제 이 순간의 점을 찍음으로써 태초와 종말이 하나로 통한다.

가온 찍기는 이제 여기서 영원의 한 점을 찍는 것인데 이 한 점은 앞으로 나가는 원점이다. 이것은 영원의 한 점이면서 우주공간의 한 점이다. 삶은 앞으로 나가는 것이다. "우리는 불꽃을 피움으로써 미래와 과거의 영원에 접촉하고 있는 것을 느낀다. …… 이제 여기 가온 찍기 ㄱ이다. …… 이것이 나가는 것의 원점이며, '나'라는 것의 원점이다. …… '여기 이제'가 바로 '곳'이다. …… 우주공간이 우리의 주소이다. 머물면 썩고 만다. 산다는 것은 자꾸 움직여 나가는 것이다."26)

가온 찍기는 영원한 생명의 우주적 중심을 찍는 일이고 '나'의 중심을 찍는 일이다. 이 가온 찍기한 점이 '나'의 원점이고 '앞으로 움직여 나가는' 원점이다. 그리고 그 중심에 머무름이 아니라 영원히 오고 영원히 가는 길에 들어서는 것이다. 영원히 오고 가는 길을 내가 자꾸 가다 보면 "내가 곧 길이 된다. 이쯤 되면 내가 진리가 되고 생명이 된다. …… '내'가 없으면 길이 없다. …… 나 있는 곳에 길이 있다."27)

지금 여기의 실천

'이곳'인 나에게서 모든 것이 시작된다. 모든 것이 '나'에게 달려 있다. 따라서 다석은 예긋(지금 여기의 긋)에서 '디긋디긋'(땅에 발을 든든히 딛고) 실천해야 한다고 했다(1956년 11월 12일 일지). 그러나 다석은 현실에서의 겸허한 자세를 요구한다. 인간은 영원에 잇닿은 존재이지만 지금 여기에 있는 존재이며, 형이상도 형이하도 아닌 중간존재이다. 그러한 존재로서 인간이 직접 형이상의 꼭대기만을 알려고 하거나 태초와 종말을 알려고 하면 위험하다. 형이상과 형이하 사이의 "가운데 있는 자기를 찾아들어가 가온 찍기를 성실히 해가야 한다". 인간은 "머리에 무엇을 이고 살아가야 하는" 존재이다. 하늘을 머리에 이는 존재이고 "한량없는 과거를 우리의 머리에 인" 존재이다. 처음과 끝, 맨 꼭대기를 다 알려고 하지 말고 이제 여기의 이 끝에서 가온 찍기를 하여 오늘 이 자리에서 인생의 점수, 끝수를 따내야 한다.

가온 찍기는 내가 살고 있는 이제의 한순간 속에서, 이제 숨 쉬는 생명의 숨 줄 끝에서 '영원한 시간의 중심'에 이르는 것이다. 이 영원한 시간의 중심에서 태초와 종말이 만난다. 가온 찍기는 "태초의 맨 첫 긋과 종말의 맨 마지막 긋이 한통이 되어 영원한 생명이 되는 것"이다.

시간과 공간의 중심, 지금 여기의 한가운데, 우주 생명의 중심, 하늘 (하나님), 마음의 중심을 찍어 바른 삶을 사는 게 인생의 목적이다. "하늘을 그리워하고 또 그리워하여 고디 고디 가온 찍기가 인생의 핵심이다." 내 삶의 중심도 우주자연 생명의 중심도 내 마음속에서 잡을 수 있다. '이제', '여기'에서 사는 '나'의 참 모습은 한 점이니 이 점을 찍어 '참나'의 '참 삶'에 이르자는 것이다. 가온 찍기는 나와 세상을 점찍어 버리는 그 자체로 끝나는 것이 아니고 끝끝내 '내 속알'을 나타내고 표현하고 "내가 나를 만나보는" 데까지 가야 한다. "머리를 하늘에 두고 땅을 곧곧 하게 딛고 반드시 서야 우리는 산다." "딱딱한 땅을 딛고", "자기의 생각을 펴보는 실천"에 이르러야 한다.[28]

가온 찍기를 하고 세상에서 생명을 실현하고 완성하는 실천을 하려면 과거에서 벗어나 현실의 땅에 굳게 서야 한다. 다석에 따르면 인생이 무력한 이유는 과거사를 지나치게 과장하고 현재사를 비판하지 않고 장래사에 신념이 없는 탓이다. "과거는 과장하지 말라. 지나간 일은 허물이다. 나도 조상보다 낫다. 순(舜)은 누구요 나는 누구냐? …… 죽은 이들은 가만 묻어 두어라. 족보를 들치고 과거를 들추는 것은 무력한 증거다." 중국에서 특히 유교 전통에서 이상적인 임금으로 여기는 순 임금보다 내가 낫다면서 "죽은 이들을 가만 묻어 두어라"고 선언한 것은 신분과 족보를 내세운 양반문화에 대한 통렬한 비판이다. "나도 조상보다 낫다. 순(舜)은 누구요 나는 누구냐?"라고 한 것은 내가 순보다 낫다는 말이다. 순 임금보다 내가 낫다는 다석의 선언은 유교의 생각과 틀을 넘어선 것이다. "순은 누구고 나는 누구인가? 나도 순처럼 훌륭한 일을 하면 순처럼 될 수 있다"고 한 안회의 말을 인용하면서 맹자가 인의(仁義)를 행하면 순 임금과 같은 성인이 될 수 있다고 한 것은 과거의 성인을 모범으로 여긴 것이다. 다석에게는 순이든 공자든 과거의 인물이 모델이나 모범이 되지 못한다. 참된 삶은 내 속에서 내가 지어내야 한다. 과거보다 오늘이 중요하고 과거의 인물보다 오늘의 내가 나은 삶을 살아야 한다.

지금 여기 나의 삶은 누구나 평등하고 자유로운 삶이다. 그러나 현재의 삶은 과거에 매여 있고 세상의 질서에 붙잡혀 있다. 그러므로 "현재를 비판하라. …… 학문을 통해서 현재를 비판하지 않으면 현재는 죽어 버린다". 그리고 미래에 대해서는 적극적으로 나아가야 한다. "미래는 관을 가져라. 인생관, 세계관, 관념을 가지고 전체적으로 세밀히 계획을 세워야 한다. 관념이 없으면 미래가 죽는다. 과거에 겸손하고 현재에 비판적이고 미래에 계획적이어야 한다."²⁹⁾ 지금 여기의 삶의 중심을 붙잡고 앞으로 나아가야 한다는 것이다. 지금 여기 삶의 '가운데'를 찍고 하늘로 솟아 자유로워지고 새로운 미래를 향해 앞으로 나가는 '가온 찍기'가 다석의 삶과 사상의 핵심을 이룬다.

2. 가온 찍기 無等 세상

'나'를 한 점으로 찍으면, 하늘에 명중하고 하늘에 들어갈 수 있다. 하늘은 아무 차별이 없고 걸림이 없는 세상이다. 가온 찍기는 이 시간과 공간에서 하늘을 여는 것이고, 하늘나라를 펼치는 것이다. 가온 찍기를 함으로써 이 땅에 서로 하나 되고(大同) 평등한 세상을 이룰 수 있다. '내'가 한 점이 되면 어디에도 걸림이 없고 서로 차별이 없기 때문에 자유와 평등의 세계로 나갈 수 있다.

1) 미정론(未定論)과 가운데 길(中道)

지금 여기 나의 한가운데를 점으로 찍으면 이 한 점밖에 없고 이 한 점에서 모든 것의 중심이신 하나님과 통할 수 있다. 다석의 가온 찍기는 지금 여기의 한 점에서 모든 것이 결정된다는 점에서 미정론에 이르고 '나'는 한 점이 되어 모든 것의 중심이신 하나님과 통함으로써 모든 것과 통하는 가운데 길에 이른다.

과거도 미래도 없고 있는 것은 오직 지금, 여기만 있으므로 모든 일은 지금 여기의 한 점에서 결정된다. 그러므로 다석은 기정론, 결정론을 거부하고 미정론을 내세운다. "무슨 종교, 무슨 신조, 무슨 사상을 내세워 생평[生平: 인생의 편안함]을 얻을 수 있다고 하지만, 이것은 기정론(旣定

論)에 지나지 않는다. …… 인생이란 끝날 때까지 미정일 것이다.">30) 인
생은 언제나 그때그때 주어지는 순간의 삶에서 결정되고, 모든 일이 하
나님과 내가 한 점으로 만나는 가온 찍기에서 결정되기 때문이다. 욕심
과 집착에 매인 마음에 가온 찍기로 한 점을 찍으면 '마음을 마음대로'
하게 되고 마음이 자유로워지면 일을 이룰 수 있다.

　가온 찍기는 과거와 미래에 매이지 않고 공간에 사로잡히지 않고 있
음(有)에서나 없음(無)에서나 자유롭게 사는 삶이다. 그것은 하나님이
시키신 대로만 사는 삶(1955년 7월 11일 일지)이면서 자유롭고 주체적
이면서 더불어 사는 신나는 삶이다. 마음에 한 점을 찍는다는 것은 마
음이 텅 비게 하여, 모든 차별과 장벽에서 벗어나 빈탕한데에서 놀게
되는 것이다. 내 속에서 빈탕한데를 보고 그 빈탕한데에 맞추어 놀자
는 것이다.31)

　가온 찍기의 삶은 자유로우면서 가운데를 지키는 삶, 가운데 길을 가
는 삶이다. 가온 찍기는 '나'를 깨뜨리고 '하늘의 한가운데', 하늘과 통하
는 내 마음의 '한가운데'를 맞히는 것이다. '내'가 깨지고 '한가운데'에 이
른 사람은 빈 마음으로 희노애락의 감정을 극복하고 화합시켜 나가는
'가운데 길'을 갈 수 있다. "…… 희노애락 따위 태울 것은 태워야 한다.
희노애락을 화합시켜 나가는 가운데 길을 가야 한다. 그것은 본래 빈데
서 이루어진다. 그것이 중화(中和)의 길이다."32)

　다석은 가운데 길을 가는 기쁨과 신명을 노래로 표현했다. 다석은
'이 세상 중도(中道)를 사는 노래'(노래 누리 군)에서 하루를 가온 찍기로
살면 늘 법도에 어긋나지 않고, "오늘 하루가 자기의 날이고 영원을 사
는 날"이라고 했다. 불평불만 없이 기쁘게 사는 삶이 "늘늘늘늘 늘느리
야" 노랫가락이 터져 나온다고 했다. 다가올 "하늘나라를 위하여" 오늘
우리가 "새것, 옳은 것을 힘껏 하여 …… 햇것, 올것이 밝아지는 하루"

가 되어야 한다.[33)]

　김흥호에 따르면 가온 찍기는 중심을 잡고 중용을 지켜서 알맞게 먹고 알맞게 일을 해서 건강한 육체와 건강한 정신으로 "알맞이 지혜로운 삶",[34)] 늘어나는 삶을 사는 것이다. 또한 가온 찍기는 마음에 점을 찍어 세상과 물질의 매임, 몸과 마음의 매임에서 벗어나 하나님을 찾고 하나님께로 가는 것이다. 매인 생활은 몸을 우상으로 섬기는 우상생활이다. 맘은 매임에서 떠나 항상 하나님을 찾고 탐구하는(窮神) 자리에 가 있어야 한다. 모든 것의 중심과 근원인 하나님을 탐구하면 자연 자체의 변화(知化)를 알게 된다. 하나님을 탐구해서 하나님과 통하면 모든 인간, 만물과 통할 수 있다. 그러면 "맴(매임)에서 떠나 자유, 몸(모음)에서 떠나 평등이다".[35)]

2) 가온 찍기 無等 세상

　다석은 현대인을 "오줌똥도 못 가리고 밤낮 싸는 싸개들"이라면서 "밥을 끊고 남녀를 끊어야 부처다. 부처가 되어야 이 누리 건너 제 그늘[안식]에 드느니라"고 했다. 다석의 가온 찍기는 '제'가 하나님 계신 곳으로 가는 '제계 가온'이다. 식욕과 육욕에서 벗어나서 '참 하나'이신 하나님이 계신 '맨 꼭대기'에 가는 것이며, 하나님의 품, 그늘 속으로 들어가는 것이다. 하나님의 품과 그늘은 갈라짐이 없는 통일된 세계이다. 하나님께로 가야 몸이 곧고 마음이 놓이며, "일이 되고 일이 이루어진다".[36)]

　다석의 가온 찍기는 신비한 명상과 내면적 수행에 머물지 않고 끝끝내 표현하고 실천하는 것이다. 다석은 이것을 '디긋, 딱딱한 땅을 딛고 사는 우리의 긋'이라고 한다.[37)] 가온 찍기를 끝끝내 표현해 보는 것, 자기의 생각을 펴보는 실천을 '디긋디긋'이라 한다. 가온 찍기에서 '나'를 하나의 점으로 찍음으로써 점으로서의 자리만 남고 무화되고 부정되었으나 끄트머리 한 점으로서의 '나'는 무의 심연 속에 가라앉지 않고 "딱딱한 땅을 딛고 사는 곳"으로서 책임적인 실천의 주체로 된다.

인간은 자기의 욕심과 주장을 점으로 '가온 찍어' 버리면 자유롭게 되고 남을 섬기는 평등, 무등(無等) 세상을 이룰 수 있다. 가온 찍기는 사사로운 자기의 중심을 비우는 것이고 참된 중심, 하나님 중심에로 돌아가는 것이다. 가온(군)은 만물과 삶의 중심이다. 만물과 삶은 "저절로 제 가운데 돌아온다. …… 우주·인생의 모든 것은 모순된 것, 못 된 것을 다 버리고 …… 군(가운데)으로 돌아간다."[38] 근원의 중심으로 저절로 돌아간다는 것은 동양적인 특히 도가적인 사고이다. 다석은 '솟낳가온' 이란 글에서 자아를 부정해도 자아의 중심이 되살아나고, 밥을 먹어도 몸은 다시 본래의 상태로 돌아간다고 했다. 자아의 중심과 자연의 중심이 있어서 그렇다는 것이다. 이것은 도가의 무위자연을 나타낸다. 그러나 이 글에는 기독교적인 요소도 드러난다. 이 글의 마지막 연은 "울얼어 울월울림만 한웋나라 솟낳가온"인데 김흥호는 이렇게 풀이한다. "우러러 하늘을 쳐다보고 울월 하나님의 성령을 받아서 내 마음 속을 울려 회개하고 한웋나라를 …… 솟아나가 …… 하나님 중심으로 사는 것이 참 삶이다."[39] 본능적 자아의 중심과 자연의 중심에로 돌아가는 흐름에서 솟아올라 하나님 중심으로 사는 게 가온 찍기다. 다석에게 가온은 사람의 중심이면서 뭇 생명의 참된 중심인 하나님을 가리킨다. '가온'은 '내'가 서는 자리이면서 하나님을 만나는 자리다.

이것을 다석은 '아 가온따위 가온맨꼭대'라는 글로 표현한다. 땅 위에 가온을 찍고 하늘 맨 꼭대기에 가온을 찍는다. 내가 스스로 자유로워져서 "내가 나의 '나'를 가지고 저절로 내가 '나'를 쓰는 세상"을 이룰 수 있을까 그렇게 될 수 있을까. 하나님 아들에게 맡겨서 하나님 아들이 주관하면 땅 위에 땅땅한 굳건한 중심이 세워진다. 가온 찍기가 제대로 되어야 세상에도 중심이 세워진다. 내 마음에 가온(중심) ﹅을 찍어 하늘을 맞춤이 땅 위에 하늘나라를 든든히 세우는 일이다."[40]

3. 가온 찍기의 철학적 의미

1) 서구 근대사상과의 비교

다석의 가온 찍기에서 '나'는 없음, 무(無), 영(零)으로서 무위(無爲)의 존재이면서 하나님과 통하는 '나', 내 생명의 본성과 통하는 '나'이다. 이러한 '나'는 생명의 본성인 참과 어짐을 이루는 책임적 실천의 주체이다. 내 삶의 한가운데를 점으로 찍으면 한 점으로서의 '나'는 세상에 대한 권리도 소유도 없으므로 남과 부딪치지 않는다. 가온 찍기를 하여 '전체의 가운데에 선 나'에게는 원수가 없다. 누구와도 서로 살리며 더불어 살 수 있다.

이런 다석의 사상은 권리 개념에 기초한 서구의 사상과는 구별된다. 서구에서는 자아의 권리를 실현하고 보호하는 데 법적·정치적 노력이 집중되었다. 법은 자아의 권리를 실현하자는 것이다. 독일어 Recht, 라틴어 ius는 법과 권리를 함께 나타낸다. 영어에서도 right는 정의와 권리를 함께 나타낸다. 권리가 곧 정의이고 법이라는 생각이 전제되어 있다. 여기에는 권리를 지키고 실현하기 위해 줄기차게 투쟁해온 서구의 정치사가 반영되어 있다. 그러나 자아의 권리를 위한 투쟁만으로는 자유롭고 평등한 공동체 세상을 이룰 수 없다. 자아와 자아가 화해하고 공존할 수 없는 한, 권리를 위한 투쟁은 갈등과 대립에서 벗어날 수 없기 때문이다.

불교와 다석의 인간관에서는 자아를 없음과 빔으로 보니까 권리 개념이 없는 셈이다. 자아가 없으니 권리도 없고 싸울 일도 없다. 불교에서는 자아가 부정되고 해탈의 몰아세계로 몰입하는 경향이 있다. 이에 대해서 다석의 사상에서는 자아가 부정의 단계를 거치면서도 똑똑하고 분명한 실천주체로 선다. 이것이 다석의 인간 이해가 돋보이는 점이다.

2) 동서사상의 만남과 일치로서의 가온 찍기 철학

한글철학과 기독교 십자가의 만남

다석은 1955년 12월 26일의 글에서 글 제목을 "+(ㅡ ㅣ ·) 낮게 달니신 예수"라고 함으로써 십자가와 한글 기본모음 ㅡ, ㅣ, ·를 결합시켰다. 십자가의 표기 +는 'ㅡ ㅣ ·'를 합쳐 놓은 것임을 시사한다. 기독교 신학에서 십자가는 하나님과 인간, 인간과 인간의 화해와 일치가 이루어지는 자리이고, 다석에 따르면 ㅡ(땅), ㅣ(인간), ·(하늘)는 천지인 합일의 철학을 담고 있다. 이 글에서 다석이 명시적으로 가온 찍기를 말하고 있지 않으나 십자가와 ㅡ, ㅣ, ·는 가온 찍기의 의미를 함축하고 있다. 예수는 스스로 십자가에 달려 죽음으로써 위로 솟아 하나님께 이른다. 십자가는 자기를 죽임으로써, 다시 말해 점으로 찍음으로써 영원한 생명에 이르는 자리다. ㅡ, ㅣ, · 도 ㅡ는 세상을 나타내고 ㅣ는 세상을 뚫고 위로 솟아오르는 인간을 나타내며, ·는 도달해야 할 영원한 생명과 하나님을 나타낸다. 다석은 이미 1956년 12월 17일에 쓴 한 시에서 아래아(·)로써 가온 찍기를 나타내기도 했다.[41]

김흥호는 다석의 "+(ㅡ ㅣ ·) 낮게 달니신 예수"를 이렇게 설명한다. "ㅡ ㅣ ·는 수평선 수직선 태극점, 세상 죄의 수평선을 의(義)의 수직선이 뚫고 올라가서 아버지 가슴 한가운데 도달하는 '가온찍'이 점심(點心, 마음에 점찍기)이 으이아요 십자가다."[42] 이렇게 보면 한글과 십자가 신앙이 절묘하게 결합되었다. 가온 찍기는 세상 죄의 수평선(ㅡ)을 의(義)의 수직선(ㅣ)이 뚫고 아버지 가슴 한가운데(·) 도달하는 것이다.

가온 찍기는 위로 솟아올라 하늘 아버지 가슴 한가운데 이르는 것이다.

다석은 가온 찍기를 가온, ㄱ으로 쓰고, ㄱ을 'ㄱ, ㄴ, ㆍ'로도 풀이한다. ㄱ은 무한과 영원에 끝을 찍는 것이다. "무한과 영원에 끝이 찍힌다. 영원한 기역(ㄱ)과 영원한 니은(ㄴ) 가운데 한 점(ㆍ)이 찍힌다. 가온 찍기(ㆍ)가 끝이다." 그리고 가온 찍기한 끝은 "일점영명(一點靈明), 우주의 켜진 하나의 불꽃이다."[43]

다석은 하나님을 없이 계신 이로 보고, 빔과 없음이 하나님의 본성이라고 했다. 다석은 빈탕한데서 하나님과 더불어 노는 것이 인생의 목적이라고 했다. 빈탕한데서 생명의 본성을 실현하고 완성하며 놀려면 빈탕한데로 들어가야 한다. 빈탕한데로 하나님께로 들어가려면 가온 찍기를 해야 한다. 가온 찍기는 허영과 탐욕으로 부푼 자아와 세계를 공(空)과 무(無)로 돌려서 한 점으로 만들고 그 한 점을 찍는 것이다. 점은 비고 없는 것이다. 자아와 세계, 시간과 공간을 한 점으로 비우고 없애서 그 점을 찍는 것이다.[44]

선불교와 가온 찍기

가온 찍기가 마음과 세계를 '빔과 없음'에서 한 점으로 보고 그 점을 찍음으로써 빈탕한데의 자유로운 세계로 들어가려고 한 것은 선불교의 논의와 비슷하다. 중국 선불교에서 선승 덕산의 일화는 유명하다. 그는 금강경을 공부한 뛰어난 학승이었는데 남쪽의 선승들을 가르치려고 가다가 떡 파는 할머니를 만났다. 점심(點心)으로 떡을 얻으려는 덕산에게 할머니가 말했다 "내 물음에 답을 주면 떡을 주고 답을 주지 않으면 떡을 팔지 않겠소. 과거의 마음도 현재의 마음도 미래의 마음도 없다고 하는데 스님은 어느 마음에 점을 찍겠소?" 덕산이 답을 못해서 떡을 얻어먹지 못했다고 한다. 덕산은 후에 훌륭한 선승이 되었으나 이 이야기는 중요한 화두가 되었다. 어느 젊은 스님이 한국의 유명한 선승 만공에게 "무어라고 대답해야 떡장수 할머니에게 떡을 얻어먹겠습니까?" 하고 물었다. 만공이 "이미 점을 찍었다"고 대답했으나 질문한 스님은 "그것은 답이 아닙니다"라고 말했다. 이 말을 듣고 만공이 그 자리에서 7일 밤낮을 자지 않고 먹지 않으면서 얻어낸 답이 "점 위에 점을 찍는다"는 것이었다. 점 위에 점을 찍는다는 말은 다석의 가온 찍기와 일치한다. 마음은 본래 물질이 아니고 물질이 없는 것이니 점찍을 자리가 없다. 다석이 '나'와 '세상'을 하나의 점으로 만들고 그 한 점마저 찍어서 없애고, 빈탕한데의 놀이로 들어간다는 것은 선불교의 깨달음과 통한다.

모든 것을 한 점으로 찍어 버리고 단번에 깨달음을 얻으려 했다는 점에서 다석은 돈오(頓悟)를 추구했다. 그러나 그의 가온 찍기는 한번으로 끝나지 않고, 순간순간 이어지며 계속된다. 가온 찍기는 그 자체로 끝나지 않고 하나님을 아버지로 모시고 아들 노릇을 하는 관계로 나아간다. 1943년에 천지인 체험을 한 후 날마다 몸과 마음을 닦고, 말과 글 속에서 생각을 다듬고 생각 속에서 깨달음을 추구했다. 그리하여 생활 자체가 닦음이었고 생각이 곧 기도였다. 다석이 말과 글에서 생각을 다듬고 깨달음을 얻으려 한 것은 불립문자를 강조한 선불교와는 다르다.

유교의 중용(中庸)과 가온 찍기

다석이 신분질서에 매이고 복고적인 유교전통을 강력히 비판하면서도 가온 찍기, 중심을 찍는 것에 대한 그의 논의는 유교, 특히 공자의 중용사상을 받아들이고 있다. "공자가 중용을 왜 말했는가? 사람의 목숨은 정중용(正中庸)에 있고 용기가 나와서 일을 바로잡는 것이다. 인간은 하나의 목적을 가진 과녁과 같다. 몸은 활이고 고디 정신은 화살이다. 몸이란 활에다 정신이란 화살을 끼워 쏘아 중정(中正)을 얻을 수 있다."[45] 여기서 다석이 몸을 활로 보고 마음의 곧음을 화살로 봄으로써 몸과 맘의 긴밀한 관계를 드러내고 몸의 중요성을 강조했다고 본다.

다석의 가온 찍기는 유교의 중용사상에서 빌어온 것이다. 다석은 중용(中庸)을 '가온대 쓸'로 옮기고 가온대 중(中)을 "…… 좋고 싫고 섧고 즐검이 펴지 아니한 적"이라 하고 고론(和)을 "픠여서 다 마다에 마딈"(펴서 모두 일마다 맞음)이라 했다. "가온은 뉘웋에 한밑이오 고론은 뉘웋에 드딤발이니라"(가온은 세상의 근본이요 고론은 세상의 기초다). 가온과 고론이 일치하면 "한늘 땅이 자리로 스며 잘몬이 길리워나니라"(하늘 땅이 잘 돌아가고 만물이 잘 자란다).[46] 다석은 가온 찍기를 일상의 삶에서 중용의 길을 걷는 것으로 풀이한다. 먹고 싶다고 많이 먹어도 고생이고 힘들다고 힘을 아껴도 배설물로 나가 버리므로 더도 덜도 말고 중용을 지켜서 살아야 한다는 것이다.[47]

다석의 가온 찍기에는 '나의 바탈', '속알' '한가운데'를 찍는다는 뜻과 내 중심을 찍고 위로 솟구쳐 오르고 앞으로 뛰쳐나간다는 뜻이 있다. 나의 바탈, 속알이 영원, 하늘과 통하고 '참된 나'라고 보고 가온 찍기를 통해 참된 나, '늘 가운데'로 돌아간다는 것은 동양적이고 한국적이다. 그러나 가온 찍기를 통해 곧게 솟아오르고 앞으로 나가는 것을 강조한 것은 기독교적이고 서구적이라고 생각된다.

一 주(註)

1 '다석 유영모 연보', 《다석강의》, 961쪽.
2 '기역'과 '니은'에 대한 다석의 풀이에 대해서는 유영모, '제소리', 《제소리》, 325~6쪽.
3 유영모, '긋 끝 나 말씀', 《다석일지》(영인본) 上, 734쪽.
4 유영모, '젖은 눈물', 《다석일지》(영인본) 上, 728쪽.
5 《다석일지 공부》 6, 57쪽.
6 유영모, '소식'(消息), 〈성서조선〉 154호, 253쪽. 《다석일지》(영인본) 上, 650쪽에서 재인용.
7 유영모, '무거무래 역무주', 《다석일지》(영인본) 上, 747쪽.
8 유영모, '소식'(消息), 〈성서조선〉 154호, 251~3쪽.
9 유영모, '제소리', 《제소리》, 318쪽. 이 글은 본래 〈새벽〉(1955년, 7월 호)에 실린 것으로서 《다석일지》(영인본, 上), 902쪽에 수록되어 있다.
10 유영모, '소식 1', 《제소리》, 344쪽.
11 유영모, '주일무적'(主一無適), 《다석일지》(영인본) 上, 751쪽.
12 유영모, '부르신지 38년만에 믿음에 들어감', 《제소리》, 361쪽.
13 유영모, '저녁찬송', 《제소리》, 387쪽.
14 유영모, '깨끗', 《다석일지》(영인본) 上, 842쪽.
15 유영모, '긋 끝 나 말씀', 《다석일지》(영인본) 上, 736쪽.
16 유영모, '깨끗', 《다석일지》(영인본) 上, 843쪽.
17 유영모, '건', 《다석일지》(영인본) 上, 794쪽.
18 박영호 역해, 《多夕 柳永模 명상록》, 두레, 2000, 33쪽.
19 유영모, '긋 끝 나 말씀', 《다석일지》(영인본) 上, 733쪽.
20 유영모, '정 2', 《다석일지》(영인본) 上, 739쪽.
21 유영모, '긋 끝 나 말씀', 《다석일지》(영인본) 上, 735~6쪽.
22 유영모, '긋 끝 나 말씀', 《다석일지》(영인본) 上, 736쪽.
23 《다석강의》, 212~6쪽, 220~4쪽, 226쪽.
24 유영모, '긋 끝 나 말씀', 《다석일지》(영인본) 上, 733, 736쪽.
25 유영모, '깨끗', 《다석일지》(영인본) 上, 755~6쪽.
26 유영모, '무거무래 역무주', 《다석일지》(영인본) 上, 748쪽.
27 유영모, '주일무적', 《다석일지》(영인본) 上, 750쪽.
28 유영모, '긋 끝 나 말씀', 《다석일지》(영인본) 上, 733~735쪽.
29 유영모, '밀알(2)', 《다석일지》(영인본) 上, 824쪽.
30 유영모, '하게 되게', 《다석일지》(영인본) 上, 810쪽.
31 유영모, '빈탕한데 맞혀노리', 《다석일지》(영인본) 上, 890쪽 이하.
32 유영모, '주일무적', 《다석일지》(영인본) 上, 751쪽.
33 《다석일지 공부》 6, 57쪽.
34 《다석일지 공부》 5, 557쪽.
35 유영모, '매임과 모음이 아니!'(버들푸름 10), 《다석일지》(영인본) 上, 743쪽.
36 유영모, '깨끗', 《다석일지》(영인본) 上, 844쪽.

37 유영모, '긋 끝 나 말씀', 《다석일지》(영인본) 上, 734쪽.
38 유영모, '젖은 눈물', 《다석일지》(영인본) 上, 728쪽.
39 《다석일지 공부》 6, 546쪽.
40 《다석일지 공부》 6, 26쪽.
41 《다석일지》(영인본) 上, 291쪽.
42 《다석일지 공부》1, 288쪽.
43 유영모, '깨끗', 《다석일지》(영인본) 上, 755쪽.
44 《다석강의》, 370쪽.
45 1956년 1월 19일 일지, 《다석일지 공부》 1, 322쪽.
46 《다석일지 공부》 5, 531~2쪽.
47 《다석일지 공부》 5, 557쪽.

6장

생각: 존재의 끝을 불사르며 위로 오름

　가온 찍기는 이제 여기 내 삶의 한 가운데를 찍어서 영원한 우주적 생명, 하나님과 직통하는 것이다. 무한한 과거와 무한한 미래가 한 점으로 찍히고 무한한 우주공간이 한 점으로 찍힌다. 욕심과 허영, 미움과 분노, 두려움과 걱정, 많은 계획과 게으름으로 부풀어 오른 마음을 한 점으로 찍는다. 내가 한 점이 될 때 물질의 유혹과 얽매임에서 벗어나 위로 힘차게 솟아올라 앞으로 힘껏 나갈 수 있다.

　한가운데 점을 찍고 무엇으로 힘차게 솟아오르고 힘껏 나갈 수 있는가? 다석에 따르면 생각함으로써다. 생각함으로써 위로 솟아오르고 앞으로 나간다. 오늘의 나는 어제의 내가 아니다. 지금의 나는 훨씬 나아간 나다. 이것은 생각의 불이 붙어서 이루어진 것이다.[1]

1. 유영모와 데카르트의 만남

다석은 서구 근대철학의 원리와 정신을 받아들여 민주적이고 이성적이며 영적인 사상을 형성했다. 다석의 사상은 한국전통사상과 근대정신의 종합이며, 종교와 철학, 이성과 신앙의 통전이다. 서구 근대철학의 핵심 원리는 이성주의이며 이것은 데카르트에 의해서 "나는 생각한다. 그러므로 존재한다"(Cogito, ergo sum)는 명제로 표현되었다. 데카르트는 생각하는 이성의 행위에서 생각하는 인간의 주체인 '나'의 존재를 확인하였다. 인간의 주체인 '나'는 생각하는 이성에 의해 규정되고 파악되었다.

다석은 서구 근대철학의 아버지로 일컬어지는 "데카르트를 대단히 존경"했으며, 데카르트의 명제를 진지하게 받아들였다.[2] 다석이 데카르트의 기본 명제를 어떻게 받아들이고 어떻게 새롭게 형성했는지를 밝히는 것은 다석과 데카르트의 사상적 관계를 밝히는 것일 뿐 아니라 다석의 사상 자체를 이해하는 데 매우 중요하다.

1) 데카르트의 기본 명제 ─ "나는 생각한다. 그러므로 존재한다."

먼저 데카르트의 기본 명제를 중심으로 데카르트의 철학을 간단히 살펴보자. "Cogito, ergo sum"(나는 생각한다. 그러므로 존재한다)은 생각하는 존재로서의 인간의 주체성을 확인하는 서구 근대철학의 원리이다. 데카르트는 코페르니쿠스와 갈릴레오에 의해 시작된 과학혁명을 정당화하고 과학의 발전을 위한 길을 닦고 과학적 지식의 철학적 근거와 확실성을 제시하려 했다. 이제까지 태양이 지구 주위를 돌고 있다고 믿어온 인류에게 지구가 태양 주위를 돌고 있다는 과학적 발견은 큰 충격을 주었다. 지구가 도는 것은 눈에 뵈지 않으나 태양은 날마다 하늘에서 움직이는 것을 눈으로 보지 않았던가! 감각적 지식과 상식, 감각적 경험과 눈에 보이는 세계를 더 이상 믿을 수 없었다.

자연세계에 대한 과학적 지식의 확실성을 위해서 데카르트는 자기 자신의 존재에 관한 확신을 얻으려 했다. 그는 자신이 생각한다는 사실에서 자신이 존재한다는 사실을 확신했다. "내가 지금 생각하고 있다"는 사실은 확실하고 따라서 '생각하는 내'가 있다는 것도 확실하다는 것이다. 데카르트는 다른 모든 존재를 의심할 수 있어도 '생각하는 주체로서의 나의 존재'는 의심할 수 없다고 보았다. 데카르트에게 '나'는 '생각하는 이성', '생각하는 존재'이다.[3] 생각하는 존재로서의 '나'는 "그것이 존재하기 위해서 자기 자신 이외에는 아무것도 요구하지 않는 것" 곧 실체이다.[4] 데카르트는 '나'를 실체로서 당연히 전제하였으며, '나'의 존재 자체를 문제 삼지 않았다. 데카르트에게 생각은 생각하는 주체인 '나'의 기능적·술어적 행위다. 그에게 생각하는 것은 인식하고 추론하는 논리적·이성적 행위였다. 이성적 행위에서 이성적 행위의 주체인 '나'의 존재를 추론한 것이다.

신 존재증명을 통해서 데카르트는 자연계의 존재들에 관한 지식에 도달하는 지성의 능력을 확인하려고 했다. 신이 부여한 지성의 능력은 진리를 탐구하는 데 부족함이 없다는 것이다. 데카르트에게서 신 존재증명은 자연세계를 인식하고 지배하는 인간 지성의 능력에 대한 증명이 되었다. 데카르트에게 모든 생각과 심상(心像)은 '사유의 양태'로서 마음 내부에 생기는 것이다. 그는 "개인의 마음과 그 마음이 가진 모든 관념을 그 밖의 모든 존재와는 완전히 격리된 영역으로 보았다". 그는 "마음과 마음 이외의 것들과의 사이를 절단하여 직접적인 접촉을 거부하는 학설을 창설한 사상가로서 유명하다".[5] 데카르트에게 사유의 영역인 마음은 자연과 단절되고 자연에 대한 이해는 자연의 정복을 위한 예비 조건이었다.

2) 다석은 데카르트의 명제를 어떻게 받아들였나

다석은 데카르트의 명제에서 '나'와 '생각'을 진지하게 받아들였다. 다석은 데카르트의 명제를 '나의 존재'에 대한 존재론적 명제로 이해했다. 다석에 따르면 데카르트는 다른 모든 존재가 "참으로 있다는 것을 전부 부인하다가 '나'는 참으로 있다고 하였다". 데카르트는 "생각이 주인이라는 것"을 인정하였다. 다석은 데카르트의 명제를 (다른 모든 존재는 없지만) "나는 참으로 있다"는 존재론적 선언으로 파악하였다. 다석은 한 걸음 더 나아가서 '나'를 간접적인 것으로 보고, 직접 "생각은 참으로 있다"고 말한다. 참으로 있는 것은 '내'가 아니라 '생각'이다. 다석은 '생각'이 정신세계의 주인이라고 하였다. "'나'는 정신이고 하늘, 부처도 정신이다." 더 나아가서 생각과 말씀을 동일시한 다석은 말씀에 대해 이렇게 말했다. "말씀으로 창조했다. 말씀이 존재다. 정신에서 말씀이 나오고 말씀으로 세상이 지어졌다. 말씀이 곧 존재다."[6]

데카르트는 사유와 존재의 영역을 엄격히 구분하여 생각을 존재의 영역에서 제외시켰다. 이에 반해 다석은 생각이 참으로 있는 것이고 자연과학적으로 검증하고 확인할 수 있는 존재의 영역은 참으로 있는 것이 아니라고 함으로써 데카르트의 관점을 뒤집고 있다. 다석은 자연세계의 존재에 대한 데카르트의 결론과는 정반대로 "해요 달, 저게 있는 것인가? 없는 것이다. 있는 것은 오직 나뿐, 그 중에서도 생각뿐이다".[7]

여기서 데카르트와 다석의 차이는 분명하다. 데카르트는 자연세계의 존재를 확인하기 위해서 방법적 회의(懷疑)를 하였는데, 다석은 자연세계의 존재론적 불확실성을 확인하고 '나', 생각, 말씀이 참된 존재라고 하였다. 데카르트의 명제에 대한 다석의 이러한 이해는 데카르트의 명제를 본래의 의미와 맥락에서 이해한 것이 아니다. 데카르트는 사유의 영역과 존재의 영역을 엄격히 구분함으로써 생각과 존재를 분리시키고 생각에 의해서 자연세계의 존재를 객관적(과학적)으로 인식하는 근거와 방법을 추구하였다. 데카르트는 자연세계의 존재를 객관적으로 인식하고 이해함으로써, 인류가 자연세계를 정복·지배·소유하고 자연세계의 주인이 될 수 있다고 보았다. 따라서 데카르트에게는 "생각이 주인"이라거나 "생각은 참으로 있다"는 말이 성립되지 않는다. 이에 반해 다석은 '나'의 '존재'를 확인함으로써 '나'의 세계에 이르고, '생각', '정신', '말씀'(로고스)을 생명과 존재의 근거와 원리, 참된 존재로 보았다. 말씀이 창조의 원리이고 존재 자체라고 하였다.

생각과 말씀만이 참으로 존재한다는 다석의 관점은 어떻게 정당화되고 받아들여질 수 있는가? 다석의 관점을 이해하기 위해서 사물의 존재에 대해서 성찰할 필요가 있다. 흔히 우리는 감각하고 지각하는 사물만을 있는 것으로 생각하고 감각되지 않고 지각되지 않는 것은 없는 것으로 생각하는 경향이 있다. 그러나 감각과 지각에 의해 파악된 사물은 실제로 존재하는 사물 자체와 차이가 있다. 칸트도 인간이 사물 자체는 알 수 없고 감각과 지각에 의해 파악된 현상만을 알 수 있다고 하였다.[8]

우리가 보는 꽃의 고운 빛과 아름다운 색깔은 어디서 온 것일까? 본래 풀잎과 꽃잎 속에 그렇게 있던 것인가? 땅을 기는 벌레, 곤충, 짐승, 사람이 보는 꽃의 빛깔과 모양은 각기 다르다. 왜 똑같은 꽃이 생명체들에 따라 다르게 보이는가? 생명체가 진화해 감에 따라 감각기관이 발달하고 감각기관이 발달한 정도만큼 꽃의 아름다움을 볼 수 있게 된 것이다. 생명체의 감각기관과 형태는 환경뿐 아니라 생명체의 내적 의식과 상호작용하는 가운데 형성되고 발전된 것이다. 생물체의 구조와 형태가 발전하는 만큼, 의식이 발달하고 의식이 발달한 만큼 감각기관이 발달한 것이다. 그렇다면 생명진화의 과정에서 감각기관이 형성되고 발전하는 방향과 성격은 생명체의 마음과 의식에 의해 규정된 것이다. 더 적극적으로 말하면 의식, 또는 마음이 감각기관을 빚어 내고 마음이 빚어낸 감각기관이 아름다운 꽃을 볼 수 있게 된 것이다. 우리가 보는 것은 우리 맘이 빚고 다듬은 것이다. 우리 맘과 몸이 자라는 만큼 저 사물의 빛깔이 보이는 것이다. 지금보다 사람의 맘이 훨씬 더 자라면 더 곱고 아름다운 빛깔을 보게 될 것이다.

생성소멸하는 물질의 세계에서 정말 있는 것은 무엇인가? 숨은 보이지 않으나 숨이 그치면 굳세 보이는 뼈도 흙처럼 부서지고 모든 생명체는 소멸된다. 생각과 사랑과 의지가 없으면 모든 문명, 모든 공동체, 모든 기업, 모든 단체는 다 무너진다. 생각과 상상력에서 인터넷과 영상매체의 세계가 펼쳐진다. 빅뱅이론에 따르면 우주만물도 엄청나게 무거운 한 점으로부터 순식간에 펼쳐진 것이며 지금도 끊임없이 생성소멸의 과정을 밟고 있다. 우주만물은 없다가 생겨난 것이고 있다가 없어질 것들이다. 그러므로 언제나 있다고 할 수 없다. 미시적인 우주세계에서는 기존의 시간 공간 개념은 적용되지 않는다. 최근의 물리학적 발견에 근거해서 네이선 자이버그(Nathan Seiberg)는 "나는 시간과 공간이 환영이라고 확신한다"고 말했다.[9] 그렇다면 우주만물은 존재론적으로 불확실한 존재이다. 없다가 생긴 것이고 있다가 사라질 것이다. 그러나 생명이 존재하는 한, 언제나 숨과 숨 쉬는 주체는 있을 것이고, 우주만물이 존재하는 한, 우주만물을 생성하고 지탱하는 이치와 원리, 법칙은 언제나 있을 것이다. 우주와 인생과 문명을 전체로 보면 다석의 주체적·정신적 존재 이해가 타당하다.

어쨌든 다석의 이러한 데카르트 해석은 데카르트의 입장에서는 오해와 왜곡으로 여겨질 수 있다. 다석은 데카르트의 명제를 자신의 사상과 정신의 맥락에서 변형시키고 확장하여 받아들였다. 그는 데카르트의 명제에서 '나'와 '생각'을 사유와 철학의 중심개념으로 받아들였다. 다석은 동양 사상과 기독교 사상을 결합하여 '나'와 '생각'을 중심으로 자신의 철학을 추구함으로써 데카르트의 철학을 넘어서는 동시에 동양 철학의 새로운 사유지평을 열고, 동서를 아우르는 주체적이고 종합적인 철학을 형성했다. '나', '생각', '정신', '말씀'을 동일시하고 생각이 모든 것의 주인이라고 한 것은 '나'와 '생각'을 중심에 놓는다는 점에서는 서구 근대철학을 수용한 것이다. 그러나 생각(정신)이 모든 것의 주인이라는 것은 "만물은 오직 마음이 지어내는 것"(一切唯心造)이라는 불교의 사상을 반영한 것이고, '나'를 정신(精神)으로 본 것은 정력(精力)이 기(氣)로 승화되고 기는 신(神)으로 승화되는 도가의 인간관을 반영하며, 말씀(로고스)을 창조 원리와 존재 근거로 본 것은 기독교 사상을 반영한다.

데카르트와 마찬가지로 다석도 인간을 생각하는 존재로 보았다. 다석에게 생각은 인간의 본질이다. "밥 먹고 생각하는 것 그것이 사람이다."[10] 다석은 "영어로 man(사람)의 어원을 범어(梵語)로 소급하면 '생각'의 뜻"[11]이라고 하였다. "나는 생각한다"는 말이 데카르트에게는 인식론적 명제였지만 다석에게는 존재론적 명제, 생명론적 명제였다. 1956년 4월 17일의 일지에 쓴 '혼자 아침을 만난다'(獨朝會) 글에서 "아침에 깨어 일어나면 생각하고 저녁에는 일체를 잊고 잔다"(覺日起想忘夜息)고 했고, 덧붙인 글에서 "생각하는 것이 생명이고 일하는 것이 죽음이다. 생각하는 것이 생명이니 힘을 다해서 마음을 다해서 생각한다"(想是生命也 事則死也, 想是生命也 盡心力以思焉)고 했다.

생각을 삶의 행위로 본 다석은 삶의 주체인 '나'를 '생각의 끝머리', '생각의 불꽃'이라고 했다. 생각과 '나'를 일치시킨 다석은 생각을 '정신의 불꽃'이라 했고, 이 정신의 불꽃에서 '내'가 나온다고 하였다. 데카르트에게서 생각은 존재를 인식하는 행위라면 다석에게는 생각이 존재를 생성하는 행위다. 따라서 다석은 "내가 생각하니까 내가 나온다. 생각의 불이 붙어 내가 나온다. 생각에서 내가 나온다"고 했다.[12]

사람이 스스로 하는 가장 주체적인 행위는 생각하는 것이다. 지식이나 정보, 개념은 남에게서 온 것일 수 있으나 지금 이 순간에 생각하는 행위만은 내가 하는 것이다. 숨 쉬는 것, 피가 도는 것, 먹고 삭이고 싸는 것도 생리적으로 몸이 하는 것이다. 몸을 움직이는 일도 신경과 근육의 자율적 행동이다. 감정도 의지적 결단도 남의 영향이나 밖의 작용 없이 이루어지는 순수한 주체적 행위라고 할 수 없다. 그러나 '이제 여기서' '생각하는 것'만은 내가 하는 일이다. 다석에게서 생각은 나의 고유하고 본질적인 행위일 뿐 아니라 '나'를 생성하는 존재론적 행위이다.

데카르트에게 생각한다는 것은 사유의 세계에 속하고 존재한다는 것은 연장(延長)을 지닌 존재의 세계에 속한다. 생각은 사유의 세계에 속하고 해와 달은 존재의 세계에 속한다. 데카르트가 '생각하는 나의 존재의 확실성'에 이른 것은 해와 달로 대표되는 물질적인 대상세계의 확실성을 증명하는 토대가 되었다. '생각하는 이성적 자아'의 확립은 물질적인 자연 대상 세계의 존재와 운동의 법칙을 연구하는 자연과학의 근거를 마련하는 것이기도 했다. 또한 합리적 사유와 활동의 주체로서 생각하는 자아는 자본주의적 산업활동의 주체이기도 했다. 해와 달로 대표되는 물질세계, 밝고 환한 물질세계는 물질적 욕망과 생산력의 세계이기도 하다. 고대세계에서부터 해는 물질적 생산력과 권력의 신화적 상징과 근원으로서 숭배되었다. 데카르트에게 '생각하는 이성의 자아'는 물질적 생산력과 욕망의 근거가 되는 해와 달의 자연 세계에 대한 과학적 인식의 주체이다.

그런데 다석은 데카르트의 이런 사유를 뒤집는다. 다석이 "해요 달,

저게 있는 것인가? 없는 것이다. 있는 것은 오직 나뿐, 그 중에서도 생각뿐이다"고 했을 때 그는 데카르트의 관심과 원리를 넘어섰다. 해와 달은 없는 것이고 생각이 있는 것이라고 했을 때 존재에 대한 이해가 뒤집어졌다. 눈에 뵈는 물질세계는 빈 것이며, 해와 달의 밝음은 어둠이며, 보이지 않는 생각과 '나'(주체성)는 있는 것이고 생각과 '나' 속에 밝음이 있다는 것이다. 데카르트가 '나'의 존재를 확인하고 자연세계에 대한 탐구로 나갔다면 다석은 '나'의 존재를 확인하고 '나'의 속으로, 정신세계로 파고 들어갔다.

다석에게 "내가 생각한다"는 데카르트의 명제는 인식론적 원리일 뿐아니라 삶과 믿음의 원리이고 존재의 원리였다. 생각하는 것이 사물을 인식하는 것만이 아니라 나의 주체적인 행위이고 나의 존재를 형성하고 실현하는 행위, 삶의 행위이다. 다석에 따르면 인간의 속알맹이는 "솟구쳐 올라가는 앞으로 나가는 창조적 지성"[13]이며, 생각은 "생명의 빛을 밝히는 것"[14]이다.

다석은 "사람은 만물의 근원이요 밑동"이며, "생각한다는 것은 하늘과 통해서 쉬지 않고 원기(元氣)를 마시어 정신을 살리는 것"[15]이라고 했다. 그는 자연세계에 대한 과학적 지식을 탐구하는 대신에 영원한 생명과 궁극적 존재인 하나님과 '나'의 일치된 삶을 추구했다. '나'의 지성적 능력을 확인하는 게 아니라 '나'의 속을 파고들어 자연세계의 근원과 목적인 하나님과 통하려 했다. 생각의 주체인 '내'가 곧 생각의 대상이었다. '나'와 '생각'은 자연세계를 인식하는 주체와 행위로 머물지 않고, 우주자연 존재의 깊이와 높이, 근원에로 이르는 자리이고 활동이다. 인간을 우주의 근원과 밑동으로 본 것은 생각하는 인간을 통해서 우주의 근원과 밑동인 하나님께로 나아가고 하나님과 소통할 수 있다고 본 것이다.

데카르트가 자신의 명제로써 자연에 대한 과학적 인식의 확실성을 확인하고 자연세계의 정복에로 나갔다면 다석은 자연세계에 대한 욕망과 집착에서 벗어나 주체적 사유 속에서 우주자연의 근원과 밑동을 발견하고 '나'와 우주자연의 하나 됨 속에서 함께 해방되고 실현되고 완성되는 길을 추구했다.

2. 다석 사상과 서구 근대철학의 차이: 생각하는 주체의 성숙과 해방

1) 자아로부터의 해방

서구의 계몽철학은 타율적 전통과 비합리적 권위로부터, 다시 말해 타자(타인, 자연, 하나님)의 지배로부터 자아의 해방을 추구했고, 이성적으로 생각하지 못하는 미성숙한 인간을 스스로 생각하고 판단하는 성숙한 존재로 변화시키려고 했다. 18세기 계몽주의(Aufklärung)는 이성주의적인 근대철학의 원리를 관철시키는 운동이었다. 칸트에 따르면 계몽이란 "미성숙한 인간을 성숙한 인간으로 일깨우는 일"이며 성숙이란 "남의 도움 없이 지성(Verstand)을 바르게 사용하는 것"이다.[16] 성숙한 인간은 타자를 지배하고 조정할 수 있는 지식과 정보와 법칙을 인식하고 사용할 수 있는 존재이며, 현실과 타자에 대해 책임적으로 대응하고 그 위협에 효과적으로 대처할 수 있는 존재이다.

다석은 한 걸음 더 나아가서 자아로부터의 해방, 타자를 위한 삶, 자아와 타자가 하나로 되는 삶에로의 해방을 추구했다. 생각은 주체적인 것이지만 주체 안에 갇힌 것이 아니라 주체를 타자에게로 이끌어 가고 타자를 위한 존재로 만든다. "(생각은) 나에게로 나아갈 뿐 아니라 남에게로 남을 위해 나아가게 된다. 그리고 나와 남을 생각하기에 이른다."17) 생각은 '나'를 이기적이고 미성숙한 자아로부터 해방하여 '남'에게 이르게 하고 남을 위한 존재가 되게 한다.

다석의 경우에 미성숙한 자아로부터의 해방은 이성을 주체적으로 사용하는 지적 성숙뿐 아니라 의지와 영혼이 자유롭게 되는 도덕적·영적 성숙을 포함한다. 성숙은 자아로부터의 해방을 뜻한다. 참되게 생각하는 사람은 자아로부터 해방된 성숙한 사람이고 자아로부터 해방된 성숙한 사람은 생·사를 넘어서고, 이·해(利害)의 시비에서 벗어난 사람이다. 다석에게 생각은 지식을 얻는 것일 뿐 아니라 지식을 넘어서는 것이기도 하다. 생사의 번뇌에 사로잡히고, 전체를 보지 못하고 대상을 분별하는 지식에 사로잡힌 사람을 다석은 미성년으로 본다. 자기를 내놓을 수 있는 희생적 자세가 성숙의 표다.

"의의 피를 흘리는 것이 하나님의 영광을 드러내는 것이요 그것이 성숙의 표다. …… 성숙이란 하나님의 아들이 되는 것이다. 하나님의 아들이란 죽음을 넘어선 것이다. 진리를 깨닫는 것이 죽음을 넘어선 것과 같은 말이다. 죽음을 넘어선다는 것은 미성년을 넘어서는 것이요, 진리를 깨닫는 것은 지식을 넘어서는 것이다. 지식에 사로잡힌 사람이 미성년이다."18)

2) 생각하는 주체: '나'와 하나님

다석에게 생각은 추리, 이성적 사유, 인식론적 행위일 뿐 아니라 존재론적 존재 행위, 주체성('나')을 형성하는 행위였다. 생각은 주체의 행위이면서 주체를 형성하는 행위이다. 이것은 생각하는 주체인 인간을 독립된 실체로 보지 않고 관계 속에서 형성되고 관계 속에서 존재하는 것으로 본 다석의 인간관을 반영한다. 곧게 서서 하늘에 머리를 들고 사는 인간은 주체적·이성적 존재이고 하나님(하늘)과 소통하는 존재이다.

인간은 하늘과 소통하는 데서 비로소 인간으로 된다. 생각은 인간의 고유한 주체적 행위일 뿐 아니라 직립하는 인간의 주체성을 세우고, 하늘과 소통하는 인간의 존재를 형성하는 행위다. 따라서 인간은 생각을 통해서 끊임없이 자기를 초월하여 새롭게 되어 가는 존재이다.[19] 성숙하고 건강한 사람은 자기를 자제하고 속에서 생각의 불꽃을 높이 피어오르게 한다(1955년 7월 25일 일지).

다석에게서 생각은 이기적인 '나'에서 전체 하나인 하나님의 '나'에게로 솟아오르는 행위이다. 다석은 '하나님'을 '한 나'[큰 나]로 파악하고[20] 인간의 '나'와 하나님의 '나'의 하나 됨을 추구한다. 인간의 '나'와 하나님의 '나'의 동일시는 직접적인 동일시가 아니다. 그것은 생각을 통해서 '나'를 불사름으로써 하나님의 '나'에게로 나아가는 지향적 과정적 동일시이다. 인간의 '나'는 생각함으로써, 자기를 초월하여 이기적인 '나'에서 전체 하나로서의 '나'이신 하나님에게로 올라간다. 다석은 자기를 불태우는 생각의 행위와 작용에서 인간의 주체와 하나님을 함께 본다. '나'는 생각의 주체로서 그리고 하나님은 생명의 주체로서 '나'를 불태우고 솟아올라가는 생각의 행위에 참여한다. 생각하는 행위에 '나'와 하나님이 함께 주체로서 참여한다. 따라서 다석은 '내가 생각하는 데'서 신을 확인한다. "(생각하는) 내가 있으면 신도 있고 예수도 있다."[21] 내가 생각한다는 것은 머리를 하늘로 들고 올라가는 것이다. 올라가면 시원하고 "시원하니까 생각이 난다". 따라서 생각은 생각하는 나의 주체적 행위이면서 하나님이 주관하는 행위이다.[22]

3. '나'를 낳는 존재행위로서의 생각

데카르트는 '내가 생각한다'는 사실에서 '내가 존재한다'는 사실을 확인했으나 다석은 내가 생각함으로써 '내가 생겨난다', '존재하게 된다'고 말한다. "내가 생각하니까 내가 나온다. 생각의 불이 붙어서 내가 나온다. 생각에서 내가 나온다." 다석에게는 생각하는 주체로서의 '나'가 자명하지 않다. '나'에게서 저절로 생각이 나오는 게 아니다. 나와 생각의 관계를 다석은 나무와 불로 비유한다. "나무가 타 불이 나오듯이, 내가 깨나 생각이 나온다."[23]

1) 존재의 끝을 사름

생각은 한 점인 내 존재의 끝을 불사르며 위로 올라가는 것이다. 다석에게 생각은 존재의 불꽃, 생명의 불꽃이다. 바꾸어 말하면 "(나는)……생각의 끝머리요 생각의 불꽃이다". 생각함으로써 나는 앞으로 나아간다. "…… 오늘의 나는 어제의 내가 아니다. 지금의 나는 훨씬 나아간다. 이것은 생각의 불이 붙어서 이루어진 것이다." 다석에 따르면 "생각의 끄트머리가 불꽃처럼 자꾸 피어오르기 때문에 '나는 존재한다'". 이것은 데카르트의 명제가 말하는 것과는 다르다. 데카르트는 "내가 생각한다"는 사실에서 "내가 존재한다"는 것을 알 수 있다고 했는데 다석은 "생각하기 때문에 내가 존재한다"고 말한다. 다석에게는 생각하는 것이 곧 존재하는 것이다.

다석에게 생각은 순수한 논리적 추론이 아니라 "사랑이 있을 때 피어나는 하나의 정신의 불꽃"이다. 생각은 정신의 불꽃인데 정신이 불이 붙으려면 정신이 깨어나야 한다. 그리고 "정신은 거저 깨나지 않고 [삶 속에서] 간난고초를 겪은 끝에만 깨어난다." 또한 [나의] 정신이 통일되어야 [생각의] 불이 붙는다. 분열된 정신은 생각의 불꽃이 일어나지 않고 연기만 난다."[24] 정신은 지성적 계몽보다는 인생의 간난고초를 겪음으로써 깨어나고, 자기를 넘어서서 '하나(님)'을 향해 위로 솟아오름으로써 통일에 이른다.

2) 말씀 사름

다석은 말씀을 말숨이라고 한다. 말숨을 쉬는 것이 생각하는 것이다. "말숨 쉬는 것이 사람이다."[25] 말숨은 말씀의 근원인 하나님과 사람의 바탈이 통하는 일이다. 다석에 따르면 생각은 말씀을 낳는 일이고 말씀에서 나온 것이다.

사람은 말하는 존재, "말씀하는 살알이다"(1955년 5월 26일 일지). 다석은 '말'의 글자풀이를 통해서 사람이 말하는 존재임을 밝힌다. '말'에서 ㅁ은 입을 뜻하고 ㅣ는 사람, ㆍ는 하늘, ㄹ은 활동형을 뜻한다.[26] 사람은 입과 하늘을 사이에 두고 사는 존재이다.

다석에 따르면 생각과 말씀은 서로 통한다. 생각은 신과의 연락과 소통이고 말씀도 하나님과 인간, 인간과 인간 사이의 연락과 소통이다. 생각함으로써 말이 터져 나오고, 말씀이 생각의 불꽃을 살린다.[27] 거룩한 생각은 "하나님 아버지에 대한 사랑이 있을 때 피어나는 하나의 정신적인 불꽃"이며, 이 불꽃 속에서 피어나는 "진리의 불꽃 …… 하나님의 말씀"이다.[28]

말씀은 우주와 생명의 근원(하나님)과 통한다. "말씀의 근원은 사람의 정신이 아니라 하나님의 가운데(中)이다. 말씀이 사람의 정신내용을 살린다."[29] 그러므로 다석은 말씀이 "맨 꼭대기"이고 "말씀에 우주가 달려 있다"고 한다.[30]

말씀의 근원은 '하나님의 가운데'이고 그 말씀이 사람 속에서 불타고 있다. 생각은 하나님의 말씀이 '내' 속에서 불타는 것이다. "사람은 말씀이 타는 화로다." 다석은 이것을 중용(中庸)으로 설명한다. 다석은 중용을 '가운데, 중심, 속에서 쓰임'으로 풀이하고, 우리 속에서 말씀과 생각

의 불이 타오르는 것이 중용이라고 했다.[31]

3) 솟아오름: 살리는 생각

생각은 자연의 본능과 경계를 넘어서 솟아오르는 것이다. 그는 '그러나'(自然과 自由)란 글에서 본능적 욕구를 극복하고 넘어서는 것이 "생각의 바탈"(1956년 4월 15일 일지)이라 했다. "생각한다는 것은 하늘과 통해서 쉬지 않고 원기(元氣)를 마시어 우리의 정신을 살린다."[32] 위로 올라가는 생각은 기쁘고 즐거운 것이며, 생각이 곧 기도이다. "생각하는 것은 기쁜 것이다. 생각하는 것이 올라가는 거야. 생각이 기도야. 기도는 하늘에 올라가는 거야. 정말 하나님의 뜻을 따라 올라간다는 것이 그렇게 기쁘고 즐거울 수가 없다."[33]

다석에게 진정한 생각은 근심, 걱정, 번민이 아니며, 헛된 공상이 아니다. 다석은 죽이는 생각과 살리는 생각을 구분한다. "머리를 무겁게 숙여 떨어뜨리며 하는 생각은 사람을 죽게 하는 생각"이다. 제 머리를 무겁게 하는 생각을 하는 이는 썩은 졸개(腐卒)이며, "거룩한 불꽃을 도적질하는 자라 스스로 심판이나 기다리는 자가 된다." 그러나 "머리를 위로 우러러 들게 하는 거룩한 생각은 사람을 영원히 살리는 불꽃"이다. "이런 생각을 계속하면 그의 머리는 거룩한 향로(聖香爐)의 위 구멍(上口)으로 거룩한 불꽃을 온전히 위로 정(精)하게 올리는 임무를 하니 그의 머리는 더욱더욱 시원할 것이며, 전체 거룩한 제단(몸 전체)[全聖壇(全身)]의 제물(祭物, 에네르기)도 치열히 탈 뿐이니 장쾌청정(壯快淸淨)일 것이다."[34] 생각은 생명을 살리는 불꽃이다. 생각하면 살아난다.

다석은 인간의 속알머리를 "솟구쳐 올라가는 앞으로 나가는 지성"이라고 했다. 생각은 자기 속알의 끝머리를 밝히는 일이다. 속알의 맨끝은 하나님과 이어져 있다.[35] 다석은 생각을 우리의 바탈, 본성이라고 한다. 그리고 생각을 통해서 깨달음이라는 하늘에 도달한다고 보았다. 생각은 지성만의 일이 아니라 삶 전체의 일이고 전인적인 일이다. 바르게 생각하려면 몸이 건강하고 마음이 편해야 한다. 몸이 건강하면 마음이 놓이고 마음이 놓이면 바탈(본성)을 타고 나갈 수 있다. 다석에게 생각은 바탈을 타고 솟아오르고 앞으로 나가는 일이다.

바탈을 타지 못하면 "정신을 잃고 실성(失性)한 사람이 된다". 생각은 바탈(性)을 살리는 일이다. "그림을 그리고 노래를 불러 감성을 살려도 좋고 사물에 직관하여 신의 섭리를 헤아리는 영성을 살려도 좋고 과학과 기술을 연마하여 오성을 살려도 좋다. 하여튼 바탈 성(性)을 살려야 한다. 그것이 사는 것이다." 생각하는 것은 과학이나 도덕의 영역에 한정된 것이 아니라 자기의 정신을 불사르는 예술의 세계이고, 진선미를 이루는 전체적인 행위이다. "바탈은 생각이 밑천이 되어 자기의 정신을 불사르는 예술의 세계이다. 몸 성해 참되고 마음 놓여 착하고 바탈 태워 아름답다."[36)

생각을 해야 사람노릇을 할 수 있다. 생각은 일상적인 삶을 위한 실천적인 일이다. "생각 없이 되는 대로 먹고 입고 자고 이는 사람은 식충(食蟲)이다." 다석은 "먹고 입고 자고 일하고" 하는 삶을 생각하면서 바르게 하는 사람을 철학자나 제사(祭司)라고 하고 "생각 없이 되는 대로 먹고 입고 자고" 하는 사람을 '식충'(食蟲), '마졸'(魔卒), '거룩한 불꽃을 도적질하는 자'라고 하였다.[37) 일상의 삶 속에서 생각하며 사는 사람은 삶의 철학자요 삶의 사제라는 것이다. 생각은 삶에 유익하고 사랑에 이른다. "…… 좋은 생각의 불이 타고 있으면 생명에 해로운 것은 나올 리 없다. …… 본래 하나님께서 내준 분량을 영글게 노력하는 생명은 반드시 사랑에 이르게 될 것이다."[38)

다석은 늘 위로 솟아올라 앞으로 나가려고 했다. 위로 솟아 앞으로 나가는 것은 물질에서 생명으로 생명에서 정신에로 진화 발전해 온 인간의 본성이다. 오름이 옳음이고 선이며 떨어짐이 불의이고 악이다. 위로 하나의 세계로, 하나님께로 올라가는 것이 인생의 목적이고 사명이다. '하나'의 세계로 오르는 것은 자유와 공평(평등)이 이루어지는 대동정의의 세계로 오르는 것이다. 개인의 탐욕과 물질의 집착에서 벗어나 단일허공, 절대 하나, 대동정의의 세계로 오르는 것을 다석은 평생 힘썼고 이것이 인생의 가치이고 보람이며 인간과 생명의 본성을 실현하고 완성하는 것이었다. 이것은 돈과 권력을 추구하고 탐욕을 실현하는 사회적 상승욕구와는 상반된 것이다. 세상에서 상승과 출세는 남을 희생시키고 남과의 차별을 강화하여 자유와 공평의 대동세계를 깨뜨리는 짓이다.

4. 신통과 한통: 추리와 깨달음으로서의 생각

1) 깨달음의 학문

서양에서 학문을 'Science', 'Wissenschaft'라고 하는데 모두 '앎', '지식'을 뜻한다. 서양학문에서는 객관적인 지식과 정보, 논리를 탐구하는 경향이 있다. 동북아시아에서 학문(學問)은 "모르는 것을 배우고(學), 의혹을 묻는 것(問)이다." '學'은 "학교에서 선생이 가르치고 학생이 배우는 것을 나타낸" 그림말이다. 《서경》(書經)에서는 학(學)을 "가르침을 받아서 깨달음을 전하는 것"(受教傳覺悟)이라고 했다.[39] 본래 동양에서 학문은 전해진 가르침(教)을 지식으로 전하는 것이 아니다. 전해진 가르침을 받아들이되 전하는 것은 전해진 가르침에 대한 나의 깨달음(覺悟)을 전하는 것이다. 그러므로 '배움'을 뜻하는 '學'은 가르침과 깨달음이 몸과 맘에 '배게' 하는 것이다. 동양의 글 읽기는 글이 몸과 맘에 배게 하는 것이다. 이것은 글과 '내'가 하나로 되는 것이요, 지식과 뜻이 하나로 뚫려 두루 통하는 것이다. 그래야 가르침을 전할 수 있다.

다석은 "성경에 밑줄을 긋고, 점을 찍고, 주(註)를 붙이며 정독하면서 한 구절 한 구절 속이 시원하게 뚫려야 비로소 수긍했을 정도로 해석에 철저했다. 요즘 식으로 말하면 해석학적 반성의 과정을 거친 것이다".[40] 속이 시원하게 뚫린다는 것은 모두 하나로 통하고 이어지는 것을 뜻한다. 생각은 역사, 사회, 우주의 얼크러진 삶의 실마리를 푸는 일이다. 만물이란 무엇인지 피어 나온 끝이다. "만물이란 모다 피고 피인 꽃이요 끝인 것 같다. …… 생각이 (우주적) 온 끝에 이른 것은 생각의 실 머리가 올로 풀린 것이다." 다석에 따르면 우주만물은 '올'이고 '끈'이고 '줄'이다. 생각은 이 '끈'과 '줄'을 풀고 끊고 이어서 '맨 처음 말씀과 함께 계심'에 매는 일이다.[41] 말씀과 함께 계신 하나님께 매어질 때 삶과 정신은 시원하게 뚫린다.

2) 신통과 한통: 궁신지화(窮神知化)

궁신지화

하나님을 탐구하는 궁신(窮神)이 종교라면 자연만물의 변화를 알아가는 지화(知化)는 과학이다. 다석은 '신을 탐구하면'(窮神) '자연변화를 알게 된다(知化)'고 했다.[42] '하나님 아버지'의 신비를 더듬어 나가는 길에서 나온 것이 자연변화의 지식이다. 어떻게 신을 탐구하는 일과 자연변화를 아는 일이 상통하는가? 그리고 신을 탐구하여 앎으로써 자연만물의 변화를 안다는 말이 타당한 것인가? 이 물음에 답하기 위해서는 다석의 우주 이해를 살펴볼 필요가 있다. 다석에 따르면 자연만물은 하나님의 사랑으로 지어졌다. 하나님의 사랑으로 지어졌기 때문에 생명의 세계가 펼쳐지고 생명의 세계에서 절대의 차원과 상대의 차원이 함께 결합되고 자연 만물의 세계는 '크고 작고', 들쑥날쑥 아름다운 조화를 이루고, 한없이 변화하고 발달한다.[43]

인간은 변화 발달하는 자연만물의 과정 속에서 생겨나서 변화하고 발달하여 새롭게 된다. 인간은 몸에서 마음으로 마음에서 정신으로 정신에서 영혼으로 바뀌어가는 존재이다. 만물도 인간도 함께 돌아가고 바뀌어 간다. 인간이 몸에서 마음, 정신, 영혼으로 바뀌어 간다고 다석이 말한 것은 인간을 생물학적 진화발전의 과정 속에서 본 것이다. 이미 다석은 지심(땅의 본성)에서 천심(하늘의 본성)에 이르는 것이 인간의 자연과 본성이라고 보았다. 그리고 천심(天心), 일심(日心), 지심(地心), 물심(物心), 인심(人心)을 총체적으로 움직이고 실현시키는 것이 도심(道心)이고 자연이라고 하였다.[44] 이것은 물질과 생명으로 이루어진 몸에서 마음으로, 마음(심리)에서 정신으로, 정신에서 영으로 나아감으로써 물질의 땅에서 영의 하늘로 올라가는 인간의 자연적 본성과 사명을 나타낸다. 인간은 만물의 존재론적 단계들을 내적으로 종합한 존재이면서 하나님과 상통하고 일치하는 존재이다.

다석은 신과 인간은 하나님 아버지와 아들로서 사랑 안에서 한통이고 인간은 그 사랑 안에서 신비를 알고, 사랑으로 이루어진 세상의 변화를 안다고 하였다. "만물의 변화와 발전의 대법칙을 따라 세상에 나타난 것이 (인간의) '나'"라고 했다. 인간의 '나'는 물질의 낮은 단계에서 정신의 높은 단계로 나아가는 생물학적 진화의 과정과 법칙을 구현한 존재로서, 땅에서 하늘로, 물질에서 영으로 올라가는 존재이다. 다석은 "변화 발전해 가는 이치의 길 …… 그 이치를 파악하고 그 이치를 가지고 다시 하늘을 올라가는 길이 만물의 이치를 아는 중묘지문(衆妙之門)"이라고 했다. 다석에 따르면 물질변화와 생물진화의 이치를 가지고 하늘로 올라가는 길이 만물의 이치를 아는 '모든 오묘함에 이르는 문'이다.

하늘로 올라갈수록 만물의 이치를 잘 알게 된다. 또한 다석은 "생각과 마음을 가지고 자연을 연구하여 법칙을 찾고, 그것을 이용하여 우리의 생활을 풍부하게 하는 신비의 문이 인생"[45]이라고 하였다.

다석은 하늘을 탐구하면서 하늘로 올라가는 것이 궁신이며 궁신이 만물의 존재와 변화의 이치를 아는 지화의 문이라고 하였다. 궁신은 신을 아는 것 다시 말해 정신과 영, 또는 하나님을 아는 것이며, 신을 알아야 만물의 이치를 안다는 것이다. 궁신하여 아래서 위로 올라가는 길에서 세상의 이치를 알게 되고 모두가 하나로 통하게 된다. 물질, 생명, 심리, 영의 세계는 물질과 정신의 꼭대기인 신령의 자리에서 상통한다.

다석의 이러한 견해는 유전공학의 지식과 원리에 기초하여 자연과학과 종교 문화를 아우르는 지식의 대통합을 추구한 에드워드 윌슨의 견해와는 상반된다. 윌슨은 유전공학의 지식과 원리에 기초하여 유전자와 문화의 공동 진화를 말하고 예술과 종교를 설명하려 한다. 그는 지식 대통합의 개념으로서 "부합, 일치"를 뜻하는 'consilience'란 개념을 쓰는데 이 말은 "함께"(con) "뛰어오르다, 도약하다"(salire)에서 온 말이며, "함께 도약함, 도약해서 일치에 이름"을 뜻한다.[46]

윌슨이 지식의 대통합을 위해 도입한 자연과학적 환원의 원리는 그가 사용한 대통합의 개념인 consilience와 배치(背馳)된다. consilience는 '위로 올라가서 일치에 이름' 곧 상향일치(上向一致)를 뜻한다. 그러나 윌슨의 자연과학적 환원론은 정신과 영의 존재를 물질과 육체의 존재의 지평으로 환원시키는 하향일치이다. 물질-생명-정신-영은 존재의 위계가 다르다. 물질에 없는 존재의 차원이 생명에 있고, 생명에 없는 존재의 차원이 정신에 있으며, 정신에 없는 존재의 차원이 영에 있다. 큰 존재를 작은 존재의 지평으로 끌어내려서 일치시키려는 것은 존재론적 폭력이다. 큰 존재에서 작은 존재들이 포괄되고 통합되어야 한다. 다석이 말하듯이, 물질에서 영으로, 존재의 낮은 차원에서 높은 차원으로 올라가는 길에서 만물의 이치가 함께 드러난다.

오늘날 과학과 자본의 이데올로기는 모든 것을 물질, 과학, 기계로 환원시키고 교환시키는 것이다. 환원주의와 교환주의가 현대의 과학적 자본주의적 이데올로기다. 윌슨은 하나인 생명세계, 하나인 종교 예술 세계를 물질적 과학으로 환원시켜 조각내고 그것을 다시 종합하려 한다. 이미 생명, 자연, 우주는 하나이다. 중세 때 교리를 내세워 갈릴레오를 억압한 것처럼 윌슨의 지식 대통합론은 과학과 자본의 권력으로 예술과 종교, 과학의 진리를 억압한다.

지식은 지식으로 통합될 수 없다. 윌슨의 책을 번역한 최재천은 이성의 설명 능력을 낙관하는 윌슨을 따라서 "설명한다. 그러므로 나는 존재한다"(ennaro, ergo sum)는 명제를 제안한다.[47] 최재천은 인간의 이성적 설명 능력을 인간의 고유하고 본질적인 능력으로 보지만, 설명 능력은 인간존재의 부분적 기능에 지나지 않는다. 이성적 설명은 사물의 존재와 삶의 변화를 다 드러낼 수 없고, 설명에 머무는 인간은 존재와 삶의 변화에 참여할 수 없다.

다석이 말하듯이 이성의 지식은 하늘과 통하는 영성, 영감에 의해서 꿰뚫리고 통전된다. 감성, 이성, 영성의 세계는 영통(靈通)하고 신통(神通)하는 궁신(窮神)을 통해서 대통합에 이르러야 한다. 윌슨의 주장과는 반대로 더 높은 존재의 차원에서 자연과학과 생물학이 이해되고 받아들여질 수 있도록 상대화되고 겸허해져야 지식의 소통과 통합이 가능해진다. 인간의 생명과 정신은 물질을 초월하여 없음과 빔, 초월과 절대의 세계, 하늘과 하나님으로 상정되는 무한과 일치를 경험하고 이해하는 데서 그 본질과 특징을 나타낸다.

궁신지화의 자세

다석에 따르면 궁신지화를 하는 인간의 자세는 매우 겸허하고 현실적이어야 한다. 먼저 궁신하는 것은 절대자가 되려는 것이 아니다. 다석은 신과 절대자를 구별한다. 그에 따르면 궁신하여 신의 자리에 가서 신이 되겠다는 것은 가능하고 마땅하다. 그러나 다석에게 신이 된다는 것과 절대자가 된다는 것은 전혀 다른 일이다. 다석은 도가의 가르침에 따라서 인간이 정기신(精氣神)으로 이루어진 존재로 본다. 동아시아에서 신(神)은 인간에게 속한 개념이면서 인간을 넘어서 초월적인 정신과 소통하는 개념이다. 따라서 신은 하나님을 가리키는 말이면서 사람에게 속하는 것이기도 하다. 다석은 자유롭게 신을 하나님이라고 하면서 인간을 신이라고도 한다. '매임과 모음이 아니!'라는 글에서 "신을 알려는 것이 궁신이다. …… 우리들이 바로 신이다"라고 하고서 다음 쪽에서는 "하나님을 찾아가는 것이 궁신"이라고 하였다.[48] 여기서 신이라고 할 때는 인간의 본성에 깃들어 있는 정신을 뜻하는데, 이 정신은 초월적인 하나님과 소통하고 일치하는 존재이다. 하나님의 형상으로서, 하나님의 신성과 신적 씨앗으로서 신성이 인간에게 내재한다고 보았다. 따라서 하나님과 인간의 정신 사이에는 역설적 관계가 성립한다. "초월해서 들어가는 것 같지만 사실은 자기 뿌럭지 밑둥을 자기가 파고들어 간다. 아버지가 따로 계시지 않다. …… 속으로 들어가는 것이 아버지께로 가는 길이다."

다석은 '신'이란 말로써 인간의 본성에 깃든 정신을 나타내기도 하고 인간을 초월한 절대자 하나님을 나타내기도 한다. 따라서 '신'이란 말이 혼란을 일으킬 수 있다. 그러나 이렇게 이중적 의미를 지닌 '신'이란 말로써 다석은 인간과 하나님의 일치와 간격을 함께 나타낸다. 하나님은 인간에게 내재해 있으면서 초월해 있다는 인간과 하나님의 역설적 관계가 '신'이라는 말로 표현된다.

여기서 다석은 인간이 결코 절대자가 아니라는 것을 단언한다. 인간이 절대자 하나님의 자녀로서 하나님과 친밀하게 사귀고 상통하는 존재이지만 절대자는 아니다. 다석에게 절대자인 하나님 탐구는 자기가 절대자가 되려고 하는 게 아니다. 인간은 절대자가 아니기 때문에 절대자를 찾는 것이다. 따라서 "…… 절대자를 찾을 생각을 그만 두고 자기가 절대자가 되려고 …… 지식을 가지고 자기 세력을 확충해 싸워 가면 …… 입체에서 평면으로 미끄러진다."

생각을 궁신지화로 본 다석은 하나님을 탐구하되 감정적 신비주의에 빠지지 않는다. 다석은 신과 인간을 긴밀히 결합시켜 일치를 말하면서도 동시에 신과 인간의 차이와 거리를 강조하여 유한한 인간의 존재와 현실에 충실하려 한다. "신을 가까이 붙잡겠다면 안 된다. 신은 멀리서 찾아야 하며 그것은 학문이 되어야 한다." 다석에 따르면 신을 탐구하는 학문이 기도가 되고 기도는 "보편적이고 심오한 추리"가 되어야 한다. 그렇게 될 때 "우리의 정신 생명이 최고의 활동을" 하게 되고 "추리가 영감이 되어 진리를 깨닫고 법열을 체험할 때 …… 건강한 육체의 맥박을 뛰게" 한다.[49]

다석은 궁신지화를 하는 사람은 하나님을 머리에 이고 가는 존재임을 강조한다. 하나님을 머리에 인다는 것은 버려야 할 것은 다 버리는 것이다.[50] 하나님을 머리에 인다는 것은 하나님만을 존중하고 섬긴다는 것을 뜻하며 돈을 모으고 자리에 매이지 않는 것을 뜻한다. 궁신지화는 자유와 평등을 위한 것이다. 자유는 자기 속을 파고드는 궁신에서 오고 평등은 끊임없이 돌고 바뀌고 새롭게 되는, 서로 다른 만물의 변화를 아는 지화에서 온다. 신의 사랑 안에서 이루어지는 궁신은 하나님과 사람을 섬김에 이른다.

궁신지화하는 인간의 자세는 지극히 겸손하고 현실적이어야 한다. "높 하늘의 뜻을 받아 겸손하게 자기를 낮추어 얕이 차리고, 이치를 찾아 채우고, 땅을 드디고 현실에 입각하여 현실을 아름답게 살아가는 것이 지화다."[51] 궁신지화는 만물의 이치를 탐구하여 생활을 풍부하게 하는 것이면서 궁신지화하는 사람은 하나님을 머리에 이고 겸손하게 살기 때문에, 현실에 든든히 서서 하나님과 사람을 섬기고 자유와 평등의 삶에 이른다.

신통과 한통 누리

궁신지화는 허황하고 공허한 상상에서 헤매는 것이 아니고, 신비주의에 빠지는 것도 아니다. 다석은 궁신지화에서 이성적이고 과학적인 추리를 중요하게 여긴다. 궁신함으로써 지화에 이르지만 지화로부터 궁신에 이르기도 한다. 다석에 따르면 추리하다가 위로 올라가게 된다. "사람은 절대를 찾아 자꾸 추리하며 찾아가야 한다. …… 비행기가 굴러가다가 날아오르듯이 사람은 추리하다가 초월하게 된다. 그리하여 영원한 세계로 직입(直入)하고 직관하게 된다."

따라서 궁신과 지화는 일방적인 것이 아니라 쌍방적이고 순환적이다. 궁신하다가 지화에 이르고 지화하다가 궁신에 이른다. 만물이 말씀(하나님)의 끄트머리, 실오라기라고 했으므로 만물을 탐구하는 것이 하나님을 탐구하는 것이 된다. 궁신의 신학과 지화의 과학은 상통한다. "신을 믿는 게 아니라 신에 통하는 것이 과학이다. 수학도 신통하고 과학도 신통하고 모든 학문이 신통하다. …… 우주의 비밀이 더 밝아지고 신이 더 밝아지고 아버지의 영광이 더 밝아질 것이다."[52]

과학이 신통하여 두루 통할 뿐 아니라 정신과 생각의 세계도 두루 통하여 하나로 통한다. 하늘은 "하나의 생각, 허공의 생각"을 나타낸다.

"만물을 창조한 로고스는 생각을 가리킨 것이다." 더 나아가 다석은 '생각'이 기독교에서는 사랑, 유교에서는 길(道), 불교에서는 법(法)이 된다"53)고 했다. 신과 인간과 자연에 두루 통하는 것은 말씀이다. 생각은 말씀[신의 사랑과 정의]을 사르는 것이고 말씀은 두루 통해서 한통누리를 이루게 한다. "하나님의 말씀은 우주에 찼다. 우주가 다 하나님의 말씀이다. …… 말이 통하고 이치가 통하고 신이 통하여 한통 누리를 이루어야 한다."54) 속과 밖, 내재와 초월, 인간의 바탈과 하나님이 한통이 된다. 다석은 진리를 깨달으면 논리와 물리(物理)와 윤리가 하나로 통한다고 했다.55)

궁신은 또한 자기와 통하는 것이다. 다석에게는 하나님께로 초월하는 것은 자기 바탈(본성)을 파고드는 것이다. 신을 탐구하고 인간의 바탈을 탐구해서 신과 바탈에 통해야 한다. "마음이 뚫리고 앎음알이가 뚫려야 정말 속알이 엉큼 엄큼 자라게 된다." "입에 밥이 통하고 코에 공기가 통하고 귀에 말이 통하고 마음에 신이 통한다. …… 우주와 지구를 통째로 싸고 있는 호연지기가 나다."56) '나'는 우주를 싸고 있는 호연지기이고 신은 "없이 계신 분이다". 생각해서 호연지기와 통하고 빈탕한데 계신 신과 통하면 시원하다. 신에 통하면 영생에 이르고 "죽음은 없다."57)

하나님과 통한 '나'는 우주와 생명의 중심이며 길이다. 다석은 우주와 생명의 큰 길로서의 '나'를 이렇게 표현한다. "길은 언제나 환하게 뚫려야 한다. …… 비록 성현이라도 길을 막을 수는 없다. …… 언제나 툭 뚫린 길 이 길로 자동차도 기차도 비행기도 자전거도 나귀도 말도 벌레도 일체가 지나간다. 이런 길을 가진 사람이 우주보다 크고 세계보다도 큰 길이다. 이런 길을 활보하는 것이 하나님의 아들이다. …… 우주와 지구를 통째로 싸고 있는 호연지기가 나다. 그것은 지강지대(至剛至大)하여 아무도 헤아릴 수가 없고 아무도 견줄 수가 없다. 그것이 나다."[58] '생각하는 나'는 땅과 시간에 매인 존재라는 측면에서 보면 지극히 작은 존재이고, 하나님과 소통하는 존재라는 측면에서 보면 한없이 크고 강한 존재이다.

3) 하나님에게서 오는 생각: "생각하는 곳에 신이 있다"

생각은 '하는 것'이기도 하지만 '나는 것'이기도 하다. 생각하는 추리도 '나는 생각'(영감)으로 이어진다. 다석에 따르면 생각은 스스로 하는 주체적인 것이면서 하나님에게서 오는 것이다. "내가 생각은 했는데 나도 모르는 것을 보면 내 생각도 신에게로부터 오는 것 같다. 나오기는 나에게서 나오는데 오기는 하늘에서 온다." 다석은 하나님으로부터 오는 생각 속에 그 생각과 함께 '생명', '말씀', '씨'가 있다고 한다.[59] 생명, 말씀, 영생, 신적 생명의 씨가 담긴 생각이 거룩한 생각이다. 다석은 이러한 거룩한 생각은 하나님이 성령으로 내게 건네주는 것이며 하나님과의 연락에서 생겨나는 것이다. "하나님과 교통이 끊어지면 생각이 결단이 나서 그릇된 말을 생각하게 된다. 하나님과 연락이 끊어지면 …… 질컥질컥 지저분하게 사는 짐승이다."[60] 하나님과 교통하며 생각의 불꽃을 피어 올릴 때 사람은 사람 구실을 한다.

참된 생각, 거룩한 생각은 하나님과 연락된 것일 뿐 아니라 하나님과 뗄 수 없이 결합되어 있다. 그러므로 다석은 "생각하는 곳에 하나님이 계신다(念在神在)"[61]고 말한다. "나는 생각한다. 그러므로 나는 존재한다"는 데카르트의 명제가 뒤집혀졌다. 생각과 존재의 주체인 인간의 '나' 대신에 신이 존재의 주체로 나온다. 생각하는 주체는 사람만이 아니라 하나님(神)이기도 하다. 다석에게서는 생각하는 행위에서 입증되는 것은 인간인 '나'의 존재가 아니라 신의 존재이다. 생각하는 데서 신의 존재가 확인되고 입증된다. 생각은 하나님의 뜻을 밝히는 것이다. "아버지의 참 뜻 그것이 나의 본체다. …… 참 뜻이 우주의 뿌리다. 뜻만은 영원히 죽지 않는다. …… 하나님의 뜻과 내 뜻이 하나가 되어 영원한 참 뜻을 이루어 간다."[62]

다석에게 생각은 개념과 논리를 따르는 단순한 추리가 아니라 우주의 궁극적인 주체이고 영원한 타자인 신에 대한 그리움과 사랑에서 타오르는 것이며 자신을 새롭게 형성하고 넘어서서 신에게로 솟아오르는 행위이다. 이러한 생각에 신이 주체로 참여하고 이러한 생각에서 신의 존재를 확인하고 경험한다.

생각하는 곳에 신이 있다는 말은 생각함으로써 신을 만나고 신에게로 나가는 것을 뜻한다. 신을 생각하고 신을 만나고 신에게로 나간다는 것은 자기를 초월하여 새로운 존재와 삶의 차원으로 나가는 것이다. 그런 의미에서 생각은 존재의 끝을 불사르고 솟아오르며 새로운 정신과 삶에로 들어가는 일이다. 신과 소통하는 생각은 정신이 깨어나는 일이고 가운데 점을 찍어 한 점으로 정신이 통일되는 일이다. 생각은 존재와 삶의 한 점 끝에 서는 일이다.

생각하는 사람은 깨어나고, 깨어난 사람은 끝에서 산다. 깨어서 끝에서 산다는 것은 상대적인 지식과 생사의 경계를 넘어선다는 것을 뜻한다. 지식에 사로잡히고 생사에 매인 사람은 주체적이고 자유로운 삶을 살 수 없는 미성숙한 인간이다. 상대적인 분별지와 생사의 경계를 넘어선 사람만이 자유롭고 책임적인 성숙한 인간이다.

생각하는 사람은 옳고 그름에 매인 상대적인 지식을 넘어서 진리를 깨우친 사람이요, 생사를 초월해 하나님의 영원한 생명에 통하는 사람이다. 생각하는 것은 존재와 삶의 끝에서 말씀의 숨, '말 숨'을 쉬는 것이다. 말 숨은 삶의 끝인 죽음의 자리에서 쉬는 것이다. 말 숨을 쉬는 것은 죽음을 넘어 "영원을 사는 것이요 죽음 이후를 사는 것이다."[63]

생사를 초월하면 "유무도 초월한다. 있어도 걸리지 않고 없어도 걸리지 않는다."[64]

5. 서구 근대철학과 기독교 사상의 주체적 수용과 변형

생각을 중심에 놓은 다석의 사상은 서구 근대철학과 기독교 사상을 주체적으로 수용하여 종합적인 사상으로 새롭게 형성한 것이다. 그리스 철학과 기독교 사상에 의해 형성된 서구의 정신사에 비추어 볼 때, 다석 사상의 새로운 점과 다른 점은 무엇인가? 이것을 논의하기 전에 서구 근현대 철학과 정신문화의 성격을 살펴 볼 필요가 있다.

그리스 철학과 기독교 사상은 서구 정신문화를 형성한 두 기둥으로 여겨지는데 서로 대조적인 성격과 특징을 가지고 있다. 그리스 철학이 이성(로고스)을 신뢰하고 이성을 중심에 놓은 데 반하여 기독교 사상은 인간이성과 의지의 한계를 확인하고 신의 의지와 사랑에 대한 신앙과 열정을 강조했다. 중세의 기독교철학과 전통에서 벗어난 서구 근대철학은 그리스 철학과 정신을 회복하여 이성을 중심에 놓았다.

서구 근대에서 생각하는 이성은 철학적 사유의 주체뿐 아니라 사회 활동의 주체를 규정하였다. 서구의 주류철학에서는 흔히 생각하는 이성과 자아가 동일시되었고, 이성과 자아의 주체성은 자명하게 전제되었다. 소크라테스가 "너 자신을 알라"고 했을 때나 데카르트가 "나는 생각한다"고 했을 때, 헤겔이 주관정신이 객관정신과 절대정신으로 이어지고 발전하는 것으로 보았을 때 이성적 주체로서 '나'는 자명할 뿐 아니라 발전되고 실현될 것으로 보았다. 서구의 대표적인 신과학적 생태주의 사상가 에리히 얀치의 사상도 소크라테스의 "너 자신을 알아라"는 자기 개념, 그리고 이를 계승하여 발전시킨 헤겔의 "자기의식" 철학

적 전통에 서 있다.[65]

　서구 사회의 이러한 이성 중심적이고 자기중심적인 자아 이해는 인식주체와 인식대상을 엄격히 구분하는 이원론으로 흐르고 타자에 대한 감수성을 발전시키기 어렵다. 인식대상으로서의 타자를 주체로 인정하고, 있는 그대로 긍정하고 존중하며 전체의 맥락에서 보는 생명친화적 인식론[66]에 이르지 못하였다. 서구 근대의 정신문화에서는 일방적으로 분석하고 규정하거나 타자를 자아 속에 통합시키는 인식론이 주도하게 되었다. 따라서 서구 근대의 자아 이해는 타자와의 참된 관계와 대화(소통)에 이르지 못하고 자기 안에 머물게 되었다.

　그리스·로마 이래 정복한 승리자로서 사회와 역사를 형성해 온 서구 유럽인들의 철학과 정신문화의 바탕에는 자아의 실현을 위한 충동과 타자(타인과 자연)에 대한 정복 의지가 있다. 주어가 술어와 객어(타자)를 지배하는 서구 언어의 구조도 '자아'에 대해 반성하고 타자에 대해 감수성을 갖는 데 장애가 된다. 자연에 대해 정복적인 관점을 지녔던 데카르트는 이렇게 말했다. "불, 물, 공기, 별들, 천체들 그리고 다른 모든 물체들의 본성과 행태를 알면, 우리는 이것들을 우리의 목적을 위해 쓸 수 있으며 …… 이렇게 하여 우리 자신을 자연의 주인과 소유자로 만들 수 있다."[67] 폐쇄적인 자기 이해와 정복적인 타자 이해는 자본주의사회의 경쟁원리와 이익추구 충동과 결합됨으로써 자연과 타자에 대한 공격적이고 파괴적인 산업기술문화를 조성하는 데 기여했다.

　그리스 철학에서부터 근대철학에 이르기까지 서구의 주류 철학은 이성에 대한 신뢰와 존중을 가지고 철학과 사상을 형성해 왔다. 이와는 달리 바울 이래 기독교 사상, 특히 종교개혁자 루터와 칼빈에서 시작된 개신교 신학은 인간의 자아, 특히 인간의 이성과 의지를 통렬하게 비판하고 문제시하였다. 루터는 에라스무스와의 논쟁에서 노예 의지론을 주장함으로써 독자적인 인간의지의 자유를 부정하였다. "의지는 악하고 …… 이성은 신과 선에 대해 무지하다." 인간의 이성과 의지는 성령의 지배를 받으면 성령에게 봉사하고 악마의 지배를 받으면 악마에게 봉사한다는 것이다. 따라서 인간의 자아가 죄에 물들어 있음을 인정하고 철저한 자기부정을 통한 회개와 거듭남을 촉구하였다.

종교개혁 신학을 이어받아서 20세기 신학의 새 흐름을 열었던 카를 바르트는 근대철학의 기본 명제 "Cogito, ergo sum"(나는 생각한다. 그러므로 존재한다)을 뒤집어 "Cogitor, ergo sum"(나는 생각된다. 그러므로 존재한다)을 원리로 삼았다. 생각과 사유의 주체를 하나님과 영으로 보고 "나"를 생각의 대상으로 삼았다. 신 앞에서 그리고 신과의 관계 속에서 "나"는 되는 존재, 새로워질 존재였다. 바르트는 신과의 관계에서 인간의 죄성, 불가능성, 무력함을 말하고 하나님의 전능한 주권과 주도권을 강조했다. 바르트에 따르면 인간은 신을 인식할 수 없고, "신은 신을 통해서만 인식된다".[69] 진리(하나님의 존재)를 인식하는 데 인간 이성의 무력함과 부족함을 말하고 인간의 수동성과 신앙, 신의 계시와 은혜, 신의 주도권을 강조했다. 하나님의 진리는 하나님과 영에 의해 인간에게 주어지는[계시되는] 것이고, 하나님의 진리를 인식함에 있어서 인간의 능동적 참여는 배제되었다. 바르트는 인간의 자아에 대해서 절대타자로서의 하나님을 강조했다.[70]

서구 정신문화의 두 상반된 흐름인 서구철학과 기독교 정신을 함께 받아들인 유영모의 사상은 이성 중심적 철학과 자기부정과 갱신의 기독교 사상을 종합하였다. 유영모는 먼저 서구의 이성 중심적 철학을 진지하게 받아들였다. 유영모는 생각을 사상과 영성의 중심에 세웠다. 생각이 삶의 중심이다.[71] 생각에 집중하면서 상대적 물질세계를 총체적으로 부정하는 다석의 치열한 사유는 한국과 동양의 사유 세계에서 예

외적이다. 동양인 특히 한국인은 정서적이고 심미적으로 생각하고 느끼는 경향이 있으며, 분석·논리적 추론이나 생각을 파고드는 데는 게으른 편이다. 함께 술 먹고 노래하면서 생각을 털어 버리는 경향이 있다. 일치와 동화, 천인합일, 원융합일을 강조하는 사유 경향도 쉽게 추리적 사유에서 초월적 명상으로 넘어가게 한다. 그러나 유영모는 생각에 집중했다. '나'와 '생각'에 집중한다는 점에서 유영모는 서구 근대철학 특히 데카르트를 따랐다.

유영모가 데카르트와 다른 것은 서구의 정복주의적 사유를 거부한 데 있다. 유영모에게서 생각은 물체들의 본성과 법칙과 행태를 탐구하는 일이 아니라 물체들의 본질을 꿰뚫고 그 존재의 근원과 배후를 탐구하고 그 근원과 배후로 들어가는 행위이다. 데카르트가 확립하려고 했던 자연과학과 기술은 자연과 타자를 분석하고 해체하며 정복하고 지배하려고 했다면 다석은 자기를 정복하고 변혁하고 갱신하려고 했다. 다석에게 생각은 이성적 자아의 한 기능이 아니라 신(궁극적 타자)과의 관계 속에서 자아를 정복하고 해체하고 부정함으로써 새롭게 형성하고 세우는 존재론적 행위이다. 유영모에게서 생각은 이성의 주체적 사용에 머물지 않고 존재와 삶을 형성하고 끌어올린다. "생각은 내 존재의 끝을 불사르며 위로 오르는 것"이다. 생각은 내 존재를 불사르고 철저히 부정함으로써 나를 곧게 세우는 것이다. "내가 없어져야 한다. 그래야 마음이 가라앉고 거울같이 빛나게 된다. …… 그것이 얼이라는 것이다. 얼은(어른: 성숙한 이)이 되면 망상이 깨지고 실상(實相)이 된다. …… 내가 없는 마음이 …… 얼이요 얼은[어른]이다."[72]

다석에게 생각은 하나님, 진리, 영원한 생명에 이름이다. 생각은 '나'와 신과의 소통이며 연락이다. 또한 생각은 '나'를 형성하고 갱신하는 신적 행위이다. 따라서 생각은 신에게서 오는 것이며 신의 존재를 확인하고 드러내는 일이다. 다석은 데카르트의 명제를 바꾸어 "생각한다. 그러므로 신이 존재한다"(念在神在)고 했다.[73] 다석의 생각은 나를 문제 삼는다는 점에서 데카르트와 다르고 '내'가 생각의 주체로 남고 나의 주체를 추구한다는 점에서 바르트와도 다르다. 다석의 생각은 이성의 차원에서 영의 차원으로 이어지고 영의 성숙을 추구한다.

생각을 중심에 놓음으로써 데카르트와 서구철학을 받아들였고, 생각을 신과의 관계와 연락으로 보고 자아를 형성하고 새롭게 하는 것으로 봄으로써 기독교 사상을 중심으로 끌어들였다. 다석은 서구 근대철학의 핵심 주제인 '생각'을 사상의 중심에 받아들이면서 동양과 한국의 영성적 바탕에서 기독교 신앙에 근거하여 '생각'을 새롭게 이해하고 심화시켰다. 서구정신문화의 두 기둥이며 오랜 역사 속에서 대립과 갈등 속에 있었던 그리스 철학과 기독교 사상이 한국·동양적인 다석 사상에서 새롭게 결합되었다.

서구 정신사에서도 그리스 철학과 기독교 사상을 종합하려는 시도가 없었던 것은 아니다. 그러나 중세 스콜라철학에서처럼 이성을 계시(교의)에 종속시키거나 자유주의 신학에서처럼 신앙을 이성에 굴복시킴으로써 양자의 종합은 불완전하게 이루어졌다. 이러한 불완전한 종합은 각각 종교개혁 신학과 신정통주의 신학에 의해 깨지고 말았다. 다석의 사상에서는 이성을 계시에 종속시키지도 않고 신앙을 이성에 굴복시키지도 않는 방식으로 양자의 종합을 이룩했다는 데 의미가 있다.

그러나 다석 사상에서 이루어진 이러한 종합은 기독교의 교리와 전통의 경계를 넘어서 동서 문명을 하나로 회통시키는 방식으로 이루어졌다. 따라서 다석의 사상은 기독교 전통을 고수하는 사람들에게는 기독교 정신의 변형과 손상으로 여겨질 수 있다. 반면에 한국과 동양의 정신문화 속에서 기독교 정신의 주체적 형성과 실천을 추구하는 사람들

에게는 기독교 신앙과 정신의 중심과 핵심을 살리면서 기독교 정신과
신앙을 오늘의 삶 속에서 동양의 정신문화 속에서 새롭게 형성한 것으
로 받아들여질 수 있다.

6. 다석, 숭산, 본회퍼: '모름지기', '모를 뿐', '믿을 뿐'

절대자인 신을 탐구하는 다석의 사상은 이성의 한계를 인정하고 지
식을 넘어서는 '모름'의 차원을 존중하고 지키려 했다.[74] 모름을 강조
한 다석의 사상은 아시아의 선불교 전통과 상통할 뿐 아니라 성경의 기
본 가르침과 일치한다. 여기서 숭산의 선(禪) 사상을 모름과 관련하여
논의함으로써 그의 사상이 다석 사상과 얼마나 가까운지 살펴보고, 성
경의 가르침을 본회퍼의 신학윤리를 중심으로 논의함으로써 성경의 근
본 가르침이 다석의 사상이나 선사상과 근본적으로 상통할 수 있음을
확인하려고 한다.

1) 모름지기: 모름을 지킴

다석은 생각을 '신과의 소통과 연락'으로 보았다. 다석에게 신, 하나
님은 '절대 하나'이고 '전체 하나'이다. 다석 사상의 핵심과 목적은 '하나'
를 추구하는 데 있다. 그는 단일허공, 하나의 세계는 인식론적으로 "깜
깜한 세계"라 했고 "하나"에 대해서는 까막눈이라고 했다.[75]

다석에게서 생각은 앎(지식)을 넘어서 모름에 이르는 것이다. 그는
'모름직이'란 말을 '모름을 지킴'으로 풀이한다. "사람은 모름을 꼭 지켜
야 한다."[76] 모르는 것을 지켜야 아는 것, 알 수 있는 것을 알게 된다
는 것이다.

"나는 '모름지기'란 우리말을 좋아한다. '모름지기'란 반드시 또는 꼭

이란 뜻이다. 사람은 모름(하나님)을 꼭 지켜야 한다. 우리는 하나님 아버지를 모른다. 하나님 아버지를 다 알겠다는 것은 말이 안 된다. 아들이 아무리 위대해도 아버지와는 차원이 다르기 때문이다."[77]

'모름지기'란 말의 어원은 어쨌든지 '모름을 지킨다'는 말은 철학적으로 매우 깊은 의미를 지닌다. 물질적인 상대 세계는 물질의 빛과 이성의 빛이 들어가지만 물질적인 상대세계를 초월한 절대, 하나, 없음과 빔의 세계는 햇빛과 이성의 빛이 들어갈 수 없다. 모르는 세계를 모르는 것으로 지킬 때만 상대세계에서 '반드시', '꼭'이 성립한다. 모름을 지킬 때만 영의 세계와 물질적 상대 세계가 지켜진다. 모름을 지킬 때 삶이 있는 그대로 옹글게 드러나며, 삶에 대한 바른 생각과 지식에 이르며, 바르고 힘찬 행동을 할 수 있다.

없음과 빔, 초월과 절대의 세계는 "하나"의 세계이며, "하나"의 세계는 모름의 세계이다. "하나"인 없음과 빔의 세계에서 우리는 하나님을 만나고 인류와 우주생명세계가 하나임을 알 수 있다. 모름을 지킴으로써 절대 초월의 자리에 이를 수 있다. 이성은 절대, 초월을 알 수 없다. 이성의 빛이나 물질의 빛은 절대초월, 하나 됨의 세계를 비출 수 없다. 그것은 모름의 세계이다. 모름을 지키는 것이 믿음이고 사랑이다. 모름을 지킨다는 것은 이성으로는 파악될 수 없는 존재의 깊이와 높이를 이성의 모름을 넘어서 파악하게 됨을 뜻한다. 모름을 지킬 때 비로소 생명과 존재에 대한 자아의 인식론적 제약과 한계, 왜곡과 폭력에서 벗어나 생명과 존재를 있는 그대로 전체 속에서 볼 수 있다.

모름의 차원을 존중하는 다석의 사상은 이성과 앎을 강조하는 서구의 인식론적 원칙과 경향과 대조된다. "너 자신을 알라"고 한 소크라테스는 모름('나에 대한 무지')에서 앎에로 나갔다. 소크라테스, 플라톤, 데카르트, 칸트, 헤겔, 피오렌자는 이성에 대한 신뢰 속에서 진실을 탐구한

다. 여성신학자 피오렌자의 의심의 해석학은 인간 이성의 밝음으로 성경 본문의 어둠을 밝히려 한다.[78]

모름을 지키는 모름지기의 사상은 서구의 이성 중심적이고 지식중심적인 사상과는 다르지만 "오직 모를 뿐, 오직 할 뿐"을 강조했던 현대 한국의 대표적 선승 숭산의 가르침과 일치하고 선악과를 먹고 선악을 아는 지식에 빠져 타락했다는 성경의 기본 가르침과 통한다. 이제 숭산과 성경의 가르침을 다석의 가르침과 비교해 보자.

2) 숭산의 선불교: 오직 모를 뿐, 오직 할 뿐

숭산 스님은 선불교를 미국과 유럽에 30년 동안 널리 전하여 5만 명의 제자를 냈다.[79] 숭산 사상의 핵심은 "오직 모를 뿐, 오직 할 뿐"이다.[80]

앎에서 모름에로

선불교는 '나'에 대한 앎에서 모름에로 나간다. 석가, 달마, 육조 혜능이 모두 "나는 무엇인가?" 하는 문제에 "모른다"고 대답했고, '모른다'는 것이 화두 참선의 시초다. 숭산의 스승 고봉선사는 "부처도 달마도 오직 모를 뿐으로 앉아 계셨다. 너희가 무엇을 알려고 하면 화살처럼 날아 지옥으로 가고, 모르는 줄 깨달으면 부처님의 머리와 달마대사의 몸을 얻는다"고 했다.[81]

숭산은 생각과 말을 끊고 앎에서 모름에로 나가 모름을 꽉 지키라고 한다. "모를 뿐인 마음을 지켜라. 이 마음은 한 자리에 박혀 움직이지 않는 마음이다. …… 모든 생각을 끊어내야 한다. 이 경지에 들어가면 여러분의 마음은 곧 뻥 뚫릴 것이다."[82]

생각과 말을 끊는다는 것은 '나'에 대한 모든 앎과 지식을 버린다는 것을 뜻한다. 생각과 말을 끊고 모든 앎과 지식을 버리고 모름의 지경에 들어가면 확연히 열리고 뚫려서 '본래의 참된 성품' 곧 '참 나'에 이르고 대우주와 하나로 된다. 그 자리가 바로 "깨끗하고 텅 빈 자리"이며, "하나님의 자리요 …… 부처님의 자리"이고, "그 속에서 삼라만상 모든 것이 탄생"한다.[83]

선불교에서는 비이성적인 역설과 모순, 의미 없는 화두를 가지고 나의 이성적 편견과 망상, 관념을 깨고, 나의 이념과 가치판단을 중지시키고, "나" 자신에게로, 삶의 현실로 간다. 모름을 지키는 것이 관념과 망상과 감정에서 벗어나는 것이고 오직 행하는 것이 삶의 현실로 들어가는 것이다. 이성과 관념의 평면을 넘어 초월적이고 미묘한 생명세계로 들어간다.

모름을 지킨다는 것은 무엇을 뜻하는가? 모든 관념과 생각을 끊고 놓아 버리는 것이다. 숭산은 모든 생각과 관념을 "놓아 버리라!"라고 한다. "모든 조건과 상황, 미움과 분노, 집착을 놓아 버리라. 그러면 자유로운 삶이 나온다. 놓으면 참 마음 드러나고 나를 믿을 수 있고, 마음 맑아져 삶의 진상 드러난다. 알고 모르고 옳고 그르고 떠나서 허공같이 맑고 넓은 道에 이른다."[84]

"나는 생각하지 않는다. 그러므로 나는 존재하지 않는다."

앎, 말, 생각은 진실한 삶에서 벗어난 것이고 어긋난 것이다. 앎, 말, 생각은 욕심과 편견에 깊이 물들어 있기 때문이다. 따라서 숭산은 말과 생각과 지식을 끊어버린다. 더 나아가서 그릇된 말과 생각과 앎의 주체인 '나', 그릇되게 알고 있는 '나'마저 버린다. 숭산은 숫자나 명칭이 실재 자체가 아니라 인간의 생각이 만들어 낸 관념에 불과하다는 것을 밝힌다. 더 나아가 '나'라는 것도 생각에서 나온 것이라고 하였다. 숭산은 데카르트의 명제를 받아들여서 '나'는 생각하기 때문에 "존재한다"고 보고, "내 생각이 딱 끊어져야 내가 없어지는 것"이라고 했다. 그리고 "내가 없다는 것"의 경지를 이렇게 말했다. "내 마음이 텅 비어지고 대허공같이 되고, 대허공같이 되면 마음이 …… 맑은 거울 같아서 산에 비추면 산이 되고, 물에 비추면 물이 되고 비추는 대로 그대로야. 하늘은 푸르고 물은 흘러가고, 개는 멍멍 짖고, 소금은 짜고 설탕은 달고 …… 이것이 실상이라는 거다."[85]

관념에서 삶의 실상에 이르기 위해서 숭산은 데카르트의 '나는 생각한다. 고로 존재한다'는 말을 뒤집어 "나는 생각하지 않는다. 그러므로 나는 없다"(Non cogito, ergo non sum)고 하였다.[86] "나는 생각하지 않는다. 그러므로 나는 없다"는 숭산의 주장은 서구인들에게 큰 충격을 주었다. 서구의 학자들은 '생각하지 않는 것'을 생각할 수 없고 '내'가 없다는 것을 생각할 수 없다. 그것은 논리나 개념 속에 잡히지 않는다. 숭산이 미국에 가서 하버드 대학과 컬럼비아 대학의 학자들에게 큰 도전을 주었다. 그래서 서구의 많은 젊은 학자들이 머리 깎고 스님이 되었다.[87]

숭산이 '생각'과 '나'를 부정한 것은 참된 '나'와 참된 '삶'에 이르기 위해서다. 숭산은 "나는 생각하지 않는다. 그러므로 나는 없다"는 말 다음에 "내가 없어져야 비로소 참 삶을 살 수 있다"는 말을 덧붙인다. "내가 없어져서 참 삶을 살 수 있다"는 것은 무엇을 뜻하는가? 그것은 욕심과 편견에서 벗어나고 지식과 관념, 생각과 논리에서 벗어나 '있는 그대로' 그리고 전체 속에서 '나'와 삶과 존재를 보고 그런 존재와 삶을 사는 것이다. '나'의 마음이 욕심과 편견에서 벗어나 맑은 거울처럼 깨끗해지고 텅 비어서 아무 걸림이 없을 때 세상을 보이는 대로 보고 들리는 대로 듣게 된다. "보이는 대로 보고 들리는 대로 듣는 경지"가 바로 깨달음의 경지이며 이 경지에 이르면 "우주와 나는 하나로 되는 것"이다.[88]

오직 모를 뿐 오직 할 뿐

숭산에게서 "오직 모를 뿐"은 "오직 할 뿐"으로 이어진다. 관념과 이념의 잣대나 가치판단의 기준, 사사로운 감정에서 벗어나 모름을 지킬 때 비로소 자유롭고 바른 행동, 참된 사랑의 실천이 나온다. "책이나 공안에 매이면 깨닫지 못한다. 여러분의 견해나 조건 상황을 모두 놓아 버리면 마음이 맑아져 저절로 정답이 나온다. 이해하려고 애쓰지 말고 오직 모를 뿐인 마음을 지키며 쉬지 말고 정진하면 도, 진리 인생을 깨달아 진리를 올바르게 수용하게 된다. 일체 생각을 내지 마라. 찰라찰라 오직 행할 뿐으로 날마다 오직 한마음으로 정진해서 중생을 구제하라."

'모를 뿐'과 '할 뿐'은 동일한 실재의 양면이다. '모를 뿐'에서 잡념과 망상에서 벗어나 '할 뿐'에로 나가게 되고 '할 뿐'에서 생각과 주객의 관념에서 벗어나 '모를 뿐'에 이른다. 숭산은 세상의 일상생활에서 선 수행을 하기 위해서 '모를 뿐'과 '할 뿐'을 결합한다. 산속에서 수행만 할 때는 '모를 뿐'의 경지에 머물면 된다. 그러나 오늘날 일상생활 속에서 선을 수행할 때는 '모를 뿐'과 '할 뿐'이 결합되어야 한다는 것이다. 숭산은 '모를 뿐'과 '할 뿐'을 결합하는 선 수행이 선(禪) 혁명이라고 한다. 순간순간 일하고 행동하는 일상생활 자체가 공안이 되고 화두가 되고, '모를 뿐'의 마음으로 '할 뿐'의 삶을 사는 것이 참된 선이고 선혁명이다.[89]

생각을 끊고 모름의 세계로 들어가야 나 자신에게로 돌아오고 이 순간의 삶으로 돌아오고 행동을 잘할 수 있다는 것이다. 마당 쓸 때는 잔머리 굴리지 말고 마당만 쓸고, 차를 마실 때는 차만 마시고, 남의 얘기 들을 때는 남의 얘기만 들어야 한다. 그러면 지금 여기의 삶을 온전히 살 수 있다.

3) 선악과의 지식에 빠진 타락과 율법의 지식에서 벗어난 구원

숭산의 선불교는 기독교인에게 부족한 몸공부와 마음공부를 강조하고 마음공부의 방법을 보여 준다. 모름을 지킬 때만 '내'가 형성한 관념의 틀에서 벗어나 "나"에게 이를 수 있고 삶에로 들어갈 수 있고 삶 속에서 행동할 수 있다. 의심 덩어리인 화두를 붙잡고, 오직 모를 뿐인 마음만을 지키고 나가면 언젠가는 미묘하고 깊은 삶의 세계, "진공묘유(眞空妙有)"의 세계가 열린다. 이것이 하나님과 함께 있는 삶의 차원이고, 너와 내가 하나로 되는 것이고, 너도 살고 나도 사는 상생의 세계이다. 이것이 그릇된 관념과 감정에 휘둘리지 않는, 믿음과 사랑으로 열리는 삶의 깊은 세계이다.

선불교에서 강조하는 "모름"은 매우 한국적이면서 동양적이다. "모름"은 서구 학문 전통에 빠진 신학이 한국의 생명신학이 되기 위해서 배우고 익혀야 할 중요한 개념이며 "모름"에는 인식대상을 신뢰하고 존중하는 한국적인 인식론적 방법과 자세가 담겨 있다.

그러나 성경에도 다석의 '모름지기'나 숭산의 '모를 뿐'과 상통하는 가르침이 있다. 성경에 따르면 인간은 선악을 알게 하는 나무 열매를 따먹고 선악의 지식에 빠져 타락했다(창 3:1-7; 22-24). 선과 악을 분별하는 지식에 빠지는 것이 타락이다. 바리새파가 늘 '옳고 그름', '선과 악'을 따지는 율법지식에 사로잡혀 남을 정죄하고 비판함으로써, 하늘나라, 민중의 삶, 선행에서 멀어졌다면, 예수는 '고통 받는 이들'의 선과 악, 죄와 의, 옳고 그름에 대한 지식과 판단을 중지하고 늘 하나님의 뜻을 내세우며 민중의 삶 속으로 들어가서 생명을 살리는 선을 행했다. 예수는 세리와 창녀 같은 이른 바 '죄인'들에 대한 선악판단을 버리고 이들을 살리고 바로 세움으로써 하나님 나라의 주인이 되게 했다. 예수는 '모름을 지키는' 사람처럼, '모를 뿐', '할 뿐'을 실행하는 사람처럼 행동했다.

20세기에 가장 큰 영향을 끼쳤던 신학자 가운데 한 사람인 디트리히 본회퍼는 성경의 이러한 가르침을 잘 이해했다. "오직 믿고 복종하라"는 본회퍼의 신학은 개신교 신학의 핵심을 드러내는 것인데 한국 선불교의 가르침과 통한다. 본회퍼에 따르면 선악에 대한 지식은 사변적 가능성에 머물고 자기정당화와 이웃에 대한 비판과 정죄, 논쟁과 분열로 이끈다. 이런 지식과 사변을 끊어 버리고 오직 믿음으로써 살림의 행동에 이를 수 있다. 선악에 대한 지식과 바리사이파의 율법지식은 하나님(의 말씀과 뜻)에게서 분리되는 것을 뜻하며, 자기 자신 및 이웃과의 분열을 나타낸다. 바리사이파의 율법행위는 하나님에게서의 분리, 자신과 이웃과의 분열을 나타낼 뿐이다.[90] 선악에 대한 지식은 인간을 지식과 관념의 사변적 감정적 가능성에로 이끌며, 믿음은 하나님의 말씀과 뜻에 대한 단순한 복종, 현실적인 삶의 행동에로 이끈다.[91] 본회퍼도 오직 행위에서만 삶의 자유가 있다고 한다. "가능성에서 동요하지 말고, 현실적인 것을 담대히 붙잡으라. 사고의 세계로 도피하는 것이 아니라, 오직 행위에만 자유가 존재한다."[92]

모름을 지키는 것은 이성에 대한 부정을 뜻하지 않는다. 그것은 선악에 대한 주관적인 지식과 욕망과 분노의 감정에 휘둘리는 이성을 자유롭게 해방한다. 루터가 인간의 이성과 의지는 "악마의 창녀"라고 말했듯이, 인간의 이성과 의지와 행동은 편견과 욕망, 죄로 깊이 물들어 있다. 편견과 욕망의 노예가 된 이성과 행동은 모름을 지킴으로써 자유롭고 진실하게 된다. 모름을 지킴으로써 인간은 삶의 깊이를 깨닫고, 살림의 실천에 이른다.

다석은 모름과 생각을 함께 강조했다. 이성적 추리의 한계를 말하면서도 글자와 말에서 깊은 깨달음을 찾는다. 오랫동안 금욕과 수행의 생활을 하며 '모름'을 지킨 다석은 기독교의 선승이다. 다석이 불교의 선승과 다른 것은 생각에 힘쓰고 글과 말을 가지고 진리를 추구했다는 것이다. 다석은 이 세상 속에서, 가정 안에서 수행하고 득도를 했다. 이성적 추리와 영성적인 깨달음을 아우르는 다석의 정신세계는 역동적이고 깊다.

주(註)

1 유영모, '정(2)', 《다석일지》(영인본) 上, 740쪽. / '밀알', 《다석일지》(영인본) 上, 818쪽.

2 《다석강의》, 222쪽. 그 밖에 데카르트에 대한 다석의 논의는 같은 책 220~223쪽을 참조.

3 스털링 P. 램프레히트, 《西洋哲學史》, 김태길·윤명로·최명관 공역, 을유문화사, 1980, 324~5쪽.

4 스털링 P. 램프레히트, 《西洋哲學史》, 김태길·윤명로·최명관 공역, 을유문화사, 1980, 325쪽. 주5 참조.

5 스털링 P. 램프레히트, 《西洋哲學史》, 김태길·윤명로·최명관 공역, 을유문화사, 1980, 328~330, 341쪽.

6 《다석강의》, 890~1, 908쪽.

7 유영모, '빛', 《다석일지》(영인본) 上, 855쪽.

8 스털링 P. 램프레히트, 《西洋哲學史》, 김태길·윤명로·최명관 공역, 을유문화사, 1980, 529쪽.

9 리사 랜들, 《숨겨진 우주》, 김연중·이민재 옮김, 사이언스북스, 2008, 667~668쪽.

10 유영모, '바람직한 상', 《다석일지》(영인본) 上, 852쪽.

11 유영모, '제소리', 《제소리》, 330쪽.

12 유영모, '정(2)', 《다석일지》(영인본) 上, 740쪽.

13 "내 몸은 수레지만 내 정신은 속알이다. 속알은 창조적 지성이란 말이다. 솟구쳐 올라가는 앞으로 나가는 창조적 지성이 속알이다." 유영모, '정(2)', 《다석일지》(영인본) 上, 738쪽.

14 유영모, '빛', 《다석일지》(영인본) 上, 856쪽.

15 유영모, '건', 《다석일지》(영인본) 上, 794쪽.

16 계몽에 대한 칸트의 정의는 다음과 같다. "계몽은 인간이 자신의 미성숙에서 벗어나는 것이다. 미성숙은 자신의 지성을 남의 지도 없이는 사용하지 못하는 것이다. 미성숙의 원인이 지성의 결핍에 있지 않고, 남의 지도 없이 스스로 지성을 사용할 결의와 용기의 결핍에 있다면, 미성숙의 책임은 자기 자신에게 있다. 대담하게 생각하라. 너 자신의 지성을 스스로 사용할 용기를 가지라는 것이 계몽주의의 구호였다." Rainer Piepmeier, 'Aufklärung 1', Theologische Realenzyklopädie Band IV. Gerhard Krause hrsg, Walter de Gruyter & Co., 1979, 577쪽.

17 유영모, '정(2)', 《다석일지》(영인본) 上, 740쪽.

18 유영모, '꽃피', 《다석일지》(영인본) 上, 827쪽.

19 《다석강의》, 757~8쪽.

20 박영호 엮음, 《多夕 柳永模 어록》, 두레, 2002, 14쪽.

21 유영모, '밀알(2)', 《다석일지》(영인본) 上, 823쪽

22 유영모, '밀알', 《다석일지》(영인본) 上, 818쪽

23 유영모, '정(2)', 《다석일지》(영인본) 上, 740쪽.

24 유영모, '정(2)', 《다석일지》(영인본) 上, 740~741쪽.

25 유영모, '신', 《다석일지》(영인본) 上, 882-3쪽.

26 유영모, '제소리', 《제소리》, 330쪽.
27 유영모, '무거무래 역무주', 《다석일지》(영인본) 上, 746쪽.
28 《진리의 사람 다석 유영모》 下, 389쪽
29 《진리의 사람 다석 유영모》 上, 57쪽.
30 유영모, '말씀', 《다석일지》(영인본), 887쪽.
31 유영모, '신', 《다석일지》(영인본) 上, 882쪽.
32 유영모, '건', 《다석일지》(영인본) 上, 794쪽.
33 유영모, '깨끗', 《다석일지》(영인본) 上, 841쪽.
34 유영모, 《제소리—다석 유영모 강의록》, 328쪽.
35 유영모, '정(2)', 《다석일지》(영인본) 上, 738~9쪽.
36 유영모, '건', 《다석일지》(영인본) 上, 794쪽.
37 유영모, 《제소리—다석 유영모 강의록》, 328쪽.
38 유영모, '무거무래 역무주', 《다석일지》(영인본) 上, 745쪽.
39 張三植 編, 《大漢韓辭典》, 博文出版社, 1975, 374쪽 참조.
40 김흥근, 중앙일보 2001년 3월 29일 15면(10판).
41 유영모, 《제소리—다석 유영모 강의록》, 329, 331쪽
42 유영모, '매임과 모음이 아니!', 《다석일지》(영인본) 上, 744쪽.
43 유영모, '하나', 《다석일지》(영인본) 上, 758쪽.
44 유영모, '소식 2', 《제소리》, 349~350쪽.
45 유영모, '매임과 모음이 아니!', 《다석일지》(영인본) 上, 744쪽.
46 에드워드 윌슨, 《통섭》, 최재천·장대익 옮김, 사이언스북스, 2005, 12, 19, 460, 506
     쪽.
47 에드워드 윌슨, 《통섭》, 최재천·장대익 옮김, 사이언스북스, 2005, 460, 19쪽.
48 유영모, '매임과 모음이 아니!', 《다석일지》(영인본) 上, 742~3쪽.
49 유영모, '하나', 《다석일지》(영인본) 上, 759~760쪽.
50 유영모, '주기도', 《다석일지》(영인본) 上, 838쪽.
51 유영모, '매임과 모음이 아니!', 《다석일지》(영인본) 上, 744쪽.
52 유영모, '하나', 《다석일지》(영인본) 上, 759~760쪽.
53 유영모, '주기도', 《다석일지》(영인본) 上, 838~9쪽.
54 유영모, '속알', 《다석일지》(영인본) 上, 863쪽.
55 《다석강의》, 633쪽.
56 유영모, '속알', 《다석일지》(영인본) 上, 864쪽.
57 유영모, '밀알(1)', 《다석일지》(영인본) 上, 818쪽.
58 유영모, '속알', 《다석일지》(영인본) 上, 864쪽.
59 유영모, '밀알(1)', 《다석일지》(영인본) 上, 819쪽.
60 《진리의 사람 다석 유영모》 上, 55쪽.
61 《다석강의》 97쪽, 《진리의 사람 다석 유영모》 上, 53~54쪽.
62 유영모, '밀알(1)', 《다석일지》(영인본) 上, 819쪽.
63 유영모, '신', 《다석일지》(영인본) 上, 882~3쪽.
64 유영모, '말씀', 《다석일지》(영인본) 上, 888쪽.
65 이준모에 따르면 얀치의 우주는 헤겔에 의해 대표되는 모놀로그의 신령(神靈)이다. 이준
     모, 《밀알의 노동과 共進化의 敎育》, 한국신학연구소, 1994, 274쪽.

66 한민족의 생명친화적 인식론에 대해서는 박재순, '한국적 생명 이해와 생명신학의 모색', 《사이—우리말로 학문하기 모임》 통권 3호(2003년 가을), 지식산업사, 2003. 208쪽 이하 참조.

67 René Descartes, *Discourse on Method*, tr. by Laurence J. Lafleur Indianapolis, 1956, p.40.

68 Martin Luther, 'The Bondage of The Will', in *Martin Luther's Basic Theological Writings*, ed. by Timothy F. Lull, Fortress Press, 1989, 185~186쪽.

69 Karl Barth, *Kirchliche Dogmatik* II/1, Evangelisher Verlag, 1948, 200쪽.

70 같은 책, 142, 155쪽 참조.

71 유영모, '빛', 《다석일지》(영인본) 上, 855쪽.

72 '깨끗', 같은 책, 841~4쪽.

73 《다석강의》, 96~7쪽 참조.

74 유영모, '꽃피', 《다석일지》(영인본) 上, 825쪽.

75 유영모, '까막눈', 《다석일지》(영인본) 上, 833쪽.

76 유영모, '꽃피', 《다석일지》(영인본) 上, 825쪽.

77 박영호 엮음, 《多夕 柳永模 어록》, 두레, 2002, 20쪽.

78 피오렌자는 이성의 이념적 가치판단에 비추어 성서의 본문에 대한 불신과 의혹을 가지고 성서의 본문을 해체하고 재구성하려고 한다. Elizabeth Schüssler Fiorenza, *In Memory of Her: A Feminist Theological Reconstruction of Christian Origins*, New York Crossroad, 1984, p. 13.

79 숭산문도회 엮음, 《世界一花—가는 곳마다 큰 스님의 웃음》, 불교춘추사, 2001. 서문과 발간사 참조.

80 숭산문도회 엮음, 《世界一花 2—큰 스님과의 대화》, 불교춘추사, 2001, 419쪽. 숭산문도회 엮음, 《世界一花—가는 곳마다 큰 스님의 웃음》, 불교춘추사, 2001, 135~6쪽.

81 무심 편집, 《온 세상은 한 송이 꽃—숭산 선사 공안집》, 현암사, 2001, 23, 281쪽.

82 스티븐 미첼 엮음, 《부처님께 재를 털면—숭산 스님의 가르침》, 최윤정 옮김, 여시아문, 1999, 59쪽.

83 숭산문도회 엮음, 《世界一花 3—산은 푸르고 물은 흘러간다》, 불교춘추사, 2001, 18~9, 45쪽.

84 무심 편집, 《온 세상은 한 송이 꽃—숭산 선사 공안집》, 현암사, 2001, 6~7쪽.

85 숭산문도회 엮음, 《世界一花 2—큰 스님과의 대화》, 불교춘추사, 2001, 50~51쪽.

86 숭산문도회 엮음, 《世界一花 3—산은 푸르고 물은 흘러간다》, 불교춘추사, 2001, 106쪽.

87 숭산문도회 엮음, 《世界一花 2—큰 스님과의 대화》, 불교춘추사, 2001, 49~51쪽.

88 숭산문도회 엮음, 《世界一花 3—산은 푸르고 물은 흘러간다》, 불교춘추사, 2001, 106, 13, 15, 19쪽.

89 무심 편집, 《온 세상은 한 송이 꽃—숭산 선사 공안집》, 현암사, 2001, 8~9, 24~6쪽.

90 디트리히 본회퍼, 《윤리》, 손규태 옮김, 대한기독교서회, 1974, 27쪽.

91 디트리히 본회퍼, 《창조, 타락, 유혹》, 문희석 옮김, 대한기독교서회, 1976, 101쪽.

92 디트리히 본회퍼, 《윤리》, 3쪽.

7장

숨과 영성: 숨은 생명과 얼의 줄

　　다석은 생사를 넘어 참된 삶을 추구했다. 오늘 여기에서 영원한 삶을 살기 위해서 자신의 생명과 존재를 불사르는 '하루살이'의 삶을 살았다. 오늘 여기서 자유롭고 참된 삶에로 들어가기 위해서 '가온 찍기'를 했고, 날마다 하나님을 향해 솟아올라 앞으로 나가는 삶을 살기 위해서 늘 자신을 불태우고 새롭게 형성하는 '생각'에 집중하였다. 다석에게는 생각이 삶과 유리된 관념이 아니라 삶과 정신을 불사르고 새롭게 형성하는 일이었다.

　다석은 생각을 '말씀 사름', '말 숨 쉼'으로 이해했다. 말 숨을 쉬는 것은 신과의 소통을 하는 것이고 신과 소통을 하는 것은 영이 하는 일이다. 다석에게는 생각이 이성의 일일 뿐 아니라 영의 일이다. 또한 다석에게는 생각이 존재론적이고 생명론적 행위다. 생각은 생명의 일이고 몸과 목숨에서 나오는 행위다. 다석은 생각이 사랑 안에서 불타는 것이라고 했는데, 사랑은 목숨과 영이 실린 것이고 목숨과 영에서 나오는 것이다. 이 장에서는 생각의 바탕을 이루는 숨과 영성에 대한 논의를 힘으로써 다석 사상의 생명철학적 기초를 밝히려 한다.

생각하는 것은 '말 숨'을 쉬고 소통하는 것이다. 마음이 놓여야 생각이 나고 잘 통하고 '말 숨'이 잘 쉬어진다. 마음이 놓이려면 몸이 성해야 하는데 몸이 성하려면 숨을 잘 쉬어야 한다. 다석은 이렇게 말한다. "사람은 만물의 근원이요, 밑둥이다. 우리가 생각한다는 것은 하늘과 통해서 쉬지 않고 원기(元氣)를 마시어 우리의 정신을 살린다. 원기는 성신 같은 것이다."[1] 사람 속에 우주 만물의 물질적 생명적 영적인 요소가 다 들어 있고 사람 속에서 우주의 깊이와 높이가 드러난다. 숨 쉬는 것은 원기를 마시는 것이고 원기를 마시면 영이 살아난다. 생각한다는 것은 하늘과 통해서 원기를 마시어 정신이 살아나는 것이다. 다석은 원기를 성신, 거룩한 영과 같은 것이라고 했다. 다석에게 생각은 원기, 거룩한 영을 숨 쉬는 일이다. 다석에게는 목으로 숨 쉬고, 머리로 생각하고 영으로 깨닫는 일이 하나로 통한다.

1. 몸과 몸: 척주는 울려 몸 거문고

1) 건강한 육체는 건강한 정신을 낳는 모체

몸에 대한 다석의 언급은 매우 다양하고 어떤 경우에는 서로 모순되기도 한다. 그는 몸을 극복해야 할 '짐승'[2], '정신을 기르는 비료'로 보기도 하고 빌려 쓰다가 마지막에는 내 놓고 가야 할 '전셋집'[3] "벗어버릴 허물"이라고 했다. 그런가 하면 몸을 "자기의 영혼을 담는 그릇"[4], '속알 실은 수레'[5]라고 하고, 심지어는 "건강한 육체는 건강한 정신을 낳는 모체"[6]라고 했다.

몸에 대한 다석의 상반된 견해는 몸에 대한 다석의 관점이 다양함을 나타낸다. 어떤 맥락에서 말하는지에 따라서 몸의 의미가 달라진다. 정신을 속박하는 몸의 욕망에 대해서 말할 때는 사정없이 몸을 극복하고 버려야 할 대상으로 평가하고, 몸과 정신의 긴밀한 관련성을 말할 때는 몸에 대해 적극적으로 평가한다. 그의 견해가 혼란스럽게 여겨지는 이유 가운데 하나는 그가 몸과 육체란 말을 섞어 쓰는 데 있다. 성경에서는 이런 혼란을 피하기 위해서 육과 몸을 엄격히 구분한다. 몸은 '성령이 계시는 성전'(고전 6:19)이라고 하여 존귀하게 여기면서 육은 멸망할 것이며 죄와 죽음의 원리를 나타낸다(롬 7:17–8:17). 그러나 다석의 경우에도 내용적으로는 몸과 육체의 구별을 분명히 하고 있다. 정신을 물질과 육체에 속박시키는 육체의 욕망을 말할 때는 몸이 망할 것, 벗어버릴 것, 극복할 것으로 규정된다. 이 경우에는 다석이 분명하게 몸과 정신(영혼)을 이원론적으로 구별하는 금욕적인 경향을 보인다. 그러나 몸을 '영혼을 담는 그릇', '속알 실은 수레'로 보고, '몸성히, 맘놓이, 바탈태이'에서처럼 몸과 맘과 영혼을 통전적으로 볼 때는 몸을 정신과 일치된 것으로 적극적으로 평가한다.

이런 해명에도 불구하고, 몸과 정신을 이원론적으로 분리시키는 금욕적인 경향은 오늘의 독자를 당혹스럽게 할 수 있다. 다석은 색과 식을 끊는 일을 자주 말했고 가정과 결혼에 대한 부정적 평가를 자주 내렸다. 그러나 성에 대한 부정과 지나친 금욕주의는 비현실적으로 여겨진다. 몸과 성에 대한 다석의 결론은 무엇인가?

다석은 1956년 10월에서 1957년 9월까지 YMCA에서 했던 다석의 연경반 강의를 속기록으로 남겼다. 속기록으로 남긴 맨 마지막 장의 마지막 부분에 한글 시를 풀이하면서 결혼에 관한 이야기를 하고 있다. 그 시는 다음과 같다.

웋로 오름 삶의 오름 올(무·當年) 사리가 올바른 삶

알몸 맺여 버리는 날 얼몸 돼서 뵈오리

거룩다 그리스도록 이에 숨을 쉬는 이

이 시의 뜻은 다음과 같다. "위로 올라가서 삶이 올라가는 삶, 일찍 주어진 시간을 옹글게 사는 삶이 올바른 삶이다. 알몸을 맡겨 버리는 날은 결혼하는 날이거나 죽어서 장사 지내는 날인데 이 날에는 얼몸이 되어서 얼몸을 보게 해야 한다. 거룩하다. 그리스도의 자리에 서서 예수를 이어 숨을 쉬는 사람."

다석은 이 시 가운데 "알몸 맺여 버리는 날 얼몸 돼서 뵈오리"를 풀이하면서 젊은 부부가 알몸만 서로 맡기지 말고 서로 얼과 몸을 새롭게 드러내 보임으로써 늘 새롭고 영원한 삶을 누릴 수 있을 것이라고 하였다. 다석이 결혼을 부정하는 듯한 말도 자주하고, 몸과 정신을 분리하여 몸을 비하하고 정신만을 높이는 듯한 말도 여러 차례 하였지만 여기서는 분명히 결혼하는 젊은 부부를 축복하고 격려하는 말을 하고 있다. 알몸을 맡기면서 얼몸을 드러내 뵈라고 함으로써 알몸과 얼몸을 결합하고 있다. 다석은 이 강의가 속기록으로 남기는 마지막 부분임을 알고 있었을 것이다. 마지막 강의 마지막 부분에서 결혼을 축복하면서 몸과 얼을 통합하는 사상을 분명하게 제시하였다. 다석이 속기록 강의의 마지막 부분에서 결혼과 영육의 통합을 강조한 것은 의도적인 것이었고 당시 다석이 자기 사상의 결론으로 제시한 것이라고 생각한다. 여기서 우리는 다석 사상을 이원론적 영지주의나 지나친 금욕주의에서 벗어나 영육을 통합하는 현실적이고 균형 잡힌 관점에서 이해할 수 있다.

다석은 영혼의 그릇을 다치면 그 영혼도 온전하지 않다면서 몸을 성하게 지켜야 한다고 했다. 그는 평생 몸을 깨끗이 하고 몸에 기운이 가득 차도록 힘썼다. 유영모는 평생 동안 '몸성히'를 강조했다. "세상에서 몸이 성하면 되지 그 이상의 것은 구할 필요가 없다"고 했다. "어린아이 때문에 앓지 못하는 어머니처럼 인류의 구원을 위해서 앓을 수 없는 육체를 가지자"고 했다.[8] 다석은 평생 몸을 소중히 여기고 단련하고 알뜰히 보살폈다.

몸을 '영혼의 그릇'으로 보는 관점을 넘어서서 다석은 건강한 몸을 "건강한 정신을 낳는 모체"라고 하였다. 다석에 따르면 "사백조의 세포가 하나로 모일 때에 여기 살알(세포)을 넘어서는 인격이 생긴다." 그런 의미에서 "건강한 육체는 단순한 그릇이 아니라 건강한 정신을 낳는 모체"이다. 더 나아가서 다석은 "내 육체의 세포 하나하나가 산 것처럼 우주만물은 하나하나가 산 것이며 이 우주에는 절대의식, 절대인격이 있는 것처럼 느껴진다"고 하였다.[9]

몸의 세포들이 하나로 모이면 인격이 생겨나고, 건강한 육체는 건강한 정신을 낳는 모체라는 말에서 몸의 중요성은 최대로 강조된다. 몸이 정신을 낳는 주체로 된다. 몸과 정신의 긴밀한 상관성에 근거해서 우주만물도 절대인격과 상관되어 있음을 다석은 시사한다.

또한 다석은 우주를 "…… 잠들어 자라는 애기"로 보고 "우리를 우주의 세포로 본다면 우리에게서 우주의 생명의 율동을 느낄 수밖에 없을 것"[10]이라고 말한다. 다석은 인간을 우주의 세포로 보고, 인간의 몸에서 우주 생명의 율동을 느낀다. 몸은 정신을 낳는 모체이며, 우주생명의 유기체적 일부이다. 우주만물도 각각 생동하면서 전체로 이어져 있고, 통일된 절대인격과 더불어 있다. 다석은 여기서 몸과 정신, 우주와 신의 긴밀한 상관성을 시사하고, 몸과 우주만물의 신비를 말했다.

몸에 대한 금욕적이고 부정적인 관점과 몸을 신령한 존재로 존중하는 관점이 다석의 사상 안에서 긴장을 이루며 결합되어 있다. 몸에 대한 이러한 이중적인 관점은 성경에서도 찾아볼 수 있다. 신약성경에서 육(살과 피)은 죄와 죽음으로 이끄는 원리로서 부정되고 극복될 대상이며, 멸망할 것이나[11] 몸은 창조와 구원의 대상이다. 성경에서는 하나님이 흙을 빚어 몸을 지으시고 코에 하나님의 숨을 불어 넣어 사람을 지으셨다고 함으로써 몸(흙)과 숨(하늘기운)을 긴밀히 결합시켰다. 창세기의 인간 창조설화는 생태학적 깊이를 지니고 있다. 성경은 결코 몸을 포기하지 않는다. 몸을 '성령이 계시는 성전'(고전 6:19)이라 하고 "말씀이 육신이 되었다"(요 1:14)고 하고, 몸으로 부활했다고 한다. 예수는 밥을 함께 나누고, 몸의 병을 고치는 데 힘썼다. 성만찬에서 예수의 살과 피는 새 생명과 영혼을 낳는다. 중국 성경은 "말씀이 육신이 되었다"는 구절을 "道成人身"(도가 인간의 몸이 되었다)고 옮겼다. 사람의 몸이 말씀을 담고 있다. 기독교에서는 몸과 영, 몸과 말씀이 일치된다.

다석도 몸과 도(道)를 일치시켰다. 그는 도(道)를 "…… 흙으로 빚고 코로 숨 쉬는 것"으로 갈파했다. "배고프면 먹어 흙을 빚고 고단하면 자고, 코로 숨 쉰다."[12] 밥 먹는 일을 흙 빚는 일로 보았다. 밥도 흙에서 나온 것이고 몸도 흙에서 나온 것이니 밥 먹는 것은 흙으로 흙을 빚는 것이라고 한 것이다. 먹는 것과 숨 쉬는 것을 도(道)로 본 것은 몸과 도(道)를 하나로 본 것이다. 몸에 도가 있고 진리가 있고 말씀이 있다. 성경에서도 다석 사상에서도 물질에 대한 몸의 탐욕과 집착을 경계하면서도 몸을 소중하고 신령한 것으로 보았다.

2) 척주는 율려, 몸 거문고

52세 때 신앙체험을 한 후 다석은 기독교 신앙을 분명히 하고, 근엄하던 자세가 원만해지고 노래와 춤을 좋게 보았다. 더 나아가서 다석은 "脊柱(척주)는 律呂(율여), 몸 거문고"(1955년 4월 27일 일지)라고 했다.

율려(律呂)는 풍류, 음악을 뜻한다. 율은 음의 조율을 뜻하고 려는 풍류를 뜻한다. 옛날에는 새 나라를 세우면 법과 제도, 도덕과 풍습을 바로잡을 뿐 아니라 음악의 기본음을 정하고 기본음에 맞추어 악기들을 조율하고 가락을 정했다. 옛날에는 음을 측정하는 기계장치가 없으므로 기본음을 정하고 이 음에 따라 악기들을 조율하는 일이 중요했다.

다석은 척주를 율려라고 함으로써 몸을 음악의 기본으로 보고 '몸'을 거문고라고 함으로써 맘을 악기로 보았다. 몸과 마음의 예술적 일치를 말한 것이다. 몸과 마음의 중심을 척주로 보고 척주가 곧고 바르게 조율이 될 때 마음에서 아름다운 소리를 낼 수 있다.[13]

다석은 생명과 영을 예술로 보았다. "인생은 피리와 같다. …… 피리를 부는 이는 신이다."[14] 법과 도덕, 제도와 풍습만으로는 삶과 영이 완성될 수 없다. 예술의 차원과 경지가 있어야 삶은 완성되고 구원된다.

2. 숨: 소식(消息)

다석은 '소식'(消息)이란 글에서 "宇宙[우주]는 消息[소식]이오, 하나님은 消息主[소식주]시오, 나는 消息[소식]·다"[15]라고 했다. 물질세계인 우주와 신령한 주체인 하나님과 인간인 '나'를 숨으로 파악한 것이다. 물질인 '몸'과 생각하는 인간인 '정신'과 거룩한 영인 '하나님'은 숨으로 통한다. 따라서 척주가 바르고 곧게 조율되면 숨이 깊고 편해지고, 숨이 깊고 편하면 얼이 맑고 아름다워지며, 영원한 생명인 하나님과 소통이 잘 이루어진다. 다석은 흙과 몸과 숨과 얼이 하나로 통한다고 보았다. 물질세계에 속하는 몸과 생각하는 정신과 신령한 얼이 숨으로 통하는 것을 인간의 몸과 영혼에서 확인할 수 있다. "흙이 우리의 오 척 몸뚱이를 일으켜 세웠다. 대기(大氣)의 산소가 사람 노릇 하라고 자꾸 내

호흡을 시켜 준다. 그러한 가운데 마음은 만고(萬古)의 옳은 뜻에 가서 젖으면 이 목숨이라는 것에 영원한 얼이 일어난다."[16)]

1) 숨은 생명의 풀무질

사람의 몸과 마음(영)을 잇는 것은 숨이다. 많은 언어들에서 숨과 영은 같은 말로 쓰인다. 히브리어 루아흐, 그리스어 프뉴마, 프쉬케, 라틴어 스피리투스, 인도어 아트만은 모두 숨과 영을 함께 나타낸다. 성서적으로도 사람은 하나님의 생기인 숨으로 지음을 받은 존재이다(창 2:7). 사람은 하늘 숨을 쉬고 사는 존재이다. 부활한 예수는 제자들에게로 숨을 내뿜으면서 "성령을 받으라"고 했다(요 20:22).

다석은 생명을 숨으로 보았다. 그는 시간, 날짜, 햇수를 코끼리로 표기했다(1956년 4월 24일). 사람이 하루 2만 5천 번 숨을 쉬고 인생 70년 동안 6억 2천5백만 번 숨을 쉰다고 했다(1955년 7월 6일 일지).

다석은 '소식'(消息)에서 고대동양의 정기사상(正氣思想)에 기초하여 숨에 관한 사상을 제시했다. 그에 따르면 정대지고(正大至高)한 기(氣)가 하늘과 땅 사이에 충만하고, 기가 만물의 근본이며, 인간의 본심(本心)도 기다. 옛 사람들은 "…… 사람의 원기는 숨에 있고 숨 쉬는 기는 곧 천지의 원기인 것"을 인식하여서 사람이 천지(天地)와 함께 숨을 쉬고, 만물이 서로 같은 숨을 쉰다는 것을 믿고 살았다.[17)]

다석은 정기사상을 따라서 숨이 우주와 생명과 인간본성의 근본이라고 보았다. 숨은 개인의 몸의 생리작용만이 아니라 우주적이고 영적인 생명원리이다. "몸이 숨을 쉬듯이 우주도 숨을 쉰다. 성신도 숨을 쉰다. 성신의 숨 쉼이 말씀이다."[18)] 다석은 숨을 산화작용으로, 생명의 불꽃을 일으키는 풀무질로 본다. 숨 쉬고 생명의 불꽃을 피움으로써 "미래와 과거의 영원에 접촉하고 있음을 느낀다."[19)] 숨과 생명은 거룩한 영과 통하고, 영원과 닿아 있다. 따라서 기(氣)가 뚫린 사람은 이미 하나님에게서 큰 목숨을 받은 것이고 신앙을 가진 사람이다.[20]

다석은 숨을 인간생활의 핵심으로 보았다. 숨과 쉼을 뜻하는 '息'(식)에 대한 글자 풀이를 통해서 다석은 숨과 몸의 관계를 밝혔다. '息'은 自와 心으로 이루어졌는데 自는 鼻(코)의 본래 글자요 心은 염통을 뜻한다. 숨, 쉼은 코(허파)로 숨 쉬고 염통으로 피를 돌리는 것이다.

그는 숨을 소식(消息)으로 설명했다. 소식은 '생활동정'만이 아니고 "한 생활동정이 다른데 영향하는 것"이다. 한 사람이 "바른 생활동정을 하면 그것이 自個生活[자기 개인 생활]에만 그칠 리 없고 반드시 다른 뭇 사람들(他衆)에 영향하니 이 곧 소식이 소문이오 통신"이다. 생활동정의 핵심은 숨 쉬는 일이고 숨을 편안히 깊게 잘 쉬면 다른 사람들에게 영향을 준다는 것이다. 숨 쉬는 생활 자체가 소식이고 소문이며 통신이다. 더 나아가서 삼라만상의 모든 형태와 변화가, 온갖 소리와 빛이 우리에게 감촉되는 모든 것이 다석은 소식이고 신식(信息)이라고 했다.[21]

2) 정력(精力)과 기(氣)와 신(神)

다석은 정력(精力)을 바꾸어 단(丹)을 이룬다는 도교의 가르침을 받아들인다. "도교에서는 정기신(精氣神)이라 하여 정에서 기운이 나오고 기운에서 신이 나온다고 생각했다." 깊이 숨을 쉬고 배 밑에 마음을 통일하면 아랫배에 힘이 생기고 아랫배에 힘이 붙기 시작하면 단전(丹田)에서 단(丹)이 형성된다. 다석은 "호흡을 조절하여 불완전 연소를 시켜서 밥의 알짬을 단(丹)으로 만든다"고 했다. 이 단에서 기운이 나온다. 단이 더욱 단련되면, 금강석처럼 되어서 지혜가 나오는데 이 지혜를 다석은 '신(神)'이라고 한다.[22] 밥의 알짬인 정, 몸과 마음의 기운인 기, 기운이 닦여져서 나오는 지혜가 신이다.

동양과 한국의 인간학에 따르면 신은 인간에게 내재하는 신령한 정신이다. 신은 초월과 무한의 세계와 감응하고, 교류하는 인간의 정신이기도 하고 인간을 초월하는 신령한 존재이기도 하다. 동양에서 인간에게 내재하는 정신과 초월적인 존재를 가리키는 신은 초월적 타자를 가리키는 기독교의 하나님과는 구별된다.

숨을 깊게 쉬어서 밥의 알짬으로 기운을 빚고 기운에서 신적인 지혜가 빛나게 하기 위해서 도교에서는 여러 가지 장생법, 양생법을 말한다. 그러나 다석은 여러 가지 장생법과 양생법을 실험해 보고 나서 "몸과 마음을 곧게 하는 것밖에 없다"고 결론을 내린다. "입 다물고 몸과 마음을 곧게 하면 숨이 저절로 깊어지고 숨이 깊고 고르면 몸과 마음이 성하다." 그런데 다석이 단전호흡과 명상을 위해 개발한 정좌법(正坐法)은 독특하다. 흔히 불교의 참선수행을 위해서는 가부좌가 좋다고 하는데 다석의 정좌법은 몸이 안정될 뿐 아니라 정신을 집중하는 데 효과적이었다. 다석의 정좌법은 "앞무릎은 붙이고 두 다리는 벌려 엉덩이는 맨땅에 앉게 된다. 가부좌의 다리 모양은 역삼각형이 되는데 유영모의 정좌는 정삼각형이 된다. 다석의 정좌법이 가부좌보다 피라미드형에 더 가깝다. 언제나 정좌하고 지낼 수 있었다".

정기신을 통합적으로 본 다석은 물질인 몸, 생각하는 정신, 하나님과 소통하는 영이 하나로 통하고 이어진다고 보았다. 몸과 정신과 영을 하나로 통하게 하려면 몸과 마음을 곧게 하는 길밖에 없다. 다석에게 숨쉬는 일은 하늘과 인간과 땅을 하나로 통하는 일이요, 땅에서 하늘로 솟아오르는 일이다. "(다석은) 88세 때 기억력이 흐려졌으나 무릎 꿇고 있는 것은 변함이 없었다. 머리를 하늘로 두려는 의지요 기도였다."[23]

3) 삶을 위한 살림

다석은 삶과 살림을 구별한다. "삶은 숨이 위주요 살림(집, 솥)은 먹는 게 위주다. 살림으로는 남에게 떨어지고 또 떨어졌어도 삶은 처음부터 천혜(天惠)로 풍족하다."[24] 숨에 기초한 삶은 인위적인 것이 아니라 하늘로부터 주어진 것이다. 숨에 기초한 삶은 하나님의 능력과 은혜, 대자연의 생명력에 의지한 것이다. 숨 쉬는 삶은 믿음과 은혜로 산다. 그러나 살림은 먹고 입고 자고 일하는 것으로서 머리와 손발을 부지런히 움직여야 잘할 수 있다.

다석은 삶과 살림의 관계를 분명히 밝힌다. 살림은 삶을 위한 것이다. 그러나 살림을 위한 삶은 없다. 살림은 지상에서 삶을 평면으로 넓고 크게 펼치자는 것이고 삶은 숨을 깊게 쉼으로써 정에서 기로, 기에서 신으로 더욱 높이 솟아오르자는 것이다. 다석의 진화론적 생명관에 따르면 땅(물질)은 하늘(영)을 지향하고 인간은 신을 추구하는 존재이다. 살림과 삶의 관계를 다석은 평면을 나타내는 유클리드와 입체를 나타내는 비유클리드로 설명한다. "비유클리드의 진리가 대낮을 보이었건만 유클리드의 작도(作圖) 속에서 좀더 자겠다고 한다. …… 살림만 크게 하랴다가는 …… 살림에 치어죽는다. 전에도 그랬고 후에도 그렇다. 쌀 속에 묻혀 죽는 생쥐와 같이."[25] 지상에서 평면적인 살림을 끊임없이 확장하려는 사람은 살림에 치어 죽는다고 한다.

숨 쉬는 삶이 으뜸이고 이 삶에 기초해서 살림을 펴가야 한다. 숨에 힘이 있어야 삶에 힘이 있고 삶에 힘이 있어야 살림을 정성스럽게 힘껏 할 수 있다. 숨에 기초한 살림은 "…… 오래(門)에 손님 마지 하듯 …… 가다듬은 맘으로 …… 제사 지내듯" 해야 한다.[26]

4) 숨: 생명의 실올

다석은 숨을 생명의 줄로 본다. 사람의 목숨은 처음부터 이어온 생명의 실올이며, 하늘에서 타고난 생명이고 하늘에 이르러 완성하려는 바람과 사명을 가진 것이다. '바른 목숨'이란 글에서 다석은 "한 바람 목숨실올을 바로 세워지이다"라고 했는데, 김흥호는 이것을 "하늘을 희망하는 한 바람, 한 토막의 목숨 실, 생명의 실, 진리의 올이 바로 세워지기를 기원한다"라고 풀이했다. 생명의 실올인 숨은 하늘에서 타고난 생명을 하늘에 이르러 완성하려는 염원을 품고 있다. 바른 목숨은 목숨의 실올을 바로 세우고 하늘로 솟아올라서 생명을 옹글게 하는 것이다.[27]

1957년 6월 21일의 일지에서 "하늘 계신 아부 계 …… 이어이 예수ㅁ 쉬는 우리 밝는 속알에 더욱 나라 찾임이어지이다"고 말했다. 다석은 이 구절에 대해서 《다석강의》 37강에서 자세히 풀이한다. '이어이'는 맨 처음부터 생명과 진리의 올이 삶을 통해 이어온 것을 나타낸다. 이 생명과 진리의 올을 역사 속에서 바로 이어가면 이상국가가 이루어지고, 이것을 바로 잇도록 지도한 이가 부처가 되고 그리스도가 되었다. 다석은 또한 '예'를 "한 줄기 이어 내려온 여기"이며, "아들이 아버지를 찾아가는 글자"라고 했다. '수'는 '능력(수)'을 나타내고, '예수'는 "예서 능력(수)을 찾는 것"이다. 다석은 예수를 '예숨'(예서 쉬는 숨)이라고도 하고 '예서 수를 찾음'이라고도 한다. 이것은 다석의 말놀이다. 엉뚱한 것 같으나 예수를 '이제 여기 나의 숨'과 연결 지으려는 노력으로 볼 수 있다. 다석은 "이어이 예수ㅁ 쉬는"에서 숨과 삶의 능력(수)과 예수를 연결시킨다. '숨'에서 참되고 영원한 생명의 능력을 찾는 것이 '예수'라는 것이다. 그러나 다석에게는 숨 쉬는 것이 "숨 쉬고 밥 먹고 잠자는" 신체적이고 생리적인 삶에 그치는 것이 아니다. 몸으로 숨을 쉬지만 그 숨 안에서 '위(하늘)'로 솟아올라가는 것이다. 위로 솟아올라갈 때 참된 '나'를 찾고 그 '나'를 이어가는 것이 '나라'를 찾는 것이 된다. 그것이 사랑을 이루는 것이고 하나님의 뜻을 이어 가는 것이다.[28]

숨을 바로 쉬면 속알(德)이 밝아지고, 하늘나라를 찾게 된다. 숨 줄은 내가 지금 살아가는 줄이고 살아갈 줄이다. 큰 숨이 자라 나라가 이루어 진다.[29] 숨을 바로 쉬면 참 나가 되고 참 나가 되면 더불어 사는 나라가 이루어진다. '나'를 찾고 '나라'를 이루려는 사람은 땅에서 바벨탑 쌓는 일을 그만 두고, 하나님께로 날아올라야 한다. "대기를 한 가지 소식(消息)하는 동생(同生)들이여 바벨탑은 그만, 그만 두고 하나님께로 향하여 삶의 날개를 치자─느럭느럭 쳐도 쉼이 없이 치는 날개!"[30]

3. 영성: 어둠 속에 빛나는 생명

1) 얼굴: 얼의 골짜기

"숨은 그립고 얼은 울린다. …… 맑은 숨과 얼은 제 그림이오, 절로 울림이어라"(1956년 1월 24일 일지). 숨은 영원한 생명에 대한 그리움을 품고 있고 얼은 서로 울리고 통한다. 맑은 숨과 얼은 스스로 그리워하고 저절로 울린다. 사람의 사명은 신인(神人)이 되는 것이 아니라 하나님의 아들이 되고, 하나님과 하나가 될 수 있는 '내'가 되는 것이다. "내 정신과 신이 통할 때 눈에 정기가 있고 말에 힘이 있다."[31] 사람의 사명은 신과 통하여 바른 기운을 가득 품고 사는 것이다.

숨은 신령한 얼의 세계와 통한다. 숨은 우주의 대자연 생명과 통하고 초월과 무한의 하늘과 통한다. 숨을 바로 쉬며 사는 이는 좁은 집안에 갇혀 살 수 없다. 숨을 바로 쉬는 사람은 태양계를 넘어 은하계, 우주도 넘어 허공의 하늘을 넘어 하늘을 먹음은 마음보다 높은 자리, 성령이 충만한 자리에 산다. 그런 자리에서 얼 김(眞理靈氣)을 맞으면 마음 문이 열리고 코가 뚫리고 귀가 띄며, 큰 기운이 온몸의 세포들을 꿰뚫고, 땅과 바다와 온 우주를 하나로 꿰뚫는다.[32]

그러나 성령이 충만한 얼의 세계는 숨 쉬는 사람의 얼굴에 드러난다. 얼굴은 얼의 골짜기요 얼의 굴이다. "영혼을 드러내는 골짜기가 얼굴이다." 다석은 사람의 얼굴 속에서 우주의 무한한 신비를 본다. "얼굴을 보니 그 골짜기가 한없이 깊다. …… 소뇌, 대뇌를 넘어서 우주의 무한한 신비가 얼굴 뒤로 연결되어 있다." 그리고 얼굴 속에는 얼굴의 참된 주인인 얼(신)이 들어 있다. "…… 별 하늘 뒤에 뒤에 천천만만의 별 하늘 …… 그 뒤의 생각의 바다가 있고 신의 보좌가 있고 얼굴의 골짜기 한없이 깊다. 그 깊은 그윽한 곳에 얼굴의 주인인 진짜 얼이 계신 것이다." 사람의 얼굴 속에 "우주의 가장 깊고 깊은 성스러운 지성소"가 있고 그 지성소 속에 우주의 신비와 인간의 신성이 "튼튼하고 곧 바르게 곧이곧게 …… 들여 박혀 있다".[33] 우주의 신비와 인간의 신성(영성)이 사람의 얼굴에서 하나로 통한다.

가정은 살림을 하는 곳이고 우주 빈탕 하늘은 숨을 쉬는 곳이며 영이 살아 있는 곳이다. 그러므로 다석은 좁은 집안에서 벗어나려 했다. 다석은 40대 중반이 되어서야 도시를 떠나 산골에서 살 수 있었다. 다석은 집 없이 산 예수를 그리워했고 예수가 해가 저물 때 혼자 산으로 기도하러 가셨다는 사실이 두렵고 그립다고 했다. 그러고는 산을 그리워하며 "아, 한울 향한 산이여! 기도할 곳이여!"라고 부르짖었다.

2) 어둠 속에서 빛나는 영성

우주의 신비와 인간의 영성은 어둠 속에서 빛난다. 숨과 영은 낮보다는 밤에, 빛보다는 어둠 속에서 잘 통하고 깊어진다. 다석은 이미 33세 때 "어둠이 분명 빛보다 크다"[34]고 했다. 이것을 다석은 '빈탕한데맞혀

놀이'라는 강의에서 풀어서 말했다. "······ 참으로 넓고 큰 것은 빛 없는 캄캄한 곳이다. ······ 어떤 광명(光明)이 흑암(黑暗)을 쫓는 것을 보았는가? 우주는 호대한 흑암이다. ······ 호대한 것은 흑암이요 광체는 미미한 것이다." 그는 해를 어둡다 하고 물질계를 단일허공의 한 티끌에 지나지 않는다고 했다. "이 색계(色界), 곧 물질계(物質界)는 굉장한 것 같지만, 실은 단일허공(單一虛空)의 한 티끌에 지나지 않는다."[35]

우주의 캄캄한 허공에 비하면 물질세계와 물질이 타는 빛은 아주 작은 것이다. 따라서 무한한 허공을 드러내고 그 허공 속에 잠기는 어두운 저녁은 영원하고, 태양은 우주의 한 작은 화로에 지나지 않으며, 밝은 낮은 하루살이의 빛에 불과하다고 다석은 말한다.[36]

더 나아가서 햇빛과 물질은 영적인 세계를 가리고 영적인 세계와의 소통을 가로막는다. "대낮에 영원과 사귀겠다는 것은 허영이다. ······ 한낮의 밝음은 우주의 신비와 영혼의 속삭임을 방해하는 것이다. 그래서 '빛들음'은 '비뚤어짐'으로 숨길을 막는 요인이 된다. 숨길은 밤중에야 잘 뚫린다."[37]

태양의 빛은 물질의 밝음과 힘이고 물질의 밝음과 힘은 세상의 영광이다. 밤을 없앤 현대 문명에서는 물질의 밝음과 힘에 취해서 영원과의 통신이 끊어졌다. 진리와 영생인 그리스도는 십자가의 어둠 속에 있다. 진리와 영생에 이르려면 역사와 세상의 어둠 속으로 들어가야 한다.

다석에게 생명의 근본 바탕은 숨이다. 영원한 생명의 줄이 내 숨 속에 내 생명의 본성 속에 있다. 다석은 숨 속에서 영원한 생명, 거룩한 얼을 만나려고 했다. 삶의 근본 바탕인 숨은 정기신(精氣神)을 통전하고, 물질세계, 정신세계, 얼(하나님)의 세계를 하나로 뚫으며, 영원한 과거와 영원한 미래를 잇는다. 숨은 하늘의 영원한 생명에 대한 염원을 품고 있다. 물질과 햇빛은 하늘을 향한 숨길을 막는다. 물질과 햇빛에 대한 욕망과 집착이 꺼지고 어둠 속으로 들어갈 때 숨 속에서 하늘 길이 뚫린다.

숨과 영성에 대한 다석의 성찰은 서구의 이성 중심적이고 실체론적인 존재론에 대한 비판이며, 동양의 유기체적이고 통합적인 사유의 회복이고, 하나님과의 소통을 추구하는 기독교적 영성의 새로운 이해이다.

— 주(註)

1 유영모, '건', 《다석일지》(영인본) 上, 794쪽.
2 박영호 풀이, 《多夕 柳永模 명상록》, 두레 2000, 49~50쪽.
3 유영모, '밀알 2', 《다석일지》(영인본) 上, 821쪽.
4 《진리의 사람 다석 유영모》上, 91, 94쪽.
5 유영모, '정(2)', 《다석일지》(영인본) 上, 738쪽.
6 유영모, '깨끗', 《다석일지》(영인본) 上, 754쪽.
7 《다석강의》, 957~8쪽.
8 《진리의 사람 다석 유영모》上, 97쪽.
9 유영모, '깨끗', 《다석일지》(영인본) 上, 754쪽.
10 유영모, '바람직한 상', 《다석일지》(영인본) 上, 850쪽.
11 영과 육을 대립시키고, 육이 죄와 죽음과 관련되어 있고 멸망할 것임을 말하는 성경구절
    들에 대해서는 요 3:6; 6:63; 롬 7:14, 25; 8:6; 고전 15:50 등을 참조하라.
12 유영모, '바람직한 상', 《다석일지》(영인본) 上, 852쪽.
13 다석은 呂와 몸은 등뼈를 그린 것이라고 보았다. 《진리의 사람 다석 유영모》下, 40쪽.
14 유영모, '밀알 1', 《다석일지》(영인본) 上, 817쪽.
15 유영모, '소식(消息)', 《다석일지》(영인본) 上, 650쪽.
16 박영호 엮음, 《多夕 柳永模 어록》, 두레, 2002, 351쪽.
17 유영모, '소식', 《다석일지》(영인본) 上, 646쪽.
18 유영모, '밀알(2)', 《다석일지》(영인본) 上, 824쪽.
19 유영모, '무거무래 역무주', 《다석일지》(영인본) 上, 748, 745쪽.
20 유영모, '소식', 《제소리》, 338쪽.
21 유영모, '소식', 《제소리》, 332, 339쪽.
22 유영모, '남녀', 《다석일지》(영인본) 上, 866쪽.
23 《진리의 사람 다석 유영모》下, 41, 44, 45쪽.
24 유영모, '소식', 《제소리》, 333쪽.
25 유영모, '소식 1', 《제소리》, 340쪽.
26 유영모, '제소리', 《제소리》, 318쪽.
27 《다석일지 공부》 4, 89쪽.
28 《다석강의》, 836~9쪽.
29 유영모, '제소리', 《제소리》, 319쪽.
30 유영모, '소식 1', 《제소리》, 340~1쪽.
31 유영모, '밀알(2)', 《다석일지》(영인본) 上, 821쪽.
32 유영모, '제소리', 《제소리》, 316쪽.
33 유영모, '사람꼴'(버들푸름5), 《다석일지》(영인본) 上, 721~722쪽.
34 유영모, '저녁찬송', 《제소리》, 387쪽.
35 유영모, '빈탕한데 맞혀놀이', 《다석일지》(영인본) 上, 895~6쪽.
36 유영모, '저녁찬송', 《제소리》, 387~8쪽.
37 유영모, '빛'(버들푸름7), 《다석일지》(영인본) 上, 731쪽.

우리말과 글의 철학:
천지인 합일과 인간 주체의 철학

다석은 우리말과 글을 닦아 내고 살려 내려고 힘썼다. 이 점에서 다석은 이전의 한국 사상가들과 비교된다. 조선왕조의 실학자들도 한문으로 생각하고 표현했다. 19세기의 민중종교 사상가들조차 한문과 한자로 생각을 표현하고 전했다. 동학의 동경대전은 한문으로 되었고 용담유사는 한글로 표기되었으나 한자어를 한글로 옮겼을 뿐이다. 주문이나 부적의 글도 다 한자로 되어 있다. 강증산도 한자어를 주로 사용했고 증산교의 경전인《대순전경》도 초판은 국한문 혼용체로서 한자어를 주로 사용했다. 대종교의 경전들조차 한문으로 되어 있다. 이들에게는 우리말과 글에 대한 철학적 자각이 없었다고 생각된다. 성경이 한글로 번역되면서 민중의 삶 속에서 우리말과 글에 대한 자각이 생겼다.[1] 이 점에서 유영모는 민주의식을 가지면서 우리말과 글을 철학적 언어로 다듬어내고 우리말과 글로써 철학을 펼쳤던 첫 번째 사람이었다. 말년에 다석은 자신이 평생 말을 탐구했으며, 말마디 속에서 하나님의 이르신 뜻을 알게 되고 하나님을 만났다고 하였다(1972년 1월 22일 일지).

I. 한국전통사상의 기본 원리와 한글 연구

다석이 추구한 우리말과 글의 철학을 이해하려면 먼저 한글 연구에서 다석이 파악한 한국전통사상이 어떤 것인지 그리고 다석이 이해한 한글의 원리는 무엇인지를 밝혀야 한다. 이를 위해서는 먼저 한국전통사상과 문화의 원리가 무엇인지를 알아보고 훈민정음 해례본에 나온 한글의 원리를 살펴봄으로써 다석의 한글 연구와 비교해 볼 필요가 있다.

1) 한국전통문화의 구성원리와 한글의 구성원리

우실하는 한국전통문화의 구성 원리를 '삼재론 중심의 음양오행론'으로 보았다. 그에 따르면 삼재론이란 우리 민족의 가장 깊은 사상적 뿌리인 동북방 샤머니즘과 태양숭배사상과 연결된 것으로 수렵문화를 토대로 하는 3수의 분화(1 道 - 三神/三才9=3×3 81=9×9)가 특징인 세계관이다. 이 삼재론은 영의 세계인 하늘에 대한 관심이 주가 되고 하늘과 땅을 잇는 인간(무, 샤만)의 능력이 강조되는 고대 샤머니즘이 정리된 것이며 하늘과 땅과 인간을 수직으로 이어서 해석하는 인식틀을 가지고 있다. 이에 반해 중국 남부의 농경문화에서는 계절을 파종기와 수확기로 양분하는 이분법 논리와 땅을 4방, 8방으로 나누어보는, 공간을 수평으로 분할하여 이해하는 인식이 있었다. 이것은 역(易)사상 곧 음양오행론으로 정리된다. 한국전통문화의 구성원리는 종교문화사적으로 삼재론을 가졌던 북방 수렵문화와 음양오행설을 가졌던 남방 농경문화의 만남에서 비롯된 것이다. 그리하여 한국전통문화는 삼재론 중심의 음양오행론으로 정착되었다고 한다.[2]

실제로 훈민정음 해례본에서 삼재론 중심의 음양오행론을 확인할 수 있다. 훈민정음 해례본에 따르면 "하늘과 땅의 이치는 하나의 음양과 오행뿐이라"고 하여 음양오행론을 전제한다. 사람의 목소리도 음양의 이치가 있다고 하였다. 첫소리 17자는 오행에 따라 구성되었다. 첫소리의 기본 글자는 어금닛소리 ㄱ, 혓소리 ㄴ, 입술소리 ㅁ, 잇소리 ㅅ, 목구멍소리 ㅇ인데, 목구멍은 수(水), 어금니는 목(木), 혀는 화(火), 이는 금(金), 입술은 토(土)와 관련된다고 하였다. 한글에서 중심적인 구실을 하는 가운뎃소리 11자는 천지인(天地人) 삼재(三才)에 따라 만들어졌다. 가운뎃소리의 기본음은 ㆍ, ㅡ, ㅣ인데 ㆍ는 하늘, ㅡ는 땅, ㅣ는 사람을 나타낸다. ㆍ가 ㅡ나 ㅣ에 붙여져서 다양한 형태의 가운뎃소리가 생겨나는데 ㆍ가 '위'와 '밖'에 놓이면 양(陽) 모음이고 '아래'와 '안'에 붙으면 음(陰) 모음이 된다. 가운뎃소리는 음양오행론에 따라 각기 자리와 수(數)가 주어지는데 ㅣ만은 홀로 자리와 수가 없다고 한다. 그 까닭은 "사람은 무극(無極)의 진리와 음양오행의 정기(精氣)가 신묘(神妙)하게 합해서 엉긴 것이니, 참으로 일정한 자리와 수를 가지고 논할 수 없기 때문이다". 또한 첫소리는 하늘, 가운뎃소리는 사람, 끝소리는 땅과 관련 짓고 첫소리와 가운뎃소리와 끝소리가 합해서 글자의 음을 이루는 것이 천지인의 협력과 조화를 나타낸다고 하였다. "첫소리와 끝소리가 (가운뎃 소리와) 합하여서 글자의 음(音)을 이루는 것이 마치 하늘과 땅이 만물을 생하고 이루되, 그 마르재어 이루고 보필하여 돕는 것은 반드시 사람의 힘에 힘입음(資賴)과 같다."[3]

이와 같이 훈민정음 해례본은 다시 천지인 삼재사상을 부각시킨다. 초성과 중성만 있는 중국의 음운과는 달리 초성, 중성, 종성으로 글자를 구성하고, 천지인 삼재사상이 중성 기본음 형성의 기본 원리가 되었다는 점에서 훈민정음의 주체성과 독창성을 확인할 수 있다.[4]

2) 이정호의 한글 연구

이정호의 훈민정음 연구도 훈민정음의 기본 원리를 따라서 삼재사상 중심의 음양오행론을 바탕으로 이루어진다. 이정호는 주역과 김일부의 정역(正易)을 끌어들임으로써 훈민정음도를 작성하고 나름으로 독특하게 훈민정음의 역학적이고 정신적 의미를 제시한다.

이정호의 한글 연구는 다석의 한글 연구로부터 큰 영향을 받은 것으로 추정된다. 다석과 이정호의 관계를 살펴보자. 1960년대에 다석은 이정호의 요청으로 훈민정음 해례본을 같이 읽으며 강독하였다. 후에 이정호는 정역에 대한 연구를 바탕으로 《훈민정음의 구조원리 그 역학적 연구》를 썼다. 훈민정음에 대한 이정호의 역학적이고 체계적인 연구는 한글에 대한 철학적 연구에서 선구적인 위치에 있다. 이정호가 1950년 6월 6일에 다석의 2만 2천 일 기념행사에 참여하여 다석과 함께 사진을 찍은 기록이 남아 있으며, 그는 다석에게 지속적으로 가르침을 받은 것으로 알려져 있다.[5] 따라서 이정호의 한글 연구에는 다석의 연구가 깊은 영향을 끼쳤을 것으로 추정되지만 이정호는 그의 책에서 다석에 대한 언급을 하지 않고 있다. 이정호의 훈민정음 연구가 유영모의 훈민정음 연구에서 얼마나 영향을 받았는지 확인하기 위해서는 양자의 연구 내용에 대한 비교검토와 함께 깊은 연구가 요구된다.

이정호는 주역과 정역(正易)에 대한 연구를 통해서 그 나름의 훈민정음 이해와 연구에 이르렀다. 이정호는 세종의 역학(易學)을 "상수(象數)에 치중한 의리(義理)의 학"이었다고 보았다. 그에 따르면 훈민정음은 글자 하나하나가 다 구강(口腔) 내부의 음양과 오행의 방위에 해당하는 각 발음 부위의 발음기관의 발음형태를 그려내서 만들어졌다. 또한 이정호는 초성과 중성의 역학적 의의를 밝힌다.[6]

기본 중성음 ·, ─, ㅣ에 대한 설명

이정호는 천지인 삼재사상과 음양오행의 역학에 근거해서 훈민정음 28자를 도면화하였다.

그는 먼저 중성 기본음을 천지인 삼재사상으로 풀이했다. 각기 하늘과 땅과 사람을 나타내는 기본 중성 ·, ─, ㅣ를 겹쳐서, 중심에 · 가 있는 열십자 형태의 그림을 만들었다. 이 그림에서는 하늘을 나타내는 · 가 땅을 나타내는 ─와 사람을 나타내는 ㅣ의 중심에 놓인다. 따라서 이정호는 "지심(地心)과 인심(人心) 속에 하늘 · 가 내재하여 …… 지심이 천심이며 인심이 천심이라는 원리의 소재를 알 수 있다. 그리고 · 가 …… 생명의 본원처요, 만유의 기시점(起始點)에 해당함을 알겠다"고 하였다. 또한 그는 ─를 아래에 놓고 가운데 ㅣ를 놓고 꼭대기에 · 를 놓아서 촛대 형태의 그림을 만들었다. 이 그림에서는 위에 하늘이 있고 아래에 땅이 있어 사람이 그 가운데서 "하늘을 이고 땅에 서매 위에서는 하늘의 영광으로 빛이 온 세상에 충만하며, 아래에서는 굳건히 땅에 서서 땅의 씨(仁)가 되어 만백성이 필요로 하는 사람이 됨을 말하여 주는 것"이라고 했다.

이와 같이 이정호는 중성 기본음을 천지인 삼재사상으로 설명하였다. 그러나 이정호는 철저히 역학과 음양오행론에 따라서 모음 글자들의 발생 과정을 설명한다. 이정호는 자신이 그린 중성도(中聲圖)를 설명하면서 · 는 태극이고 ─, ㅣ는 양의(음양)이고 ㅗ, ㅏ, ㅜ, ㅓ는 사상(四象)이고 중모음 ㅛ, ㅑ, ㅠ, ㅕ는 · 가 여덟 개 들어 있는 팔괘라고 하였다. 이러한 모음의 생성 과정은 복희팔괘도의 생성과정과 일치한다고 하였다. 또한 중성 십일자는 정역에서 말하는 '십일일언'(十─一言)에 해당한다고 하여 정역과 결부시켰다.[7)]

동자상과 관음탑

이정호는 자신이 만든 초성 기본음의 입체도(立體圖)를 동자상(童子像)으로 보았다. 맨 위에 ㅇ, 가운데 ㅁ, 아래에 ㅅ을 놓아 머리가 크고 다리가 짧은 어린아이를 나타냈다. 이 소년은 기독교적으로 말하면 '천국에 합당한 소년'이고, 주역으로 말하면 '간'(艮)에서 '도(道)를 이루는 소년'이라고 했다.

또한 이정호는 중성 기본음들(天地人)로 이루어진 촛대 형태의 그림을 맨 위에 놓고 ㅗ, ㅏ, ㅜ, ㅓ로 이루어진 사각 평면(四象)은 가운데 놓고 맨 아래에 ㅛ, ㅑ, ㅠ, ㅕ로 이루어진 큰 사각평면(팔괘)을 놓은 중성입체도를 만들었다. 이정호는 이 중성입체도를 정음탑 또는 관음탑이라고 하였다.

이정호에 따르면 훈민정음은 자음들로 이루어진 동자상과 모음들로 이루어진 관음탑으로 되어 있다. 여기서 동자상이 유교적이라고 한다면 관음탑은 불교적이라고 하였다. 동자상은 소년이 만물의 시작과 끝을 다 탐구하고 진리를 깨닫게 됨을 뜻하고, 관음탑은 자비행으로 중생을 제도하는 것을 뜻한다.

또 이정호는 초성도에는 주역의 이치가 들어 있고 중성도에는 정역의 이치가 들어 있다고 했다. 주역의 이치는 말씀을 삼가고 음식을 존절히 하는 근수심법(謹守心法)을 가리키고, 정역의 이치는 개혁정신을 나타낸다. "정음을 배우고 정음을 쓰는 자 누구나 이 근수심법과 개혁정신을 본받아 길이 민족문화와 인간복지에 크게 이바지하기를 바라는 것이다."[8]

훈민정음도

이정호는 중성 기본음인 ㆍ, ㅡ, ㅣ를 십자 형태로 겹쳐 놓고 그 주위에 중성들의 위치를 표시한 중성평면도를 그리고, 첫소리를 하나의 도형 안에 표기함으로써 초성평면도를 만들고, 이 둘을 다시 결합하여 훈민정음도를 만들었다. 그에 따르면 훈민정음도는 하늘 여행을 하는 우리 영혼을 사망에서 생명으로 인도하는 나침반 구실을 한다.

훈민정음도에는 내십자와 외십자가 있다. 내십자는 중성 기본음을 겹쳐서 만든 것이고 외십자는 초성들의 형태를 겹쳐 놓아서 생겨난 모양이다. 이정호는 이 십자형태와 관련해서 십자소식(十字消息)을 말한다. 내십자는 "우리 마음의 십자소식"이고, 외십자는 "객관세계의 십자소식"이다. 이 두 십자소식은 "항상 우리의 영혼을 고무하고 키워주며, 우리의 정신으로 하여금 천지유형한 사리(事理)에서 천지무형한 경개에로 무한대의 확충과 무량겁의 초월을 가능케 하여 주는 것"이다. 이 십자소식은 영혼을 키워 주고 자유롭게 하고 초월하게 하는 것이다. 이정호는 십자소식의 내용을 더 구체적으로 말하였다. 십자소식은 "천하의 능사를 다 마치고, 천도를 나타내며, 덕 행함을 신묘하게 하여 가히 신과 더불어 수작(酬酢)하며 가히 신을 도울 수 있는" 것이다. 다시 말해 십자소식은 인간 영혼을 자라고 성숙하게 하여, 신과 더불어 사귀고 신을 도울 수 있게 되는 것이다.

이정호가 말한 십자소식은 다석이 하나님을 상대로 부자유친을 말한 것과 일치한다. 하나님의 딸과 아들로서 인간은 하나님 아버지를 찾아나가며 성숙하게 자라서 하나님과 사귀고 하나님의 뜻을 이루어야 한다. 이정호가 다석에 대해서나 기독교의 십자가 신앙에 대해서 직접 언급하지 않았으나 기독교 신앙과 사상을 시사하는 문구가 나온다. 그는 내십자와 외십자의 중심점은 "만유의 기시점(起始點) …… 진리의 출발처 …… 우리의 밑뿌리이며 영원한 조상이요…우리 영혼의 구심점"이라고 하고, "우리의 영원한 고향을 향하여 매진할 것이요 …… 탕자의 힉한과 고독의 비애를 되풀이하여서는 안 된다"고 하였다. 여기서 '영원한 조상', '탕자의 회한과 고독의 비애'는 성경의 탕자 이야기를 시사한다.

이정호는 이 십자소식이 주역과 정역의 핵심이라고 함으로써 정역의 관점에서 주역과 정역을 통합하였다. 그에 따르면 주역에서는 십자소식이 암시만 되었을 뿐, 분명하게 표현하지 못했다. 그러나 정역에는 이 십자소식이 처음부터 명백히 나타나 있고 주역에 묻혀 있는 십자소식까지도 역연히 드러낸다.

이정호는 정음도에서 나침반, 천문도, 무엇인가 폭발하는 모양, 연꽃의 모양을 보고, 나침반에서 방향성의 설정을, 천문도에서 영혼의 구심점을 핵물질의 폭발에서 심성의 초탈을 방원문양의 연화의 결실에서 생명의 완성을 보았다.[9]

이정호의 훈민정음 연구는 종교적으로 그리고 형이상학적으로 훈민정음이 품고 있는 깊은 정신세계를 밝혀 주고 훈민정음에 심원하고 심오한 철학과 의미를 부여하였다. 그러나 주역과 정역, 음양오행론을 끌어들임으로써 모호한 운명론적 사유와 논리에 머물게 되었다. 이정호가 의존하고 있는 김일부의 《정역》은 종교적으로나 형이상학적으로 깊은 의미를 담고 있지만 과학적으로 받아들이기 어려운 전제를 가지고 있다. 《정역》은 윤달이 없는 정역(1년 360일, 1월 30일)을 쓰게 될 것을 강력히 시사했다. 이정호는 "1년이 360일, 1월이 30일로 영원히 변치 않는다면, 우주의 성도요 인간의 이상이다"라고 정역을 받아들이면서도 이것은 어디까지나 대자연의 역학적 물리학적 초자연적 변화에 달린 것임을 인정하였다.[10]

이러한 비과학적이고 운명론적 사고가 한국민중종교사상의 족쇄가 되는 것이 아닌지 의심하게 된다. 《정역》과 동학과 증산교의 사상이 민중적인 역동성과 함께 정신적 깊이와 상생평화의 높은 비전을 가지고 있으면서도 오늘날 민중에게 널리 받아들여지지 않는 까닭은 이와 같은 비과학적이고 운명론적 요소를 지녔기 때문이라고 생각한다.

3) 다석의 주역 이해와 사상적 토대

다석은 음양오행론에 대한 집착을 크게 경계하고 비판하였다. 그는 무극(無極)과 천상(天上)을 생각하지 않고 상대세계의 음양오행에 매달린 것이 동양 사상의 치명적 결함이라고 하였다. "동양에서는 음양오행을 찾다가 멸망한 것이다. …… 유교가 발전하지 못한 것은 우주의 근원인 무극(無極)을 잊어버리고 천상(天上)을 생각하지 않았기 때문이다."[11] 그는 주역은 "내 생명을 내가 산다"는 것이라고 함으로써 결정론이나 운명론에서 벗어나 주역을 주체적으로 이해했다.[12]

다석은 태극과 음양을 분명히 구별하여 태극은 절대 '하나'를 뜻하고 음양은 상대적인 둘을 나타낸다고 하였다. 태극에서 음양이 나왔다고 할 수 있어도 태극이 음양이 되었다거나 태극과 음양을 동일시하는 것은 잘못이라고 하였다. 음양이 태극에 포함되어 있다고 할 수 있지만 음양이 곧 태극이라든가 태극이 곧 음양이라고 할 수 없다는 것이다. 유교에서 하나인 태극이 음양이고 둘이라고 한 것은 태극의 머리와 몸뚱이를 잘라 버린 것이라고 비판하였다. 다석은 '하나'인 태극에서 쪼개져 나온 음양은 '태극의 반동분자'라고 하였다. 다석은 이러한 음양은 참이 아니라 거짓이라는 것을 강조한다.

음양에 대한 다석의 이러한 논의는 음양이 태극에 근거해서만 존재하고 작용하는 것임을 말한 것으로서, 음양의 독자적인 존재와 작용을 부정한 것이다. 다석은 음과 양 "둘이 만나서 작용하는 것은 참이 아니다"라고 분명히 말하였다. 이것은 다석이 음을 물질로 양을 빔으로 본

대서도 확인된다. 다석은 음을 몬(물질)이라 하고 양을 븨(빔)라고 함으로써 중국의 주역에서 말하는 음양사상을 땅(물질)과 하늘(븨, 빔)의 삼재론적 천지인 사상으로 바꾸었다. [13)]

하늘을 중심에 둔 천지인 사상이 한국의 본래적인 사상이었다. 이 것은 중국과 한국의 고대제사의식을 비교하면 분명히 드러난다. 이상은에 따르면 중국의 제천의식은 하늘 신을 섬기는 제사와 땅 신을 섬기는 제사가 병행하는데 한국의 제천의식에는 땅 신을 섬기는 제사가 나오지 않는다. 한민족은 특별히 하늘을 섬기고 하늘을 받들고 숭앙했음을 알 수 있다. "대지의 참여가 없었던 대신에 하늘(天)·태양(太陽)과의 교섭 아래에 고산(高山)이 선민(先民)의 세계관에 등장된 예는 단군신화를 중심으로 얼마든지 볼 수 있는 것이다."[14)] 다석이 음양오행론을 비판하고 하늘에 중심을 둔 사상을 형성한 것은 중국문화의 잔재를 씻어내고 한국의 고유한 전통사상을 회복한 것이다.

다석은 복희 팔괘와 문왕팔괘를, 기독교적인 시각에서 아들이 하나님 아버지를 찾아 위로 하늘로 올라가는 것으로 풀이하였다. 다석은 팔괘인 건(乾), 태(兌), 리(離), 진(震), 손(巽), 감(坎), 간(艮), 곤(坤)을 의미와 형태에 따라 "뭄, 눈, 불, 울, 발, 물, 임, 몸"으로 바꾸어서 새로운 의미를 불어넣었다. 복희 팔괘는 "뭄, 눈, 불, 울, 발, 물, 임, 몸"으로서 "뭄 눈에 불을 올려 우러러 보면서 위로 발을 내딛는 물음을 임 이마에 이고 나간다"고 풀이했다. 그리고 이렇게 풀이된 팔괘는 자기 생명의 근원 전체를 가리킨다고 하였다. 이리하여 복희 팔괘는 "뭄 눈에 생명과 정신의 불을 피워 올려서 위를 향해 발을 내딛으며, 삶의 물음을 내걸고 앞으로 나간다"는 매우 적극적이고 주체적인 생명철학의 의미를 지니게 되었다. 팔괘에 대한 다석의 이러한 풀이에서는 운명론적이거나 결정론적 요소가 말끔히 제거되고, 신비주의적이거나 모호한 생각의 흔적이 완전히 사라졌다.

다석은 문왕팔괘를 "뭄울물임 몸발불눈"으로 읽었다. 앞부분 "뭄울물임"은 "뭄이 울어야 할 정당한 이유를 가지고 줄곧 울어서 우는 뭄을 이마에 인다"는 뜻을 가진다. '물'은 물음을 나타내며, '뭄이 울 이유'를 뜻한다. 다석은 뭄이 울 이유를 비워 두어야 한다고 했다. 뭄이 울어야 이유는 '변함없이 영원한 정의', 다시 말해 '불역(不易)의 정(正)'이다. 사람은 "불역(不易)의 정(正)을 바로 잡아가지고", "줄곧 가는 맘으로 울어야 한다"[15].

문왕팔괘의 뒷부분 "몸발불눈"에서 몸은 땅을 나타내고, 발은 땅을 딛고 서 있는 것이다. 다석에 따르면 '내'가 땅 곧 '내 몸'을 밟고 있다. 내가 내 몸을 밟는 것은 나를 밟는 것이고 "내 맘을 밟고 맘의 장소를 잡는" 것이다. "몸발불눈"은 내 몸을 먼저 밟아 '불 눈' 다시 말해 눈에 불이 들어오게 하여 눈을 밝힌다는 뜻이다. 몸을 밟음으로써 정신의 눈이 밝아지고 다시 밝은 눈은 몸을 밟고 "몸세계를 뚫고 나간다." 여기서 다석은 다시 음은 몬이고 몬은 자꾸 쪼개지는 경향이 있으며 거짓된 것이라고 하였다. 이에 반해 양은 빔이고 빔은 '큰 허공'이며 "맘껏 없다"고 하였다. 다석에게 음과 양은 나란히 세계와 생명의 질서를 형성하고 움직이는 요소와 원리가 아니다. 상대세계의 끊임없이 생성소멸하고 변화하는 변역과 교역을 따를 것이 아니라, 불역의 바름(正)을 잡아서 음(물질)을 딛고 양(빔)에로 나가서 자유와 평등을 살려나감으로써 전체 하나의 세계에 이르러야 한다.

그러나 다석이 상대세계를 버리는 것은 아니다. 인간은 팔괘가 나타내는 삼차원의 시공간 세계 안에서 살도록 정해진 존재이다. 인간은 이 삼차원의 세계에서 "하나가 되는 길을 찾아야" 한다. 인간의 마음은 불역, 정의와 진리를 추구하지만 몸은 생성소멸하는 물질의 변화하는 원리와 법칙 즉 변역(變易)의 지배를 받는다. 인간은 변역을 넘어서는 정신의 힘, 즉 신앙을 가지고 '하나'의 세계로 나가야 한다.

변역을 넘어서 하나의 세계에 이르는 정신의 힘, 신앙은 무엇인가? 다석에 따르면 그것은 말씀이다. 태극(하나님)은 자연 속에 명령, 말씀을 넣었으며, 인간은 이 말씀을 길러내는 사명을 가지고 있다. 태극은 '스스로 부리는 말씀'이며, 인간은 '스스로 받드는 말씀'을 내야 한다. 말씀이 익어서 태극의 말씀과 소통하면 하나의 세계에 이른다.[16] 따라서 다석에게는 말과 글에 대한 연구가 인간의 본래적인 사명과 목적에 속한다.

다석은 주역을 기독교 사상과 천지인 삼재사상으로 바꾸어 해석하였다. 다석의 주역 이해에서 하늘을 중시하는 천지인 삼재사상과 기독교 사상이 만나고 있다. 다석은 천지인 합일 체험을 통해 천지인 삼재사상을 재발견했으며 삼재사상을 통해 기독교를 주체적으로 깊이 이해했고, 기독교의 하나님 아버지 신앙을 끌어들임으로써 역설적으로 한국 민족 본래의 정신과 사유의 원리인 천지인 삼재사상으로 돌아가고 있다. 다석은 중국의 역학이나 음양오행론이 갖는 모호하고 신비한 측면을 벗어버리고 주체적이고 실천적이며 이성적인 사상과 정신을 드러낸다.

4) 다석의 한글 이해: 한글의 구조와 철학

다석의 한글 연구는 체험적 주체성과 세계적 보편성을 함께 지니고 있다. 김흥호는 다석의 한글 연구를 "몸으로 캐내는 생각"이라고 함으로써 다석 사상의 체험적 주체성을 강조하는 동시에 다석의 한글 연구가 지닌 보편적이고 세계적인 의미를 말했다. "한글 속에 숨어 있는 진리를 밝히는 것이 생각하는 사람들의 할 일이며, 한글 속에 숨겨진 하나님 뜻이 풀리는 순간 한국에 정신문화가 수립되고 그로 인해 전세계가 생명력을 얻을 수 있다."[17]

한글은 소리글이면서 뜻글이다

다석은 "우리의 한글은 하나님의 계시로 이루어진 글"이라고 하였다. 한글을 세종이 말한 대로 '바른 소리'(正音)라고 했다. 우리 말소리는 우리의 삶을 바르게 드러낸 옳은 소리이며 우리 씨올(겨레)이 "터낸 소리"로서 "아름답"다고 했다. 우리글에 담긴 소리와 뜻을 따라 날마다 짓고 만들면 우리 앞길이 환히 트이고 일이 잘될 것이라고 하였다.

다석은 한글이 소리글자일 뿐 아니라 깊은 철학원리에 따라 지어졌고 깊은 철학과 뜻을 나타내는 뜻글자로 보았다. 한글은 누구나 쉽게 쓰고 익힐 수 있는 '씨올 글씨'이며, 뜻을 나타내면서 소리를 그대로 바르게 나타내는 글씨다. 우리의 뜻과 소리를 나타내는 한글을 쓰면 "우리 속"이 "솟는"다. 한글은 쓰는 사람의 속알이 솟아나게 한다.[18]

하늘과 땅과 사람을 나타내는 한글의 원리

다석은 세종임금이 한글을 지을 때 자연의 원리에 입각하여 만들었기 때문에 모음·자음이 그 나름대로 뜻을 가지고 있다고 보았다. 다석은 훈민정음 해례본에서 밝힌 한글의 기본 원리와 구조를 존중하였다. 훈민정음에 따르면 한글의 자음은 입(목구멍·어금니·혀·이·입술)의 모양을 본떠 만들고 음의 강도에 따라 삼단계화하였다. 한글의 모음은 丶(天), ㅡ(地), ㅣ(人)를 으뜸으로 하여 만들었다. 다석은 丶(아래아)가 빠진 것을 아쉬워했으며, 丶는 반드시 살려내야 한다고 보았다.[19]

다석은 훈민정음 해례본에 제시된 한글의 기본 원리와 구조를 전제하면서 자신의 독특한 한글 철학을 제시한다. 다석은 먼저 첫소리의 맨 처음 두 글자 ㄱ과 ㄴ을 천지인 사상으로 설명한다. 'ㄱ'은 하늘의 그늘, '사람의 머리 두는 데'를 나타내고 'ㄴ'은 발바닥이 땅바닥을 딛는 모양을 나타낸다고 하였다. 다석은 알파벳의 A가 '쇠머리'(하늘로 향한 머리)에서, B는 '집'(땅의 잠자리)에서 온 것임을 말하면서 한글의 ㄱ, ㄴ과의 유사성을 확인하였다. 한글의 자음 처음 두 글자 ㄱ, ㄴ은 "하늘과 땅, 위와 아래, 머리와 발"을 나타낸다.[20] ㄱ이 사람의 "머리가 하늘을 어르는 어름(際)"을 그린 것이고, ㄴ은 사람의 "발바닥이 땅바닥을 딛는 사픔금을 떠서" 만든 것이라고 함으로써 다석은 첫소리의 처음 두 글자인 ㄱ과 ㄴ이 사람을 중심으로 하늘과 땅을 함께 나타내는 천지인 철학을 담고 있다고 하였다. 다석의 중심사상인 가온 찍기는 흔히 ㄱ과 ㄴ 사이에 찍은 점으로 다시 말해 'ㄱㄴ', 'ㄱ·ㄴ', 'ㄴ·ㄱ' 등으로 표현되었다. ㄱ과 ㄴ에 대한 다석의 이러한 설명은 훈민정음 해례본에서 찾아볼 수 없는 것으로서 다석이 한글을 철저히 천지인 삼재사상으로 풀이했음을 보여준다.

이어서 다석은 모음의 원조인 ·, ㅣ, ㅡ가 각각 하늘, 사람, 땅을 나타낸다는 훈민정음의 천지인 사상을 더욱 심화시켰다. 아래아 ·는 "모든 것이 천(天)에 원(元)하고 시(始)하고, 환(還)하는 원만(圓滿)"을 나타낸다. ㅡ(으)는 평지 곧 세상을 보이며, ㅣ(이)는 "사람이 꼿꼿이 선 모습"을 나타내며 "저이, 그이, 복남이, 광주리, 빨강이"처럼 "인칭(人稱), 물칭(物稱), 명형격(名形格)을 보이는 소리"다. 다석은 ㅣ(이)의 소리가 한어(漢語)로는 이(伊), 일어(日語)로는 이(イ)로 세계적이라고 하였다. 영어의 I가 '자아'를 나타내는 것도 우연이 아니라고 하였다.

'ㅣ'는 사람의 '나'를 가리키는데 'ㅣ'의 위쪽 '끗'이 "우주, 인생, 사물이 함께 헝클어져 된" "실뭉치[생명과 말씀]의 한 실의 끗"이다. 그리고 만물은 (말씀의) '온 끝'이다. "모두가 올이요, 실이요, 끈이요, 줄이다."

다석에 따르면 '나'도 우주와 인생과 만물도 한 생명, 한 말씀(生命-살라는 말씀)의 헝클어진 실뭉치의 실오라기, 끄트머리이다. '나'의 '꼿'에서 생각이 나와 '온 끝'(만물)의 실마리를 끊기도 하고 잇기도 하여 풀어나간다.[21] 'ㅣ'로서의 '나'는 말씀과 생각을 통해서 땅(물질세계)의 만물에서 참의 실마리를 찾아 하늘(하나의 세계)로 이어나가고, 하늘을 이루어가는 존재이다.

ㄱ, ㄴ과 ᆞ, ㅣ, ㅡ에 대한 다석의 설명은 한글을 창제한 본래의 의미를 넘어서, ㄱ, ㄴ과 ᆞ, ㅣ, ㅡ에 철학적 의미를 부여한다. 그리고 한글의 글자에 다석이 이러한 의미 부여를 함으로써 한글 글자의 새로운 깊은 의미가 생성될 수 있다. 다석의 한글 풀이가 한글의 글자에 새롭고 깊은 의미를 창출하고 한글에 깊은 철학과 의미를 생성시킨 것이라면, 다석은 한글을 철학화한 인물로 높이 평가되어야 할 것이다.

2. 말과 진리

1) 말에서 하나님을 찾음

언어는 존재의 집(하이데거)이고 언어는 무의식의 조건(라캉)이다. 사람은 말을 하며 사는 존재일 뿐 아니라 말 속에서 산다. 언어는 의식의 표현일 뿐 아니라 무의식을 규정하고 형성한다. 언어는 생각의 표현일 뿐 아니라 생각을 낳고 형성한다. 말은 사물을 나타내는 기호만이 아니라 서로 통하는 것이다. 말은 속을 드러냄이며, 속의 나를 남의 속에 전하는 것이고 남의 속을 내 속에 받아들임이다.

생명 자체가 안과 밖, 나와 너의 사귐이고 소통이며 뚫림이다. 생명은 이미 내가 밖으로 나감이고 밖(너)을 내 안에 받아들임이다. 말은 물질적·본능적 차원을 넘어선 생명활동이다. 생명의 주체와 주체, 생명의 주체와 전체 사이에 이루어지는 정신적인 사귐과 소통과 뚫림이다. 말은 물질과 본능의 굴레에 갇힌 생명이 무한, 초월, 절대의 하나님을 향한 그리움이고 찾음이다. 말은 생명의 참된 주체와 전체인 하나님과의 사귐, 소통, 뚫림을 추구한다.

생명과 말은 모두 생명과 존재의 근원인 하나님의 뜻에서 나온 것이다. 다석에 따르면 생명과 소통하고 사귀려는 하나님의 뜻과 의지가 말속에 이미 담겨 있다. "성경에는 천지만물이 말씀으로 지었다고 하고 말씀만이 남는다고 하였다. 말씀은 존재이며, 말 가운데 으뜸가는 말이 말씨다."[22]

천지만물이 말씀으로 지어졌고 말씀이 존재라는 다석의 생각은 요한복음 1장 1-4절에 근거한다. 요한복음 1장 1-4절에 따르면 말씀이 하나님이고 만물의 존재와 생성의 원리이며, 생명과 빛이다. 다석은 요한복음 1장 1-4절을 가장 중요한 성경 구절로 알았다. 신약성경에서 말씀을 나타내는 말로 쓰인 로고스는 그리스 말로서 본래는 '말', '헤아림', '설명', '이론', '법칙', '생각', '평가', '증명'을 뜻하며, 주어진 현실에 대해서 중립적이고 객관적인 의미를 지녔다.[23] 말씀을 나타내는 히브리어 다바르는 사물의 뒷면과 배후, 토대적 진실을 나타내며, 말과 사건(행동)을 함께 나타내고, 명령의 의미로 쓰인다.[24] 성경에서 말씀은 하나님의 주체적이고 창조적인 의지와 뜻을 나타낸다. 하나님의 말씀은 그의 사랑과 정의를 담은 계명, 율법이다. 그리스의 로고스는 이성과 이념, 논리와 법칙을 나타내므로 성경의 하나님이나 하나님의 말씀과는 거리가 있다.

신약성경에서 하나님과 하나님의 말씀을 로고스로 표현한 것은 큰 의미가 있다. 신약성경에서 로고스는 본래 그리스의 로고스 개념과는 달리 인격적이고 신적인 의미를 지닌 개념으로 쓰였다. 기독교에서 로고스는 그리스의 이성적이고 과학적인 정신(철학)과 히브리의 신적 사랑과 정의(계명, 말씀)를 결합한 의미를 지니게 되었다. 서구의 기독교 문명은 인간적 이성과 신적 사랑의 결합 위에 세워졌다. 서구 기독교 문명이 실패했다면, 그것은 이성적이고 과학적인 이성과 신적인 지극한 사랑(아가페)의 통합이 이루어지지 못했기 때문이다. 서구 정신사에서 성경의 로고스 개념은 인간 이성의 자유로운 활동을 억압하거나, 히브리의 실천적이고 열정적인 사랑과 정의의 말씀을 관념적이고 이론적인 지평으로 끌어내리는 경향이 있었다.

다석은 《다석일지》에서 1969년 10월 8일 이후 요한복음 1장 1~4절, 14절을 여러 차례 옮겼다. 8일에는 로고스를 '몰숨'으로 옮겼으나 22일, 1970년 8월 1일, 9월 19일, 10월 9일에는 '닐늠'으로 옮겼다. 그러나 14절은 일관성 있게 "몰숨이 슬몸이 되어"로 옮기고 있다. '닐늠'은 '명'(命), '천명'(天命)을 뜻하고 '몰숨'은 말의 숨, 말의 소통을 뜻한다. 성경에서 하나님의 말씀은 '계명', '율법', 신의 뜻과 의지(신의 사랑과 정의)를 나타낸다. 다석의 번역어 닐늠은 신의 뜻과 의지와 함께 동양의 천명(天命), 명(命)을 나타낸다. '몰숨'은 말과 숨을 결합함으로써 신과 소통하는 말씀을 나타내고, 명령과 숨을 함께 나타내는 동양의 천명(天命) 또는 명(命)을 나타내며, 영적인 정기(正氣)를 나타낸다.

말씀은 내 속의 속이 뚫려 하나님과 통하는 것이다. 다석은 말을 나타내는 글, 글월을 "그, 그이(하나님)를 그리워 함"으로 이해했다. 다석은 글월(文章)을 "글[그를, 하나님을] 그리어 우에 갈 얼"이라 푼다. 이 글에 대한 풀이에서 김흥호는 '글월'이 '하나님을 그리워 함'을 나타내고 "하나님께 향해 올라가게 지시하는 안내문"이라고 하였다.[25] 박영호는 "말과 글은 하나님의 뜻을 담는 신기(神器)요 제기(祭器)"라고 했다. 다석에 따르면 말(言)은 우리가 하나님께 타고 갈 "말"(馬)이다.[26]

2) 우리말 갈고 닦기

사상은 말과 글에서 나오고 말과 글은 삶에서 나온다. 또한 말과 글과 사상이 삶을 형성한다. 말과 글을 이해하는 것은 삶을 이해하는 것이고 말과 글을 갈고 닦는 것은 삶을 갈고 닦는 것이다.

우리말은 서구의 대표적인 언어인 라틴말과 비교하면 그 특성이 드러난다. 라틴말에서는 주어가 지배하고 상대와 술어를 규정하지만 우리말에서는 상대가 술어를 규정한다. 우리말에서 주어는 숨거나 '우리'라는 말로 뭉뚱그려진다. 우리말은 상대를 모시고 섬기는 언어이며, 상대와의 일치 · 동화를 추구한다. 서구어 특히 라틴어는 논리적이고 지배적인 언어이나 한국어는 순응적이고 교감적이며 평화적인 언어다. 이런 언어의 성격적 차이는 삶의 경향적 차이를 낳을 수 있다.

우리말 속에는 상생과 평화의 논리와 정신이 배어 있다. 우리말의 이러한 특성을 살리고 다듬어 쓰는 일은 상생과 평화를 지향하는 세계시민적 품성과 자질을 기르는 데 도움이 될 것이다. 다석은 한자어와 외래어로 오염된 우리말과 글을 끊임없이 갈고 닦았으며, 오랜 세월 속에서 잊혀지고 묻혀진 우리말을 찾아내서 썼다. 다석이 찾아내거나 만들어낸 말들은 다음과 같다.

하이금(使命), 맨참(순수), 글월(文章), 알맞이(철학), 마침보람(졸업), 알짬(精), 짓수(예술), 빈탕(허공), 살알(細胞), 환빛(榮光), 제계(天國), 힘입(은혜), 그이(군자), 바탈(天性), 바람울림(風樂), 몬(物), 고디(정조), 는지름(음란), 짬잼(조직), 맞긋(종말), 딛(시간), 덜(악마), 긋(점), 속알(덕), 읗이(詩), 예(여기, 상대세계), 숨줄(생명), 다세움(民主), 외누리(독재), 님(主), 좋싫(好惡), 옳음(義), 올(理), 굳잊이(건망), 누리(세상), 사람새(人間), 나위힘(능력), 땅구슬(지구), 몬돌(坤), 성큼(乾), 김(氣), 가온씀(中庸), 얼(靈), 여름질(농사), 씨알(民), 낸감(제도), 뭉킴(협동), 밑일(기초공

사), 굶고뱀(고학), 떼몸(조합), 맨듬(창조), 빛골(光州), 잎글(엽서), 씨볼맞이(인연), 키임(긴장), 뫼신살이(侍下), 등걸(檀君), 그늠(無漏), 가라치킴(교육), 잘몬(萬物), 싶뜻(욕심), 푸른나이(청년), 우리오리(倫理), 늙은이(老子), 말씀마루(宗敎), 조히(無故), 한늘(우주), 맘줄(心經), 다섯 꾸럼이(五蘊), 꼴위(形而上), 꼴아래(形而下), 맨지(접촉), 엉큼(마하트마), 씻어난이(聖人), 닦아난이(賢人), 없긎(無極), 어둠맺이(婚姻), 같이늙(偕老), 맘아들(弟子), 여름질(農業), 여름아비(農夫), 닳(別), 옳(義), 핳(親), 밣(正), 참(眞). 좋(善), 공(美).[27)]

다석은 또한 모호한 말뜻을 살려내려 했다. 사나이(산 아이), 고맙다(고만하다), 깨끗(끝까지 깨다), 모름지기(모름은 꼭 지키는), 더욱(더 위로), 실어금(실어갈 금), 하여금(할금), 끈이(끊었다 이음), 사람(사리는 이), 엉큼(얼이 큰), 말미암아(그만하고 말아서), 성큼(성하고 큼), 어버이(업을 이), 이튿날(이어트인 날), 아침(아 처음), 칼(갈고 갈은), 여덟(열에 둘 없는), 아홉(아 없는), 열(열리는), 얼굴(얼이 든 골자구니).

이밖에 다석은 《노자》와 《중용》을 순수한 우리말로 다 옮겼고, 《장자》, 《논어》, 《맹자》, 《주역》, 《서경》의 일부를 우리말로 옮겼고, 요한복음 1장 1~14절, 17장의 결별의 기도, 천부경, 주렴계의 태극도설, 장횡거의 서명을 우리말로 옮겼다. 그가 우리말로 옮긴 경전들은 이해하기 어려운 대목도 있지만 순 우리말을 살려서 알뜰하고 정확하게 마음에 쏙 들어오게 옮겨진 대목을 자주 볼 수 있다. 예를 들어 다석은 《노자》 20장 "而貴食母"(이귀식모)를 "어머니(젖) 먹기를 높이노라"고 옮겼는데 이것은 몸의 코로 대기를 마시듯이, 맘으로 어머니인 대도(大道)를 숨 쉬는 것을 뜻한다.[28)]

천부경을 우리말로 옮김으로써 다석은 우리말을 잘 살려냈을 뿐 아니라 천부경에 담긴 한민족의 정신과 사상을 쉽고 분명하게 드러냈다.

다석은 1964년 12월 25일에 천부경을 옮겼다. '한'을 천부경 사상의 근원과 밑동으로 보았다. 첫 귀절 一始無始一(일시무시일)을 "한 비롯 없는 비롯 하나"로 옮겼고 끝 구절 一終無終一(일종무종일)을 "한 마침 없는 마침 하나"로 풀었다. 한문을 그대로 우리 글로 옮겼으나 '한'이 근원과 밑동임을 잘 드러냈다. 천부경의 번역에는 수에 대한 풀이도 나온다. 하나는 '한', '나뉘지 않은 큰 것'을 뜻하고 둘은 '맞우(맞 둘)', 셋은 '세우(섬)', 넷은 '네모', 다섯은 '다 (섬)', 여섯은 '이어 섬', 일곱은 '이룸'(일굼), 여덟은 '여둘업(열에 둘 없는)', 아홉은 '없 한'(한 업), 열은 '열리는'이다.[29]

3) 우리말과 글에 부여한 의미

다석에 따르면 우리말과 글 속에 깊은 의미가 담겨 있다. 우리말과 글을 갈고 닦아야 좋은 문학, 좋은 철학이 나온다. 외국의 말과 글에 의존해서는 좋은 철학과 문학이 나올 수 없다. 다석은 "글자 한 자에 철학 개론 한 권이 들어 있고 말 한 마디에 영원한 진리가 숨겨 있다"고 하였다. 유영모는 한글을 가지고 여러 가지 변형된 글씨를 만들어 한글에서 아름다움을 추구함과 아울러 참된 뜻을 심화시켰다. 그것은 유영모의 또 하나의 독창성이다.[30]

유영모는 우리말에 깊은 진리의 개념을 끌어내기도 하고 집어넣기도 했다. 그가 어떻게 우리말에서 의미를 이끌어내고 우리말에 의미를 불어넣는지를 살펴보자. 1956년 12월 16일 일지의 한글 시 '낮 보기 낫에 깪기'는 이해하기 어렵지만 유영모의 우리말놀이에 깊은 뜻이 담겨 있음을 알 수 있다.

제목: 낯보기 낫에 깍기[31]

몬[32]으로 된 몸 몽기길[33], 몽킬[34]길만 길고 길데[35],

몸이 낯을 좇는 낯[36]엔 낯을 낮[37]히 깎는 낫[38]이지,

몸에서 몬을 논 ㄱ낫[39] 모를 Korean이슴나[40].

풀이

낯(체면) 보기, 낫에 (낯을) 깎이기

물질로 된 몸이 뭉그러지는 길, (물질적 이해관계로) 뭉치는 길로

가는 사람들이 많아 그 길만 길고 길더라.

몸이 낯(체면)을 좇는 낯에는 낯을 낮게 깎는 낫이 있지.

몸에서 몬(물질)을 빼면 남는 ㄱ낫 모를 한국인이 있는가.

　위의 한글 시를 보면, 다석은 '낯', '낮', '낫'의 말놀이를 통해서 서로
체면만 보는 생활을 하다가는 '낫'으로 '낯'을 깎이기 마련이라고 한다.
그런데 우리 몸에는 '낯'을 깎는 '하늘의 낫'이 있다. 다석은 '몸'과 '몬'에
대한 성찰을 통해서 '하늘의 ㄱ낫'을 이끌어 낸다. '몸'에서 받침 ㅁ을 분
해하면 'ㄴㄱ'이 된다. 물질로 구성된 '몸'에서 '몬'을 빼면 'ㄱ'이 남는다.
다석에게 ㄱ은 '하늘'을 나타내는 동시에 "낫 놓고 ㄱ자도 모른다"는 속
담과도 이어진다. 그래서 다석은 '몸'에서 물질인 '몬'을 빼면 남게 되는
'ㄱ'이 서로 체면만 보는 생활을 하는 사람들의 낯을 깎는 '하늘의 낫'이
라고 한다. 다석은 한국 사람이면서 우리 몸에 '하늘의 ㄱ낫'이 있는 것
도 모르냐고 묻는다.

다석은 낮, 낮, 낮에 대한 말놀이를 통해서 그리고 몸과 몬에 대한 성찰을 통해서 의미를 이끌어 내기도 하고 의미를 부여하기도 했다. 이를테면 몸에서 몬을 빼면 ㄱ이 남는다는 사실은 의미를 이끌어 낸 것이고, ㄱ이 낮을 깎는 낮을 가리킨다고 한 것은 의미를 부여하고 생성시킨 것이라고 생각된다.

그러나 다석이 우리말과 글에 일방적으로 의미를 불어넣기도 했다. 다석은 일상언어에 신앙적인 의미를 부여했다. 농부들이 소를 몰 때 쓰는 말인 "와(가자), 워(서라)"를 다석은 거룩한 말로 만들었다. '와'는 '와라', '오너라'이고, '워'는 '우어', '우에'이다. 다석에 의해서 "와, 워"는 하나님께서 아들을 보고 '위로 아버지에게로 오너라'라는 뜻이 되었다. 유영모는 한글 글자들을 여러 가지로 변형시켜서 영적인 뜻을 나타내려고 애썼다. 한글의 모음 '아야 어여 오요 우유 으이'를 변형시켜서 '아가야 어서 오너라, 위(하나님 아버지께로)'의 뜻이라고도 했다.[41]

다석이 우리말과 글 속에서 음을 변형시켜서 영적 의미를 표현한 것은 다석이 우리말과 글에 일방적으로 의미를 부여한 것이다. 우리말과 글에 이런 의미가 들어 있었다고 보기는 어렵다. 다석은 늘 주위의 사물이나 숫자에 의미를 부여하는 습관을 가졌다. 정신과 의미의 세계에서 살고자 했던 다석은 우리말과 글에 의미를 부여하고 생성시키려 했다고 생각된다. 그는 사물이나 존재를 하나의 고정된 관점에서 보기를 원치 않고 여러 가지 관점에서 늘 새롭게 봄으로써 새로운 의미를 찾고 부여하고 생성시켰다.

3. 'ㅣ'로 표현된 인간 이해

다석은 사람을 하늘과 땅 사이에 곧게 선 존재로 보았다. 따라서 다석은 위에서 아래로 곧게 내리 그은 ㅣ가 사람을 나타내는 것에 큰 의미를 부여하고, 하늘과 땅 사이에 곧게 섬, 하늘을 머리에 임, 참 생명을 이어나감을 말하는 'ㅣ'의 철학을 제시했다.

1) 'ㅣ' 철학

하늘과 땅을 잇는 곧은 사람 'ㅣ'에 대한 다석의 철학을 박영호는 막대기 철학이라고 하였다. 다석의 막대기(ㅣ) 철학은 〈성서조선〉이 1942년 3월 호로 폐간된 뒤에 얻어진 것이다. 1943년 2월 5일 북악산 마루에서 천지인 합일의 체험에서 얻어진 것으로 생각된다.[42] 'ㅣ' 철학은 하늘과 땅 사이에 꼿꼿이 서서 하늘과 땅을 잇는 천지인 합일의 철학이다.

다석의 'ㅣ' 철학은 천지인 합일 체험 이후에 구체화되었지만 그 이전부터 싹트고 있었던 것으로 보인다. 그가 21세로 오산학교 교사로 있었을 때 나라가 망하고 여러 우국독립지사들이 오산학교에 머물렀다. 한일합방이 이루어진 해 오산에 머물던 신채호는 허리를 꼿꼿이 세우고 고개를 들고 세수를 했다. 아침에 세수할 때마다 옷을 적시는 신채호를 보고 교장 여준이 "고개를 숙이면 옷을 적시지 않지!"하니까 단재는 일본 놈 세상에서 머리도 허리도 숙일 수 없다고 했다. 그로부터 11년 후에 다석이 교장으로 부임했을 때 먼저 교장실의 등받이 의자를 치우고 평상에서 꼿꼿이 앉아 공부하고 일했다.[43] 중국 정치문화에 굽신대는 사대주의, 일제와 외세에 굴복한 민족의 운명을 떨치고 꼿꼿하게 일어서려는 주체적 의지와 정신이 'ㅣ' 철학으로 나왔다고 생각한다. 일제시대의 작은 수첩에 이렇게 적혀 있다.

8장 우리말과 글의 철학: 천지인 합일과 인간 주체의 철학

ㅣ(이) 소리

ㅣㅣㅣㅣ ㅣㅣㅣㅣ ㅣㅓㅣㅓ ㅣㅓㅣㅓ
ㅓㅣㅓㅣ ㅓㅣㅓㅣ ㅣㅣㅣㅣ ㅣㅣㅣㅣ
ㅣㅓㅣ ㅣㅓㅣㅡㄹㅣ ㅓㅣㅣㅓ ㅣㅓㄹㅏ

이어여라 어이 이어라 비키여라 저리가라
어이 나를 슬미시나 어인 말씀 이여라시나
아니다 이여 이여라 어이이여 이렴아

이 글에서 처음에 되풀이되는 ㅣ는 하늘과 땅을 잇는 사람의 정신을
나타내고, ㅣㅓㅣㅓ는 참 생명의 줄을 '이어나감'을 나타내며, ㅣㅓ는 (하
늘을) 머리에 '임'을 나타낸다. 하늘을 이는 것과 생명을 이어 가는 것
이 일치되어 있다. "비키여라, 저리가라"는 가로막는 것을 뚫고 하늘을
머리에 이고 앞으로 나가는 것을 나타낸다. ㅣ(사람)는 하늘과 땅을 '곧
게 잇는' 몸과 정신을 나타내고, '하늘을 머리에 인' 존재이며, 처음(태
초)과 끝(종말)을 '잇는' 존재이며, 참 생명을 '이어나가는' 존재이다.[44]

2) 생명의 긋(끄트머리)으로서의 인간

다석은 '끝'이 '종말', '점수'(點數), '첨단'을 뜻하며 '끝'은 '긋'에서 온
말이라고 보았다.[45] 본래 '긋'은 '그치다, 끊어지다, 금을 그리다'를 뜻
하는 '긋다'에서 온 말로서 '끝'과 상통한다.[46] 다석에 따르면 '긋'은 '끝'
이라는 의미와 '크게 완성하여 끝낸다'는 뜻을 가진다. '긋'은 생명의 끄
트머리이며, 싹이다. '긋'은 생명의 끄트머리를 드러내고 '나가는 것'이
다. 이 끄트머리는 몸뚱아리의 끄트머리가 아니라 생각의 끄트머리이
다. 그리고 생각의 끄트머리가 '나'이다.[47] '나'는 생각의 끄트머리에 불

을 붙이며 나가는 존재이다.

다석은 '긋으로서의 인간 철학'을 말한다. 다석은 하늘을 이고 땅 위에 사는 인간의 모습을 '긋'이라고 하고, '긋'에서 천지인 합일의 생명사상을 이끌어낸다. "('긋'에서) ㄱ은 하늘, ㅡ는 이 세상, ㅅ은 생기를 뜻한다. 영원한 하늘과 무한한 땅과 신비한 생명이 하나가 된 것이 긋이다." '긋'은 땅에서 생명의 지극히 작은 끄트머리, 싹이지만 이것은 "죽어도 죽지 않는 영원과 연결된" 것이다.[48] 이정배에 따르면 '긋'은 "몸속에서 하늘의 정신이 터져 나와 (제소리) 그 끄트머리를 들어낸 것"이다.[49]

하늘과 땅을 잇고, 영원한 생명을 잇는 ㅣ는 "영원한 생명줄"이다. 이 생명줄의 한 '긋'인 '나'는 ㅣ의 꼭대기 끝점이다. '나'는 "이 민족의 한 끄트머리", "현대에 나타난 하나의 첨단"이다. 다석은 인간의 역사적 주체, 민족적 주체, 정신적 주체를 '긋'으로 표현한다. 영원한 생명이 "시간 속에 터져 나온 한 순간이 '이긋'"이다. '이긋'이 "공간으로 터져 나와 육체를 쓰고 민족의 한 끄트머리로 이 세상에 터져" 나온 것이 '제긋'이다. 그리고 "이 육체 속에 정신이 터져 나와 가장 고귀한 점수를 딸 수 있는 가치가 '이제긋'이다."[50] 역사적 시간 속에서 보면 '이긋'이고, 공간적 지역 안에서 보면 '제긋'이며, 시간과 공간 속에서 살아가는 정신적 주체로 보면, '이제긋'이다.

인간은 생명의 한 끄트머리일 뿐이다. 생명의 시초와 근원은 하나님께 있다. 인간은 생명의 시초와 근원을 알 수 없다. 그러나 지금 여기 생명의 끄트머리는 '나'다. 지금 여기의 생명과 관련된 모든 일은 '이긋'(나)에서 시작된다.[51]

3) 성직설(性直設): 곧음과 통합과 오름

다석은 1954년 1월 3일의 공개강연에서 인간의 "천성은 원래 직(直)

이므로 직(直)으로만 가면 영생할 것"이라고 말하면서 "나는 성직설(性直設)을 내세우고 싶다"[52]고 했다.

다석은 곧음과 통함을 직결시킨다. 삶과 정신과 진리는 종합적이고 전일적인 것이므로, 글과 진리는 통(通)해야 한다. 다석은 곧음으로써 통함에 이른다고 했다. "화살처럼 정직해야 뚫고 나갈 수 있다. 세상에 사실처럼 강한 것은 없다. …… 고디가 제일 강하다. …… 고디만이 하나님과 통할 수 있다."[53] 마음이 곧은 사람만이 글과 진리에 통할 수 있다.

또한 다석은 '곧음'이 인간을 하늘로 올려 보낸다고 했다. 'ㅣ'처럼 곧게 하늘로 오르는 것이 인간의 본성이고 천명이다.[54] 곧음과 솟아오름이 인간의 본성이고 사명이다. 다석은 이렇게 말한다. "이 '곧음'이 우리를 부처로 만든다. 곧음이 우리를 영생으로 인도한다. …… 이 곧음이 또한 우리를 사람 되게 한다."[55]

다석은 위로 솟아오르는 삶을 나타내기 위해서 '깃'이라는 말을 쓴다. '굿'에서 가로 그은 금을 세우면 '깃'이 된다. 인생은 "처음을 찾아 한없이 날아오르려고 하는 한 마리의 새 깃이다." 다석은 "몸은 굿이요 마음은 깃"[56]이라고 했다. 나의 몸속에 생명의 끄트머리가 있고 이 끄트머리에서 영혼의 날개깃을 치고 위로 올라가야 한다.

물질과 본능에 매여서는 하늘로 오를 수 없다. 물질과 본능은 땅에 달라붙게 하고 세상에서 옆으로 기게 한다. 그래서 다석은 "높은 산에는 부귀를 가지고는 못 오른다. 우리의 육체를 벗고 죄짐을 벗고 정신이 되어 영이 되어야 오를 수가 있다"고 했다. 육체의 물욕과 죄짐을 벗은 영혼은 위로 하나님을 향해 곧게 선 '막대기'와 같다. 다석은 부귀와 물욕과 죄짐을 벗고 하늘로 곧게 오르는 것이 형이상학이라고 한다.[57]

다석의 형이상학은 말 그대로 '위로 올라가는 일'이다. 다석은 종교 ·

철학의 이론에 붙잡혀 있으면 하나님께는 다다르지 못한다고 하였다. "무슨 신비(神秘), 무슨 신학(神學), 무슨 철학이라면서 떠들지만 거기에 홀리지 말아야 한다. 잠시 쉬었으면 툭툭 털고 …… 하나님 아버지께로 나아가는 것뿐이다. 내가 서 있는 위치는 태양의 발바닥 같은 곳이라 여기를 뚫고 세차게 올라가야 한다."[58]

두루 통하고 위로 솟아오르려면 몸과 맘이 곧아야 한다. 어떻게 해야 몸과 마음이 곧게 되는가? 욕심과 유혹, 편견과 집착은 몸과 마음을 구부러지게 한다. 욕심과 편견에서 벗어나려면 '깨어서 끝에서 사는' 깨끗한 사람이 되어야 한다. 정신이 깨어서 삶의 끝에서 사는 사람은 생사, 유무를 초월하여 지금 여기의 삶을 곧게 살 수 있다.[59]

마음이 깨끗하고 꼿꼿하다는 것은 어떤 것인가? 마음이 텅 비어서 편안한 것이다. 욕심과 유혹, 편견과 집착에 사로잡힌 마음은 편안하지도 않고 꼿꼿하지도 않다. "마음은 놓고 몸은 꼿꼿이 이것이 참선이다. 내 마음은 고운 재와 같이 가라앉히고 내 몸은 막대기처럼 꼿꼿이 세워야 한다." 욕심과 잡념과 허영이 "고운 재와 같이 가라앉은 마음"이 꼿꼿한 막대기와 같은 강한 정신이다. 몸이 꼿꼿하려면, 먼저 마음이 꼿꼿해야 한다. "몸은 몬(물질)으로 된 꺼풀이기에 내버려두면 묽어지고 썩어지고 주저앉는다. 막대기처럼 일으켜 세워야 한다. 무슨 막대기인가. 정신이란 막대다. 정신이 강하면 몸은 일어선다."[60]

몸과 마음과 정신은 하나로 통한다. '정고'(貞固)란 글에서 다석은 "생리와 심리는 장엄하고 오묘하다"(生理心理 莊嚴奧妙)면서 "음란하고 더러운 생활은 늑막염과 폐병을 일으켜 몸을 망가뜨리고"(淫亂褻瀆 肋肺祝融), "곧고 깨끗한 마음은 정신을 형통하게 한다"(貞固淸幹 情神亨通)고 했다.[61]

정신이 구부러지고 흐트러지면 생리와 심리의 세계도 혼란에 빠지고 몸도 망가진다. 그러나 곧은 사람(ㅣ)이 누리(ㅡ)를 뚫고 솟아오르면 둥글고 원만한 하늘(ㆍ)로 통한다. 곧으면 원만하고 형통한다.

4. 한글과 십자가의 만남

다석은 세종 임금이 내놓은 바른 소리인 우리글의 모음의 기본인 ㅡ, ㅣ, ㆍ를 예수의 십자가와 직결시킨다. 이정호의 십자소식에서 보았듯이 ㆍ, ㅡ, ㅣ를 겹치면 가운데 ㆍ가 있는 십자형태가 된다. 예수가 달린 십자가(+)는 ㅡ, ㅣ, ㆍ를 나타낸 나무이다. 그리고 다석은 십자가를 나무뿌리, 나무등걸을 나타내는 등걸(檀君)과 연결시킨다. 다석은 "바른 소리, 옳은 소리(正音)"라는 시조 형태의 글에서 "ㅡ ㅣ ㆍ 나투신 남ㄱ에 달린 사람 …… 예수, 등걸(檀君) 우리나라님 한울나라 거룩함"이라고 했다.[62] 이 글은 "ㅡ ㅣ ㆍ를 나타내신 나무에 달린 사람 …… 예수, 단군은 우리나라님이고 단군이 하늘 열고 세운 나라는 예수가 세운 거룩한 하늘나라와 같다"로 이해된다. ㅡ, ㅣ, ㆍ를 십자가와 연관시키고 십자가를 다시 한겨레의 뿌리인 단군과 연관시키는 것은 어디까지나 다석의 상상력이다. 다석의 이런 풀이는 엉뚱한 말놀이가 아니라 한글의 기본모음에 깊은 의미를 부여한 것이다.

한글의 기본모음은 ㅡ, ㅣ, ㆍ는 예수의 십자가 나무 막대기를 나타내고 ㆍ(하늘)와 ㅡ(땅)를 잇는 나무 막대기 ㅣ(정신)는 겨레의 뿌리인 단군, 다시 말해 나무 등걸과 '둥글' 나무(朴)를 나타낸다. ㅣ는 세상을 뚫고 솟아오르는 십자가와 겨레의 얼과 뿌리인 단군(등걸)을 나타낸다.

그리스도는 곧게 위로 올라간 이다. 하나의 세계, 절대불멸의 진리에 도달하려면 '고디'(直)뿐이다(1956년 6월 23일 일지). 1956년 1월 21일에 쓴 '그리온'이란 글에서 다석은 "그리온 걸 그리우고 드디어 오른

이 누구리? 무리여. 거룩할 우리 고디!"라고 했는데 김흥호는 "오른이
…… 고디!"가 그리스도라고 했다. 다석은 기독교를 정교(貞敎)로 보았
다(1956년 1월 21일 일지). 성경은 엄한 죄의식과 하나님의 거룩과 의를
강조한다. 거룩과 의를 강조한다는 점에서 성경은 다른 모든 종교를 앞
지른다. 거룩과 의는 곧음을 뜻한다. 인류의 죄에 대한 신의 의로운 분
노와 심판을 나타내는 십자가는 곧음의 상징이다.

단군은 우리말 둥글(朴) 등걸(璞)을 사음(寫音)한 것이다.[63] 단군은 우
리 겨레의 뿌리(등걸) 되시는 원만하신 둥근이다.[64] 단군을 나무등걸
나무뿌리로 보고 나무의 '둥글고'(朴) 소박한 자연과 연결함으로써 자
연친화적 성격을 밝혔다. 곧고 꼿꼿한 나무 막대기, 고디(십자가)가 한
글 ㅡ, ㅣ, ㆍ를 매개로 해서 자연친화적인 원융합일, 묘합의 한국정신
과 만나고 있다.

다석은 하나님을 고디로 보기도 하고 동글암으로 보기도 한다. 하나
님, 그리스도의 속성은 고디다. 의롭고 바른 분이다. 그러나 하나님은
모든 것을 아우르는 원만이기도 하다. ㆍ는 절대와 상대, 없음과 있음
을 아우르는 동글암, 원만이다. 곧은 막대기인 사람은 "없시 계신 동글
암"에로 돌아간다(1963년 12월 23일 일지).

깊은 죄의식을 가지고 하나님의 거룩과 의로움을 말하는 기독교는 배
타적이고 타협 없는 곧음을 지닌 종교이다. 한민족의 정신적 원형질은
한, 하늘, 나무 등걸의 동글암, 포용적인 원만을 품고 있다. 곧음과 동
글암을 결합한 다석의 사유에서 곧고 진취적인 기독교서구 정신과 둥
글고 원만한 한국아시아 정신이 아름답게 결합되었다.

다석은 시월상달이면 단군의 개천건국(開天建國)에 대해서 자주 글을
남겼다. 그는 "하늘을 열었다"(開天)는 말을 의미 깊게 생각했다. 하늘을
열고 하나님을 만나자는 것이 우리 삶의 목적이요 사명이라고 했다. 다

석은 단군왕검에서 왕검(王儉)은 '님검'의 한자식 표기이며, "언제나 검(神)님을 머리에 이고 사는 님검(임금)"을 뜻한다고 했다.[65]

다석은 한국전통사상과 한글에 대한 연구를 통해 천지인 삼재사상을 확인하고 기독교의 하나님 아버지 사상과 결합하여 자신의 사상을 심화하고 발전시켰다. 다석 사상의 중심에는 하나님을 아버지로 모시고 사귀는 부자유친과 효의 신학, 하나님을 향해 솟아올라가는 가온 찍기의 철학이 있다. 한국의 전통적인 천지인 삼재사상과 기독교의 하나님 사상을 결합함으로써 다석의 사상은 하늘(天)에 중심을 둔다. 하늘에 중심을 둔다는 점에서 다석의 사상은 한국 본래의 천지인 삼재사상과 일치한다. 이로써 다석은 기독교의 하나님 아버지 사상을 한국정신문화의 중심사상과 결합시켰고 한국정신문화의 본래적인 뿌리와 핵심을 회복시켰다.

─주(註)

1　김창주, '한글 성서의 번역·보급과 그 문화·사회사적인 의미', 한신대학교 학술원 신학 연구소 엮음, 《한국개신교가 한국근현대의 사회·문화적 변동에 끼친 영향 연구》, 한국 신학연구소, 2005, 701쪽.

2　우실하, 《전통문화의 구성원리》, 소나무, 1998, 62~72, 116~127, 191~262쪽.

3　이정호, 《訓民正音의 構造原理─그 易學的 研究》, 아세아문화사, 1990, '훈민정음의 풀이와 보기', 136~144쪽.

4　훈민정음의 구조와 원리가 음양오행론에 근거하면서도 천지인 삼재사상을 중심에 두고 있다는 것에 대해서는 우실하, 같은 책, 268쪽 이하, 229, 276~305쪽 참조.

5　《진리의 사람 다석 유영모》下, 175, 219쪽.

6　이정호, 같은 책, 22, 24, 39쪽 이하.

7　이정호, 같은 책, 73~4, 81쪽.

8　이정호, 같은 책, 81~3, 85~6쪽.

9　이정호, 같은 책, 87~92, 95~6, 101~2, 107쪽.

10　이정호, 《원문대조 국역주해 정역》, 아세아문화사, 1996, 64~5, 110, 112쪽.

11　박영호 풀이, 《다석 유영모 명상록》, 두레, 2001, 330쪽.

12　《다석강의》, 425쪽.

13　《다석강의》, 122, 257~9쪽, 283쪽.

14　이상은 역주, 《正本新譯版 四書五經: 大學中庸》1, 삼성문화사, 1993, 217-8쪽.

15　《다석강의》, 262, 264, 280~1쪽.

16　《다석강의》, 264~5, 280~5, 287쪽.

17　김흥호·이정배 편, 《다석 유영모의 동양 사상과 신학─동양적 기독교 이해》, 솔, 2002, 286~7쪽.

18　《진리의 사람 다석 유영모》下, 171~3쪽.

19　주시경이 19세 때 배재학당에 입학하던 해에 ·의 모음이 합음(合音)임을 알아내고서 사용에 불필요함을 주장하여 쓰지 않게 되었다. 《진리의 사람 다석 유영모》下, 175~6쪽.

20　유영모, '제소리', 《제소리》, 325~6쪽.

21　유영모, '제소리', 《제소리》, 326~7, 329쪽.

22　《진리의 사람 다석 유영모》下, 167쪽.

23　G. Christopher Stead, 'Logos', *Theologische Realenzyklopädie Band XXI*, Walter de Grueyter·Berlin·New York 1991, 433쪽.

24　같은 책, 435쪽.

25　1956년 1월 17일 일지, 《다석일지 공부》1, 315~317쪽.

26　《진리의 사람 다석 유영모》下, 167~9쪽.

27　《진리의 사람 다석 유영모》下, 179~180쪽. 《다석강의》, 132~3쪽.

28　《진리의 사람 다석 유영모》下, 179~180, 189, 191쪽.

29　《다석일지 공부》4, 493, 497쪽 참조. 《진리의 사람 다석 유영모》下, 179~180쪽.

30　《진리의 사람 다석 유영모》下, 168, 181~2쪽.

31　낯, 얼굴, 체면을 보다 보면, 낯이 낫에 깎임을 뜻한다. 낯, 체면 보기는 낫에 낯을 깎이

는 것이다.

32 '몬'은 물건, 물질을 나타내는 우리말이다. 먼[몬]지는 몬의 찌꺼기, 가루이다.

33 '몽기길'에서 '몽기'는 '몽그다, 뭉그러지다'이며 뭉그러지는 것을 나타낸다. '길'은 물질로 된 몸이 '뭉그러지는 길'로 가는 것을 뜻한다. 다석은 물질적 유혹에서 벗어나 몸과 마음 을 곧게 세워 위로 올라가는 것을 추구했다.

34 '몽킬'은 '몽키다', '뭉치다', '한 덩어리 되다'에서 왔다. '몽킬길'은 물질적 이해관계로 한 덩어리가 되는 길을 뜻한다.

35 물질로 된 몸이 욕심으로 뭉그러져서 물질적 이해관계로 뭉치는 길로 가는 이들이 많아 그 길이 길고 길다고 하였다.

36 낮에는 몸이 낮, 체면을 따른다.

37 낯을 따르는 낮(晝)은 낮(卑)과 동음이어(同音異語)로서 낮(晝)과 낮(卑)은 서로 통한다.

38 낮(晝)이 낯을 낮게(卑) 깎는 낫이 된다. 낯, 낮(晝), 낮(卑), 낫의 말놀이가 이루어진다.

39 '몸'에서 받침 'ㅁ'을 파자(破字)하면 'ㄴㄱ'이 된다. '몸'에서 '몬'(물질)을 빼놓으면 'ㄱ'이 남는다. 다석에게 'ㄱ'은 '하늘', 또는 '머리'를 나타낸다. 그리고 "낫 놓고 ㄱ(기역자) 모른 다"는 한국 속담에서처럼 'ㄱ'은 '낫'을 나타내기도 한다. 몸에는 낯을 깎는 '하늘의 낫'이 있음을 뜻한다.

40 'Korean이슴나'는 몸에 낯을 깎는 'ㄱ낫'이 있음을 모르는 "코리안, 한국인이 있나?", "코리안, 한국인이 있습니다"를 뜻한다. 또는 'Korean이슴나'는 그런 'ㄱ낫 모르는' 'Ko-reanism'(한국정신)을 지닌 게 '나'(我)라는 것이다.

41 《진리의 사람 다석 유영모》下, 185, 173쪽.

42 《진리의 사람 다석 유영모》下, 143쪽.

43 김흥호는 다석이 오산학교 교장으로 부임하여 제일 먼저 한 일이 "교장실 의자의 등받이 를 톱으로 잘라 버린 일"이라고 하였다. 김흥호, '머리말', 《다석일지 공부》 1, 6쪽. 이에 대해 최원극은 "교장석의 회전의자를 치우고 조그만 나무바닥 의자에 꿇어앉아서 온종 일 일을 보셨다"고 하였다. 최원극, '유영모 스승', 〈새벽〉(1955년 7월 호), 81쪽. 《다석 일지》(영인본) 上, 900쪽에서 재인용.

44 《진리의 사람 다석 유영모》下, 143~4쪽.

45 《다석일지》(영인본) 上, 733~4쪽

46 《다목적 종합 국어사전》, 236쪽.

47 《다석강의》, 209쪽.

48 유영모, '깨끗', 《다석일지》(영인본) 上, 755~6쪽.

49 이정배, '한국적 기독교; 한글로 신학하기', 김흥호·이정배 편, 《다석 유영모의 동양 사 상과 신학―동양적 기독교 이해》, 솔, 2002, 292쪽.

50 유영모, '긋, 끝, 나, 말씀', 《다석일지》(영인본) 上, 733-4쪽.

51 유영모, '깨끗', 《다석일지》(영인본) 上, 754~5쪽.

52 최원극, '유영모 스승', 〈새벽〉(1955년 7월 호), 81쪽. 《다석일지》(영인본) 上, 900쪽에 서 재인용.

53 유영모, '말씀', 《다석일지》(영인본) 上, 886~7쪽.

54 "오르고 또 오르는 것이 우리의 본성이다. 그것이 하늘이 우리에게 주신 천명이다." 유 영모, '끈이', 《다석일지》(영인본) 上, 848쪽.

55 유영모, '하늘에 있지', 《다석일지》(영인본) 上, 787쪽.

56 유영모, '깨끗', 《다석일지》(영인본) 上, 755~6쪽.

57 유영모, '끈이', 《다석일지》(영인본) 上, 848쪽.
58 《진리의 사람 다석 유영모》上, 258쪽.
59 유영모, '말씀', 《다석일지》(영인본) 上, 888쪽.
60 유영모, '깨끗'(버들푸름35), 《다석일지》(영인본) 上, 843쪽.
61 《다석일지 공부》1, 311~12쪽.
62 다석은 檀君이 등걸(樸), 둥글(朴)이라 보았다. 최남선이 단군을 텡그리(몽고어)라 보는
    주장을 받아들인 것으로 보인다. 다석은 朴씨는 단군의 후손이라 했다. 《진리의 사람 다
    석 유영모》下, 200~201쪽. 다석의 "바른 소리 옳은 소리(正音)"에 대해서는 같은 책,
    172쪽.
63 《진리의 사람 다석 유영모》下, 200~201쪽.
64 《진리의 사람 다석 유영모》下, 173쪽.
65 《진리의 사람 다석 유영모》下, 200~201쪽.

예수 그리스도: 예수와 함께 그리스도로 살면서 그리스도를 찬미함

유영모는 동아시아 종교문화를 체득한 한국인으로서 예수 그리스도를 몸과 맘에 깊이 받아들였다. 그의 몸과 맘과 삶에서 동아시아 종교와 서구 기독교가 합류하였다. 전통교리나 종교적 독단에서 벗어나 오늘의 삶 속에서 예수를 산 정신과 힘으로 받아들였다. 그는 예수를 통해 드러난 생명과 말씀의 줄을 잡고 살았다.

유영모는 예수를 믿음의 대상으로 보지 않고 예수의 삶의 자리에서 예수를 이어 살려고 하였다. 예수와 함께 십자가를 지고 세상을 구원하는 삶을 살고자 했다. 유영모는 세상 짐을 지고 고생하는 노동자·농민이 오늘의 예수라고 하였다. 유영모는 오늘의 예수인 씨올들과 함께 사회와 역사를 완성하는 길로 갔다.

1. 한국·아시아적 예수 이해

한국 아시아의 사상가로서 다석은 예수를 오늘의 삶 속에서 주체적으로 한국 아시아의 정신과 문화 속에 깊이 받아들이려 했다. 그가 동양의 뼈대 속에 서양의 골수를 넣는다고 한 것은 한국·아시아의 정신문화적 뼈대 속에 서구의 정신과 문화 그 가운데서도 기독교 정신, 다시 말해 예수를 넣는 것을 의미했다. 이것은 동양정신문화의 뼈대를 대표하는 유영모와 서양문화의 골수를 대표하는 예수의 만남과 합일을 뜻하기도 했다. 이 만남 속에서 어느 한쪽의 주체성을 훼손하지 않고 양자가 온전히 주체적으로 생동하면서 실현되고 완성되기를 다석은 기대했다. 주체와 주체로서 예수를 이해하고 받아들이는 다석의 방식과 실천은 세계 기독교 선교사에서 어떤 의미를 갖는가?

스리랑카의 신학자 알로이스 피어리스(1934~)는 기독교의 토착화 과정을 네 가지로 설명했다. 첫째, 비그리스도교 문화에로 육화하는 라틴 모델, 둘째, 비그리스도교 철학에로 동화하는 희랍 모델, 셋째, 비그리스도교 종교에 대한 절충인 북유럽 모델, 넷째, 비그리스도교 영성에 대한 참여로서의 수행 모델. 라틴과 희랍에서는 토착적인 종교에서 분리된 문화와 철학이 기독교와 결합될 수 있었다. 북유럽 모델에서는 토착적인 원시부족종교(애니미즘, 샤마니즘)와 기독교가 결합될 수 있었다. 피어리스에 따르면 아시아에서는 문화와 철학을 종교로부터 분리할 수 없고, 아시아의 고등종교들과 토착적인 원시부족종교의 결합이 이미 이루어져 있다. 따라서 아시아에서는 서구의 전통적인 선교 방식이 성공할 수 없다. 아시아의 고등종교들을 통하지 않고는 아시아인의 심성에 파고들 수 없다. 피어리스는 아시아 종교의 영성에 참여하는 수행 모델이 아시아의 선교에 적합하다고 보았다.[1]

평생 깊은 영성과 철저한 수행을 추구했던 유영모는 피어리스가 태어나기 전부터 피어리스가 말하는 비그리스도교 영성에 참여하는 수행 모델을 추구하고 아시아적 영성의 기독교를 형성했다. 그러나 피어리스의 견해와는 달리 한국의 기독교는 한국 기성종교들인 유교와 불교의 매개를 거치지 않고, 한국 민중의 삶 속으로 파고들 수 있었고, 한국인의 심성과 결합될 수 있었다. 한국인의 심성 속에서 한국 기독교는 한국인의 심성 속에 녹아든 전통종교들과 만날 수 있었다. 유영모도 기독교 선교의 수단과 방식으로 기독교와 전통종교의 만남을 추구한 것은 아니었다. 그는 이미 우리 삶과 정신 속에서 이루어진 기독교와 전통종교의 만남을 심화하고 완성시키려 했다. 피어리스의 이론은 힌두교와 불교와 같은 기성종교가 강력하고 기독교가 침략적인 제국주의 종교로 여겨지는 인도, 스리랑카, 베트남에서는 타당한 이론이라고 생각된다. 그러나 한국에서는 기독교가 들어올 무렵, 전통종교인 유교와 불교는 힘을 잃었으며, 나라를 뺏기고 식민지 생활을 하던 백성에게 기독교는 해방의 비전과 동력을 주는 종교로서 받아들여졌다. 이런 특수한 상황에서 한국정신문화와 기독교 정신은 깊고 역동적으로 만날 수 있었다. 이런 역사적인 맥락에서 유영모와 예수의 자유롭고 깊은 만남이 이루어졌고, 이 만남에서 다석의 심오하고 세계개방적인 사상이 형성되었다.

유영모는 성경 가운데 특히 요한복음을 좋아했고 요한복음의 기본 사상을 받아들였다. 유영모의 그리스도 이해는 요한복음과 요한서신의 신학과 영성을 기초로 삼고 있다. 요한복음에서는 예수 그리스도가 하늘로부터 땅에 내려왔다가 하늘로 올라가는 것을 강조했는데 다석은 예수 그리스도를 따라 하늘로 올라가는 것이 인간이 걸어야 할 '길'이라 했다.[2] 그리스도를 따라서 위로 올라가는 것이 다석의 종교사상의 중심을 이룬다.

요한복음은 사랑, 일치, 공동체에 초점을 두고, 지금 여기의 삶을 강조했고 앎과 믿음과 행함의 일치를 말했다.[3] 요한신학은 바울신학과 구별된다. 율법 문제를 가지고 씨름한 바울신학은 논리적이고 변증적이므로 법과 행정이 발달한 로마와 유럽에 맞고, 공동체적 사귐과 함께 앎과 영성과 실천의 일치를 강조한 요한신학은 영성과 공동체의 사고를 많이 한 소아시아에 맞았다. 바울이 주로 소아시아에서 선교활동을 했으나 바울의 신학은 이탈리아와 유럽에 받아들여져서 로마가톨릭과 개신교가 발달했고 소아시아에서는 요한신학이 받아들여져 정교회가 발달했다. 요한의 영성은 공동체적이고 실천적이므로 아시아의 영성과 통할 수 있다.

2. 유영모의 깨달음과 예수 이해

유영모는 16세에 믿음에 들어가 인격과 정신이 바로 서게 되었다 (1974년 1월 7일 일지). 정통적인 신앙생활을 하다가 20대 초반에 기독교에 매이지 않는 자유로운 신앙생활과 사상 활동을 했다. 유교·불교·도교의 동양 종교사상에 심취하여 연구하고 강의했다. 그러다 53세 때 신앙 체험을 새롭게 하고 다시 기독교 신앙에 집중했다.

그는 신앙체험을 한 후 여러 편의 시를 썼는데 '믿음에 들어간 이의 노래'는 그의 오도송(悟道頌)과 같다.

나는 실음 없고나, 인제부터 실음 없다. 님이 나를 차지하사 님이 나를 맡으셨네. 님이 나를 가지셨네. 몸도 낯도 다 버리네 내거라곤 다 버렸다. '죽기 전에 뭘 할까?'도 '남의 말은 어쩔까?'도 다 없어진 셈이다. 새로 삶의 몸으로는 저 '말슴'을 모셔 입고, 새로 삶의 낯으로는 이 우주(宇宙)가 나타나고, 모든 행동(行動), 선(線)을 그으니, 만유물질 늘어 서 있다. 온 세상을 뒤져봐도, 거죽에는 나 없으니. 위이무(位而無, 위치만 있고 존재가 없는 상태), 탈사아(脫私我, 사사로운 자아에서 벗어남) 되어 반작! 빛. 요한 1장 4절. 님을 대한 낮으로요, 말슴 體(본)한 빛이로다. 님 뵈옵잔 낯이오, 말슴 읽을 몸이라. 사랑하실 낯이오, 뜻을 받들 몸이라. 아멘.[4]

　믿음에 들어간 다석은 모든 욕심과 근심 걱정에서 자유롭게 되었고 명예욕이나 일 욕심에서도 해방되었다. 그리하여 만유물질을 거느리는 주체가 되었다. 자기를 비움으로써 몸과 말씀과 우주가 하나로 통하게 되었고 빛을 얻게 되었다. 다석의 신앙체험은 자아가 깨지고 전체 생명 속에서 참 자아로 해방되는 사건이었다.

　다석은 자신의 신앙체험 속에서 예수를 새롭게 만나고 이해하게 되었다. 같은 시기에 쓴 '소식(4)'에 들어 있는 '우리가 뉘게로 가오리까'라는 시조 형태의 글에서 그는 도교, 불교, 유교를 비판하고 인자 예수를 하늘 문을 여신 분으로 높였다. 노자의 도(道)는 자연생명의 큰 길과 법을 열려 했으나 생명에 대한 집착으로 불사욕(不死慾)에 빠졌고, 석가의 마음은 바른 깨달음을 추구했으나 너무 많은 설법으로 흐트러졌고, 공자의 집안은 배움을 좋아했으나 체면치레에 흘렀다는 것이다. 여기서 다석이 예수와 노자, 석가, 공자를 직접 비교하지 않았고, 기독교와 도교, 불교, 유교를 직접 비교하고 있지 않았다는 것을 주목해야 한다. 다석은 '노자신(身)', '석가심(心)', '공자가(家)'라고 하여 도교, 불교, 유교를 비판하고 '인자(人子) 예수'를 내세운다.

　다석은 새롭게 발견한 예수를 중심에 놓았지만 예수에 대한 전통적 교리 신앙에로 돌아가지는 않았다. 예수에 대해서 다석은 이렇게 말한

9장 예수 그리스도: 예수와 함께 그리스도로 살면서 그리스도를 찬미함

다. "말씀(道)으로 몸 이루고, 뜻을 받아 맘 하시니, 한울밖엔 집이 없고, 걸음걸이는 참과 옳음! 뵈오니 '한 나신 아들'[獨生子] 예수신가 하노라." 여기서 다석은 '뜻'에 대해서 주(注)를 달아 설명하였다. "우주전체(宇宙全體)의 생명(生命)이 서로 사랑함으로 하나이 되게 하시라는 아버지의 뜻." 다석은 예수의 사명이 우주 전체의 생명이 서로 사랑함으로 하나로 되게 하는 데 있음을 분명히 밝힌다.

예수는 자신의 사명을 어떻게 이루었나? 다석에 따르면 예수도 다른 인간들도 모두 하나님의 아들들이다. 땅바닥만 헤매는 세상은 못난 아들들이 차지했다. 그런데 위에서 문이 열리고 그리스도가 와서 '죽음으로써 사는 길'을 가면서 사랑을 폈다. 예수의 십자가 죽음을 통해 세상에 구원받을 길이 열렸다. 다석은 십자가를 이렇게 풀이했다. "가로 가던 누리는 가로 대에 못 박히고 바로 솟아 나갈 얼만 머리 우로 솟구치니 영원을 허전타 마라 길이길이 삶이다." 세상에서 위로 올라갈 길이 십자가에서 열렸다. 예수는 인류가 함께 갈 생명의 길을 열고 그 길로 갔을 뿐, 인생을 대신 살아 주거나 구원을 대신 이루어 준 것이 아니다.

다석은 예수를 보는 두 가지 관점을 분명히 구별한다. 세상적인 욕심에 따라 사는 인생관으로 보면 예수는 "미천한데서 나서 30평생에 출세한 것이 없고, 최종 3년간 광인 지목을 받다가 폭사를 당한" 인간이었다.[5] 예수는 곧게 살았으나 세상에서 실패한 사람이다. 실패한 예수를 따르는 것은 "곧음이 최후의 승리를 한다"고 믿기 때문이다. 예수의 실패는 정의(正義)의 편의 실패이다. 다석에게 그리스도인이 되는 것은 "정의 편의 실패자"가 되는 것을 의미한다. 그리고 그리스도인의 목적은 "정의를 믿고, 정의가 불가능한 세상에 정의가 있도록 욕능(欲能: 정의를 실현할 능력을 얻으려 함)하려는 데 있다."[6]

위에서 아래로 보면 예수는 하늘 문을 열고 새 시대를 시작했다. 예수는 "서른 살에 하늘 문을 세울 일을 맡았고", "3년 동안 세상을 책망하는 채찍으로 묵은 누리를 다 헐어 냈"으며, "묻은 지 사흘 만에 새 생명의 싹이 나서 다시 살아났다". 그래서 "새 천지의 개벽은 이로 좇아 시작이다. 그 뒤로 인간은 천문(天門)으로 통하게 되었다".[7] 예수는 하늘 문을 열은 이고, 예수의 삶과 말씀과 일로써 새 천지가 시작되었다.

다석은 예수와 함께 예수를 따라 신앙생활을 하지만 인간 예수를 신앙의 대상으로 보고 신격화하거나 우상화하지는 않는다. 2천 년 전에 살았던 역사적 인간 예수는 '나'와 같은 몸을 지닌 인간이다. 숭배의 대상은 하나님뿐이다.[8] 유영모가 '예수'에 대해서 말할 때 '예수'는 다양하고 다차원적인 의미를 지닌다. 역사적으로 보면 예수는 '나'와 같은 한 인간에 지나지 않지만, 영으로 보면 예수는 하나님의 독생자로서 하늘 문을 열고 구원의 길을 연 구주이며 예수의 이름을 통해 성령의 힘이 풍성히 내리기도 하고, 예수 자신이 하나님의 말씀이기도 하다. 다석은 예수를 주(主)로 보고 주와 나의 관계를 이렇게 정리했다. "주는 누구시뇨? 말씀이시다. 나는 무엇일까? 믿음이다. 주는 한울에 가셨다 하나 말씀은 예(여기) 계시다. 주는 한울에 가셨다 하나 말씀은 예 계시다. 나는 죽겠으나 믿음은 살겠다."[9] 다석은 "우(하나님)에서 오는 성령이 믿음을 일으킨다"[10]고 했다. 성령이 믿음을 창조한다는 것은 복음주의 신학을 내세우는 칼빈의 주장과 일치한다. 더 나아가서 다석은 그리스도 예수를 통해서 우리가 창조되었다고도 하였다. "결국 우리의 몸도 하나님이 먹이시고 길러주시기 때문에 있는 것뿐이다. 우리는 하나님의 작품이다. …… 하나님께서 미리 마련하신 대로 선한 생활을 하도록 그리스도 예수를 통해서 창조된 작품이다."[11]

다석은 서슴없이 예수를 '우리 님'이라 하고 '한나신 아들'(독생자)이라고도 한다. 더 나아가서 예수를 '한우임'이라고도 한다. "오 예수여 내

9장 예수 그리스도: 예수와 함께 그리스도로 살면서 그리스도를 찬미함

몸에 한우임 그리스트"(1955년 12월 11일, 1956년 1월 17일 일지). 내 마음에서 예수는 '한우임'이다. 예수는 하나님의 독생자이고 하나님을 온전히 드러낸 분이며 '내 마음'에서는 '한우임', '한우[큰 위]를 인 분'이다. '한우'를 인 예수는 그리스트이고 '임'(壬)이신 그리스트는 '늘 삶'(영원한 삶)이다. [12)]

3. 속죄론 이해

1) 전통적 속죄신앙 비판: 대속인가 자속인가?

다석은 예수의 십자가 죽음을 믿기만 하면 영생을 얻는다는 속죄교리를 부정했다. "예수가 인간을 위하여 십자가에 피 흘린 것을 믿으면 영생한다고 믿는 것은 나와 상관이 없다."[13)] 자신의 삶과 무관하게, 주체의 참여 없이, 교리적으로 인정하고 받아들이면 구원을 받고 영생한다는 속죄교리를 다석은 분명하게 거부했다.

그러면 다석은 성경의 속죄론을 부정했는가? 다석은 지금 여기에서 삶의 능력을 얻는 것을 구원이라고 보았다. 예수가 십자가에서 흘린 피가 지금 나와 우리에게 실제로 힘을 줄 수 있어야 구원의 능력을 가진 것이다. 다석은 우리의 삶이 "역사적으로 예수에게 이어져서 현재에서도 산 능력을 내려 받게 된다"고 하였다. 이 점에서 다석은 "십자가에서 흘린 피로써 온 무리가 사함을 받는다는 것을 믿는다"고 했고 "이것이 성경의 본 뜻이다"라고 하였다.[14)] 다석은 삶 속에서 힘을 주는 한에서, 주체가 참여하고 주체를 살리는 한에서 속죄론을 인정하였다.

이른바 '정통적'인 속죄신앙에서는 예수의 십자가 죽음에서 온 인류의 죄가 소멸되는 사건이 유일회적으로 일어났다고 본다. 예수의 죽음에 대한 이러한 배타적 교리적 이해는 예수의 죽음을 삶과 역사로부터 분리시킨다. 믿는 인간이 자신을 죄에서 해방하는 예수의 고난과 죽음에 주체적으로 참여할 수 있는 길이 차단된다. 인간들은 죄인으로서 예수가 성취한 구원을 수동적이고 소극적으로 믿고 받아들일 뿐이며, 속죄사건에 주체적인 참여가 배제되고, 인간과 예수 사이에 참된 사귐과 참여는 허락되지 않는다.

역사와 삶으로부터 분리된 배타적이고 교리적인 속죄론은 성경 자체가 용납하지 않는다. 신약성경에서 예수의 십자가 죽음은 이스라엘 백성이 이집트에서 해방될 때 바쳤던 '유월절 희생양'으로 이해된다(눅 22:15; 고전 5:7). 이스라엘 백성의 해방을 위한 희생의 죽음으로 예수의 십자가 죽음을 이해했던 것이다. 예수의 십자가 죽음을 신약성경은 주로 이사야 53장 고난의 종에 비추어 해석했다(요 12:38; 행 8:32 이하). 고난의 종은 "우리가 앓을 병을 앓아 주었으며 우리가 겪을 고통을 겪어주었다"(사 53:1 이하). 예수의 고통과 죽음은 인간들의 치유와 살림을 위한 것이다(마 8:17). 예수의 고난과 죽음은 이스라엘의 역사 속에서 그리고 고통 받는 인간들의 삶과 긴밀한 관련 속에서 이루어졌다.

인간의 참여를 배제한 일방적인 속죄 교리는 바울의 속죄 이해와 관련이 있다. 로마제국에서 선교한 바울은 예수의 십자가 죽음을 죄와 죽음의 세력에게 종살이하는 인류의 해방을 위한 몸값(贖錢)으로 보았다(롬 3:24; 갈 3:13; 4:15; 엡 1:7, 14; 골 1:14). 로마 시대에 노예를 해방시키려면 몸값을 지불해야 했다. 죄와 죽음의 세력, 악마의 손에 잡힌 죄인들의 몸값으로 예수의 생명이 지급되었다는 것이다. 속전과 속량으로 보는 이해는 노예시대에 맞는 법정적·정치적·객관적 해석이다. 희생자 예수는 구원을 베푸는 시혜자이고 인간은 구원을 받는 죄인이고 종일 뿐이다.

그러나 바울이 당시 노예제 사회의 관행에 따라 예수의 죽음을 해방을 위한 속전으로 본 것은 사실이지만 바울의 십자가 이해는 속죄 사건에 대한 인간 주체의 참여를 요청한다. 바울에 따르면 믿는 사람은 예수와 함께 죽고 예수와 함께 살아나며 믿는 사람 안에 예수의 생명이 살아있다. 바울은 예수와 믿는 인간을 동일시함으로써 구원 사건에 대한 인간 주체의 참여를 전제하고, 그리스도 안에서 화해가 이루어졌다고 함으로써 인간과 그리스도 사이에 사귐을 강조하였다(롬 5:10-11; 6:3-8; 12:5; 고전 10:6;고후 5:18-20; 갈 2:20; 엡 2:14-16; 골 1:20-22). 바울의 속죄 이해는 인간의 주체적이고 적극적인 참여를 요청한다.

오늘의 민주 시대에는 속전으로 해석하는 것보다 희생제물과 고난의 종으로 보는 이해가 더 적합하다. '나'의 인격적 참여를 배제한 속죄 신앙은 객관적, 주술적인 미신이 되기 쉽다. 나는 가만있고 예수의 피 흘림을 믿으면 기계적으로 자동적으로 속죄와 해방이 이루어진다고 생각하는 것은 미신이다. 그리고 이러한 미신적 신앙은 예수의 죽음에 대한 성경의 이해와 일치하지 않을 뿐 아니라 바울 자신의 이해와도 일치하지 않는다.

다석의 제자 함석헌은 '흰 손'이라는 시에서 미신적 속죄론을 비판하고, 믿는 이가 예수의 고난과 죽음에 참여함을 강조하였다. 예수의 피가 구원의 효력이 있으려면 믿는 사람의 핏속에 살아 있어야 한다.

> "네 만일 그 피 마셨다면이야,
> (왜, 내 살 먹어라, 내 피 마셔라 않더냐?)
> 그러면야 지금 그 피 네 피 속에 있을 것 아니냐?
> 네 살에, 뼈에, 혼에, 얼에 뱄을 것 아니냐?"[15]

함석헌에게 예수는 2천 년 전에 죽은 예수가 아니라 '믿음' 안에서

'오늘 나의 삶, 나의 몸과 뼈와 살 속에, 나의 피 속에', '나의 얼과 혼' 속에 살아 있는 예수다.

유영모와 함석헌은 속죄교리를 부정했다고 해서 이른바 '정통신앙인'과 무교회 교인들에게 비난을 받았다. 그러나 정말 유영모와 함석헌이 속죄교리를 부정하고 버렸는가? 유영모와 함석헌은 십자가를 믿음의 대상으로 바라보는 신앙이 아니라 십자가에서 예수와 하나 되어 스스로 십자가를 지는 신앙을 추구한다. 《성서적 입장에서 본 조선역사》에서 한민족이 십자가를 지고 있다고 보고 십자가를 바로 질 때 인류의 평화와 구원이 이루어진다고 함석헌이 말한 것은 이런 십자가 신앙을 한국 민족에게 적용한 것이다.[16)]

예수가 인류의 죄를 대신 지고 십자가 고난을 통해 속죄를 하는 것은 대속(代贖)이고, 믿는 사람이 직접 십자가를 지고 속죄를 하는 것은 자속(自贖)이다. 유영모는 분명하게 자속을 말했다. 자신의 죄를 씻으려면 스스로 십자가를 져야 한다. 주체의 참여 없는 속죄는 성립되지 않는다. 유영모는 서구 자유주의자들처럼 오늘의 '나'와 2천 년 전의 '예수'를 한 개인으로만 보지 않았다. 인간을 독립된 개인으로만 보면 대속은 성립되지 않는다. 그러나 서로 연결된 전체 속에서 인간을 보면 대속은 성립한다. 다석은 언제나 전체 하나의 자리, 생명 전체의 자리에서 인간을 보았다. '나'도 '예수'도 배타적이고 고립된 자아가 아니라 우주 전체, 인류 전체의 생명과 상통하는 존재다. 모든 인간, 모든 생명은 죄와 의, 선과 악에 공동으로 참여하고 공동으로 책임지는 존재이다. 한 개인의 행위는 전체를 대표해서 하는 행위이다. 한 개인의 범죄에 전 인류가 참여하고 한 개인의 의로운 행위로 전 인류가 의롭게 된다. 예수의 피는 전체의 자리에서 전체를 위해 흘린 것이다. 유영모는 예수가 흘린 의로운 피의 속죄 능력을 인정했다. 그는 십자가에서 흘린 예수의 피는 말할

9장 예수 그리스도: 예수와 함께 그리스도로 살면서 그리스도를 찬미함

것도 없고 모든 의인의 피가 속죄의 능력이 있다고 보았다. "의인의 피
는 다 꽃의 피요, 그리스도의 피다. 아무리 악한 세상도 이 피로 씻으면
정결케 된다."[17) 모든 의인의 피는 전체를 위해 흘린 피이기 때문이다.
2천 년 전에 흘린 예수의 피만이 아니라 모든 의인의 피가 그리스도의
피와 함께 또는 그리스도의 피 안에서 속죄와 속량의 힘을 가지고 있다.

다석의 속죄론은 대속이면서 자속이고 자속이면서 대속이다. 자속은
속죄를 주체의 차원에서 본 것이고 대속은 전체의 차원에서 본 것이다.
모든 생명체와 모든 인간은 개체이면서 전체이다. 생명체와 인간이 몸
을 지닌 존재라는 점에서는 개체이고 생명과 정신의 본성이 서로 이어
지고 통한다는 점에서는 전체이다. 개체 속에 전체가 있고 전체 속에
개체가 있다. 인간은 다른 생명체보다 개체의 개성과 주체성이 더욱 깊
어지고 개체의 전체성이 더욱 강화되고 확대되었다. 인간의 정신과 영
은 더욱 깊은 주체성과 자유를 요구하고, 더욱 강화되고 확장된 전체성
과 연대성을 드러낸다.

인간을 역사의 한 개체로만 보면 대속은 성립하지 않는다. 인간은 개
체이면서 인류, 생명, 우주 전체와 뗄 수 없이 결합된 존재임을 알 때,
죄와 고난이 개체의 문제이면서 전체의 문제임을 깨달을 때 '그'의 고
난이 '나'를 대신하는 고난이고 '나'를 살리는 고난임을 깨닫게 된다. 이
사야 53장에 나오는 고난의 종은 죄와 고난이 개체의 문제이면서 전체
의 문제임을 드러낸다. 전체의 자리에 설 때만 '그'의 고난이 '나'와 '우
리'의 죄와 허물 때문에 '나'와 '우리'를 대신해서 당하는 고난이며, '나'
와 '우리'를 살리는 고난임을 알 수 있다. 그리고 전체의 자리에 선다는
것은 개인 주체의 참여를 배제하는 것이 아니라 '나'와 '그'가 전체 속에
서 하나임을 깨닫고 더욱 깊고 강력하게 주체의 참여를 요구하고 호소
하는 것이다.

성경은 예수의 십자가 고난을 '고난의 종'에 비추어 이해했다. 고난의 종이 없었다면 십자가에 달린 예수가 메시아라는 고백은 성립될 수 없었고, 따라서 기독교도 생겨날 수 없었다. 예수의 십자가 고난과 죽음을 고난의 종에 비추어 이해했다는 것은 전체 생명의 자리에서 보았다는 것을 뜻한다. 그리고 전체의 자리에서 예수의 십자가 죽음을 보았다는 것은 처음부터 속죄를 대속과 자속으로 보았다는 것을 의미한다. 앞에서 살펴본 대로 성경은 예수의 대속적 죽음을 강조하면서 인간의 주체적 참여를 전제하고 요청한다. 따라서 자속과 대속을 함께 말하는 다석의 속죄 이해는 주술적 속죄론에서 벗어나 성경의 속죄론을 회복한 것이다.

2) 십자가: 올라가는 자리

다석에게 속죄 신앙은 십자가에서 하나님께로 올라가는 신앙이다. 십자가의 피로 죄가 씻어지고 의롭다고 인정받는다는 것은 소극적이고 수동적인 생각이다. 십자가는 사랑과 의의 하나님이 계신 곳, 사랑과 의가 충만한 하늘로 올라가는 길을 열고 그 길로 가는 힘을 얻는 자리이다.

1969년 11월 25일 일지에 쓴 한시(漢詩) '양언선 양아의(羊言善 羊我義)'는 십자가를 통해 위로 올라가는 다석의 신앙을 보여 준다. 한자 善(선)을 풀면 羊言(양언)이고, 양의 말(羊言)이 선(善)이다. 義(의)를 풀면 羊我(양아)이고, 양의 나(羊我)가 의(義)다. 자신을 생명의 제물로 바치는 희생양의 말씀이 선이고 자신을 희생양으로 바치는 '나'가 의다. 김흥호는 이것을 "말없이 십자가에서 죽는 것이 선이고 나 대신 속죄양이 되는 것이 의다"라고 풀이했다.[18]

양언선 양아의(羊言善 羊我義)

꼭대기 ㅇㅂ뵈신 ㅇㄷ님(絕代聖父侍奉子) 덥친 색기들 ㄴ신 ㅇ돌 뵙(重
重人子獨生子)
돌고 도시는 숨님 믿우럼(恒巡靈氣信仰涯) 억척캄캄 그믐 개 성화(億
億生涯晦暗涯)
— 1969년 11월 25일 일지

다석은 이 시를 1970년 12월 5일 일지에 다시 기록했고 다음 날에는
제자 박영호의 시골집을 찾아가서 시를 풀이해 주었다. 1965년에 유영
모의 가르침을 따라서 박영호는 다석을 떠나 홀로 농사를 지으며 지냈
다.[19] 자신의 한시를 번역해 놓은 게 드문데 유영모는 이 한시를 직접
번역해 놓았다. 유영모가 멀리서 박영호를 찾아와 이 한시를 풀이한 것
만으로도 이 한시는 유영모와 박영호에게 특별히 의미가 있는 것으로
생각된다. 김흥호는 이 시를 다음과 같이 풀었다.

> "맨 꼭대기 하늘에 가 닿은 아버지를 모신 아드님이 계시다. 덮치고
> 덮친 인간새끼들이 홀로 나신 아들을 본다. 돌고 도시는 숨님을 받
> 고 믿고 위로 올라가게 된다. 억척같이 캄캄한 그믐 밤 어둠이 개고
> 새 빛이 밝는다."[20]

이 시에 기독교의 삼위일체 하나님이 나타난다. 성부와 함께 있는 성
자 하나님을 보고 성령 숨님을 받고 위로 올라가면 "억척같이 캄캄한 그
믐 밤 어둠이 개고 새 빛이 밝는다". 이 시에는 삼위일체 하나님과 함께
독생자 그리스도가 중심에 있다. 독생자가 하나님(성부)을 모시고 있고

뒤엉켜 사는 인생들이 독생자(성자)를 보고, 우주 안에 돌고 도는 숨님(성령)을 받아 위로 올라가면 캄캄한 세상이 밝아온다.

다석은 이 시를 기독교 신앙의 기본 내용과 관련시키고 그 의미를 밝히려 했다. 이 한시를 쓴 다음 날 1969년 11월 26일에 로마서 4장 17절 하반절과 25절에 대해 성찰하는 글을 남겼다. 4장 17절과 25절은 기독교 신앙의 기본 내용을 담고 있다. 17절 "없는 것을 있는 것같이 불러내시는 하나님"은 무(無)에서 유(有)를 창조하는 하나님에 대한 고백이고 25절 "예수는 우리의 범죄 때문에 죽임을 당하시고, 또한 우리를 의롭게 하시려고 살아 나셨습니다"는 예수의 속죄와 구원에 대한 고백이다.

17절의 말씀, "없는 것을 있는 것 같이 부르시는 이"는 창조자 하나님을 가리킨다. 다석은 25절의 말씀을 따라서 예수가 우리 죄 때문에 죽었고 우리를 의롭다고 하시기 위해 살아나셨다고 함으로써 성서의 정통적인 신앙을 그대로 승인했다. 그러나 그 신앙의 내용은 수동적이고 교리적인 것이 아니라 십자가에서 그리스도와 함께 위로 올라가는 것이다. "머리여 우리 첫 머리 그리스도 으이아"라고 한 것은 그리스도가 우리의 첫 머리 되심을 밝히고 첫 머리이신 그리스도를 따라서 "으이아"하고 위로 올라감을 뜻한다. 앞 장에서 밝혔듯이, '으이아'는 한글 기본모음 ㅡ, ㅣ, ㆍ를 나타내는데, ㅡㅣㆍ를 겹쳐 놓으면 십자가가 되고 이 십자가에서 열린 하늘 길로 '으이아' 소리 지르며 위로 올라감을 뜻한다.

다석에게 신앙의 목적은 예수 그리스도의 영원한 삶에 참여하는 것이다. "한우님의 고디는 우리 때믄 비르샤 우리로 ᄒᆞ야금 늘 삶(그리스도)에 들어가게 합소서"(1955년 12월 11일 일지) 그리스도가 곧 늘 삶, 영원한 삶이다. 믿음은 예수의 '늘 삶'에 참여함이다.

다석에게 믿음은 영원한 생명인 예수와 함께 올라감이며 예수의 삶에 참여함이다. 독일 신학자 디트리히 본회퍼도 "믿음은 예수의 존재에 대한 참여"[21]라고 했다. 믿음, 행위, 공동체를 강조하고 그리스도의 십자가 사건에 참여함으로써 구원이 성취된다고 말한 점에서 본회퍼는 현대서구 신학자 가운데서는 다석에게 가장 가깝다. 예수의 삶과 실천과는 무관한 속죄신앙보다 예수의 삶과 실천에 참여하는 다석과 본회퍼의 신앙이 성경의 본래적인 속죄신앙에 가깝다.

예수의 삶과 고난에 참여하는 것은 예수를 따라서 십자가를 지는 것이다. 다석의 신앙은 십자가를 믿는 신앙이 아니라 십자가를 지는 신앙이다. 십자가의 길, 구원의 길은 십자가를 "지고 믿고 예[가]는 길"이다 (1955년 12월 26일 일지). 예수를 믿고 나서 십자가를 지는 게 아니라, 먼저 십자가를 짐으로써 믿음에 이른다. 다석은 십자가를 지고 예수의 생명 속에서 힘을 얻는 신앙을 추구했다.

3) '대속은 상생이다'

다석은 오늘의 삶 속에서 하나님을 만나고 영원한 생명에 이르려 하기 때문에, 과거 전통에 속하는 '예수', '성경', '기독교'의 울타리에 갇히지 않는다. 다석은 이사야 53장 '고난의 종'에 근거해서 전통적 속죄론을 개방하고 확장하였다. 그는 이사야 53장 4절 "그는 실로 우리가 받아야 할 고통을 대신 받고 우리가 겪어야 할 슬픔을 대신 겪었다. 그러나 우리는 그가 징벌을 받아서 하나님에게 맞으며 고난을 받는다고 생각하였다"를 인용하며 이렇게 말했다. "세상에는 우리 대신 고생하는 사람이 얼마나 많습니까? 무식하고 가난하고 고생하는 동포 그들 가운데는 하나님의 종이 얼마나 많습니까. 서울 구경 한번 못한 촌뜨기들 가운데 얼마나 많은 예수가 섞여 있습니까? 특히 …… 우리들의 더러움을 대신 지는 어머니들, 농민들, 노동자들 이들은 모두 우리를 대신해서 짐을 지는 예수들입니다."[22] 이어서 다석은 5절의 고난의 종을 '그들' 즉

'어머니들, 농민들, 노동자들'로 대체하여 읽는다. "그들이 찔린 것은 우리의 허물 때문이고, 그들이 상처를 받은 것은 우리의 악함 때문이다." 그리고 7절을 인용하여 "그들은 도살장으로 끌려가는 어린양처럼 입을 열지 아니하도다"라고 하였다.

여기서 다석은 분명하게 고난의 종을 오늘의 고통 받는 민중과 동일시하고 이 민중을 다시 고통 받는 예수와 동일시한다. 그리하여 다석은 오늘의 고통 받는 민중이 대속자라고 한다.

고난 받는 민중을 대속자라고 한 것은 자속과 대속을 통합한 것이다. 오늘 고난 받는 민중이 자신들의 고난을 통해 속죄한다는 점에서는 자속이고 우리 모두의 죄를 씻어준다는 점에서는 대속이다. 또한 민중을 오늘의 예수로 본다는 점에서는 자속이고 예수의 십자가를 중심에 놓고 생각한다는 점에서는 대속이다.

여기서 다석은 "일체가 대속이다"라고 선언한다. 다석에게는 예수의 피만이 속죄 능력을 가진 것이 아니라 모든 의인의 피가 속죄의 능력을 가졌고, 의인의 피만이 아니라 남을 위해 고통당하는 모든 인간의 고통과 애씀이 속죄의 능력을 가졌다. 더 나아가서 자기의 목숨을 밥으로 내어주는 자연만물 일체가 속죄를 하고 있다. 서로 밥이 되는 "일체가 대속이다. …… 야채, 고기, 다 말 못하고 죽는 대속물(代贖物)"[23]이라고 한다. 밥(먹이)이 '나의 생존'을 위한 희생제물이고 '나의 생명'을 살리기 위해 대신 바치는 대속물이다.

다석은 날마다 먹는 밥을 예수의 살로, 날마다 마시는 물을 예수의 피로 안다. 늘 먹는 밥이나 듣는 소식을 전부 예수 그리스도로 알고 먹고 듣고 지낸다. 심지어는 새로운 바람, 피부의 감촉까지도 양식이 될 수 있다. 내게 밥이 되고 힘이 되는 모든 것, 나를 살리고 일깨우는 모든 것이 나를 구원하는 그리스도이다. 다석은 나를 살리고 일깨우는 모든 것을 예수 그리스도가 보내준다고 하였다. 그리고 이 모든 것을 예수 그리스도가 보내준다는 것을 알아야 영생으로 들어갈 수 있다고 했다.[24]

이처럼 다석은 기독교의 대속신앙을 일상생활과 만물에로 확장한다. 다석의 기독교 신앙은 교의나 전통에 매임 없이 열려 있으면서 예수 그리스도에 대한 특별한 인격적 관련성을 지니고 있는 것 같다. "나를 위해 대속(代贖)되는 만물은 죄다 그리스도"라고 한 것은 다석의 신앙적 개방성을 드러내고 "내게 보내주신 것은 오직 예수 그리스도이다"라고 할 때는 예수 그리스도와의 특별한 인격적 관계를 드러낸다.

그의 시에 "新陳代謝妙 自然相贖殷"(신진대사묘 자연상속은)이란 구절이 있다. "신진대사(새것이 들어가고 묵은 것이 나옴) 곧 먹고 싸는 일이 묘하고 자연은 서로 대속하여 융성해진다"는 뜻이다. 김흥호는 자연이 "서로 깨끗이 빨아 대속하는 것은 십자가의 그림자 같다"(1955년 4월 29일 일지)고 풀이했다. 다석에 따르면 "대속물에게는 반드시 영생이 있다. 억울하게 죽은 사람을 하나님께서는 절대 버리지 않는다".[25] 대속하는 일은 사사로운 개체와 낡은 자아의 생명활동을 넘어서 생명 전체에 속하는 일이기 때문이다. 다석의 사상은 역사와 자연을 통전하고 자연생태계의 원리를 속죄의 개념으로 풀고 있다는 점에서 돋보인다.

진화론에서는 먹고 먹히는 자연 질서를 '약육강식'으로 보았다. 매우 현상적이고 정복과 투쟁의 관점에서 본 것이다. 동학에서는 이천식천(以天食天) "하늘로써 하늘을 먹인다"고 보았다. 뭇 생명은 하늘과 닿아 있고 하늘을 품었기 때문에 생명으로 생명을 먹임은 "하늘로써 하늘을 먹임"이라고 보았던 것이다. 생명을 살리고 먹이는 어머니 같은 심정으로 자연생태계의 먹이사슬 관계에 숨겨진 영적 깊이와 의미를 밝힌 것이다. 그러나 다석이 "자연이 서로 대속함으로써 융성해진다"고 한 것은 자연생명 세계가 서로를 밥으로 줌으로써 자연생명 속에 낀 때와 죄악을 씻는다는 새로운 통찰이다. 단순히 먹여서 살린다는 의미를 넘어서 서로 먹이가 됨으로써 생명 속에 낀 때와 죄악, 갈등과 적대를 씻어 주고 풀어 주는 상생평화의 원리와 길을 밝힌다. 다석의 속죄론은 전통적 속죄론의 배타적 틀을 넘어서 자연생명세계까지 확대·적용되고 있다.

다석은 속죄론을 부정하는가, 긍정하는가를 묻는 것은 적절한 물음이 아니다. 전통적인 마술적 속죄론을 분명히 거부했지만 속죄론에 담긴 기본 의미, 고난과 희생을 통해서 함께 구원에 이른다는 사실을 긍정하기 때문이다. 다석은 속죄론을 부정하는가 긍정하는가의 물음을 넘어서 좀더 자유롭고 높은 경지에서 속죄론의 문제를 다루고 있다. 교리적·법적 대속은 부정했으나 인격적·참여적·주체적·공동체적 대속은 긍정하고 대속을 생명과 정신의 근본원리로 확정하였다. 대속은 상생과 공생의 기본 원리이며 죄와 죽음에서 벗어나 참되고 영원한 생명에로 들어가는 길이다.

4. 예수의 길 : 사람과 하나님이 서로 환하게 되는 길

1) 하나 됨과 환해짐

다석은 죄와 속죄의 문제에 집착하는 것은 소극적이라고 보고, 생명과 빛에 대한 논의로 나아간다. 다석은 요한복음 8장 12절 "나는 세상의 빛이다. 나를 따르는 사람은 …… 생명의 빛을 얻을 것이다"를 "나는 세상의 빛이다. 나는 빛으로 왔다. 빛을 얻어라"로 좀더 적극적으로 이해하고 생명과 빛에 대한 요한복음의 말씀은 "참 적극적이다. …… 속죄는 너무도 소극적이다"라고 했다.[26] 속죄는 죄를 씻자는 소극적인 관심을 드러낸다면, '생명의 빛'을 얻는 것은 보다 적극적, 능동적인 관심과 자세를 드러낸다.

유영모는 속죄보다 생명과 빛을 얻는 일이 신앙과 인생의 보다 근본적인 문제라고 생각했다. 유영모는 요한복음 13장 31절과 17장 21절을 주목했다. "이제는 인자가 영광을 받았고 하나님께서도 인자로 말미암아 영광을 받으셨다"(요 13:31, 새번역). "아버지, 아버지께서 내 안에 계시고 내가 아버지 안에 있는 것과 같이, 그들도 하나가 되어서 우리 안에 있게 하여 주십시오. 그래서 아버지께서 나를 보내셨다는 것을, 세상이 믿게 하여 주십시오"(요 17:21, 새번역). 이 성경구절의 주제는 '영광'과 '하나 됨'이다. 1961년 옥상에서 떨어져 20여 일 동안 의식을 잃고 지냈을 때도 요한복음 13장과 17장에 생각을 집중했다. 17장 21절과 13장 31절은 똑같은 것인데 17장이 13장의 내용을 상세히 써놓은 것이라고 했다. 두 구절을 요약하면 사람의 아들이 영광을 받음으로써 하나님도 영광스럽게 되고 하나님도 사람의 아들을 영광스럽게 하고, 아버지께서 내 안에 계시고 내가 아버지 안에 있으며, 하나님과 그리스도('나')의 사귐 안에서 사람들이 모두 하나가 되게 하라는 것이다. 다석은 예수가 한 일은 이것이고 오직 이것을 위해 예수가 세상에 왔다고 하였다. 다석은 1956년 4월 29일과 5월 8일에 이 구절들에 대해서 깊이 생각하였다. 17장은 "아버지 안에 내가 있고 내 안에 아버지가 있다"는 것이고 13장은 "인자가 영광을 받았고 인자로 말미암아 아버지도 영광을 받았다"는 것인데 다석은 '인자로 말미암아'라는 말을 빼고, "인자가 영광을 받음으로써 아버지도 영광을 받았다"고 이해해야 한다고 보았다.[27] 아버지와 '인자'(人子)의 일치를 강조한 것이다.

다석은 13장 31절에 대한 새로운 번역을 두 가지 제시한다. 1956년 4월 29일에는 "아들이 환홈으로 아버지도 환호시고, 아버지 또 절로 아들을 환호게 해 계심"이라고 했고 같은 해 5월 8일에는 "한우님이 저로

해서 환빛을 받으시고 한우님도 제로 해서 환빛을 저에게 주시리라"고 하였다. 다석은 '영광'이라는 모호한 말 대신에 '빛', '환 빛'(환한 빛, 照明)이란 말을 썼다. 그리고 아들 때문에 아버지가 환하게 된다거나 아버지가 아들을 환하게 해주는 것이 아니라 아들과 아버지가 하나가 되어 서로 환하게 된다는 것을 강조하였다. 아버지와 아들은 환하게 될 때 하나로 되고, 하나가 될 때 환하게 된다.

요한복음 17장 22-23절에 따르면 그리스도는 아버지께서 자기에게 주신 영광을 믿는 사람들에게 주셨고, 하나님과 그리스도가 하나인 것과 같이 그들도 하나가 되게 하셨다. "내가 그들 안에 있고 아버지께서 내 안에 계신 것은 그들이 완전히 하나가 되게 하려는 것입니다"(23절, 새번역). 하나님과 그리스도와 믿는 자들의 일치와 상호공속, 믿는 자들 사이의 일치와 사귐이 하나님과 인간의 영광(환한 빛)이며, 그 일치와 사귐에 이르는 것이 그리스도와 신앙인의 목적이다.

2) 하나님 아버지의 아들로서 뚜렷해야 한다

다석은 영화, 영광을 '뚜렷하게 됨'으로도 이해한다. 영광은 "버젓이 내놓을 것을 뚜렷이 내놓아서 구김이 없어야 하는 일"이다. 예수는 아버지 앞에 뚜렷이 내놓을 것을 내놓았다. 예수만 아버지의 아들로 뚜렷이 하는 것이 아니라 우리도 뚜렷하자는 것이다. 하나님의 아들은 모두 뚜렷한 것이고 예수는 대표적 인격의 비유에 지나지 않는다. 아들이 뚜렷해지면 아버지 또한 뚜렷하게 된다. 또 아버지가 뚜렷한 것을 알면 내가 뚜렷해진다. 하나님 아버지와 인간이 서로 뚜렷해지는 것이 하나님과 인간 사이의 부자유친(父子有親)이며 효의 신학이다. 사람이 뚜렷해진 다는 것은 하늘의 아버지께로 위로 올라가는 것을 뜻한다. 사람이 위로 올라가면 아버지도 뚜렷해진다. 다석은 이렇게 말한다. "부활과 재림에 대해서는 뭐라 말할 수 없으나 예수가 지금 우리에게 있고, 이 사람이 머리를 하늘 위로 두고 '위'로 아버지 자리를 향해 예수와 같이 갈 수 있다는 것은 단언한다. 아버지가 뚜렷하듯이 나도 뚜렷해질 것이다."

다석에게 기도는 하나님 아버지와 아들의 관계가 뚜렷해지게 하는 것이다. 기도는 예수가 뚜렷한 것같이 나도 하나님의 아들로 뚜렷하게 나올 수 있게 열성적이어야 한다. 하나님과 부자유친하면 영원한 생명에 들어간다. 하나님과의 부자유친에서 뚜렷해지는 '나'는 영원한 생명과 영원한 진리로서의 '나'이다. 육신의 껍데기를 버리면 뚜렷해지는 것은 영혼인 생명이다. 아버지는 아들 된 우리 모두에게 영원한 생명을 주었다. 늘 참을 가지고 영생에 살 수 있게 하였다. 다석에게 영생은 참이고 전체 생명, 전체 하나이신 하나님의 생명이다. 순간순간의 토막, 부분에서 사는 것이 아니라 전체 생명에 사는 것이 영생을 사는 것이다. 하나님과의 부자유친(父子有親)은 하나님과의 사귐, 친천(親天)을 의미한다. 친천은 아들로서 하늘의 아버지와 주체적으로 사귀는 것이며 부자불이(父子不二)의 관계에 들어가는 것이다. 친천은 만물을 다스리는 하늘의 일에 함께 참여하는 것이다. 하나님의 아들로서 하나님의 생명인 영생에 들어가면 만물을 이끌 수 있다. 하나님은 만물을 이끌고 우주를 이끌고 소우주인 몸뚱이를 이끄는 힘을 인간에게 주셨다.

다석은 "예수 그리스도를 믿고 사는 일이 하늘 일을 하는 것이고 하늘 아버지를 뚜렷하게 하는 것"이라고 함으로써 요한복음의 기독교 신앙을 그대로 받아들인다. 그러나 아버지는 예수에게 "이기어 올라가는 힘, 속알"을 주셨다고 하고, "(예수의 말씀을 받음으로) 우리 자신이 뚜렷해지고 속알이 날마다 더욱 새롭게 뚜렷해진다"고 함으로써 인간의 속알, 덕, 본성을 강조하는 동양 종교적 사유와 결합시킨다. 더욱이 "예수는 우리의 대표이다"고 함으로써 예수와 우리의 동일성을 강조한다.[28]

서구 신학에서 예수와 다른 인간을 분리시키려는 경향이 두드러진 데 반하여 다석은 예수와 우리의 상호동속성과 일치를 강조한다.

3) 예수의 길

다석에 따르면 예수의 길은 하나님과 사람이 서로 환하게 되는 길이다. 예수는 아버지와 아들이 환빛(영광)으로 하나가 되는 것을 삶이라보고, 하나님과 하나로 되는 환한 삶을 위해서 위로 올라갔다. 환빛으로 하나가 되는 길이 생명의 길이고 진리의 길이며, 예수의 길이다.[29] 다석은 1956년 4월 29일의 글에서 예수의 길에 대해서 비교적 길게 썼다. 예수의 길은 하늘로부터 땅에 내려왔다가 위로 올라가는 것이며, 그 길을 환하게 걸어감이 '참'이고, 그 참이 '길이길이 삶'(영생)이다. 아버지와 아들이 '하나'라 보는 것이 '환'(빛)[영광]이며, 참된 생명이다. 다시 말해 하나님과 함께 하나로 있기 위해서 나아가는 것이 빛이고 생명이다.

다석에게는 이 길만이 살 길이며 이 길로 나가려면 "허물(잘못, 過)을 벗겨내는 것밖에는 …… 없다." 여기서 다석은 허물과 과거를 일치시킴으로써 삶은 과거의 허물, 잘못(罪)을 벗어버리고 앞으로 나가는 것이라고 보았다. "시(時)는 과거로 지나가는 것(過去)이며, 생(生)은 떠나가는 것(逝去)이다." 그리고 하늘의 지극한 선에 머물러 충만한 생명을 이루는 것이 하늘이 내린 사명이다. 인생이란 "신체, 가산(家産), 사회란 물(物)을 통과하여 탈피, 성장하는 무엇의 일부과정이다. …… 늘 곧히어 벗겨냄(改革이래도 新陳代謝래도)을 일삼게 되었다."

인생은 영속 개혁의 길을 가는 존재이다. 일시 개혁으로 부귀영달하리라는 생각은 잘못된 것이다. 삶은 "들어박히는 것이 아니라 박힌 데서 트고 나감이며 …… 인간을 크게 열어서 참 살 길을 걷는 것"이다. 일시적·일회적 개혁으로는 삶이 바로 될 수 없다. 그리스도가 일회적으로 세상을 구속(救贖)했다고 하지만, 인간의 삶은 바뀌지 않았다. 인간들이 "세상에서 밥을 알맞게 먹고 옷을 알맞게 입고 자미 보며 놀게 된 것"이 아니다. 인간들은 여전히 삶을 바르게 살지 못한다. 인생은 "머리카락 발톱 끝까지 개혁(改革)—영영개혁(永永改革)—에 들어가는 길이다."

다석에게 영속개혁의 길은 삶이 죽음에 삼켜지는 것이 아니라 죽음이 삶에 삼켜지는 길이다. 어떻게 죽음을 삼키는가? 말씀을 깨달음으로써 죽음을 삼키고 살 수 있다. 말씀만이 '나'를 시간과 공간의 물질에서 자유로운 주체로 되게 한다. 집을 짓고 나라를 세워도 물질은 생각과 말씀을 일으키는 한에서 의미가 있다. 이 길은 남이 대신 갈 수 없고 오직 '내'가 가는 길이다. "예수께서는 '내가 곧 길'이라고 잘라 말했다"(1956년 5월 1일 일지). 이것은 개혁의 주체가 물질이나 제도가 아님을 선언한 것이다. '나'는 물질에 근거하지 않고 말씀에 근거한다. 개혁은 생각을 새롭게 하여 허물(물질)을 벗겨 나가는 것이다. 그리고 생각을 일으키는 것은 말씀이다. 허물을 벗겨 나감으로써 이루어지는 것이 "'있'다, '참'이다 '삶'이다".[30]

"내가 곧 길이다"라고 선언한 예수는 그 길을 믿고 그 길을 갔다. '우리 아는 예수'라는 신앙시에서 다석은 예수를 '믿은 이'라고 했다. 예수는 믿음의 대상이기 전에 믿은 이였다는 것이다. 이 시는 다석의 예수 이해를 잘 드러낸다.

> 예수는 믿은 이 압·아들, 얼김 믿은 이 예수는 믿은 이
> 높·낮, 잘·못, 살·죽---가온대로---솟아오를 길 있음 믿은이,
> 예수는 믿은이 참을 믿은이 말슴을 믿은이 한 뜻 계심 믿은이
> 예수는 믿은이 없이 계심 믿은이 예수는 믿은이[31]

다석은 예수를 믿은 이로 보았다. 이 짧은 글에 '(예수는) 믿은 이'라는 말이 열한 번 나온다. "높·낮, 잘·못, 살·죽 가온대로 솟아오를 길 있음 믿은 이"라는 글귀에서 예수의 길이 어떤 길인지 알 수 있다. 높고 낮고 잘하고 못하고 살고 죽고는 물질과 현상의 세계에 속한 일이다. 물질적·현상적 현실논리에서는 높고 낮고 잘하고 못하고 살고 죽고 밖에 없다. 물질과 현실의 세계에서 영과 믿음의 세계가 열리면 다른 차원, 다른 길의 생명세계가 열린다. 높고 낮은 구별이 없어지고, 잘하고 못하고의 분별이 사라지고 살고 죽고의 경계가 무너지는 상생과 평화의 세계가 열린다. 이 새로운 세계의 주인인 하나님을 다석은 '없이 계심'으로 표현했다. 있음(有)과 없음(無)의 경계를 넘어서 있음과 없음을 아우르는 하나님의 나라는 진공묘유(眞空妙有)의 세계이며, 높고 낮고 잘하고 못하고, 살고 죽고의 구별이 없이 서로 살리고 함께 올라가는 하나됨의 세계이다. 이 세계로 들어가는 길은 믿음뿐이며 사랑과 정의를 위한 겸허와 희생의 십자가뿐이다.

다석은 예수를 신앙의 기조로 삼았으나 역사적 인물로서의 예수를 신앙의 대상으로 신격화하지 않았다. 유영모는 "예수의 혈육(血肉)도 다른 사람과 똑같은 혈육"이라고 했다.[32] 예수는 믿은 이고 길 가는 이다. 다석은 예수와 함께 예수를 따라 생명의 길을 가려고 한다. 인생길을 가는 다석에게 예수는 길의 스승이다. 다석의 신앙은 스승 예수를 따라 예수와 함께 '사랑'의 길을 가는 것이다. 다석에게 예수는 "내가 잘못할 때 잘하자고 책망을 내리는 분"이다. 다석은 스승과 제자의 관계를 온고지신(溫故知新)으로 설명한다. 제자는 스승의 뒤만 따라가는 존재가 아니다. 스승의 삶과 가르침을 생각하면서 스스로 새로운 길을 열어가야 한다. 다석은 예수를 스승으로 모시고 예수와 함께 "묵은 것을 생각하면서 언제나 새로운 길을 찾아 나가야 한다"(溫故知新)고 했다.[33]

5. 성만찬 이해: 살과 피를 먹고 마셔
예수의 삶과 정신으로 살기

다석에 따르면 한국 교회는 '예수를 기념하는 종교'다. 교회는 예수의 죽음을 기념할 뿐 예수의 삶과 정신을 살지 못한다. 다석은 오늘 여기서 예수의 삶과 정신을 이어 사는 일이 기독교 신앙의 핵심이라고 보았다. 예수의 삶과 정신으로 살고자 했던 다석에게는 날마다 먹고 마시는 밥과 물이 예수의 살과 피였다. 다석에게는 날마다 먹는 밥이 날마다 드리는 제사이고 날마다 먹는 성찬(聖餐)[34]이다. 다석은 자신의 이런 사상을 '상의극치일정식'(嘗義極致日正食)으로 표현했다. 상의(嘗義)는《중용》(中庸)에 나오는 '체상지의'(禘嘗之義)의 준말인데 체(禘)는 천자가 5년에 한 번 하늘에 드리는 큰 제사이고 상(嘗)은 해마다 가을에 지내는 추수감사제이다.《중용》은 체상의 뜻을 제대로 알면 "나라를 다스리는 것은 손바닥을 드러내 보이는 것과 같다"(禘嘗之義 治國 其如示諸掌乎)고 하였다.[35]

다석에 따르면 '하늘을 찾는 천자'가 중심이 되어야 이 땅은 온전한 백성이 사는 곳이 되고 사회가 바로 잡힌다. 민주시대에는 모두가 천자, 하나님의 아들(딸)이 되어 하늘에 제사하고 추수감사제를 드려서 사회를 바로잡아야 한다. 다석은 날마다 밥을 먹는 것을 하늘제사와 추수감사제라고 보았다. '상의극치일정식'은 하늘에 감사하고 제사드리는 정신으로 날마다 바른 식사를 하자는 것이다. 날마다 밥 먹는 일을 하늘제사로 알고, 날마다 먹는 밥과 물을 예수의 살과 피로 알고 먹자는 것이다.[36] 다석은 또한 하루에 한 끼 먹는 일이 예배의 극치라고 하였다. 하루 한 끼 먹는 것은 "정신이 육체를 먹는 일이며 내 몸으로 산제사를 지내는 일"이라고 하였다.[37] 다석에게 하루 한 끼를 먹는 것은 아침과 점심을 금식함으로써 자기 살과 피를 불태워 그 힘으로 사는 것이다. 그것은 정신이 육체를 먹는 일이고 몸으로 산제사를 드리는 것이었다.

다석은 자기가 죽고 나서 자기의 얼굴과 몸은 다 잊어도 '상의극치일 정식'만은 기억해 달라고 했다. "이 사람이 세상을 떠나면 이 사람의 얼굴과 몸은 다 잊어도 좋은데, '상의극치일정식'(嘗義極致日正食), 이 한마디만큼은 기억해 주십시오. …… 다음에 이 사람이 죽은 뒤 이 사람이 못 보는 세상에서 이것이 어떻게 되나 한번 보아 주십시오. 먹고 마실 때 한 번은 꼭 이 '상의극치'라는 말이 나올 것입니다."[38]

나는 1985년경 '예수의 밥상공동체 운동과 교회'라는 글에서 예수운동을 밥상공동체 운동으로 설명했다. "예수는 음식을 나눔으로써 삶을 나누었고, 삶을 나눔으로써 사랑과 평화의 깊은 일치를 이루었다. 참으로 하나님의 임재(臨在)를 경험하게 했다." 성만찬은 예수를 기념하는 종교의식이 아니라 '예수의 밥상공동체 운동'의 연장이며, "가장 물질적이고 일상적인 밥을 나누어 먹는 데서 부활한 예수를 만난다". 더 나아가서 교회는 예수의 살과 피를 먹고 마셔서 예수의 살과 피로써 하나로 된 공동체이다. 예수의 삶과 죽음과 부활을 밥상공동체의 관점에서 보는 것이다. "최후의 만찬에서 그(예수)의 죽음은 밥상공동체적인 의미로 이해된다. 예수의 몸은 함께 나누어 먹는 밥이며, 예수의 피는 함께 나누어 마시는 포도주다. …… 예수의 존재 자체가 밥상공동체(운동)로 육화(肉化)된 것을 의미한다." 밥을 나누어 먹는 자리에서 부활한 예수를 만난다. "부활한 예수는 사상이나 정신 속에서 만날 수 있는 게 아니라, 구체적인 삶 속에서 밥을 나누어 먹는 자리에서 만날 수 있다. 가장 물질적이고 일상적인 밥을 나누어 먹는 자리에서 부활한 그리스도를 만날 수 있다."[39] 밥을 먹는 데서 예수와 하나님과 '나'(민중)가 하나로 만난다. 밥과 예수를 동일시하면서도 밥을 함께 나누는 공동체성을 강조하고 밥과 민중의 관련성에 주목했다. 그러나 나는 밥과 관련하여 다석처럼 깊은 영성적 통찰에 이르지 못했고 식사와 관련해서 "성신이 육체를 먹는다"든가 "내 몸으로 산제사를 드린다"는 생각을 하지 못했다. 다석은 밥과 예수를 동일시하면서도 식사를 하늘제사로 보고 영적인 차원을 강조했다. 그러면서도 다석은 식사를 '사랑의 나눔'(割愛)으로 보고, 천지만물의 조화와 농민의 수고로 이루어진 것을 말했다는 점에서 밥의 공동체성과 민중성과 생태학적 차원을 주목했다. 1980년대 후반에 역사적 예수를 연구하는 미국의 학자들도 예수운동을 치병사건과 밥상공동체로 파악하였다. 그러나 미국의 학자들은 밥의 깊은 영성적 차원을 말하지도 않았고, 밥 먹는 일이 예수의 삶과 정신을 계승하는 일이라고 생각하지도 않았다.[40]

1957년 2월에 함석헌이 간디 기념행사를 준비할 때 다석은 걱정하는 말을 거듭하였다. "왜 함 선생이 간디를 기념하려고 하는가? 간디를 기념해서 무엇하는가?" 간디의 살과 피를 먹고 마셔서 간디의 정신을 가지고 간디처럼 산다면 몰라도 간디를 기념한다는 것은 의미가 없다는 것이다.[41] 예수의 살과 피를 기념하는 것은 죽은 예수와 함께 과거에 머무는 것이고 예수의 살과 피를 먹고 예수의 삶을 사는 것은 예수와 함께 지금 여기서 새 역사를 창조하고 새 나라를 세우는 일이다.

다석의 이러한 성만찬 이해는 예수 그리스도를 "이어서 그리스도록"으로 이해하는 것과 일치한다.[42] 예수를 과거의 인물로 숭배하고 신격화하며 기념하지 않고 역사적으로 예수를 이어서 예수의 자리에 서서 예수의 일(그리스도 사명)을 해야 한다. 그러기 위해서는 날마다 밥을 먹고 물을 마실 때마다 예수의 살과 피를 함께 먹고 마셔 내가 예수가 되고 예수가 내 몸과 마음속에서 나의 삶 속에서 육화되고 부활하는 일이 일어나야 한다.

6. 우리 님 예수:
예수와 함께 예수를 찬미하며 예수의 길을 감

1) 우리 님 예수

유영모는 인간 예수를 신격화하고 우상화하여 믿음의 대상으로 삼는 것을 경계하고 거부했으나 누구보다도 예수를 가까이 느끼고 예수와 함께 예수의 길을 가려고 했다. 그에게 예수는 삶과 영혼의 '스승'이고 '의중(意中)의 인물'이고 '영원히 잊을 수 없는 분'이다. 그에게 "선생은 예수 한 분밖에 없다".[43] 다석에게 스승은 그의 인격과 삶에서 뗄 수 없이 결합된 존재다.

다석에게 예수는 '언니'이고 '님'이었다. 1959년 3월 23일의 일지에서 "언니 님 되신 내 언니 따라 나가믄 돼요"라고 했다. 1968년 12월 4일 일지에서는 '우리 님: 예수'라는 글에서 "잘 치신 이 따라 됩수 이 겨레도 춤 말 숨 쉼, 우리 님 우리 우리를 잘도 잘도 치시옵"이라고 했다. 예수는 우리 민족을 참 말숨 쉬게 목자처럼 이끌어 주는 '우리 님'이다. 말년에 이를수록 '예수'에 관한 글이 다석의 일지에 자주 나온다. 1973년 8월 31일의 일지에서 예수는 "가장 성하신 우리 언니"이며, "그리스도 길 드디"고 나가는 이다. 다석은 예수를 '언니', '우리 님'이라고 부름으로써 예수를 인격적으로 가깝게 느끼고 예수와 함께 모두 하나가 되는 하늘 길을 가려고 했다.

2) 민중 메시아

다석의 예수 이해에서 가장 두드러진 것 가운데 하나가 오늘의 가난한 민중을 예수로 본 것이다. 다석에 따르면 세상의 무거운 짐을 지고 신음하는 가난한 민중이 오늘의 예수다. 가난한 민중은 우리를 대신해서 짐을 지고 고생하는 이들이다. 이들이 사회의 희생양이요 이들의 삶이 희생제사이다. 가난한 민중이 '고난의 종' 메시아다. 유영모는 '쌍놈의 종교', 봉사하는 종교가 좋다고 한다. "종교가 양반이 되면 자기도 모르게 남을 짓밟는 종교가 되지 않겠나? 자본주의나 유물사상이 모두 양반종교 아니겠나? …… 세상에 예수처럼 내가 십자가를 지겠다는 놈은 하나도 없고 남에게 십자가를 지우겠다는 놈만 가득 찼다."[44] 서로 남에게 십자가를 지우려다 보니 세상이 혼란스럽고 흉악해진다. 서로 남의 짐을 지려 할 때 정의롭고 평화로운 밝은 세상이 온다.

가난한 민중, 씨울을 '희생양 예수'와 동일시하는 통찰은 함석헌의 《뜻으로 본 한국 역사》와 씨울사상, 민중신학의 핵심 내용이 된다. 오늘 고통당하는 민중, 백성과 고난당한 예수를 동일시하는 사상을 맨 먼저 말한 사람이 유영모인지 함석헌인지는 확인하기 어렵다. 함석헌은 1930년대 초반에 《성서적 입장에서 본 조선역사》에서 고통 받는 조선민족과 십자가의 그리스도를 동일시하였다. 유영모도 1910년대 초반에 대학 공부를 포기하고 농사를 짓는 민중적 삶을 살기로 결단했을 때 이미 오늘의 삶과 민중의 삶에 대한 관심을 분명히 드러내고 있다. 따라서 이 두 사람은 매우 일찍부터 오늘의 삶 속에서 예수를 발견하고 '민중 예수'에 대한 생각을 가지고 있었다고 생각된다. 다석의 '민중 메시아' 개념은 풀뿌리 민주정신과 '오늘 여기의 삶'에 대한 관심을 반영한다.

사회의 밑바닥에서 무거운 짐을 지고 고생하는 민중이 세상의 죄 짐을 진 메시아라는 통찰은 세계 신학사에서 찾아보기 어려운 가르침이다. 고대 교회에서부터 가난한 사람을 그리스도처럼 대하고 교회의 보물로 여긴다는 생각은 있어 왔으나 가난한 민중을 속죄양으로서 예수와 동일시하는 통찰은 없었다. 유영모와 함석헌은 식민지 백성으로서 오늘의 삶 속에서 하나님과 그리스도를 보고 민중의 자리에서 보았기 때문에 이런 통찰을 할 수 있었다고 생각한다.

3) 우리를 완성하고 우리 안에서 완성되는 예수

예수는 하나님이 줄곧 우리에게 보내 주는 참 생명이다. 다석은 예수, 그리스도, 성령이 참 생명을 나타낸다고 보았다. 이 생명은 하나님 아버지와 함께 태초부터 있었던 것이며, 예수에게서 나타났다. 성령 안에서 '나'는 예수의 생명을 이어받는다.[45] 다석은 참 생명인 예수가 오늘 내 가슴에 태어난다고 말한다. "'기쁘다 구주 오셨네' 하는 찬송은 오늘 내 가슴속에 예수가 나셨다고 할 수 있는 자만이 부를 수 있다." 다석에게 예수가 내 가슴에서 태어난다는 것은 하나님과 함께 있었던 태초의 생명인 그리스도가 태어나는 것이다. 그런데 그리스도는 태초의 영원한 생명일 뿐 아니라 "바로 된 목숨이요 본래의 면목"이고, 몸에 속박되지 않는 자유 하는 얼의 생명이다. 따라서 그것은 '나'의 본래적인 참 생명이다. 그러므로 예수가 내 가슴에서 태어나는 것은 내가 얼의 나로 거듭나는 것이다. "성탄이란 내가 얼의 나로 거듭나는 내 일이지 남의 일이 아니다. 내 가슴 속에 순간순간 그리스도가 탄생해야 한다. 끊임없이 성불해야 한다."[46]

유영모는 기도, 찬송, 성경해석은 안 하고 참선기도를 한다고 했다. 참선기도하는 동안에 그의 마음에 "그리스도가 태어나는 것"을 체험하였다.[47] 흔히 하는 기도, 찬송, 성경해석은 그리스도를 대상화하거나 객관화하기 쉽고, 그리스도와 참된 일치에 이르지 못하는 경우가 많다. 그리스도의 문제를 나의 문제로 본 다석은 참선기도를 통해서 그리스도와 나의 일치에 이르려 했다. 예수가 내 속에서 태어난다는 것은 내 속에서 예수가 살고 내가 예수의 삶을 산다는 것을 의미한다. 예수는 참 생명이며, 태초의 영원한 생명을 잇는 이다. 예수의 삶을 이어서 산다는 것은 예수를 통해 이어진 참 생명, 영원한 생명을 이어간다는 것을 뜻한다. 참 생명을 우리의 삶 속에서 실현하고 완성하는 것이 천명이고 역사의 목적이다.

우리의 삶 속에서 예수의 생명이 실현되고 완성된다. 예수는 참 생명을 실현하고 완성하는 힘이다. 다석은 '예수'의 글자를 '예(여기)-수(능력)'로 풀이함으로써 예수를 생명의 힘으로 이해했다. 더 나아가서 다석은 '예수'에 ㅁ을 더하여 '예숨', '예'에서 '숨'을 찾음이라고 하였다. 예수는 생명의 숨, 영원한 생명인 '얼의 숨'이다. 예수는 인류의 역사 속에서 이어오는 생명의 숨이다. 예수는 우리가 함께 이어이어 숨 쉬는 한 목숨이고 거룩한 생명이다. "'이어이 예 숨'하고 불러보면 몇 천 년 전에서 몇 천 년 후까지 툭 터서 살고 있는 것 같다. 이것이 진실한 기도 소리가 아니겠는가?"[48]

다석에게 예수의 생명을 완성하는 것과 인간의 본래적인 생명을 완성하는 것이 일치한다. 예수 그리스도는 인간생명의 바탈(본성)을 실현하고 완성하는 존재다. 이 생각을 다석은 한시로 표현했다. "인간은 보편적으로 생명의 완성인 그리스도를 갈망한다. 예수는 자아를 극복하고 하나님의 뜻에 복종하여 참된 그리스도가 되었다. 생명이 완성되기를 성실하게 원하면 그리스도에게 이를 수 있다"(人間欲望渴基督 耶蘇克從實基督 生命誠願發心時 念茲在茲達基督, 1955년 6월 4일 일지). 이 한시에 "염자재자"(念茲在茲)라는 말이 나오는데 "이것을 생각하면 이것이 있다"는 뜻을 지닌 말이다. 다시 말해 그리스도를 생각하면 그리스도가 있다는 것이다. 이제 여기서 내가 생명의 완성인 그리스도를 간절히 생각하고 바라면 생명의 완성(그리스도)이 이제 여기에 이루어진다는 것이다.

그리스도는 생명의 완성이다. 예수 그리스도는 인간이 바탈을 살려서 생명을 완성하기를 바란다. 그러나 "예수가 하늘로 돌아가신 뒤 신자들은 다시 각자 욕망의 주로 다시 오시기를 바란다"(1955년 6월 3일 일지). 이 점에서 다석은 기독교의 재림신앙을 비판했다. 1955년 10월 16일의 '오름과 그름'이라는 글에서 "그리운 님 따라 오름이 옳고 올님이거니 그림만으론 글타"고 하였다. 그리운 님 예수를 따라서 올라가는 것이 옳지, 예수가 다시 와서 다 이루어 줄 것으로 기대하고 그리워만 하는 것은 잘못이라는 말이다. 예수가 다시 와서 우리에게 이루어 주기를 바라는 신앙은 그릇된 신앙이다. 그리스도의 일(생명의 완성)은 내 몸과 맘과 삶 속에서, 오늘의 역사와 사회 속에서 이루어지고 완성되어야 한다.

이어져 내려온 영원한 생명의 힘이 예수 안에서 우리에게 옹글게 이어지고 살아난다. 예수 안에서 예수와 함께 생명의 힘, 살아갈 힘, 실천할 힘이 생겨난다.[49] 예수를 믿을수록 스스로 힘 있게 하나님을 향해 나아감으로써 하나님이 주신 생명의 본성과 형상이 완성되고 성취되어야 한다. 예수를 믿을수록 개성과 혼이 살아나고 얼굴이 뚜렷해지고 삶에 힘이 넘치고 하나님과 이웃을 향해 힘차게 나갈 수 있어야 한다.

4) 예수와 함께 하나님을 모시고 이웃을 섬김

예수는 섬김을 받으러 오지 않고 섬기러 왔다고 했다(마 20:28). 예수와 함께 사는 삶은 하나님을 모시고 이웃을 섬기는 삶이다. 다석에 따르면 하나님을 모시는 사람만이 이웃을 섬길 수 있다. 하나님을 머리에 인 사람만이 자기와 세상을 이기고 사명을 감당하기 위해 앞으로 나설 수 있다. 그리고 자기와 세상을 이기고 앞으로 나서는 것은 하나님과 이웃을 섬기는 것이다.

섬김은 생명의 근본인 사랑과 정의를 실현하는 것이다. 다석에 따르면 "인간의 아름다운 모습 …… 본연의 모습은 섬김에 있다". 그리고

"하나님을 섬기고 사람을 섬기신 가장 으뜸가는 목숨은 그리스도"다. 그리스도는 "온 인류로 하여금 그리스도로 그렇게 살도록 [모범을] 보이기 위해서 …… 하나님과 인류를 섬김을 자기의 생명으로 삼으신 섬김에 섬기신 목숨"이다. 믿음은 '하나님을 머리에 임'이고 '섬김'이다. 섬김은 인간의 아름다운 본연의 모습이고, 참되게 섬기신 "그리스도를 …… 찬미함"이 "인간의 자연"이다.[50] 남을 섬기는 일은 어려운 일이지만, 남을 잘 섬기는 이를 보면 사람은 저절로 찬미하게 된다. 섬기는 일이 인간의 아름다운 본연의 모습이기 때문이다.

다석은 섬김의 모범을 서 있는 성모 마리아에게서 보고 성모의 모습을 우리나라의 옛 어머니들에게서 보았다. "성모는 항상 서서 돌본다. 한시도 앉지 않는다. 우리나라의 옛 어머니들은 거의 다 성모다. 서서 돌아봄이 어찌나 많은지 앉아서 따뜻한 밥 한 그릇 들지 못한다. 더움과 추위를 이고 앉지도 서지도 못하고 서성거리다가 간 것이 우리나라 어머니다. …… 참 마음으로 섬기는 이는 모두 성모다." 더 나아가서 다석은 "우리나라 농부는 우리의 '어머니'이다. 어머니가 밥을 지어주듯이 농부는 농사를 지어준다"고 했다.[51]

섬김은 뭇 사람, 뭇 생명을 일으켜 세움이다. "온 세상이 다 눕지 않도록 일으켜 세워야 한다." "다 일으켜 세울 …… 사람이 누구냐 하면 그것이 나다."[52] 생명을 살리고 구원할 사람, 섬길 사람을 밖에서 찾으면 안 된다. '내' 속에서 찾아야 한다. '내'가 섬기는 사람이 되려면 예수와 함께 '그리스도'가 되어야 한다. 예수는 하나님의 아들로서 하나님을 '아버지'(아빠)라고 부르고 하나님과 친밀한 관계 속에서 살고 하나님의 뜻을 이루기 위해 몸과 마음을 다 바쳤다.[53]

5) 하늘나라와 등걸나라

섬김은 인간의 바탈을 완성하고 나라를 세움이다. 다석은 말년에 예수의 하늘나라와 등걸(단군) 나라를 연결 지으면서 예수에 대한 신앙과 그리움을 드러내고 우리나라를 생각하였다. 1971년 9월 30일 일지에 '우리나라 바른 소리(正音)'에서 한글, 예수, 단군을 결합하여 "흔울나라 거룩함"을 말했다. 1973년 5월 29일에는 단군의 건국, 세종의 훈민정음을 말하고 "한반도는 중용으로 하늘을 우러르고 하늘에 통하며, 큰 허공과 궁극의 실재와 원리를 깊이 공부한다"(半島中庸瞻徹天 大空太極 潛工夫)라고 했다. 다석은 한반도가 하늘에 통하고 궁극의 실재와 원리를 탐구하는 나라가 되기를 바랐다.

1973년 11월 3일 일지에서 다석은 '우리 님 예수'가 하늘 아버지의 뜻으로 사람 사이에 아버지의 뜻을 이룰 길을 여셨음을 말하였다. 1973년 12월 11일 일지에서는 "우리 언니 우리 성언 언니 예수 내 님 께로"라고 하여 예수에 대한 그리움을 말하고 이어서 12일에는 '개천건국'(開天建國)과 예수를 연결지었다. 1974년 1월 1일에는 '등걸님'이 하늘을 열고 나라를 세워서 씨울들로 하여금 "흔늘 ㄴ른, 우리 ㄴ른는 ㅇㅂ ㅇㅇ디 ㄴ른룹니다"라고 말할 수 있게 했다고 썼다. 같은 달 7일에는 등걸님이 하늘 열고 내려와서 땅 위에 나라를 세웠고 다석 자신은 열여섯에 예수 믿고 바로 섰다고 썼다. 그러고는 여든다섯의 나이에 나라를 생각한다고 하였다. 11일에는 "ㅇㅂ디 흔늘 ㄴ른를 예수 펼텨 울리네"라고 하였다. 이어서 12일에는 "흔늘 ㄴ른 우리 ㄴ른, 예수 펼텨 울리시는 흔늘 ㄴ른 우리 ㄴ른. 우리 등걸님 뜨위 ㄴ른조츠도 하늘 연 채로 ㅇㅂ디 ㄴ른룹니다"라고 하였다.

다석은 단군이 세운 우리나라(한국)와 예수의 하늘나라를 연결하면서 하늘과 통하는 하나님의 나라로서 바로 서기를 바랐다. 다석이 생각한

나라가 세상의 삶과는 유리된 영적인 나라만은 아니라는 것은 분명하다. 다석은 1960년 3월 2일의 글 '느낌 조각'에서 "나는 …… 아조 작아도 싸우는 사람이요. 나는 일찍 노힌(해방된) 사람으로서 온 나라, 온 씨알, 알알얼얼 노흘 쌈에 더브름"이라고 함으로써 자신도 씨울을 깨우고 나라를 바로 세우는 싸움에 참여한다는 것을 밝혔다. 다석은 자신이 먼저 깨닫고 해방된 사람임을 자각하였고, 나라 전체와 국민 전체를 '알알얼얼'(앎에서나 얼에서나) 해방하는 싸움에 참여하였다. 그래서 그는 "아주 작아도 …… 싸우는 사람"이라고 하였다. 1963년에 함석헌이 대광고등학교에서 가졌던 시국강연회에 다석이 참석한 것은 그가 정치사회 문제를 외면하지 않았음을 보여 준다. [54)]

요한의 영성과 아시아의 영성을 받아들인 다석은 예수를 역사적 존재로서는 믿음의 대상이 아니라 믿음의 주체로, 영적 존재로서는 개체가 아니라 공동체로 파악했다. 인간 예수는 믿은 이였으며, 예수의 생명과 정신은 인류의 역사 속에서 완성될 공동체적 존재였다. 다석은 '예수 그리스도'를 '이어서 그리스도록'이라고 함으로써 내가 예수의 삶을 이어서 그리스도의 자리에 서서 십자가를 지고, 예수의 공동체적 생명을 완성하는 그리스도의 구실을 해야 한다고 보았다. 또한 '예수'를 '예서'(여기서) '수'(능력)를 얻는 것으로 보아서 지금 나에게 살 힘과 능력을 주는 것이 '나의 구원자 예수 그리스도'라고 했다. 다석은 철저히 '이제 여기'의 '나'를 중심으로 예수를 이해했다. 다석은 결코 인간적인 자아의 신격화나 절대화를 추구하지 않았다. 유영모는 인간의 사명이 "신인(神人)이 되는 것"이 아니라 "하나님의 아들이 되는 것", "하나님과 하나가 될 수 있는 '얼 나'가 되는 것"이라고 했다. [55)] 다석은 사적인 자아를 깨뜨림으로써 참 생명과 영으로서의 예수 그리스도(말씀)가 드러나게 했다.

아시아 한국인 다석에게 예수는 실행력, 영원한 생명과 영, 역사 속에서 완성할 공동체로 이해되었다. 예수를 만남으로써 한국 아시아인 다석은 하나님과의 사귐 속에서 생명과 정신을 실현하고 완성하는 길로 갈 수 있었다.

주(註)

1   알로이스 피어리스, 《아시아의 解放神學》, 성념 옮김, 분도출판사, 1988, 101쪽 이하.
2   유영모, '꽃피', 《다석일지》(영인본) 上, 828쪽.
3   요 1:1–14; 15:1 이하; 17:1–26; 요일 1:3; 2:10–11; 3:24; 4:7 이하 참조.
4   유영모, '부르신 지 38년 만에 믿음에 들어감', 《제소리》, 364~5쪽.
5   유영모, '소식(4)', 《제소리》, 354~5쪽.
6   유영모, '하늘에 있지', 《다석일지》(영인본) 上, 787쪽.
7   유영모, '소식(4)', 《제소리》, 355~6쪽.
8   《진리의 사람 다석 유영모》 下, 138쪽.
9   유영모, '부르신지 38년 만에 믿음에 들어감', 《제소리》, 363쪽.
10 《진리의 사람 다석 유영모》 上, 399쪽.
11 유영모, '맙', 《다석일지》(영인본) 上, 859쪽.
12 '세 북에 외움', 《다석일지 공부》 1, 262쪽.
13 《진리의 사람 다석 유영모》 下, 383쪽.
14 유영모, '손 맞아 드림', 《다석일지》(영인본) 上, 713~4쪽.
15 함석헌, '흰 손', 《함석헌 전집》 6, 한길사, 1983, 344쪽.
16 함석헌, 《聖書的 立場에서 본 朝鮮歷史》, 성광문화사, 1950, 266쪽.
17 유영모, '꽃피', 《다석일지》(영인본) 上, 827~8쪽.
18 《다석일지 공부》 6, 121, 319쪽.
19 《진리의 사람 다석 유영모》 上, 62~70쪽.
20 《다석일지 공부》 6, 319~320쪽.
21 Dietrich Bonhoeffer, *Widerstand und Ergebung*, München: Chr. Kaiser Verlag, 1970, p. 414.
22 유영모, '짐짐', 《다석일지》(영인본) 上, 792쪽.
23 유영모, '짐짐', 《다석일지》(영인본) 上, 792쪽.
24 《다석강의》, 884, 870쪽.
25 유영모, '짐짐', 《다석일지》(영인본) 上, 792쪽.
26 유영모, '밀알(1)', 《다석일지》(영인본) 上, 817쪽.
27 《진리의 사람 다석 유영모》 下, 333쪽.
28 《다석강의》, 868~9, 871~2, 874, 881, 883쪽.
29 유영모, '꽃피', 《다석일지》(영인본) 上, 828쪽.
30 《다석일지》(영인본) 上, 162~7쪽.
31 《다석일지》(영인본) 上, 921쪽.
32 유영모, '밀알(2)', 《다석일지》(영인본) 上, 821~2쪽.
33 유영모, '하게 되게', 《다석일지》(영인본) 上, 811~2쪽.
34 기독교에서 빵과 포도주를 예수의 살과 피로 먹고 마시는 예식, 성만찬(聖晚餐)이라고도 한다.
35 《중용》, 19장, 《다석일지 공부》 1, 180~1쪽.
36 《다석강의》, 321, 329쪽.

37 유영모, '하나', 《다석일지》(영인본) 上, 760쪽.

38 《다석강의》, 329쪽.

39 박재순, 《예수운동과 밥상공동체》, 남명문화사, 1987, 69~70, 216~224쪽.

40 대표적인 역사적 예수 연구자인 존 도미닉 크로산, 《역사적 예수: 지중해 지역의 한 유
    대인 농부의 생애》, 한국기독교연구소, 2000, 60, 427~430, 549, 667쪽 참조.

41 《다석강의》, 446쪽.

42 《다석강의》, 178, 183, 902~903쪽.

43 유영모, '하게 되게', 《다석일지》(영인본) 上, 812쪽.

44 유영모, '짐짐', 《다석일지》(영인본) 上, 791~2쪽, 《다석강의》, 564쪽.

45 《다석강의》, 870, 878~880쪽.

46 《진리의 사람 다석 유영모》 上, 418쪽.

47 박영호, 《진리의 사람 다석 유영모》 下, 두레, 2001, 44쪽.

48 유영모, '주기도', 《다석일지》(영인본) 上, 839~840쪽, 《다석일지 공부》 2, 148쪽.

49 유영모, '손 맞아 드림', 《다석일지》(영인본) 上, 713~4쪽.

50 유영모, '매임과 모음이 아니', 《다석일지》(영인본) 上, 743쪽.

51 유영모, '바람직한 상', 《다석일지》(영인본) 上, 850쪽.

52 유영모, '속알', 《다석일지》(영인본) 上, 862쪽.

53 유영모, '꽃피', 《다석일지》(영인본) 上, 826쪽.

54 유영모, '제자 함석헌을 말한다', 〈올다이제스트〉(1964년 12월 호), 《다석일지》(영인본)
    上, 692~3쪽.

55 박영호 엮음, 《多夕 柳永模 어록》, 두레, 2002, 108쪽.

10장

기독교 · 유교 · 불교 · 도교의 회통:
빈탕한데 맞혀 놀이(與空配享)

유동식은 한국의 대표적 사상가로 원효, 율곡, 함석헌을 꼽고 이들이 각기 불교, 유교, 기독교에 서면서도 다른 종교들을 포용하고 다른 종교들과 회통했으며, 이론과 수행에만 머물지 않고 현실 속에서 실천궁행했음을 지적했다.[1] 한민족의 정신적 원형질은 '한'(큰 하나)이며 '한'에 바탕한 사상은 서로 다른 사상들과 요소들을 하나로 만나게 하고 두루 통하게 한다. 크게 종합하는 데 한국인의 사상적 재능이 발휘된다. 최치원, 원효, 의천, 지눌, 율곡, 수운, 다석, 함석헌은 다른 종교들을 품을 수 있었고 여러 다른 사상들과 요소들을 크게 종합한 사상가들이다.

다석은 기독교 신앙을 동양적으로 수용함으로써 동양 종교들과 통하는 사상의 종합에 이를 수 있었다. 다석은 역사적 인간 예수를 영원한 생명(을 가져오는 그리스도)이라고 보지 않고, "하나님으로부터 오는 성령, 내 속에 온 하나님의 씨", 다시 말해 '속의 얼'을 그리스도라고 보

있다.[2]

'속의 얼'을 영원한 생명(그리스도)으로 봄으로써 역사적 예수에 근거한 기독교에 갇히지 않고 모든 종교와 통하는 종교사상을 갖게 되었다. 유교, 불교, 도교 모두 인간의 정신을 일깨우고 바로 세우는 종교이므로 기독교와 통할 수 있다고 보았다. "예수·석가는 우리와 똑같다. …… 유교·불교·예수교가 따로 있는 것 아니다. 오직 정신을 '하나'로 고동 (鼓動)시키는 것뿐이다."[3] 다석은 동양 종교사상 속에서 기독교 사상을 새롭게 형성하고 기독교 사상의 관점에서 동양 종교사상을 새롭게 해석했다. 다석은 기독교 사상과 동양 종교사상을 통전함으로써 '속'의 얼과 하나님을 잇는 한국·아시아의 주체적·종합적 종교사상을 세웠다.

1. 다석의 유교 이해와 수용

다석은 기독교의 관점에서 유교를 보고 유교사상의 틀에서 기독교를 이해했다. 그가 유교와 기독교를 아우를 수 있었던 것은 그의 삶과 정신 속에서 유교와 기독교가 통합될 수 있었기 때문이다. 그는 자신의 정신이 "모세와 예수, 그리고 공자와 맹자"의 영향을 받은 것이라고 했다.[4]

다석은 가족이나 종파의 굴레를 벗어나서 천명과 본성에 관한 유교의 보편적 가르침에 근거하여 참된 주체인 '나'와 우주생명 전체인 하나님의 소통과 일치를 추구했다. 이로써 다석은 유교의 사상적 틀 안에서 기독교 사상을 새롭게 형성했으며, 유교를 기독교 사상의 관점에서 새롭게 해석했다. 이제 유교의 중심개념인 중용, 부자유친, 격물치지(格物致知), 주일무적(主一無適)을 중심으로 다석의 유교 이해를 살펴보자.

1) 중용 풀이

중용은 유교의 핵심개념에 속한다. 유교에서 '중(中)'은 두 가지 의미를 가진다. 첫째, '중'은 지나치거나 모자람이 없는 상태로서 하늘이 부여한 인간의 본성이다. 《중용》에서는 "기쁨·노여움·슬픔·즐거움의 감정이 아직 움직이지 않은 상태"를 '중'(中)이라고 했다. 이것은 "사상(事象)에 접하여 반응하기 이전, 인간의 내면에 깊숙이 숨어 있는 그 '성(性)'의 순수·본연한 자세 …… 치우치거나 기울지 않는 …… 사람이 타고난 본래의 자태"이다. 둘째, '중'은 '맞음', '적합함'을 뜻한다. 인간의 본성이 밖으로 나타나면 정(情)이고 정(情)이 절도를 얻으면 화(和)다. '화'(和)는 "움직여서 다 절도에 맞는 것"이라고 했는데 이것은 "자극─반응에서 본연의 중을 그대로 실현한 이상적인 반응"이다. 인간의 내면에 존재하는 본연의 '중'은 모든 '중'을 포괄하는 통체(統體)로서의 '중'이며 이 '통체중'을 온전하게 실현할 수 있을 때, 상황에 따라 그에 합당한 '중'에 처하는 '수시처중'(隨時處中)의 이상에 접근할 수 있다.

이동환은 '중용'의 바탕이 되는 보존된 마음의 상태를 공자의 '절사'(絕四, 《논어》'자한') 다시 말해 무의(無意), 무필(無必), 무고(無固), 무아(無我)로 파악한다. 인위적인 마음 씀, 치우친 집념, 집착, '작은 나'가 없는 마음의 상태를 '중'으로 본 것이다. 이것은 천도(天道)와 하나로 되는 성(誠)의 경지이다. 천명·천리와 합치되는 인간의 본성을 깨달아 실현해가는 동안에 천도와 인도가 합치되는 경지에 도달한다는 것이다.

《중용》 본문에서나 《중용》에 대한 유가의 해석에서는 인간의 본성과 천명·천리의 일치를 말하고, 인도와 천도의 합치를 말할 뿐, 인간의 본성 자체를 근본적으로 변혁하거나 부정하는 데 이르지는 않는다. '중'은 인간의 본성을 나타내며, 인간의 본성은 천명, 천리와 일치된 것으로 이미 완전한 것이다. 다만 현실 속에서 온전하게 실현되는 일이 과

세로 남겨진 것이다.

유교에서의 중용 해석은 인간의 본성을 완성태로 보는 다소 정태적인 경향을 보인다. 유학자들이 '중용'을 어떻게 이해했는지 살펴보자. 정현은 '용'(庸)을 '상'(常)이라 하고 '중용'은 "중(中)을 상도(常道)로 삼음"이라고 했다. 정명도는 정이천과 마찬가지로 '중'은 '치우치지 않음'(不偏)이고 '용'은 '상' 곧 '바뀌지 않음'(不易)이라고 했다. 주희는 중용에 대해서 "치우치지 않고 기울지 않아, 지나침도 미치지 못함도 없어 고르고 한결같은 도리"라고 정리했다. 중용에 따르면 '중'은 희로애락의 정(情)이 일어나지 않은 천연지성의 상태이며, 천명 · 천리와 일치된 상태를 뜻한다. 유가들의 해석에 따르면 '중용'에서 '용'은 '중'의 '한결같음', '변하지 않음'을 나타낸다.[5] '중'을 천명 · 천리와 일치된 상태로 보고, '용'을 '변하지 않고, 한결같음'으로 보는 데서 유가들의 중용 이해가 본질적이고 정태적임을 알 수 있다.

다석의 중용 해석은 유학자들의 중용 해석과 다르다. 1968년에 다석은 무등산에서 《중용》을 우리말로 완역했는데, 중용(中庸)을 '가온(中) 쓸(用)', '줄곧 뚫림'으로 옮겼다.[6] '중용'을 '가운데'를 '쓴다'(用)는 의미로 풀이한 것도 다석의 중용 이해가 주체적이고 역동적임을 보여 준다. 더 나아가서 다석은 '중'을 동사로 보고, '중'을 '줄곧 뚫림'으로 이해하여 '속의 속'인 '나'가 줄곧 뚫림으로써 비워져서 절대초월자 하나님(성령)과 소통한다고 보았다.[7] 또한 다석은 '속의 속'을 중(中)이라 하고 '중'을 '참 나'라고 했다. 그리고 '나'가 '우주의 중심'이라고 함으로써 주체적으로 '중'을 파악했다.[8] 중용은 '속의 속'이 비고 뚫려서 하나님, 우주 생명, 성령과 소통하는 것이다. 이와 같은 다석의 '중' 이해는 매우 주체적이고 역동적이다.

다석이 중용의 첫머리를 옮긴 것을 보면 다석의 '중' 이해가 역동적인 것을 확인할 수 있다. 1968년에 옮긴 것을 보면 "하늘 뚫린 줄(命)을 바탈이라 하고"(天命之謂性), "바탈 타고난 대로 살 것을 길이라 하고"(率性之謂道), "디디는 길 사모칠 것을 일러 가르치는 것이니라"(修道之謂敎)고 했다. "디디는 길 사모칠 것"이라는 풀이는 길을 뚫고나가는 절실하고 적극적인 의지와 함께 변화와 발전의 길과 과정을 드러낸다.

1962년 12월 18일에 이 대목을 풀이한 글에서는 "하늘 뚫린 줄로 갈 것을 "받홀이라"고, "받홀 대로" 갈 것을 "길이라"고, "길의 훤훤 대로" 갈 것을 "가르침이라"고 했다. 여기는 세 구절에 나오는 '之'(갈 지)를 '갈'로 옮김으로써 '중'을 '길 가는 것'으로 파악하여 '중'에 대한 주체적이고 역동적 이해를 더욱 심화했다.

다석은 '天命'에서 命을 파자(破字)하여 관(管), 줄로 보고, '천명'을 '하늘 뚫린 줄'이라고 옮겼다. 천명(天命)은 하늘의 명령, 말씀, 목숨이고 하늘과 통하는 '영(靈)'인데 이것을 '받홀'이라고 했다. 다석이 본성을 나타내는 '바탈'이란 말을 '받홀'로 표기한 것도 다석의 역동적이고 실천적인 이해를 보여준다. '받홀'은 '받아서 한다'는 뜻으로 하늘의 사명, 명령, 말씀, 생명을 받아서 한다는 행동적이고 실천적 의미를 지니고 있다.[9] 중용을 '속 뚫림'이라고 하고 천명을 '하늘 뚫린 줄'이라 함으로써 바탈(性)은 자연적 본능을 뜻하는 생물학적이고 내재적인 의미를 지니지 않고, 관계적·사건적·생명적 성격을 지닌다. 또한 '바탈'을 '받홀'이라고 함으로써 다석의 본성 이해는 본성을 정태적으로 파악한 유가들의 이해와는 달리 행동적이고 의지적인 지향을 보이고 있다.

다석은 '중'을 '속의 속', '참 나'로 보았는데, 그에게 '참 나'는 "하나님으로부터 오는 성령"이다. 유영모가 중용을 '줄곧 뚫림'이라고 한 것은 성령이 "마음속에서 생수처럼 줄곧 뿜어져 나온다"는 것을 말한 것이다. 다석의 중용풀이에 대해서 박영호는 "마음이 하나님과 이어지는 구멍이 뚫려 성령을 받아서 짐승이 짐승 노릇을 그만 두고 하나님의 뜻을 받드는 사람의 아들이 된다"고 했다.

유영모는 중용을 하나님으로부터 성령 받는 것으로 보았다. 《논어》술이편에 나오는 "天生德於予"(하늘이 내게 덕을 내셨다)를 "하나님이 내게 속나를 낳아주셨다"고 풀었다. 다석은 천명(天命), 다시 말해 사람의 바탈(본성)을 '하늘 뚫린 줄'이라고 했고(天命之謂性), '하늘 뚫린 줄'인 '바탈'을 '속 나'(中)라고 했고 '속나'를 좇는 것(奉性之謂道)을 도(道), 용(庸)이라 했다. '속나'가 자율과 주체의 힘을 갖게 되는 것을 신통(神通)하여 성령을 받는 것이라고 하였다. 그래서 다석은 "신통이 중용이다"[10]고 하였다.

다석이 마음의 가운데가 뚫려서 하나님의 성령과 통하고 신통(神通)하는 것을 중용이라고 본 것은 중용을 기독교 신앙의 자리에서 본 것이다. 다석이 중용을 신통으로 해석하고, 영원한 생명과 직결시킨 것은 유교의 관심을 넘어선다. 태극을 넘어 무극을 말한 것은 도교와 통하고 신통과 하나님을 말한 것은 기독교의 신앙을 반영한다. 다석의 이러한 해석은 인간본성과 신인관계에 대한 전통적인 기독교 신학과도 다르다. 기독교에서는 신의 일방적 구원과 인간의 조건 없는 회개와 믿음을 강조함으로써 인간의 적극적 주체적 참여를 말하지 않았다. 다석은 신과의 소통을 말하고 인간의 내적 혁명과 쇄신을 강조함으로써 기독교의 관점을 바탕으로 삼고서 인간의 본성을 살리고 키우는 유교적 수행과 실천을 강조했다. 다석의 이런 중용 이해는 유교의 사유지평과 기독교의 사유지평을 융합한 것으로서 유교와 기독교에 없었던 새로운 사유지평을 연 것이라고 생각한다.

2) 부자유친(父子有親)

다석의 유교 이해에서 두드러진 것은 부자유친에 대한 해석이다. 1956년 12월 17일의 일지에서 다석은 독일에서 신학공부 하는 안병무를 생각하며 쓴 한시에서 "효의 신학을 내보이고 날마다 가온 찍기를 한다"(示孝神學 日行·)고 하여 자신이 효의 신학을 한다는 것을 밝혔다. 그는 효의 신학에 대해서 체계적인 논술을 하지 않았다. 부자유친에 대한 다석의 논의를 통해서 그의 효 신학을 추정할 수 있다. 부자유친에 대한 논의에서 다석은 하나님을 아버지로 끌어들임으로써 유교의 사유지평과 기독교의 사유지평을 융합한다. 그는 하나님을 저버린 효(孝)를 잘못된 것이라고 비판함으로써 유교의 효사상의 경계를 열어젖혔다.

다석은 유교의 부자유친을 비판하였다. 예수를 믿고 따른 다석은 땅에 있는 어버이에 대한 효보다 하나님 아버지에 대한 효가 앞서야 한다고 하였다. 유교는 우주의 근원인 무극(無極), 하나님을 잊고 조상숭배만 힘쓰고 가족에게만 집착했기 때문에 활발한 발전을 보지 못했다는 것이다. 더 나아가 다석은 유교의 가족주의가 효도(孝道)뿐 아니라 천도(天道)를 망하게 한다고 하였다. 그에 따르면 하나님을 바로 알아야 땅의 부모에게도 최선의 효를 할 수 있다. 하나님에 대한 정성이 부모님에 대한 정성이 된다. 유교가 태극(太極)과 음양(陰陽)만을 말하고 그 위의 무극(無極)을 말하지 않음으로써 신령과 무(無)의 세계를 잃고 인본적인 종교로 흐른 것을 다석은 아쉬워했다.[11]

다석의 효 사상은 예수의 말과 삶에 근거한 것이다. 예수는 이렇게 말했다. "또 이 세상 누구를 보고도 아버지라 부르지 말아라. 너희의 아버지는 하늘에 계신 아버지 한 분뿐이시다"(마 23:9). 예수는 가족을 떠나서 하나님을 아버지로 모시고 하나님의 아들로서 하나님과 긴밀한 인격적 관계를 가졌고, 하나님 아버지 안에서 하나의 인류 공동체를 이루리는 하나님의 뜻을 이루기 위해 목숨을 바치기까지 헌신하면서 지극 정성을 다했다.

다석에 따르면 예수가 하나님을 상대로 부자유친하였으며, 하나님과 예수의 부자유친은 신약성경에 나타나 있다.[12] 하나님과 예수의 부자유친은 기독교의 삼위일체 교리를 통해 하나님과 모든 인간의 부자유친으로 확장된다. 다석은 하나님을 탐구하는 궁신(窮神)을 부자유친으로 설명하고 다시 이 부자유친을 삼위일체로 설명하였다. 하나님을 탐구하는 인간의 궁신은 하나님과 부자유친 하는 것이다. 인간은 하나님의 형상으로 지어진 존재이고 하나님의 씨를 가진 존재이다. 아버지와 아들은 같으면서도 다른 존재이다. 아들이 하나님 아버지의 형상과 씨를 가졌다는 점에서는 같고, 아버지는 절대의 차원에 있고 아들은 상대의 차원에 있으므로 차원이 다른 존재이다.[13] 따라서 하나님의 아들인 사람이 "아버지를 밤낮 그려보아야 제 얼굴 그리는 것"이며, 아들은 찾고 아버지는 기다리며, 아버지와 아들 사이를 연결하는 사랑의 성령이 있어야 한다. 아버지와 아들의 관계를 원만하고 참되게 하는 것이 성신(성령)이다.[14] 이처럼 부자유친은 상대적 존재인 인간이 절대적 존재인 하나님과 사귀고 만나는 관계를 나타내고, 삼위일체는 상대적 존재인 인간과 절대적 존재인 하나님이 관계하고 만나는 구조를 보여 준다. 기독교의 전통적인 삼위일체론이 그리스도 아닌 다른 인간들의 참여를 배제하는 배타적인 교리라면 다석의 삼위일체론은 모든 인간이 예수 그리스도와 함께 하나님과의 사귐에 참여하는 열린 구조이다.

다석에게 부자유친은 하나님과 소통하고 사귀면서 하나님의 아들 노릇을 잘하는 것이다. 하나님의 아들 노릇을 한다는 것은 예수처럼 하나님의 뜻을 이루는 것이다. 다석에게 하나님 아버지의 뜻은 우주생명과 인류를 하나 되게 하는 것이다.

다석은 예수처럼 하나님을 아버지로 그리워하며 살았다. 그의 사위 최원극에 따르면 다석이 스스로 설계한 구기동 자택은 영어의 'F' 형으로 되어 있다. 최원극은 다석이 "하늘 아버지(Father)를 그리워"했기 때문에 집을 'F' 형으로 지은 것으로 추정한다.[15] 김흥호에 따르면 다석은 보지 못한 하나님 아버지를 평생 사무치게 그리워했다.[16]

다석은 유교의 부자유친을 하나님과의 부자유친으로 바꿈으로써 삶과 정신의 지평을 확대하였다. 하나님 아버지를 받들어 모심으로써 가족주의를 넘어서서 온 인류가 평등하고 하나 되는 길이 열린다. 다석은 조상제사를 불합리하고 철없는 짓이라고 비판하면서 조상제사를 폐지한 것이 기독교의 업적이라고 하였다. "무덤에 혼자 묻혀 절을 받으려고 하는 게 늙은이들의 심리인데 철없는 생각이다. 50억 인류가 한 군데에 묻히면 친목도 되고 좋을 것이다. …… 기독교 신자는 한 70년 동안 제사를 안 지냈는데 그만큼 복을 받았다."[17] 죽은 조상보다 지금 살아 있는 사람들이 더 중요하고 죽은 부모보다 하나님 아버지가 더 중요하다는 것이다.

'어버이 섬기는 생각'(思事親)이란 시에서 다석은 자신을 하나님을 어버이로 여기고 그리워하는 외롭고 불쌍한 아들로 여겼다. 그리고 하나님이 어버이처럼 자신을 만들고 양육하며, 자신은 하나님 어버이가 친히 보내는 사랑과 생명으로 산다고 하였다. "하늘로 내려와 내 속을 만드시고 채우시는 어버이의 크신 허락이 이 외지(外地)에 나와 있는 내 손에 쥐어졌으니, 나는 내 생명의 전부이신 어버이께서 시시각각으로 친히 내게 보내시는 사랑과 생명의 보급을 호흡해 이 몸을 피이며 살으리."[18] 이 시에는 하나님에 대한 인격적 친밀함과 어버이 하나님의 은총과 돌봄에 대한 신뢰가 잘 나타나 있다.

지천(知天), 낙천(樂天), 친천(親天)

하나님을 아버지로 알고 부자유친하는 것은 하늘(하나님)의 아들 천자 구실을 하는 것이다. 하나님의 아들은 하늘과 땅, 우주만물의 주인과 주체로서 세상을 이끌어 가고 구원해 간다. 하늘을 대하는 태도에 세가지가 있다. 지천(知天), 낙천(樂天), 친천(親天)이다. 지천은 논어에서 공자가 말한 지천명(知天命)을 나타낸다. 공자는 나이 50에 천명을 알게 되었다고 하였다. 낙천은 맹자가 큰 나라가 횡포를 부리지 않고 작은 나라들과 잘 지내는 것을 낙천이라고 한 데서 나온 말이다. 큰 나라가 가진 힘을 다 쓰지 않고 하늘의 도에 따라서 작은 나라들과 편하게 잘 지내는 것을 낙천이라고 한 것이다. 친천은 유영모가 쓴 말인데 하늘의 하나님을 어버이로 알고 아들로서 하나님 아버지와 부자유친(父子有親)의 관계를 바르게 갖는 것을 나타낸다. 지천은 하늘을 아는 것인데 하늘을 지적 대상으로 여기는 태도이고 낙천은 하늘을 즐거워하는 것인데 역시 하늘을 대상으로 여긴다. 친천은 하늘을 사귀고 섬기는 것인데 주체와 주체로서 만나고 사귀고 새롭게 되는 관계이다. 지천과 낙천과 친천은 각각 하늘을 상대하는 방식과 단계를 나타낸다. 부자유친은 하늘(하나님)을 상대하는 방식 가운데 가장 높은 것이다.

하늘의 어버이 하나님과 섬기고 사귀면 하늘의 일, 창조의 일을 할 수 있다. 창조자의 일을 하는 것이 하나님의 자녀 노릇을 하는 것이다. 사람이 다 천자의 구실을 하면 민주주의가 이루어진다. 친천을 하는 인간은 하늘의 자녀로서 자유로운 주체이며 하늘의 일(천명, 하나님 나라)을 이룬다.

3) 격물치지(格物致知): 인간과 물건의 완성

격물치지(格物致知)는 《대학》(大學)의 8조목 가운데 처음 두 조목이다.

격물치지의 해석에서 '격(格)'을 어떻게 이해하는지가 중요한데 '격(格)' 은 '오다', '바르게 하다'는 의미를 지니고 있다. 한(漢)의 정현(鄭玄)은 '격물치지'를 "선에 대해 깊이 알면 선한 일이 오고, 악에 대해 깊이 알 면 악한 일이 온다"고 풀이했다. 인간이 좋아하고 관심 가지는 일이 일 어난다는 소박한 견해이다. 주희는 지(知)를 '지적 능력'으로 보고, "지 (知)를 확충하는 길은 사물에 나아가 이(理)를 관찰하여 사물을 구명하 는 데 있다"고 했다. 이에 반해 왕양명은 '격(格)'을 '바르게 하다'로 보 고, '물(物)'을 '마음의 생각'(意念)으로 보면서, 치지(致知)는 "양지(良知, 도덕적 지각능력)의 극대화"로 풀이하고 격물(格物)은 "바르지 못함을 바 르게 하여 바름으로 돌아가게 함"으로 풀이하였다. 왕양명은 이어서 "바르지 못함을 바르게 한다는 것은 악을 버린다는 말이요, 바름으로 돌아가게 한다는 것은 선을 행한다는 말이다"라고 자신의 풀이를 설명 하였다.

주희는 격물을 이치에 대한 탐구로 보고 왕양명은 마음의 뜻과 생각 을 바로잡는 것으로 보았다. 격물에 대한 논의에서 전자가 사물과 인간 본성의 이치를 탐구하고 후자가 사람의 마음을 바로 잡는 것에 힘썼다 고 할 수 있다. 주희는 "객관적인 사물을 탐구함으로써 인간의 지적 능 력을 최대한 계발함과 동시에 자기 내면 심성의 세계를 통연(洞然)하게 밝힐 것"을 주장했고, 왕양명은 "주관적인 행위를 적극적으로 교정함으 로써 실천적인 도덕능력을 최대한 고양시킬 것"을 주장했다.[19] 주희와 왕양명에게서 격물치지의 목적은 모두 인간의 지적 능력이나 도덕능력 을 고양시키고 내면 심성의 세계를 밝히는 데 있다. 사물 자체가 주체 로 상정되거나 사물 자체가 실현되고 완성되는 것을 생각하지 않았다. 이에 반해 다석은 사물과 인간의 자아를 완성시키는 것으로 격물을 이 해했다. 격물치지(格物致知)에 대해서 "진리를 파악해서 생명을 완성시긴다. 물성을 앝아서 그것을 온전히 이루도록 하는 것이다. …… 물건을 완성시켜야 나도 완성된다"[20]고 했다.

격물치지(格物致知)에 대한 다석의 새로운 이해는 깊은 고뇌와 성찰을 통해서 도달된 것이다. 다석은 격물치지(格物致知)에 대한 대학과 주자의 논의를 비판적으로 극복하고 하늘의 빈탕과 얼에 대한 논의로 나아갔다. 다석은 1956년 12월 28일 연경반 강의에서 《대학》(大學)을 강의하였다. 이때 격물치지를 비롯한 '대학'의 강의를 하면서 아쉽고 부족함을 느꼈다. 물질과 생명을 아무리 탐구해도 온전히 다 알 수는 없다. 모르는 차원이 있기 마련이다. 또 온전히 안다고 해도 온전한 지식이 나를 살릴 수 없고 세상을 바꿀 수 없다. 다석은 지식과 이성의 한계를 느꼈던 것이다. 서구의 이성철학은 말할 것도 없고 주자의 성리학도 이학(理學)적인 성격을 가졌으며 양명학도 양지(良知)를 말함으로써 이성의 차원에 머물렀다. 지식과 이성만으로는 주체인 '나'를 새롭게 할 수도 없고 세상을 변화시킬 수도 없다.

다석은 격물치지에 대한 기존 논의의 한계를 느끼고 깊은 성찰의 시간을 가졌다. 생각을 깊게 하기 위해서 한 달 동안 강의를 중지할 것을 선언한 다석은 금식하며 생각을 깊이 했다. 한 달 후 강의에서 '간디의 진리파지(眞理把持)'에 대해 말하면서 간디를 기념할 것이 아니라 간디의 살과 피를 먹고 간디처럼 살아야 한다고 역설했다. '내'가 살고 세상을 바꾸고 살게 하려면 온전한 지식에 이르는 것만으로는 부족하다면서 예수, 간디의 살과 피를 먹고 마셔야 한다고 했던 것이다. 이것은 다석이 지식과 이성의 사유에 머물지 않고 생명과 영성의 철학적 사유로 나아간 것을 뜻한다.

다석은 다시 한 달 동안 강의를 쉬면서 생각을 파고들었다. 그리고 나서 1957년 3월 8일 강의에서 '빈탕한데 맞혀놀이'(與空配享)에 대한 강의를 했다. 하늘의 빈탕한데에 이르러 하늘과 사귀며 놀이하듯 살아야 한다는 것이다. 이것은 다석이 주희의 성리학과 왕양명의 양명학을 넘어서 서양의 과학적 이성철학을 넘어서 하늘의 공과 무의 세계에서 하늘과 사귀는 얼과 신의 철학에 이르렀음을 말해 준다. 얼의 나가 되어 하늘 빈탕한데의 자유에 이를 때 비로소 나의 맘은 맘대로 자유롭고 물질세계와 몸은 물성과 이치에 따라 실현되고 완성된다. 그는 격물치지를 물질세계를 깊이 탐구하여 내가 온전한 지식에 이른다는 의미로 해석하지 않고, 하늘의 빈탕한데 이르러 물질세계를 본성과 이치에 따라 바르게 실현하고 완성하며, 나의 삶과 맘이 온전한 자유에 이르는 것으로 해석하였다.[21]

격물치지를 "물성을 알아서 그것을 온전히 이루도록 하는 것"이라고 풀이하고 "물건을 완성시켜야 나도 완성된다"고 함으로써 다석은 물(物)의 완성과 나의 완성을 연결시켰다. 격물치지에 대한 다석의 해석을 이해하기 위해서는 물(物)에 대한 다석의 이해와 물과 인간의 관계에 대한 다석의 이해를 알아야 한다.

먼저 물질에 대한 다석의 이해를 살펴보자. 다석은 만물을 '죽은 물체'로 단순한 분석의 대상으로 보지 않았다. 그에게 만물은 모두 '말씀'을 드러내는 실마리이며, 자신의 존재를 피어내는 불꽃이다.[22] 더 나아가 다석은 만물을 신의 말씀을 나타낸 '글씨'라고도 했다. "하늘과 땅의 뭇 물질세계가 다 내 손을 대어 읽어야 할 점자(點字)로 된 (계시의) 글 문장들이다."[23] 이렇게 만물을 '말씀'을 드러내는 실마리와 글씨로 본 것은 세상이 말씀으로 창조되었다는 기독교적 세계관을 반영한다.

다석은 더 나아가서 물체를 '물질의 덩어리'가 아니라 '물질의 주체'로 보았다. 다석은 물체의 주체를 물질의 '머사니', '거시기'라고 했다.[24] '머사니'는 '머시'의 사투리로 "어떤 사물의 이름이 미쳐 생각나지 않을 때에 그 이름 대신으로 하는 말"이며, 특정되지 않은 '무엇'(something, what)을 뜻한다. 사물을 사물 되게 하는 어떤 것, 사물의 본질, '알쌈'을 나타낸다. '거시기'는 '머사니'와 비슷한 말로서 "사람, 물건, 일의 이름이 얼른 떠오르지 않을 때, 이름 대신 쓰는 말"이다.[25] '거시기'는 특정되지 않은 '것'(thing)을 나타낸다. 분명하게 특정 지을 수 없는 무엇을 나타내는 말인 '머사니'와 '거시기'는 사물과 물건의 본질이 특정한 개체 속에 있는 것이면서 '전체적 하나'(全一)와 연결된 것임을 나타낸다. 모든 사물과 물체는 전체 '하나'와 이어져 있고 사물과 물체의 주체와 본질은 전체적인 '하나'이다. 다석은 하늘과 땅에 있는 모든 현상과 사물의 그 밑뿌리를 '머사니', '거시기'라고 하고 '머사니'는 '하나'라고 하였다. '하나'로서 '머사니'는 "하늘과 땅의 뿌리"이다. 이처럼 다석은 '하나인 전체'를 나타내는 '머사니'를 물건의 주체와 본질로 봄으로써 주체와 본질을 일치시키는 역동적이고 일원적인 물질관을 제시한다.

다석에 따르면 물건 하나하나에 '머사니'가 있다. '머사니'는 물건의 가치이며 본질이다. '머사니'가 떠나가면 물건의 성질이 없어진다. 머사니가 몸에 들어가면 활기가 있고, 떠나면 아무것도 아닌 것이 된다. 또한 다석은 '마사니'를 '참', '뜻', '참 뜻'으로 보았다. 참(誠)은 물건의 시작과 끝이다. 물건 속에 '참 뜻'이 있으면 물건은 '참'이 된다. 물건이 살고 죽는 가치를 나타내는 '참 뜻'을 다석은 신(神)이라고 한다. '머사니'는 '참 뜻'이고 '신'이다. 다석은 물건 속에 신이 있다고 하였다. 머사니, 참 뜻, 신은 '전체 하나'를 나타내는 것이다. 만물에 들어가 자기를 주장하는 '머사니', '참', '뜻', '신'(神)을 다석은 물건의 주체(主體)라고 한다.

머사니를 지닌 물체는 우주 전체와 긴밀하게 결합되어 있다. 물체의 본성이며 주체인 '머사니'는 물체의 뿌리이며, 참이고 보편적이고 영원하며 '하나'이다. 모든 물체는 전체 하나와 이어지고 전체 하나를 드러내는 것이므로 한없이 깊고 신령한 것이다. 물체는 주체로서 무한한 깊이를 가지며, 우주 전체와 연결된 신성을 지니고 있다. 따라서 물질의 주체이며 본성인 머사니를 탐구하면 끝없이 새로운 것이 나온다. 물체의 '참'(진리)을 따져 나가면 그 물체에서 새로운 것이 주체로서 자꾸 나온다. 이처럼 새롭게 나오는 것이 참(진리)이다.[26] 다석은 《주역》(周易)에 나오는 개물성무(開物成務)를 "천하의 모든 현상과 물건의 이치와 그 뜻이 변하는 것을 규명"함으로써, "완전히 …… 연구해서", "물건이 점점 더 열리게 하여", 우리가 "점점 잘 살게 된다"고 했다.[27]

물건이 열려서 풍성하게 되려면 물건을 주체로 여기고 물건이 물건 그대로 주체로서 드러나게 해야 한다. 다석은 물건이 물건으로서 그대로 드러나려면 물건과 인간이 서로에게서 해방되어야 한다고 보았다. 먼저 인간이 물건에서 해방되어야 한다. 인간은 물건에 욕심을 내고 집착하여 물건을 물건 그대로 주체로 보지 못하고 물건을 소유 대상으로만 여긴다. 인간이 물건에 집착하면 물건에 사로잡히고, 물건에 사로잡히면 물건에 갇힌다. 인간은 영적인 존재로서 물건에 대한 욕망과 집착에서 벗어나야 자유롭게 자기를 실현하고 완성될 수 있다.

인간이 물건에 대한 욕심과 집착에 사로잡혀 있는 한, 물건도 인간의 욕심과 집착에 의해 갇히고 닫혀진다. 물건은 물건 그 자체로서 드러나지 못하고 물성을 그 깊이에서 알 수 없게 된다. 욕심과 집착에 휘둘린 인간의 인식론적 폭력에 희생된 물건은 은폐되고 왜곡되며, 파괴된다. 다석은 인간이 욕심과 집착에서 벗어나 텅 빈 마음에 이르는 것이 인간이 물건에서 해방되고 물건이 인간에게서 해방되는 길이라고 보았다. 다석은 물건이 인간의 마음에 의해 왜곡되거나 조작되지 않고 그대로 드러나면, 인간의 속알, 정신이 밝아진다고 하였다. 욕심과 집착에서 벗어난 맑고 빈 마음, 빈탕의 마음이 만물을 천연 그대로 조작 없이 주제로 물성 그대로 드러나게 한다. "만물이 …… 조작 없이 천연 그대로 마음에 제대로 보이면 …… 우리의 속알은 밝아진다. 이것이 빈탕을 유지하는 것 …… 빈탕의 마음을 만드는 것이다." 또한 다석은 인간의 속마음에 물건에 대한 욕심이 생기면 속은 어두워지고 영적인 자유를 잃는다고 하였다.

다석은 '몬'(물건)에 '맘'이 살아나면(生心) 몬도 맘도 못쓰게 된다고 하였다. 몬과 맘이 서로 자유롭게 되려면 맘이 빈탕마음을 지켜야 하고 빈탕마음을 지키려면 빈탕한데로 가서, 빈탕한데의 주인인 '전체 하나' 하나님과 '빈탕한데에 맞혀 노는 놀이'를 해야 한다고 했다. 몬과 맘을 완성하는 격물치지는 결국 '빈탕한데', '하나', '하나님'께로 가야 이루어진다.[28]

다석은 인간과 물건의 해방과 완성을 위한 보다 구체적인 지침을 제시한다. 인간과 물건이 서로 해방되어 완성되려면 '나'의 호기심이나 이해관계에서 벗어나야 한다. 그래야 사물과 인간을 있는 그대로 이해하고 그 존재와 본성이 실현되고 완성되게 할 수 있다. 호기심이나 욕심을 가지고 지나치게 친절하거나 멸시하는 것은 덕이 부족하기 때문이다. 속알(德)이 영근 사람은 물성과 인간성을 알아서 완성시킨다. 성숙한 사람이 물성을 완성시킬 수 있다. 성숙해야 '좋고 싫고' 하는 주관적인 편견에서 벗어날 수 있고 편견에서 벗어나야 모든 일이 법도대로 처리되고 사람의 삶이 올바르게 된다. 그리고 '남'과 물건을 완성시키는 과정은 '나'를 완성시키는 과정이기도 하다. 물건과 '남'을 주체로 세우고 완성하는 일은 '내'가 주체가 되고 완성되지 않고는 할 수 없는 일이기 때문이다. 따라서 물건과 '남'을 해방하고 완성하는 길은 '나' 자신이 해방되고 완성되는 길이다. 물성의 완성과 '나'의 완성은 순환적으로 맞물려 있다.[29]

물질에 대한 욕망과 집착에서 벗어나 물질을 주체로 알고 물질이 물성에 따라 물질의 생명(몸생명)이 실현되고 완성되어, 물질은 물질되게 하고, 마음은 물질에 대한 욕망과 집착에서 벗어나 마음대로 자유롭게 실현되고 완성된다. 다석이 말하는 격물치지는 마음은 마음대로 하고 몸, 물질은 물질의 법칙과 본성에 따라 완성되게 하는 것이다.[30]

온갖 시비판단을 넘어서서 물성과 인간을 완성시키는 일은 '어진 마음을 살려 인간과 만물을 모두 실현하고 완성하려는' 하나님의 마음에 이르러야 한다. '전체 하나'의 주인인 하나님께 가야 편견을 넘어서서 만물을 살리고 '내' 마음이 자유롭게 완성될 수 있다. 다석은 '격물치지'를 서로를 완성시키는 생명철학으로 발전시켰다. 그리고 격물치지의 근거와 궁극적인 목표를 하나님에게 두었다.[31]

격물치지에 대한 다석의 해석은 후기 유교에 대한 비판이기도 하다. 다석은 원래의 유교에서는 천(天) 곧 하나님을 추구했는데 후대의 유교는 "신 곧 귀신은 없다"고 함으로써 유물론(唯物論)에 기울고 유물론에서 유리론(唯理論)에 빠졌다고 하였다. 사람은 결코 이치(理致)만으로 존재하지 않는다. "감정의 대부분이 생명의 내부에 존재하고 있다. 유리만 가지고 안 된다. 이래서 유교는 생명을 잃고 있다."[32] 유리론에 빠져서 생명력을 잃은 유교를 다석은 생명철학의 관점에서 새롭게 해석하려고 했다.

4) 주일무적(主一無適)

주일무적(主一無適)은 송대의 유교 학자들이 많이 쓴 말인데 정이천은 "마음을 하나로 집중하고 밖의 일들에 흐트러뜨리지 말라"[33]는 의미로 썼다. 주희는 정이천의 해석을 따랐는데, 주일무적이 마음이 "고요해지고 비어" 있으면서, "수렴"과 "깨어 있음"의 상태를 나타낸다고 보았다.[34] 중국 고대의 임금들이 나라를 다스리는 원칙을 '정성스럽고 한결같으며 중심을 지킴'(精一執中)이라고 한 것[35]도 주일무적의 가르침과 일치한다. 마음의 통일을 말하는 구절은 《노자》에도 '포일'(抱一, 10장, 22장), '위일'(爲一, 14장), '득일'(得一, 39장 7회 반복) 등으로 자주 나오고, 《장자》 외편 '각의'(刻意) 편에도 "순수하여 섞이지 않고, 고요하고 통일되어 있음"(純粹而不雜,靜一), "전일한 마음으로 거함"(一宅)이 나온다. 유교와 도교에서 '하나'에 대한 집중과 통일을 강조한 것은 이 말이 동아시아 사상의 뿌리가 되는 도교와 유교의 공통적인 사상적 지반을 드러내는 것임을 의미한다.

정이천과 주희는 '주일'을 '마음을 하나로 집중하고 다른 것에 흐트러뜨리지 않는 상태'로 보고, 도덕적 수양의 한 방법과 원리인 '경'(敬)과 결부시켰다. 주일무적(主一無適)은 마음의 전일성을 얻어 흩어지지 않은 경건한 상태를 나타낸다. 유교에서는 주일무적이 경건한 마음의 상태를 나타내고 도덕적 수용의 방법과 원리를 나타낸다.

그러나 다석은 '주일'을 "하나를 정했으면 딴 데로 가지 말라", "하나만을 꼭 가지고 있으라"는 뜻으로 주체적이고 행동적으로 이해한다.[36] 유가들에게 '주일무적'은 '하나'의 상태에 머무는 것을 뜻했으나 다석에게는 '하나'를 추구하는 주체와 과정을 의미했다. 다석에게는 주일(主一)이 마음의 전일성과 함께 영원한 '하나의 주체'를 나타낸다. 주일(主一)은 개체의 주체인 '나'와 우주 생명 전체의 주체인 '하나님'이 일치하는 '하나'(一)의 '주(主)'이다. 주일(主一)은 '주'와 '나'의 일치이다. '주'는 '우리' 속에 있는 절대자적 존재이며 "제 주장을 하고 …… 과거, 현재, 미래 속을 가는 …… '주(主), 나'이다."

다석 사상에서는 내재적인 통일성과 인격적인 주체성이 결합되어 있다. 여기서 주(主)는 개인의 인격적 주체성일 뿐 아니라 보편적이고 우주적인 주체성이다. 다석에 따르면 예수도 석가도 주(主) 곧 궁극적인 '나'를 찾았다. 그리고 "우리가 예수나 부처를 찾는 것은 (예수와 석가처럼) '주일(主一)'하자는 것" 다시 말해 궁극적인 나를 찾자는 것이다.[37]

다석이 여기서 말한 '나'는 개별적 존재자로서의 사적인 '나'가 아니다. 개체로서의 '나'가 우주적·신적 전체와 일치하는 '나'이다. 이것은 개별적인 자아의 '나'를 이기고 넘어서서 만날 수 있는 '나'이다. 다석은 이 참된 나, 성령으로 움직이는 나, 예수의 생명으로 움직이는 나에 이르기 위해서 평생 자기의 '나'와 싸우는 거룩한 싸움[38]을 치열하게 벌였다.

다석은 주(主)를 "내가 간다"고 할 때 "나를 가게 하는 그 무엇"이라고 함으로써 주체적이고 행동적으로 이해하였다. '주'는 길 가는 주체를 주체가 되게 하는 것, '나'를 '나' 되게 하는 것이다. '영원한 하나'를 찾아서 과거, 현재, 미래 속을 가는 것이 主(體)인 '나', '참 나'이다. 인생의 길은 주체인 '나'가 영원한 '하나' 전체를 찾아 그것을 향해 가는 것이다.[39] 이러한 '나'는 시간과 공간, 생명의 참된 주체이다. 이러한 자리에 서면 '내'가 '길'이 되고 '참'이 되며, '삶'이 된다. 주체성과 함께 시간적 과정이 부각되고 '하나'를 추구하는 주체와 '하나'에 이르는 길이 통합된다.

그러나 주체로서의 '나'는 전체로서의 '하나'에 근거하고 '하나'를 섬기는 것이다. '주일'(主一)은 주체가 전체 하나를 향해 가고 그 하나에 이르고 그 하나를 하는 것이다. 절대의 '하나'는 발전하거나 성장하지 않는다. '하나'가 '나'를 '나' 되게 하는 주(主)이고, 주일(主一)은 '하나님'만 섬기는 것이다.

시간과 공간의 역사 속에 사는 인간의 주체가 '하나'를 향해 가고 '하나'에 이르고, '하나'를 하는 것은 역사와 생명을 완성하는 것이다. 다석은 그리스도를 완성시키는 일과 유교의 주일(主一)을 결합시킨다. '하나'에 집중하고 '하나'를 추구하는 것이 영원한 생명인 그리스도를 완성해 가는 것이다. 예수를 잡고 예수를 따라가는 것이 '하나'에 이르고 '하나'를 하는 것이다. 예수는 "나라와 민족을 초월하여 우리의 정신이 [하나를 향해] 나아가는 한 얼 줄"이다. 예수는 '하나'에 이르는 길이고 줄이다. '하나'에 이르기 위해서는 예수의 '말씀 줄', '얼 줄'을 잡고 가야 한다. "영원한 생명(의 줄)을 잡고 조용히 가는 사람이 대성할 수 있다." '하나'를 추구하고 '하나'를 이루는 일은 '그리스도'(영원한 생명)를 역사 속에서 완성시키고 나라와 겨레를 발전시키는 일이기도 하다. '주일'은 "자유와 평등의 길을 가는 것이다."

다석은 '그리스도의 완성'과 '주일'(主一)을 결합함으로써 동양적이고 주체적인 기독교 이해에 도달한다. 다석에게는 유교가 말하는 '주일무적'이나 기독교가 말하는 '하나님 나라'는 다 '하나'를 추구하고 '하나'에 이르고 '하나'를 하는 것이다. 그리고 이것은 서양문명의 골수인 예수 그리스도 신앙을 동양 사상의 뼈대 속에 넣는 것이다. 다석은 옛날의 사상과 오늘의 사상, 동(東)의 정신과 서(西)의 정신이 "모두 한 정신"이라고 한다. '주일(主一)'은 '전체 하나'의 자리에 서는 것이고, 전체 하나의 자리에 서면, 동서고금의 구별이 없다. 그래서 동양사람이 서양사정을 더 잘 알고 서양사람이 동양사정을 더 잘 알게 되는 경지에 이른다.[40]

5) 유교의 수용과 비판

대부분의 한국인이 그렇듯이 다석은 유교의 영향을 크게 받았다. 서당에서나 가정에서 유교의 학문과 기풍을 전해 받았다. 다석이 제사 지내듯 지극한 정성을 다해서 일상의 삶을 살았고 하나님에 대한 신앙을 부자유친(父子有親)으로 파악한 것은 유교의 영향 때문이라고 생각된다.

그러나 그는 유교의 문제와 한계를 깊이 꿰뚫어 보았다. 그는 가족주의적 병폐와 위계질서적인 사고를 용납할 수 없었다. 그에 따르면 "중국은 …… 가족주의로 망했다. 공자나 주자(株子)도 다 이 잘못이 있다." 그러나 다석은 가족주의를 넘어선 유교의 보편적 가르침을 좋아했다. 1903~1905년에 서당에서 맹자를 배웠는데 그는 맹자를 좋아했고 특히 맹자의 대장부(大丈夫)라는 글을 좋아했다. "사나이 살기는 누리 넓은데, 서기는 바른 자리에, 가기는 환히 넓은 길로, 뜻대로 되면 씨올과 함께 가고, 뜻대로 안 되면 나 혼자서 가련다"(《맹자》 '등문공 하편'). 다석은 맹자가 성령을 통했기 때문에 바탈(性)을 뚫어 보았다고 했다.[41]

본성에 대한 기독교적 이해

《중용》 첫머리에서 천명(天命)이 성(性)이라고 했는데 유교에서는 천명, 다시 말해 성을 천의 자기실현으로 이해하고 천의 성실한 자기실현을 따르는 것을 도(道)라고 하였다.[42] 천의 인격성이 배제되고 천과의 인격적 관계를 생각하지 않았다. 인간의 바탈(性)은 천의 자기실현으로서 천과 동일시된다. 바탈을 천이 '줄곧 주는 것'으로 보고 중용을 '줄곧 뚫림'으로 본 다석은 인간이 자신의 본성을 비우고 뚫어서 천(하늘) 또는 성령(하나님)과의 지속적인 관계와 소통을 통해 바탈을 실현하고 완성해야 한다고 생각했다.

인간의 바탈인 속을 뚫고 삶을 완성시키는 것은 다석이 본성의 실현을 추구한 유교의 가르침을 기독교적으로 변형한 것이다. "하나님의 얼 생명이 내게 와서[오는 것이] 바탈(性)이고 그 바탈(얼나)의 뜻을 좇은 것이 영원한 생명의 길이다. 그 길이 뚫린 것을 막히지 않게 환한 그대로 두는 게 닦(修)는 것이다. …… 그 길 환한 그대로 가는 게 수도(修道)이다." 그리고 다석은 인간의 본성 다시 말해 성품(性品), 심성(心性)이 본래 주어져 있는 것이 아니라 하나님으로부터 줄곧 받는 것이라고 했다.[43] 인간의 본성은 이미 주어진 자연 상태가 아니라 '현재 새롭게 오는 것'이라고 했다. 과거에 주어져 있는 것이 아니라 현재진행형으로 '오고 있는 것'이며, 앞으로 '올 것'이다. '나'의 본성은 하나님의 얼 생명이 오는 길이 뚫려 있는 것이다. 하나님과 '나' 사이에 길이 뚫려 있는 것이 '나'의 본성이 살아 있는 것이고 그 길이 뚫린 것을 막히지 않게 하는 것이 '닦는 것'이라고 한 것은 본성을 고정된 실체가 아니라 신과 '나' 사이의 관계와 소통으로 본 것을 뜻한다.

그러나 '바탈'은 '줄곧 오는 것'이며, '나'의 삶과 정신을 실현하고 완성하는 '참된 나'이다. '바탈'은 '나'를 '나'되게 하고 '나'를 실현하고 완성할 미래의 사명을 지닌 것이다. 따라서 다석은 '바탈'을 '받할'[받아서 할]이라고 함으로써 이루어야 할 사명과 관련해서 실천적이고 행동적으로 이해했다.[44] '바탈'은 신에게서 온다는 점에서는 신적인 것이지만 인간에게서 인간에 의해 실현되고 완성된다는 점에서는 인간적이다. 천명(天命)을 따른다는 점에서는 시킴(命)이지만, 천명을 따르는 것과 제 바탈을 따르는 것이 일치하므로 '시킴'과 '스스로 함'(자율)이 일치한다. 천도를 따르는 것이 바탈을 실현하는 것이고 바탈을 실현하는 것은 삶의 본 궤도에 오르는 것이다. "우리의 바탈은 위로 올라갈 바탈이다. 언(仁), 옳(義), 차림(禮), 슬기(智)의 궤도에 오를 바탈이다."

다석은 바탈을 살려서 하나님께로 올라가는 것과 개성이 살아나는 것이 일치한다고 보았다. 하나님께서 주신 하나님의 생명인 바탈(얼나, 性)을 살려 낼 때 '참나'를 느끼게 된다. 자기의 개성이 자랄수록 더 깊은 바탈(얼나)을 느끼고, 자기의 바탈을 파고들어 가는데 인생은 한없이 발전해 간다. 이 바탈을 타고 우리는 하나님에게까지 이른다. "배를 타고 바다를 건너듯이 우리는 바탈을 타고 하나님에게 이른다. 이것이 인생의 가장 즐거운 일이다." 유교(성리학)의 성은 자연과 인간과 천(하늘)의 보편적 본질과 원리인데 유영모는 성을 인격적 하나님의 생명으로 그리고 인간의 주체적 자아인 '얼 나'로 보았다. 이렇게 봄으로써 다석은 보편적 우주적 본성을 주체적 개성과 결합시켰다. 다석은 바탈을 잘 드러내고 끌고 나간 이들인 석가, 노자, 장자, 공자, 맹자는 모두 하나님의 성령을 통한 이들이라고 보았다.

다석이 바탈(性)을 실현하고 온전히 하려고 한 것은 유교의 사상을 따른 것이다. 그러나 인격적 하나님을 끌어들여서 '바탈'을 하나님으로부터 줄곧 받는 것이라 하고, 하나님의 뜻과 사명을 '받아서 할' 것으로 설명한 것은 기독교적으로 유교의 사상을 변형시킨 것이다. 다석은 장횡거의 주장에 따라서 '태허'(太虛)와 하나님을 동일시하고, 허(虛)와 기(氣)가 사람의 성(性)을 이룬다고 했다. 사람이 본성을 기르는 것은 하나님을 섬기는 것이다. 이것은 하나님의 곡간을 송두리째 이어받는 것이다. "맘을 다해서 성(性)을 알면 …… 태허기화(太虛氣化)의 곡간을 알아 하나님을 안다. 이렇게 되면 하나님의 곡간이 내 것이 된다. 하나님의 곡간에서 영생한다.[45]

씨올의 자리에서 유교를 비판하고 수용함

1956년 12월 28일의 연경반 강의에서 다석은 《대학》을 풀이하면서 친민(親民)을 "씨알 어빔"으로 풀이함으로써 씨알을 민중을 가리키는 말로 쓰기 시작하였다.[46] 유영모는 "大學之道 在明明德 在親民 在止於止善"을 "한 배움 길은 밝은 속알 밝힘에 있으며 씨알 어빔에 있으며 된 데 머묾에 있느니라"고 옮겼다.[47] 여기서 "親民(친민)"을 "씨알 어빔"으로 읽은 것은 유영모의 민중 이해를 단적으로 드러낸다. 민(民)을 '씨알'로 옮김으로써 민중의 생태학적 영성적 의미를 드러냈고 민중의 주체성과 평등성을 밝힌 것이다. 더 나아가서 "씨알 어뵘"은 "어버이 뵈오듯, 사랑과 따사로운 육친의 정과 가까움과 몸소 직접 몸으로 정성껏 찾아가서 섬기고 돌보고 사랑한다는 뜻이다."[48]

유영모의 민중 이해는 유교의 민중 이해와 대조된다. 유교에서는 성인(聖人)과 군자(君子)를 본성에 충실한 존재로 보고 민중(小人-衆人)을 본능적 충동에 지배되어 본성을 잃은 존재로 보았다.[49] 유교에서는 군자는 어른이고 민은 어리석고 어린 못난 존재, 소인으로 본다. 성인과 군자는 천성, 본성을 지키고 구현하는 존재이나 소인들인 민은 본능적 욕망에 휘둘려 본성을 잃고 사는 존재들이다. 유교가 지배한 조선 봉건 왕조에서는 민을 어리석은 어린이로 여겼는데 유영모는 어버이처럼 받들어 섬겨야 할 존재로 민(民)을 높였다.

유영모는 역사와 사회의 밑바닥인 민중의 삶의 자리에서 민중을 보고 이해했다. 그래서 민중을 민중의 눈과 마음으로 볼 수 있었다. 지식인, 엘리트 권력자들은 짐질 생각을 않고 짐을 남에게 지우고 편히 살려 한다. 세상의 짐을 지는 것은 씨올 민중들이다.[50] 또 햇볕에 그을린 농부의 얼굴이 노자가 말하는 진인의 경지 "화광동진(和光同塵)"이라고 함으로써 민중을 높였다.

씨올 민을 역사와 사회의 짐을 지고 민족의 역사와 사회의 삶을 지켜온 존재로 본 것은 전통적인 유교의 민중 이해를 넘어선 것이다. 맹자가 민심과 천심을 동일시하고 역성혁명을 말한 경우에도 민은 정치의 대상일 뿐 정치의 주체가 아니다. 다석은 민을 역사와 사회의 주인과 주체로 본 것이며, 민주적인 관점에서 민을 이해한다.

다석은 유교를 씨올의 자리에서 비판적으로 재해석하고 유교의 가르침을 확장하려 했다. 《서경》(書經)의 '여오'(旅獒)는 임금이 임금 노릇 잘하도록 가르친 말인데 다석은 오늘날에는 전 인류가 임금 노릇하는 교육을 받을 자격이 있다고 하였다. 성경에 따르면 사람은 누구나 하나님의 아들이 되고 하나님의 아들 노릇을 해야 한다. 다석은 토지개혁을 주장한 맹자와 장횡거를 높이 평가했다.[51] 다석은 유교를 고난의 자리에서 보려고 한다. "공석불난(孔席不暖)이라고 한다. 공자는 집에서 밥 먹은 때가 없다. 밤낮 집을 떠나 고생하면서 얻은 인간지가 유교의 가르침이다. 유교가 오늘에도 우리에게 소용이 있다면 고난의 종교이기 때문이다. 그런데 유교가 고난을 떠나 안일을 찾으면 유교는 죽고 만다. 사람은 안일에 죽고 부귀에 썩고 만다."[52] 다석은 유교를 고난의 자리, 씨올의 자리에서 보려고 했다.

다석은 유교를 성리학(性理學) 다시 말해 "사람의 성품을 연구하는 학문이며 종교"로 보고 "훌륭한 생명철학"이라고 했다. 다석은 주역의 사상을 끌어들여서 유교의 사상적 경계를 생명철학적으로 확장하였다. 주역에 나타난 유교의 기본정신을 길흉(吉凶)의 문제와 관련해서 이렇게 밝혔다. "천하의 길흉을 만 백성과 더불어 걱정을 같이 한다(吉凶與民同患). 길흉을 백성과 같이 걱정하면 하나님(神)과 관계가 된다. 하나님하고 관계가 되면 말하지 않아도 생각하면 알게 된다(神以知來)." 그는 '신이지래'(神以知來, 신통하여 다가올 일을 안다)를 이렇게 풀이한다. "앞으로 나갔으면 하는 제 긋(얼나)으로 하나님과 같이 의논하고 생각하면 어느만큼 은근한 중에 인도하는 것이 있어 깨닫게 된다."[53]

'얼의 나'는 앞으로 나가려 하고 위로 솟아나려 하는 생명의 끄트머리이다. 천하의 길흉은 만백성의 삶과 죽음, 잘 살고 못 사는 일이다. 천하의 길흉을 만백성과 함께 걱정하면 '얼의 나'가 우주 생명의 중심인 하나님과 관계하게 되고 하나님과 관계하면, 다가올 일에 대한 깨달음에 이른다. 다석의 사상은 개인의 내적 자아와 내적 깨달음에 한정된 좁은 사상이 아니다. 그의 사상은 개인의 내적 깨달음, 신적인 앎, 만 백성과 너불이 걱정하는 일을 직결시킨 공적(公的)인 사상이다. 다석은 민족사학인 오산학교와 3·1 독립운동의 정신을 이어받아 나라를 바로 세우는 일에 깊은 관심을 가졌다. 그의 사상적 노력과 통찰은 나라와 역사를 바로잡는 일, 정의를 세우는 일과 연결되어 있다. 다석 사상의 배후에는 나라 바로 세움의 관심과 노력이 있다.

2. 다석의 불교 이해와 수용

다석은 공(空) 사상에 기초해서 만물을 공으로 보고 하나님의 본성도 공으로 보았다. 그는 23세 때부터 "빔(空)이 맘 안에, 맘이 빔 안에 있다"고 생각하였다.[54] 그가 늘 빈탕한데를 말한 것도 불교적이고, 해혼하고 하루 한 끼 먹은 것도 금욕적인 불교의 가르침을 실천한 것이다. 모든 집착과 욕심을 끊고 자유로운 삶을 살려는 것은 불교의 해탈을 추구한 것이다. 날마다 무릎 꿇고 앉아서 생각과 명상에 잠긴 것은 불교의 선(禪)을 수행한 것이다.

가까이 지냈던 사학자 문일평은 말년에 중병을 앓고 나서 불교와 기독교에 대한 깊은 이해 없이 한국역사를 연구한다는 것은 경망스러운 짓이었다고 다석에게 말했다.[55] 문일평의 말에서 다석이 얼마나 자극을 받았는지 알 수 없지만 다석은 기독교 정신을 바탕으로 가지면서도 불교 연구에 힘썼고 불교의 진리 세계에 깊이 들어갔다.

1959년 9월에 '반야심경' 강의를 했다. 다석은 불교를 가까이 느꼈다. 그는 사람 노릇을 바로 하려면 불교를 알아야 한다고 했고 불교를 모르고는 이 세상을 살 수 없다고도 했다.[56] 다석은 자주 예수와 석가를 나란히 언급하였다. 다석은 불교를 믿는다는 것은 진리인 "불성(佛性)이 내 속에 있다는 것을 믿는 것"으로 보고 "하나님이 진리의 근원이라는

것을 알면 …… 진리의 생명으로 영생한다"[57]고 함으로써 기독교 신앙
과 불교를 연결시켰다.

1) 마음과 삼독(三毒)

석가는 탐욕과 노여움과 어리석음의 불길에 의해서 모든 것이 눈과
귀, 눈과 귀의 대상, 혀, 신체, 마음이 "불타고 있다"고 했다. 이 모든
것에 "싫어하고 미워하는 마음이 생기면 곧 탐내는 마음에서 벗어날 수
있다. 탐내는 마음에서 벗어날 수 있으면 곧 해탈을 얻을 수 있다." 석
가가 해탈을 통해 얻으려고 했던 열반은 "번뇌의 불꽃이 꺼진 상태"를
의미한다.[58] 후에 중국의 선승 마조(馬祖)는 "마음이 곧 부처"라고 했
다.[59] 번뇌가 물들지 않은 본래의 마음, 또는 번뇌의 불꽃이 꺼진 마음
이 진리의 화신인 부처다.

다석도 마음이 '영원한 생명인 얼'을 대표할 수 있다고 하면서 마음에
서 벗어버릴 것을 벗어버리고 곧바로 진리에 도달해야 한다고 했다.[60]
진리에 이르기 위해서 다석은 "탐욕을 버리고 치정을 버리고 진에(瞋
恚)를 버려야 한다"[61]고 했다. 다석에 따르면 '인간의 몸'은 삼독에서 나
온 '짐승'이고, 인간의 목적은 "탐·진·치라는 짐승성질을 버리고 사람
노릇하자는 것이다". 다석이 불교를 가까이 느끼고 석가를 좋아했지만
마음의 삼독과 해탈에 관한 논의에서 다석과 석가(불교) 사이에 차이가
있는 것 같다. 다석은 삼독을 극복하려고 진지하게 노력했지만, 삼독을
긍정하기도 했다. 그는 삼독이 인간의 본능에 뿌리를 두고 있으며, 삼
독이 살림밑천이라고까지 말했다. "탐·진·치, 이것은 인생의 살림밑
천이다. 그것으로 우리가 이 세상에 나왔고 먹고 자랐으며 또 진취적이
된다." 삼독이 살림밑천이 되어 우리가 살아간다는 사실과 깨닫고 자유
로운 삶을 살기 위해서 삼독을 끊어버려야 한다는 사실의 모순을 다석

은 인성하고 "이게 모순인데 그대로 둬야 한다"[62]고 했다.

이런 모순을 알면서도 인간은 끊임없이 머무름 없이 마음을 비우고 앞으로 나가야 한다고 다석은 보았다. "마땅히 머무는 바 없이 마음을 내라"(應無所住而生其心)는 구절에 대해서 다석은 이렇게 말한다. "머무는 것 없이 …… 마음을 자꾸 나가게 해야 한다. 내 마음을 자꾸 내가 내야 한다."[63] "산다는 것은 자꾸 움직여 나가는 것이다."[64] 삼독에서 벗어나자는 것은 다석의 가르침과 석가의 가르침이 일치한다. 그러나 석가가 번뇌를 끊고 열반의 상태에 이르러 거기에 머무는 것을 강조했는데, 다석은 "내 마음을 자꾸 내가 내야 한다"고 하고 "산다는 것은 자꾸 움직여 나가는 것"임을 강조했다. 석가가 번뇌의 불꽃으로 모든 것이 불타고 있다면서 모든 것에 대해 "싫어하고 미워하는 마음"을 가져야 한다고 했는데, 다석은 만물이 자기 존재를 피어내는 불꽃이고 '신의 말씀'을 나타내는 '글씨'라고 하고 물체를 신령한 주체로 보았다. 물론 석가는 물질과 삶 자체를 부정적으로 생각한 것이 아니라 물질과 삶에 대한 인간의 탐욕과 집착을 문제로 삼았다. 그러나 석가가 주로 인간의 탐욕과 분노와 어리석음이라는 삼독의 관점에서 물질과 삶을 보았기 때문에 물질과 삶에 대한 소극적인 시각이 두드러진다고 생각한다. 어쨌든 다석은 석가에 비해서 물질과 삶에 대해 더 적극적이고 능동적인 관점을 드러낸다. 석가는 번뇌에서 벗어나 깨달음에 이르는 데 더 관심을 가졌다면 다석은 지금 여기의 삶이 '나아지고 나아가는 시간적인 변화'에 더 관심을 갖는다. 다석이 "일체가 하나님의 세계요, 일체가 하나님의 아들들이다. …… 성현의 지혜는 일체를 살려내는 생명의 불이다"[65]라고 했을 때 다석의 이런 관점이 뚜렷해진다.

유영모는 53세 때 새롭게 신앙체험을 할 때 자기 마음속에서 말씀의 생수가 터져 나오는 것을 체험하였다. 거듭남의 체험을 한 후에 이런 글을 〈성서조선〉에 발표했다. "…… 만물보다 거짓된 나란 맘을 뿌리째 뽑아주옵소서 그리되오면 그 뿌리뽑힌 속의 속에서 용솟음쳐 나오는 산물(生水)이 강이 되어 흐를 줄 믿습나이다."[66] 이 고백에는 불교적인 자기인식과 기독교적인 신앙체험이 결합되어 있다. "만물보다 거짓된 나란 맘"은 삼독이 뿌리박힌 맘이고 삼독(에 물든 맘)의 뿌리가 뽑힌 "속의 속에서 용솟음쳐 나오는 산물(生水)이 강이 되어 흐른다"는 것은 기독교적인 표현이다.

2) 아름답고 깨끗한 빔(空)

석가의 가르침을 따라서 다석은 만물을 빔(空)으로 보았다. 그리고 "작품, 시집, 업적, 경전, 보감, 의사당, 교회, 사회 등등은 색계(色界)의 그림자다"[67]라고 했다. 다석은 참 생명을 얻기 위해서는 멸망할 '색계의 그림자'에 매일 것이 아니라 공(空)을 잡아야 한다고 했다. 그에 따르면 만물은 허공(虛空)의 존재를 드러내고[68] 허공은 만물을 있게 하고 만물의 아름다움을 드러낸다. "꽃이 아름답다고 하지만 꽃의 아름다운 윤곽을 드러내 주는 것은 허공뿐이다."[69] 만일 우주가 꽉 차 있다면 꽃의 아름다움을 볼 수 없을 것이다. 꽃을 있게 할 뿐 아니라 아름답게 하는 것이 허공이다.

따라서 다석은 허공을 적극적으로 평가한다. 사람들은 허공을 빈탕이라고 싫어하고 눈길조차 주지 않지만 다석은 허공이 참이기 때문에 "허공을 모르고서는 모두가 거짓"이라고 했다. 더 나아가서 "허공은 깨끗하고 아름답다".[70] 허공을 알고 허공을 존중하여 품고 살 때만 아름답고 깨끗한 삶을 살 수 있다. 만물과 사람의 바탈이 허공에 근거하고 있기 때문이다.

따라서 허공을 멸시하면 자기를 멸시하는 것이고 자기가 허공임을 증명하는 것이다. "있는 데는 아첨하고 없는 데는 모욕함이 세상의 어리석은 무리들이다. 언제나 허공을 좋아하고 물질을 멀리하는 것이 본래 제대로 된 사람이다."[71] 그러므로 다석은 말하였다. "서울로 도시로 모이는 것은 빛깔(色)을 따라 오는 것이다. 산촌·어촌으로 가는 것은 빔(空: 하나님) 쪽으로 가는 것이다."[72]

다석이 허공을 중심으로 생각하고 만물의 근거를 허공으로 본 것은 불교의 가르침을 따른 것이다. 그러나 허공이 "만물을 있게 하고, 만물의 아름다움을 드러내는 것"이라고 하고, 허공을 꽃의 아름다움을 드러내는 "꽃 테두리 겉"으로 본 것은 현실 존재들에 대한 적극적 관심과 이해를 드러낸 것이다.

3) 허공은 하나님의 마음

다석은 공을 참된 실재로 보고 공을 친밀하고 다정하게 느꼈다. 그는 "허공 같은 마음이 제일 좋다"면서 빔과 맘을 일치시킨다. 그에 따르면 석가는 "빔이 맘 안에, 맘이 빔 안에 있음"을 깨달았다. 그리고 예수는 "내가 아버지 안에 아버지가 내 안에 있다는 것"을 깨달았다고 말한다. 다석은 여기서 '맘과 빔의 일치'를 말하는 석가의 가르침과 '나와 아버지의 일치'를 말하는 예수의 가르침을 병치(竝置)시키고 있다. 더 나아가서 다석은 '빔'을 최고로 높고 밝고 거룩한 것으로 보았다. "빔처럼 높고, 밝고, 거룩한 것은 없다."[73]

최고로 높고 밝고 거룩한 존재는 하나님밖에 없다. 유영모는 불서(佛書)에서 하나님에 대한 언급이 없는 것을 불만족스럽게 여기고 "불서(佛書)는 사고무친(四顧無親)"[74]이라고 했다. 유영모는 허공을 '하나님의 마음'이라 했고 신령한 허공을 하나님이라고 하였다.[75] 그는 허공, 마음, 절대자가 하나라고 했다. "허공(虛空)과 마음 …… 결코 둘이 아니라는 느낌이다. …… 절대자, 하나님, 허공, 마음은 서로 다른 것이 아니다. 안의 것과 밖의 것은 따로가 아니고 완전히 하나다. …… 공공허허(空空虛虛) 대배실(大丕實), 비고 빈 것이 크고 큰 실상(實狀)이다." 다석은 '물공'(物空)이란 글에서 허공이 만물을 엄마처럼 포근하게 감싸준다고 했다. 물과 공을 대비시켰다. "물체는 지나치게 빛을 발하여 한없이 멀리까지 밝힐 뜻을 드러내고, 허공은 엄마처럼 무턱대고 얼싸안아 지극히 작은 나무떨기까지 모조리 친근하게 감싸주려고 한다"(物須光大曠遠志물수광대광원지 / 空漫懷抱眤近鬱공만회포닐근울, 1955년 7월 8일 일지). 다석은 "색계는 잡다하나 허공은 단일하다"(單一虛空色界雜)면서 "하나님의 마음이 있다면 아마 그건 허공일 것"[76]이라고 했다.

다석은 "허공이 꽃을 열어 보여 주는 것"을 "하늘의 계시"라고 보았다.[77] 그리고 하나님의 마음이고 계시인 '단일허공'과 '나'의 일치를 추구한다. "우리는 하늘 아버지가 가진 허공에 들어가야 한다. 이 대허공은 그대로 우리의 몸둥이가 될 수 있다."[78] 허공과 하나 되려면 "허공을 깊이 가슴속에 삭이고 체면은 절대용납해서는 안 된다". 남의 체면이나 자기의 체면을 생각해서 구부러드는 사람은 결코 단일허공의 진리에 들어갈 수 없다. "언제나 속(마음)은 곧게 밖(몸)은 바르게 이것이 허공과 하나 되는 비결이다." "허공을 내 속에 지니는 일이 지건대축(止健大畜, 하늘에 머물러 크게 쌓음)이다."[79] 허공과 하나로 되어 '하늘에 머물러 크게 쌓는' 사람은 물질과 허공을 하나로 보는 공색일여(空色一如)의 자유를 누린다.

다석이 이해한 불교의 목적은 마음의 욕심을 뽑아서 빔에 이르러 공색일여의 자유, 해탈에 이르는 것이다. 모든 것에서 매이지 않는 자유에 이르는 것이다. 다석이 허공을 진리로, 만물의 바탕으로 본 것은 불교의 가르침과 통한다고 할 수 있다. 그러나 공을 하나님의 마음으로 본 것은 불교의 기독교적 수용이고 해석이다.

3. 다석의 도교 이해와 수용

다석은 21세 때부터 《노자》(老子)를 읽었고, 1959년 70세 때 우리말로 옮기고 나서 YMCA 연경반에서 노자를 강의했다.[80] 다석은 도를 숨쉬고 도를 먹는 삶을 살았다. 다석이 단전호흡과 냉수마찰과 체조로 몸을 단련하고, 금욕생활에 힘쓴 것은 심신을 수련하는 도교의 전통과 연결되어 있다. 도교에서는 정기신(精氣神)이라고 하여 정에서 기운이 나오고 기운에서 신이 나온다고 생각했다. 그리하여 정력(情力)을 절제하고 단련하여 단(丹)으로 만들고 신선처럼 자유로운 도인의 삶을 추구했다. 다석은 도인의 삶을 살려고 했다. "옛날 사람은 전정성단(轉精成丹)이라고 하여 정을 가지고 단을 만든다고 하였다. 아랫배가 단단하게 단이 박힌 사람이 도인이다. 그들의 기운은 날듯하고 그들의 신기는 상쾌하며 그들의 정신은 고상하다. 이런 사람들을 도인이라고 한다." 남녀관계를 끊고 정신적으로 사는 사람이 도인이고 신선이다.[81]

1) 몸을 닦은 들사람

다석이 도시의 문명생활을 떠나 산골에서 농사지으며 들사람으로 숨어 산 것은 도교적 삶을 산 것이다. 다석은 평생 도시에서 들로 나가려 했고, 집과 제도를 벗어나 자유롭고 평등한 삶을 살려 했다. 그는 늘 주어진 울타리를 벗어나 바깥 '한데'서 살려고 했다. 무위자연을 추구하고 '하게 되게'의 자유로운 경지를 말한 그의 사상도 도교적이다.

다석이 몸을 닦고 길러서 신선의 풍모를 얻었으나 몸을 가지고 장생불사하려는 도교의 경향을 비판했다. 노자는 "물체란 한창이면 늙는다.

이것은 도가 아니다"(物壯則老 是謂不道, 《노자》 30장)라고 말했다. 다석은 말했다. "이 땅에 몸을 쓰고서 영생(永生)한다, 신선(神仙)이 된다고 하는 것은 기독교·불교·도교 할 것 없이 멸망시키는 것이다. …… 이 땅에서 장생불사(長生不死)하기를 바라는 것이 도(道) 닦는 게 아니다. 영원불변한 것은 진리의 정신뿐이다." 다석은 냉수마찰, 하루 한 끼 먹기, 금욕생활, 요가체조, 단전호흡을 하고 많이 걸음으로써 몸을 단련하고 건강에 힘썼다. 그것은 몸의 장수를 바라서가 아니라, 정신을 위해서, 하나님과 이웃을 위해 일하기 위해서였다. "얼 생명을 위해 몸 생명을 길러야 한다. …… 하나님의 얼을 받들기 위한 한도 안에서 몸을 건강하게 해야지 몸을 전 목적으로 해서는 안 된다."[82]

밥 먹고 숨 쉬면서 도를 닦는 것은 "줄곧 숨 쉬고 줄곧 생각하여 하늘에 도달하여 내가, 내가 되는 것이다". "내가 내가 되는 것"이 "곧이 곧장이다". 코로 숨 쉬는 데도 몸을 곧게 해야 잘 쉬어지고 정신을 숨 쉬는데도 '곧이 곧장'해야 숨이 잘 쉬어진다. 다석에 따르면 몸과 맘을 곧게 하는 것이 양기법, 양생법, 양심법, 장생법의 핵심이다. "곧이 곧장 정신을 가지고 입 다물고 숨 쉬고 '곧이 곧장'을 가지면 숨이 잘 쉬어진다. 잠잘 때 숨 잘 쉰다. …… 무의식이 의식의 세계보다 더 강한 자기이다. 무의식에서 초의식이 되면 그 때에야 참 내가 된다."[83]

'곧이 곧장'과 '내가 내가 되는 것'을 강조한 것은 다석의 사상이 도가의 무위자연 사상보다 주체적이고 의지적인 성격이 강화된 것을 나타낸다.

2) 빈탕한데 맞혀놀이

다석이 모든 얽매임에서 벗어나 '빈탕한데'에서 자유롭게 신선처럼, 어린이처럼 놀려고 했다. 그가 늘 빈탕한데를 말하고, 인생을 놀이로 생긱힌 것은 들사람으로서의 그의 풍모와 기질을 드러낸다. 그는 '빔'과 '없음'에서 자유롭게 살려고 했다. 유영모는 노장(老莊)이 말한 없(無)을 알아야 하고 불교가 말한 빔(空)에 이르러야 진리를 알 수 있다고 말했다. 유영모는 무(無)에 대하여 말하기를 "있다는 것도 참으로 있는 것이 아니고 없다는 것도 참으로 없는 것이 아니다. 생사(生死)에 빠진 미혹과 환상에서 유(有)니 무(無)니 야단이다. 있느니 없느니를 아는 사람은 없다. 다만 우리의 감각이 '있다, 없다'라고 하는 것일 뿐이다".[84]

다석은 어린이처럼 빈탕한데의 허공에서 놀려고 했다. '무'의 세계에서 모든 것을 벗어던진 다석은 자유롭게 노래하고 춤추며 기뻐했다. 세상에 대한 집착이나 명예, 물욕과 유혹을 다 버리고 없음의 빈탕한데에서 노는 삶이 그의 인생 결론이었다. '빈탕한데'의 '한데'는 인위적인 손때 묻지 않은 '들', '밖', '자연'을 뜻하며 도가의 관심과 지향을 나타낸다. '한데'에 대해서 다석은 이렇게 말한다. "'한데'라는 것은 '밖'(外)을 말한다. 어머니 품, 이불, 집안이 '안'이다. …… '안'을 떠나는 것은 허전하다고 할 수밖에 없다. …… 또 쓸쓸한 데(곳)를 '한데'라고도 한다. 그렇지만 한데는 시원한 곳이다. 좁은 집안에 있다가 산에 나가면 시원함을 느낀다. 한 걸음 더 나아가 우주(宇宙) 밖으로 나간다면 더할 나위 없이 시원할 것이다." 다석에게서 이 '한데'는 '안'과 '밖', 상대와 절대를 아우르는 전체를 나타낸다. "한데를 제 것으로 차지해야 한다. 그리고 거기서 놀아야 한다. …… 정말 밖을 죄다 점령하면 안과 밖이 따로 없게 된다. '한데'에는 '안'도 다 들어 있다. 거기에는 세계 …… 나라 …… 우리 집 …… 우리 몸둥이도 다 들어온다."[85] 모든 것을 아우르는 바깥 한데, 시원한 데서 우주의 바깥에서 놀자는 것은 장자의 '거닐어 노님'(逍遙遊)을 연상시킨다.

3) 몸대로, 절로 되게(無爲自然)

다석은 노장(老莊)의 무위자연을 삶과 사상의 중요한 원리로 받아들였다. 다석에 따르면 자연(自然)은 되어 가는 것이다. 되어 간다는 것은 변화한다는 것을 뜻한다. 다석은 자연의 생명원리에 따르는 '맘대로 하고', '몸대로 되게'를 '하게, 되게'라 하고 이것을 몸과 마음의 자유로운 경지로 본다. 이러한 '하게 되게'의 경지는 도가적이다. 이것은 자연과 몸을 정복하고 지배하며 인위적으로 움직이는 게 아니라 "몸은 그저 몸대로, 몸은 그저 몸대로" 그냥 놓아두는 것이다. 사람과 자연에 대해 부자연한 간섭 버리고 사람을 사람대로 자연을 자연대로 둔다. "사람은 사람 노릇 하고 몬[물건]은 몬들 절로 되게!" 하자는 것이다.[86)]

다석은 이것을 '절로, 제절로'의 이치이고 길이라고 한다. 이것이 뭇 생명과 사물이 제 본성에 따르고 제 바탈(本性)을 실현하는 진리의 길이다. 세상이 불행하고 혼란스러워진 것은 이 '절로'의 길에 이르지 못했기 때문이다. 이 길로 가면 만족할 만한 세상이 온다. 이 길에는 기존의 완성이 없다. 늘 열린 길이고 스스로 힘써야 할 길이다. 다석은 이 길을, 완성되거나 결정되지 않은 원고, 늘 완성을 위해 써야 할 원고라는 의미에서 미정고(未定稿)라고 했다. 다석은 또한 이 길을 '사랑의 길'(仁道)이라고 했다. 이것은 몸(맘)대로 하고 몸대로 되는 '제절로'의 길이지만 늘 미완성의 길이므로 사랑으로 힘써 이뤄야 할 길이다. 그러나 이 길은 사랑으로 가야 할 길일 뿐 아니라 사랑을 이루는 길이기도 하다. 왜냐하면 사랑 안에서 생명과 존재는 실현되고 완성되는 '제절로'의 길에 들기 때문이다. 인간과 물건, 마음과 몸이 '하게 되게' 하는 것은 사랑뿐이다. 이 사랑의 길은 홀로 가는 길이 아니라 스승과 제자가 함께 사랑(仁)을 이루어가는 길이다. 다석은 스승과 제자의 관계를 온고지신(溫故知新)으로 설명했다. 다석에 따르면 온고지신은 "묵은 것을 생각하먼서 언제나 새로운 길을 찾아 나가는 것"이다. 이 사랑의 길을 가는 삶은 "자꾸 새롭게 나가는" 것이다.

'맘을 마음대로 하고 몬을 몬대로 되게' 하는 '절로 제절로'의 이치에 따라 사랑의 길을 가는 마음이 도심(道心)이다. 도심(道心)은 진리대로 이치대로 하려는 마음이다. 이치대로 하면 이롭다.[87] 도심은 인위적이고 제도적인 억압에서 벗어나 맘과 몸이 자연생명의 힘과 원리에 따라 살자는 무위자연의 마음이고 사람과 물건이, 정신과 몸이 '하게 되게' 하려는 사랑의 마음이다.

인위적으로 간섭하지 않는 도심은 '없음'의 미묘하고 지극한 자리(無極)에 이른 마음이다. 어떻게 미묘하고 지극한 자리의 도심에 이르는가? 다석은 궁신지화하여 신통(神通)하면 만물만사(萬物萬事)의 변화와 변천을 알게 되고, 만물만사의 변화와 변천의 이치를 알면 무엇에 매이거나 무엇을 모으려는 맘에서 벗어나 공평하고 평등한 마음에 이른다고 하였다.[88] 자연과 역사의 변화하는 이치에 따르는 도심이 이롭다는 것을 아는 사람이 도심을 가지고 이마에 땀 흘리고 살면 이보다 더 즐겁고 호강스러운 일이 없다. 그러나 권력과 금력으로 남을 눌러서 호강하는 사람은 "자기가 땀 흘리는 대신에 남에게 땀 흘리게 하는" 큰 죄악을 짓는다.[89]

다석이 '하게 되게' 하는 '제절로'의 길을 가려고 한 것은 도가적이다. 그러나 이 길이 미완의 길이고 스스로 땀 흘려서 사랑으로 늘 새롭게 이루어야 할 길임을 강조한 것은 삶에 대한 다석의 적극적인 자세를 나타낸다.

4. 회통의 사상적 근거

다석은 기독교와 유교·불교·도교를 사상적으로 회통시킨 종합적인 사상가이다. 인생의 결론으로 제시한 '빈탕한데 맞혀노리'에는 다석 사상의 종합적 성격이 잘 드러나 있다. 이 글에서 다석은 세상일을 다 놀이로 보고 빈탕한데를 맞추어 놀자면서 하나님을 모시고 늘 제사를 드리는 자세로 살자고 했다.[90] 하나님을 모시는 일은 기독교적이고 제사 지내듯 정성을 다하는 자세는 유교적이고 빈탕은 불교적이고 한데에서 놀자는 것은 도교적이다. 그의 삶과 사상에는 기독교의 인격신앙, 유교의 성실함, 불교의 공 사상, 도교의 무위자연 사상이 녹아 있다.

다석이 여러 종교와 사상을 종합한 사상적·정신적 근거는 무엇일까? 그가 유교·불교·도교·기독교를 하나로 꿰뚫는 사상에 이를 수 있었던 근거를 다섯 가지로 들 수 있다.

첫째, 다석은 역사적 예수에도, 기독교 교리에도 매이지 않고 오늘 여기의 삶에 충실했다. 삶은 자유롭고 다양한 모습으로 자라나고 중층적이고 복잡한 형태로 발전하면서도 서로 교감하고 감응하고 소통한다. 삶 자체가 다양하면서도 하나로 통하는 것이다. 삶에 충실한 생명 철학자였던 다석은 서로 다른 사상과 경향을 하나로 꿰뚫고 종합할 수 있었다.

둘째, 다석은 한민족의 정신과 사상에 충실한 사상가였다. 한민족의 정신적 원형질인 한과 한사상은 크게 하나로 끌어안는 포용적 종합적 경향을 가지고 있으며, 서로 다른 것들을 하나로 결합하는 원리와 품을 제공한다. 사상과 정신의 회통은 동양적이고 한국적이다. 동아시아의 사상은 천인합일, 원융합일에서 보듯이 모든 것을 하나로 아우르는 통합적인 성향을 가지고 있다. 특히 한겨레의 정신적 원형질은 '한'(크고 하나임)이다. 한국인의 사상적 천재성은 하나로 꿰뚫는 데 있다. 최치원, 원효, 지눌, 율곡, 수운, 해월, 다석, 함석헌은 모두 대종합의 사상가이다.

셋째, 기독교의 하나님 신앙이 모든 것을 하나로 끌어안고 통하게 했다. 다석이 유교·불교·도교·기독교를 종합하는 끈은 기독교의 하나님 신앙이다. 하나님 신앙이 유불도를 꿰뚫고 있다. 부자유친을 하나님 관계로 보고, 허공을 하나님의 마음으로 보고, 유와 무, 태극과 무극의 통합을 하나님으로 보았다.

넷째, 다석이 실제로 동서고금의 사상과 정신을 종합하는 데 이르게 한 것은 하늘과 땅과 자신을 하나로 되는 다석의 체험적 깨달음이었다. 모든 것을 하나로 꿰뚫는 체험적 깨달음이 동서고금의 정신과 사상을 하나로 통하게 하였다.

다섯째, 동서 문명이 융합하는 문명사적 상황과 현실이 동서정신문화를 통합하는 사상에 이르게 했다. 이러한 문명사적 상황과 현실에 충실하게 살았던 다석은 평생 동서 문명의 융합을 의식적으로 추구하였고 자신의 삶과 정신 속에서 동양과 서양의 정신과 문화를 통합하였다. 다석은 일생동안 한국·아시아의 문화적 주체성을 가지고 기독교 신앙과 서양문화를 주체적으로 받아들이려 했으며, 이러한 노력의 자연스런 귀결로서 '동양문명의 뼈에 서양문명의 골수를 넣는다는' 결론에 이르렀다. 오랜 세월에 걸친 이러한 의식적인 노력과 탐구를 통해서 다석은 동서고금의 정신과 사상이 하나로 통하는 경지에 이르게 된 것이다.

유교, 불교, 도교, 기독교는 모두 저마다의 삶과 문화에서 자신들의 종교사상을 형성하고 발전시켰다. 이들은 저마다 삶의 어떤 측면과 성격을 존중하고 발전시킨 것으로 보인다. 유교는 사회의 현실 속에서 인간의 본성을 실현하고 바른 인간관계를 이루고 나라를 바로 세우려 했다. 인간의 사회 질서와 제도를 존중하고 그 질서와 제도를 통해 인간 생명의 본성을 실현하려 했다. 불교는 인간생명의 탐욕과 분노와 어리석음, 생명의 맹목적이고 폭력적인 본능을 극복하고 마음의 순수한 자유에 이르려 했다. 폭력적이고 불순한 생명의지를 정화하여 순수하고 평화적인 생명의지에 도달하려고 하였다. 도교는 인위적이고 제도적인 억압과 매임에서 벗어나 대자연의 생명력과 원리에 따라 소박하고 힘 있는 삶을 살려고 했다. 히브리즘을 이어받은 기독교는 역사와 사회의 불의와 모순으로 가득한 삶속에서 정의와 평화를 이루기 위해 삶의 주체와 변화를 추구했다.

이 모든 종교들은 저마다 삶을 깊고 총체적으로 다루면서도 삶의 어떤 측면과 차원을 강조하여 드러내고 있다. 각 종교들이 저마다 독특한 역사와 문화의 전통 속에서 형성되고 발전되었기 때문에 독특한 개성과 강조점을 갖게 된 것이라고 생각한다. 다석은 동서의 종교와 문화가 합류하는 문명사적 상황과 현실에서 살았기 때문에 동서의 정신과 사상을 종합할 수 있는 역사적이고 문화적인 자리에 있었다. 세계의 정신과 문화가 합류하는 오늘의 세계문명사적 상황에서 이루어지는 진정한 삶의 철학은 이 모든 종교사상들을 회통할 수 있다. 기독교 신앙을 깊이 받아들이고 동양 종교사상을 깊이 탐구한 다석은 생명과 정신에 대한 깊은 체험과 깨달음을 통해서 여러 종교의 사상들을 생명철학 안에 통합할 수 있었다.

─주(註)

1 유동식, '대표적 한국인', 〈씨올의 소리〉 153호(2000년 3·4월호), 95쪽 이하.
2 《진리의 사람 다석 유영모》上, 416쪽.
3 《진리의 사람 다석 유영모》下, 383쪽.
4 《진리의 사람 다석 유영모》上, 111쪽.
5 이동환 역해, 《중용》, 현암사, 2008. 59~60, 62, 74~5, 77~8, 81~6쪽.
6 《진리의 사람 다석 유영모》下, 194쪽.
7 유영모 옮김, 박영호 풀이, 《중용 에세이―마음 길 밝히는 지혜》, 성천문화재단, 1994. 29쪽.
8 《진리의 사람 다석 유영모》下, 195쪽.
9 유영모 옮김, 박영호 풀이, 《중용 에세이―마음 길 밝히는 지혜》, 성천문화재단, 1994. 29쪽.
10 《진리의 사람 다석 유영모》下, 195~6쪽.
11 《진리의 사람 다석 유영모》上, 414쪽.
12 《진리의 사람 다석 유영모》上, 395~6쪽.
13 박영호 엮음, 《多夕 柳永模 어록》, 두레, 2002. 20쪽.
14 유영모, "하나", 《다석일지》(영인본) 上, 759쪽.
15 최원극, '유영모 스승', 〈새벽〉(1955년 7월 호), 81쪽. 《다석일지》(영인본) 上, 900쪽에서 재인용.
16 《다석일지 공부》 1, 178쪽.
17 《진리의 사람 다석 유영모》上, 414~5쪽.
18 최원극, '유영모 스승', 〈새벽〉(1955년 7월 호), 81쪽. 《다석일지》(영인본) 上, 900쪽에서 재인용.
19 이동환 역해, 《중용》, 현암사, 2008. 45~8, 50, 54쪽.
20 유영모, '여오', 《다석일지》(영인본) 上, 831쪽.
21 《다석강의》, 431~2, 445, 446쪽 이하, 458쪽 이하.
22 유영모, '제소리', 《제소리》, 328~9쪽.
23 '하늘 따 뭇 몬이 다 내 손대여 읽을 글월', 1960년 7월 27일 일지. 《다석일지 공부》 3, 684쪽.
24 《다석강의》, 250, 237쪽.
25 김민수·홍웅선 편, 《다목적 종합 국어사전》, 어문각, 1977. '거시기'에 대해서는 67쪽, '머사니', '머시'에 대해서는 474쪽 참조.
26 《다석강의》, 237, 248~252쪽.
27 박영호 엮음, 《多夕 柳永模 어록》, 두레, 2002. 435쪽. 《다석강의》, 227쪽.
28 《다석강의》, 471~479쪽.
29 이에 대한 다석의 논의는 유영모, '여오', 《다석일지》(영인본) 上, 829~831쪽 참조.
30 유영모, '하게 되게', 《다석일지》(영인본) 上, 809쪽
31 '몬에 맘'이란 글과 '말슴 듣는 우에'라는 글의 풀이를 보라. 《다석강의》, 471~479쪽.
32 박영호 엮음, 《多夕 柳永模 어록》, 두레, 2002. 434쪽.

33 《二程集》권 15. 한경사업문화출판 동치 10년(1872), 150쪽.

34 錢穆, 《朱子新學案》권 2. 三民書局, 1972, 298~301쪽.

35 蔡沈, '書集傳 序', 《書經》, 김관식 역, 《정본신역판 사서오경 시경(II) 서경(I)》5권. 삼성문화사, 1993, 320쪽.

36 《다석강의》, 303~4쪽.

37 유영모, '주일무적', 《다석일지》(영인본) 上, 752쪽.

38 '거룩한 싸움은 끝끝 내끝'(끊은 것을 끊고 끝에 서서 '나'를 끝내는 거룩한 싸움). 《다석일지》(영인본) 上, 291쪽.

39 《다석강의》, 303~4쪽. 유영모 '주일무적', 다석일지 (영인본) 上, 752쪽.

40 《다석강의》, 299, 304, 307~8, 310~313쪽.

41 《진리의 사람 다석 유영모》上, 413, 111쪽.

42 이동환 역해, 《중용》, 현암사, 2008, 36쪽.

43 박영호 엮음, 《多夕 柳永模 어록》, 두레, 2002, 456~7쪽.

44 유영모 옮김, 박영호 풀이, 《중용 에세이—마음 길 밝히는 지혜》, 성천문화재단, 1994, 29쪽. 그리고 박영호 엮음, 《多夕 柳永模 어록》, 두레, 2002, 452쪽 참조.

45 박영호 엮음, 《多夕 柳永模 어록》, 두레, 2002, 453~8쪽.

46 함석헌의 '씨올' 풀이에 유영모가 '親民'을 '씨올 어뵘'으로 풀이했다는 말이 나오고, 1954년 가을부터 유영모의 연경반 강의를 열심히 들었던 김용준도 유영모가 '씨알'이란 말을 쓰기 시작했다고 하는데 《다석일지》에도, 연경반강의 속기록에도 '친민'을 '씨올 어뵘'으로 풀이했다는 언급이 나오지 않는다. 함석헌과 김용준의 증언에 비추어 볼 때 다석이 연경반 강의에서 '친민'을 '씨알 어뵘'으로 풀이한 것은 분명하다. 속기사가 이 대목을 빠트린 것으로 추정된다. 함석헌, "씨올", 《함석헌 전집》14, 한길사, 1985, 323쪽. 김용준, 《내가 본 함석헌》, 아카넷, 2006, 75~6쪽.

47 함석헌, '씨올', 《함석헌 전집》14, 한길사, 1985, 323쪽.

48 김경재, '씨올사상의 신학적 조명', 《五山學校 同窓會編, 咸錫憲先生 追慕文集》, 재단법인 남강문화재단 출판부, 1994, 50쪽.

49 이상은, 《퇴계의 생애와 학문》, 예문서원, 1999, 141~2쪽.

50 유영모, '짐짐', 《다석일지》(영인본) 上, 789~92쪽.

51 박영호 엮음, 《多夕 柳永模 어록》, 두레, 2002, 449, 455쪽.

52 유영모, '지건', 《다석일지》(영인본) 上, 805쪽.

53 박영호 엮음, 《多夕 柳永模 어록》, 두레, 2002, 451, 436쪽.

54 《진리의 사람 다석 유영모》下, 333쪽.

55 "古로 佛敎文化와 近으로 基督敎文化를 많이 입은 朝鮮에서 兩敎의 깊은 造詣가 없이 本史를 學究한다는 것이 妄이었다." 유영모, '호암 문일평 형이 먼저 가시는데'(《성서조선》, 1939년), 《다석일지》, (영인본) 上, 635쪽.

56 《진리의 사람 다석 유영모》下, 198쪽.

57 《진리의 사람 다석 유영모》下, 197~8쪽.

58 양재학 · 유일환, 《동양 철학의 이해와 깨달음》, 보성, 2004, 101~102쪽.

59 무문혜개, 《무문관》, 이희익 옮김, 상아, 2000, 30쪽.

60 《진리의 사람 다석 유영모》上, 409쪽.

61 유영모, '몸성히, 맘놓이, 뜻태워', 《다석일지》(영인본) 上, 800쪽.

62 박영호 풀이, 《多夕 柳永模 명상록》, 두레, 2000, 49~50쪽.

63 유영모, '주일무적', 《다석일지》(영인본) 上, 751쪽.

64 유영모, '무거무래역무주', 《다석일지》(영인본) 上, 748쪽.

65 유영모, '몸성히, 맘놓이 뜻태워', 《다석일지》(영인본) 上, 800쪽.

66 유영모, '이것이 주의 기도요, 나의 소원이다', 《제소리》, 367~8쪽.

67 유영모, '빛', 《다석일지》(영인본) 上, 853~6쪽.

68 《진리의 사람 다석 유영모》 下, 199쪽.

69 유영모, '지건', 《다석일지》(영인본) 上, 808쪽.

70 《진리의 사람 다석 유영모》 下, 199, 328쪽.

71 유영모, '지건', 《다석일지》(영인본) 上, 808쪽.

72 《진리의 사람 다석 유영모》 下, 328쪽.

73 《진리의 사람 다석 유영모》 下, 333, 328쪽.

74 《진리의 사람 다석 유영모》 上, 396쪽.

75 《진리의 사람 다석 유영모》 下, 199쪽.

76 유영모, '빈탕한데 맞혀 놀이', 《다석일지》(영인본) 上, 890~1, 895쪽.

77 유영모, '지건', 《다석일지》(영인본) 上, 808쪽.

78 유영모, '빈탕한데 맞혀 놀이', 《다석일지》(영인본) 上, 895~6쪽.

79 유영모, '지건', 《다석일지》(영인본) 上, 808쪽.

80 《진리의 사람 다석 유영모》 下, 190~1쪽.

81 유영모, '남녀', 《다석일지》(영인본) 上, 866쪽.

82 《진리의 사람 다석 유영모》 上, 405, 408쪽.

83 유영모, '건', 《다석일지》(영인본) 上, 796쪽.

84 《진리의 사람 다석 유영모》 下, 198쪽.

85 유영모, '빈탕한데 맞혀 놀이', 《다석일지》(영인본) 上, 890~892쪽.

86 유영모, '하게 되게', 《다석일지》(영인본) 上, 809~810쪽.

87 유영모, '하게 되게', 《다석일지》(영인본) 上, 810~812쪽.

88 《다석강의》, 247~8쪽.

89 유영모, '하게 되게', 《다석일지》(영인본) 上, 812쪽.

90 유영모, '빈탕한데 맞혀노리', 《다석일지》(영인본) 上, 891~892쪽.

11장

하나로 돌아가다(歸一):
하나로 꿰뚫는 한국적 종합사상

다석은 동서 정신문화를 흡수하여 한국의 전통 사상인 천지인 삼재사상(천지인 합일 체험), 기독교의 유일신 신앙, 동아시아의 합일사상에 근거하여 대종합의 영성적 생명철학을 형성하였다. 그의 사상의 중심에서 전체를 꿰뚫고 이끌어가는 것은 '하나'이다. '하나'를 찾고 '하나'로 돌아가자는 것이 다석 사상의 시작과 끝이다.[1] '하나'로 돌아감으로써 '하나' 속에서 물건과 인간의 생명이 완성되고, 자유와 공평의 대동세계가 열리고, 상생평화의 통일세계가 시작된다.

1. 서로 다름과 하나 됨

지구화시대의 가장 큰 문제는 서로 다름을 인정하면서 어떻게 공존·상생하는지에 있다. '너의 다름'을 지켜 주면서 개인과 집단 사이의 폭력적 대립과 갈등을 넘어서 '하나 됨'에 이를 수 있어야 상생과 평화의 세

세가 열린다. 지난 인류 역사는 다름을 차별의 근거로 삼은 역사, 타자에 대한 정복과 폭력의 역사였다. 흔히 타자 속에 자연, 여성, 제3세계 민중이 포함되고 다른 문화와 종교가 포함된다. 특히 서구의 근대사는 타자에 대한 폭력과 지배, 이용과 착취를 추구하는 경향이 두드러졌다.

오늘 인류는 급속한 세계화의 흐름 속에서 차별과 폭력을 넘어서 상생평화의 새 문명을 이룩할 사명을 지고 있다. 다석의 귀일사상은 지배와 정복, 폭력과 차별을 내포한 인위적인 통일이 아니라 저마다의 '스스로 함'과 '서로 다름'을 존중한 하나 됨을 지향한다.[2] 다석의 귀일사상은 민족과 종교와 문화의 갈등과 대립을 넘어서 상생평화의 문명을 이루는 철학적 원리를 제공한다고 생각한다. 새 문명을 이루기 위해서는 기존의 인류문명들에서 배울 것과 극복할 것을 생각할 필요가 있다. 여기서는 다석의 귀일사상과 관련하여 그리스 철학, 성경(기독교), 동아시아 사상(유교, 도교)의 정신과 사상이 지닌 특징을 살펴보기로 한다.

그리스 철학은 자연과 분리된 성벽을 쌓고 그 안에서 도시국가를 형성했다. 그리스 철학의 자리는 자연과 유리된 도시국가였다. 도시국가는 인간의 자연지배와 타민족 정복에 근거한다. 노예제를 기반으로 했던 그리스의 철학자 플라톤은 왕, 기사, 농민의 신분질서에 따라 철인왕이 이성적 이념, 이데아에 따라서 이성적 질서를 구현하는 정치를 추구했다. 그리스 철학의 핵심어는 로고스(이성)이었다.

성경은 역사의 고통 속에서 민중의 관점에서 사랑과 정의를 추구했다. 성경의 자리는 역사였다. 공동체를 상실한 민중이 역사 속에서 해방을 위해 몸부림치고 꿈틀거린 역사를 보여 준다. 인간과 인간의 갈등과 투쟁 속에서 하나님의 통치를 갈구했다. 성경의 핵심어는 불의하고 무자비한 역사에 대한 신의 말씀, 다시 말해 사랑과 정의의 계명이었다.

동아시아에서는 자연 속에서 농업공동체를 기반으로 농본국가를 이루었다. 동양 철학의 자리는 자연과 어우러진 농업공동체였다. 동아시아 철학(유교와 도교)은 자연의 도와 인간의 본성이 정치와 사회에 실현되기를 바랐다. 동양 철학의 핵심어는 자연과 인간의 본성을 이루기 위해 인간이 걸어야 할 길(道)이었다.

그리스 철학은 인간을 이성적 존재로 보고, 성경은 생명적 존재(하나님의 생기)로 보고, 동아시아 사상을 대표하는 유교는 도덕적 존재(仁)로 보았다. 그리스 철학의 인간은 인식주체로서 타자를 인식하고 규정하고, 이성적으로 소통하려고 한다. 성경의 인간은 역사적 존재로서 신을 믿고 역사의 새로움과 변혁을 기대한다. 동아시아의 인간은 자연(하늘)의 도에 따라 자기를 다듬고 타자를 배려하고자 한다.

어떻게 폭력과 정복 없이 타자와 만나서 상생에 이르는가? 플라톤의 상기설에서 타자는 내게 잊었던 이데아를 상기하게 하는 계기일 뿐 만남의 대상이 아니다. 헤겔에게서 타자와의 만남은 주인과 노예의 대결이다. 누가 주인이 되고 노예가 되는가, 결판날 때까지 의식 속에서 싸운다. 주인과 노예는 서로의 존재에 근거해서 존재하면서도 서로의 존재에 참여할 수 없고, 일치할 수 없다. 하버마스(Jürgen Habermas)는 이성적인 대화와 토론을 통해서 소통과 해방에 이를 수 있다고 보았다. 이성적 대화와 토론을 통해서 정치사회의 많은 문제들을 풀어갈 수 있지만, 인간과 사회의 깊은 단절과 소외, 갈등과 대립을 넘어서 상생과 평화의 세계에 이를 수는 없다.

기독교는 타자인 하나님에 대한 열정과 신앙을 가지고 있으나 다른 민족·종교·문화에 대한 배타성을 지니고 있다. 본래 성경의 배타성은 사회적 약자인 민중의 정체성 확립과 생존을 위한 배타성으로서 지배 엘리트의 지배와 독점을 위한 배타성과는 다르다. 기독교에도 원수 사랑과 조건 없는 용서가 있고 그리스도 안에서 하나로 되는 화해와 일치를 추구하기도 한다. 그럼에도 배타적이고 독단적인 태도와 경향이 기독교 정신과 문화에 배어 있다. 또한 자기중심적 죄인으로서의 인간 자아는 자아의 경계를 드러내는 타자에 대한 맹렬한 분노와 증오를 품고 있으며, 경계를 뛰어넘어 하나가 되려는 열망과 정열을 지니고 있다. 기독교의 이러한 열정은 하나 됨에 이르기보다는 대립과 분열을 조장하기 쉽다.

동아시아에서는 백성을 배려하고 돌보는 민본 정치를 추구했고, 타자와의 정서적 일치와 교감을 존중했다. 그러나 이러한 시혜적 배려와 정서적 일치는 인간과 집단 사이의 깊은 단절과 대립을 은폐하고 참된 해방과 일치에 이르기 어렵다. 한국·아시아인의 '나'는 우리 속에 해소되는 경향이 있다. '우리' 속에서 '하나 되는' 경향이 있지만, 타자의 다름을 용납하지 못하고 '우리' 안에 갇히는 경향도 있다. 다른 것에 대한 두려움과 거부감이 한국인의 심리 바닥에 깔려 있다. '하나 됨'에 대한 열정이 '갈라짐'의 동인이 된다. 역설적으로 한국인의 '갈라짐' 속에는 '하나 됨'에 대한 열망이 숨어 있다.

한국인은 '나'와 '너'와 '그'를 아우르는 '큰 하나 됨'을 추구했다. 한국의 전통종교문화 사상을 담고 있는 《한단고기》는 한국적 사유의 기본 원리로서 "하나를 잡아서 셋을 포함하고"(執一含三) "셋이 만나서 하나로 돌아간다"(會三歸一)는 원리를 내세운다.[3] 한국인에게는 하나와 셋이 중요하다. '한'과 '셋'의 일치는 '나와 너'의 대립을 넘어서 그리고 '우리와 그들'의 대립을 넘어서 '나와 너와 그'의 서로 다름을 회통하고 귀일시키는 경향과 원리를 품고 있다.

한국적 사유의 기본 원리인 집일함삼과 회삼귀일은 서로 다른 문명과 국가들이 서로 다름을 존중하며 상생평화의 문명을 열어가는 사상과 철학의 작은 실마리가 될 수 있다. 다석의 귀일사상은 집일함삼과 회삼귀일을 전제하고 여기에 근거하면서 귀일(歸一, 하나로 돌아감)에 집중함으로써 동서고금의 사상과 정신이 하나로 만나는 길을 열고 있다.

2. 귀일(歸一): 하나(하늘, 하나님)로 돌아감

1) 다석 사상의 핵심: 귀일(歸一)

다석 사상의 핵심은 '하나로 돌아감'(歸一)에 있다. "모든 문제는 마침내 하나(一)에 연결되어 있다. 문제는 언제나 하나(전체)인데 하나(一)로 참 살고 하나(一)로 돌아가자는 것이다."[4] 다석 사상의 핵심어인 '위로 솟아오름', '가온 찍기'도 '하나에 이름'을 가리킨다. 그가 늘 말하는 '고디 곧게'(貞)도 몸과 마음의 '하나 됨'을 뜻한다. 다석은 곧음으로써 하나됨에 이른다고 하였다. 몸이 곧을 때 몸 전체가 서로 통하고 마음이 곧을 때 마음이 하나로 뚫린다. 위, 하늘도 '하나'이고 한가운데도 한 점이고 허공도 없음(無極)도 하나님도 '하나'이다. 다석의 귀일사상은 '모든 것이 하나로 꿰뚫어지는' 천지인 합일체험과 천지만물의 근원과 목적을 하나님으로 보는 유일신(하나님) 사상, 전체를 유기체적인 하나로 보는 동아시아의 합일사상에서 비롯된 것으로 보인다.

김흥호는 다석이 "탐욕과 치정과 진에와 허위를 끊어버리고 일식(一食), 일언(一言), 일좌(一坐), 일인(一仁)으로 일생을 꿰뚫게 된다"[5]고 했다. 다석의 삶은 귀일(歸一)로 일관된 것이었다. 다석의 귀일사상은 한국의 전통종교사상인 천부경 풀이에서 확인된다. 다석은 '한'을 천부경 사상의 근원과 밑동으로 보았다. 첫 귀절 一始無始一(일시무시일)을 "한 비롯 없는 비롯 하나"로 옮겼고 끝 구절 一終無終一(일종무종일)을 "한 마침 없는 마침 하나"로 풀었다.[6] 한문을 그대로 우리 글로 옮겼으나 '한'이 근원과 밑동임을 잘 드러냈다. 다석은 천부경에서 없음(無)을 근원적 실재, 밑동으로 보지 않고 형용사 '없는'으로 본다. 다석은 천부경이 "하나에서 시작하여 하나로 끝난다"고 보았다. 김흥호는 김상일의 천부경해석을 자세히 소개하면서도 끝에서는 "하나에서 시작하여 하나로 끝나는" 다석의 천부경 해석을 재확인하였다.[7]

　다석은 한국전통사상인 '삼일철학'(三一哲學)에 관심을 가지면서도[8] '하나'와 '셋'의 관계에 대한 사변적인 논의는 하지 않았다. 다만 '셋'과 '하나'에 관한 다석의 생각은 '천부경'의 독특한 풀이에서 드러난다. 하늘은 '하나'를 '하나' 되게 하는 것(하늘 하나 한[皇] 天一一)이고, 땅은 하늘의 '하나'에 맞선 '둘'(따 하나 마주[兩], 地一二)이고, 사람은 '하나 세움'(하나 세웃[參], 人一三)이라고 하였다. '둘'은 땅으로 대표되는 상대세계로서 맞서는 것을 뜻한다. 사람은 하늘과 땅 사이에 참여하여 '하나'를 세우는 존재로 파악된다.[9] 천부경에는 "사람 속에 하늘 땅 하나"(人中天地一)라고 하여 사람 안에서 하늘과 땅이 하나로 되는 것을 말하지만 다석은 이 구절에 대하여 특별한 논의를 하지는 않았다. 다만 사람을 '셋'으로 보고, '셋'을 '세움'과 '참여'로 봄으로써 절대세계인 하늘과 상대세계인 땅에 참여하여 '하나'를 세우는 존재로 보았다. 다석에 따르면 사람은 주어져 있는 하늘과 땅을 종합하고 통일하는 존재가 아니라 하늘과 땅, 절대와 상대에 참여하여, '하나'를 뚜렷이 드러내고, 세움으로써 '하나'를 실현하고 '하나'를 향해 나아가는 존재이다.

　다석의 이러한 해석은 천부경을 풀이하는 사람들이 흔히 한(一)과 무(無)를 대등하게 관련시키거나 없음(無)에서 '한'이 나왔다고 본 것과는 다르다. 김상일은 과정철학을 끌어들여서 천부경을 세밀하게 분석하고 풀이하였다. 김상일은 '一始無始一'을 '一始無'와 '始一'로 분리하고 '一終無終一'을 '一終無'와 '終一'로 분리하여 풀이한다. '一始無'는 "하나가 무에서 시작되었다"로 풀이하고 '始一'은 뒤의 '析三極'(석삼극)과 연결하여 "처음 하나를 쪼개니 셋이 되더라"로 풀이했다. 그리고 '무' (無)가 '다함없는 밑동'(無盡本)의 '밑동'(本)이라고 하였다. '一終無'는 "하나가 무에서 끝난다"로 풀이하고 '終一'은 "一에서 끝난다"로 풀이했다. 김상일은 '一始無'와 '一終無'의 '一'은 생성 이전의 '하나'로서 '한', '하나님'을 뜻하고, '終一'의 '一'은 생성 이후의 '하나'로서 '온', '무'(無), '창조성'을 뜻한다고 하였다. 김상일은 과정철학의 논의를 따라서 하나님으로서의 '한'과 무로서의 '한'을 구분한다. 생성 이전의 '하나'인 하나님은 초발심(initial aim)을 가지고 생성을 시작할 수 있으나, '무', '창조성'(creativity)으로서의 '한'은 생성을 시작할 수 없다. 그러나 하나님은 창조성(無)의 한 사례(instance)이며, 창조성의 한 단위(unit)라고 하였다.[10] 결국 김상일은 '한'을 '한'과 '무'로 나누고 '무'를 본(本)으로 보고, '한'이 '무'에서 시작하여 '무'로 끝난다고 보았다. 김상일의 '한'에 대한 논의가 이렇게 복잡하게 된 것은 천부경의 한사상과는 다른 과정철학의 논리와 사유를 끌어들였기 때문이라고 생각된다.

'한'(一)을 '한'과 '무'로 분리할 뿐 아니라 '무'를 밑동으로 보고, '한'(하나님)을 '무'(창조성)에 종속시킨 김상일의 천부경 풀이는 '한'을 천부경사상의 일관된 중심과 밑동으로 본 다석의 천부경 풀이와는 다르다. 《한단고기》를 번역한 임승국은 '一始無始一'을 "일(一)의 시작은 무에서 시작하나 일이라"고 번역함으로써 무(無)와 일(一)을 동일시하였다.[11] 천부경을 해설한 최동환은 천부경의 시작과 끝인 '一始無始一'과 '一終無終一'이 "혼돈이 없는 완전한 '하나'의 세계"를 나타낸다고 하면서 이는 곧 무극(無極)이고 동양학의 신비인 무극이 여기서 설명된다고 하였다. 최동환 역시 '하나'와 무극을 동일시하였다.[12] '하나'를 '무'로 귀결시키는 이러한 논의는 모호하고 공허한 형이상학적 사변이나 독단적 신비주의로 흐를 소지가 있다. 다석이 처음부터 끝까지 '하나'를 붙잡고 '하나'에 집중한 것은 공허한 사변이나 독단적 신비주의를 차단한 것이다.

'하나'를 밑동으로 보고 "하나에서 시작하여 하나로 돌아간다"는 다석의 천부경 풀이가 한국종교사상의 풀이로서 옳다고 여겨진다. 다석의 천부경 풀이는 공부하는 사람에게 귀감이 된다. 다석처럼 생각을 깊이 많이 한 사람이 없을 터인데, 천부경을 풀이할 때는 자신의 온갖 생각들을 다 지워버리고 어린아이처럼 본문을 그대로 살리면서 토씨만 달듯이 풀이하였다. 그렇게 하여 천부경에 담긴 정신과 사상의 세계가 오롯이 드러나게 하였다. 천부경을 풀이하는 다석의 자세와 방식은 편견과 집착, 온갖 모호하고 잡다한 지식과 관념, 지적 욕심과 허영을 버리는 일이 진리를 탐구하는 사람에게 얼마나 중요한지 보여 준다.

다석은 '하나'를 관념이나 원리로 이해하지 않고 자신의 삶과 정신 속에서 우주생명세계의 실재로서 체험적으로 파악하였다. 그래서 그는 '하나'를 '하늘', '하나님'으로 표현하였다.[13] '하나'는 유와 무를 상통하고, 상대와 절대를 아우르는 통합적인 개념이다. 다석에게 '하나'는 개념에 머물지 않는다. 그것은 단일허공으로서 '무'와 '공', 절대와 무극을 포함하지만 상대적인 '유'의 세계를 관통하고 통합하는 실재이다. 이러한 우주적 실재로서의 '하나'는 인격적인 하나님으로 나타나며, 하나님은 '없이 계신 분'으로서 '유'와 '무'를 상통하고 아우르는 존재이다.

이렇게 다석이 절대와 상대, 유와 무를 통합하고 아우르는 존재로서의 '하나', '하나님'을 말한 것은 '무'와 '공'에 대한 형이상학적 사변이나 신비주의적 논의에 흐르지 않고, 생명과 영혼의 현실에서 생각한 것을 의미한다. 생명과 영혼은 상대적이고 물질적인 유(有)의 세계에서만 존재할 수도 없고, 무와 공의 초월적인 세계에서만 살 수도 없다. 생명과 영혼은 물질과 정신을 내포하고, 상대에서 절대를 지향하고 추구하는 존재이기 때문이다.

다석은 '하나'를 그리워하고 사랑하는 것이 그리스도인의 본분이라고 하였다.[14] 하나를 추구하는 것은 그리스도인의 본분일 뿐 아니라 모든 인생과 종교와 만물의 본분이고 사명이다. 인생과 만물은 하나로 돌아가는 것(歸一)이다. "[모든 것이] 하나로 시작해서 종당에는 하나로 돌아간다. 대종교가나 대사상가가 믿는다는 것이나 말한다는 것은 다 '하나'를 구하고 믿고 말한다는 것이다. 신선이고 부처고 도(道)를 얻어 안다는 것은 다 이 '하나'다."[15]

2) 하나로 돌아가는 인생

사람은 '하나'로 돌아가는 존재다. '하나'는 형이상학적 관념이나 원리가 아니라 천지인이 합일되는 우주와 생명과 정신의 현실 속에서 경험되는 실재이다. 사람의 머리가 있는 곳이 하늘이고 하나님이 계시는 곳이다. 다석은 사람이 머리를 둔 하늘과 하나님이 '하나'라고 하였다. '하늘'은 나누어지지 않는 전체인 '하나'를 나타낸다. 사람의 머리가 있는 곳이 하늘이고 하나님 계신 곳이라는 말은 땅에 발을 딛고 머리를 하늘로 곧게 세운 인간의 존재를 전제한다. 하늘과 땅 사이에 곧게 선 인간의 존재는 천지인 합일의 우주적 형이상학적 실재를 드러내고, 머리를 하늘로 향하고 일어선 생명 진화사적 현실을 보여 준다. '하나'는 천지인 합일의 우주적·형이상학적 실재이고, 우주의 생명진화사적 과정을 이끌어온 힘과 목적이다.

하늘, 하나님, 하나를 동일시하면서 다석은 "하나를 알고 하나로 들어가라"고 하였다. '하나'는 앎의 대상만이 아니라 삶의 대상이고, 참여와 일치의 대상이다. 다석에게 '하나'는 인격적이고 궁극적 존재이다. 하나를 알고 하나로 들어간다는 것은 "하나님을 알고 하나님을 믿고 하나님을 사는 것"이라고 하였다.[16]

다석에게 '하나'는 실존적이고 실천적인 원리이고 실재이다. '하나'는 '나'의 주체와 직결된다. 다석은 '주일무적'(主一無適)을 해석하면서 말했다. "하나만을 꼭 가지고 있으라. …… 우리는 하나의 길, 곧 나의 길을 간다." '영원한 하나', 곧 주님에 이르는 길은 주체인 '나'에 이르는 길이다. 주체인 '내'가 '하나'를 찾는 것이며, '내'가 '하나'로 가는 것이다.[17] 귀일은 '나'와 '하나'가 일치에 이르는 것이다.

모든 문제는 결국 '하나'로 귀결되고 '하나'에 연결되어 있다.[18] 개인뿐 아니라 모든 민족과 문화, 모든 생명은 하나에서 나와 하나로 간다. 다석을 가장 잘 알고 깊이 이해한 제자 함석헌에 따르면 모든 민족, 모든 문화는 한에서 와서 한으로 간다. 우리말의 '한'이 한겨레의 정신질서의 핵심을 이루고 '한' 철학과 사상의 싹을 품고 있다. "우리말의 한(혼은 칸, 큰)은 일(一)이면서 대(大)를 표시하는 말이다. …… 나라나 겨레의 이름을 한으로 부른 데에 한적(韓的) 정신질서의 핵심이 있다. 우리들의 조상은 한을 알고 한을 바라고 한을 나타내려 했다."[19]

'하나'는 존재와 생명의 근원과 목적이며 생명진화와 역사를 이끌어가는 힘이다. 생명진화와 역사의 중심에 있는 인간에게는 하나(하나님, 하늘)를 찾고 하나로 돌아가려는 본성이 있다. 하늘로 머리를 들고 곧게 선 인간의 모습이 하늘을 그리워하는 본성을 나타낸다. "하나님을 찾아가는 궁신(窮神)은 식물의 향일성(向日性)과 같이 인간의 가장 깊은 곳에 도사리고 있는 인간의 본성"이다. 그리고 하나님을 찾는 이 본성 때문에 인간은 "만물을 이기고 극복하고 지배하고 살아갈 수 있다. …… 하나님의 빛과 힘을 드러내기 (위해서) …… 하나님을 우리 머리에 받들고 머리 위에 니기 위해서 우리가 이 세상에 나온 것이요 우리가 세상을 이기는 것이다."[20]

하늘의 하나(임)를 찾는 인간의 본성은 사랑의 대상을 찾는 것으로 표현된다. 사랑의 대상은 "마음 그릇이 커감에 따라 자꾸 높은 님으로 바뀐다. 그 기량이 아주 크면 사랑의 대상을 영원절대인 하나님에 둔다". [21] 사람이 하나님을 찾아올라가는 만큼 사람의 얼은 커간다. 사람은 누구나 하나(하나님)를 그리워하며 하나를 향해 나가는 존재이므로, '하나'(하나님)와의 관련 속에서 인정되고 평가되어야 한다(1956년 1월 16일 일지). 따라서 다석은 '하나(님)'를 향해 올라가는 과정이 있을 뿐, 완전한 진리도 완전한 인생도 없다고 한다. 인생은 "옛적부터 자꾸 하나를 향해 시험의 길을 걷고 있다."[22]

다석에게 천국은 '하나', 하늘, 하나님을 상징한다. 그리고 '하나'를 향해 올라가는 것은 기쁜 일이고 어려운 일이기는 하지만 할 수 있는 일이다. "천국은 올라갈수록 기쁜 것이다. 목숨은 기쁨이야. …… 생각하는 것이 올라가는 거야. …… 목에 숨쉬듯 한 발자욱씩 올라가면 하늘에까지 도달할 수 있다."[23]

그러나 인간이 '하나'를 향해 올라가는 힘은 미약하다.[24] '하나'이신 하나님을 찾아 하늘로 올라가는 사람은 자신의 힘으로 올라가지 않고 "하나님의 힘으로 간다." 하나님의 힘으로 올라가는 것이 "하나님을 믿는 것이다".[25] 인간의 미약한 힘을 돋우어 올라가게 하는 것이 종교의 본분이다. "예수·석가는 우리와 똑같다. …… 유교·불교·예수교가 따로 있는 것 아니다. 오직 정신을 '하나'로 고동(鼓動)시키는 것뿐이다. 이 고동은 우리를 하나님께 올려 보낸다."[26]

'하나'를 찾아 올라가는 사람은 겸허하고 겸손해야 한다. '하나'는 알 수 없는 것이고, 사람은 모르는 것을 향해 나가는 존재이기 때문이다. 그러나 '하나'를 찾아 올라가는 사람은 '하나'가 모르는 것임을 알고, 자신이 모르고 있음을 아는 이다. "하나님을 찾는 사람은 언제나 신비를 느끼고 아무것도 모르는 줄을 아는 소자(小子)이다."[27] 하나님을 찾는 사람은 "하나님의 향내라 할 수 있는 신비"를 느껴야 한다. 그리고 '하나'의 신비를 느끼려면 자신의 무지(無知)와 부지(不知)를 알아야 한다.[28]

그러나 다석에게 '하나'이신 님을 그리워하고 하나님께 돌아가는 것은 '하나'님과 통하는 나의 바탈, 뿌리로 돌아가는 것이다. "생각하고 추리하여 영원에 들어가는 길은 자기의 속알(본성)을 깨치고 자기의 뿌리로 돌아가는 길밖에 없다."[29] 하나님께 가는 길은 자기의 속으로 들어가서 치성을 다하고 정성을 다하는 것이다.

3) 불이즉무(不二卽無): 둘(둘 것)이 아니면 가질 수 없다

다석은 하나님을 '하나'라고 했는데 '하나'는 무엇인가? 주관과 객관이 분리되는 이성적 인식으로는 '하나'는 인식될 수 없고 설명될 수 없다. "하나(一)는 아무것도 알 수 없는 영원한 신비다."[30]

그러나 '하나'는 모든 존재와 생명의 근본이기 때문에 '하나'를 모르면 인생과 역사에 대해서 모두 까막눈이다. 그러므로 인생과 역사를 바로 살리려면 상대적 인식의 눈으로는 알 수 없는 '하나'를 알아야 한다. '하나'를 알기 위해서 다석은 '불이즉무'(不二卽無)를 말한다. '불이즉무'는 "둘이 아니면 곧 없음이다"라는 말이다. 無는 절대(絶對)이고 二는 상대(相對)다. 절대는 상대가 없는 '없음'(無)으로 표현되고 상대는 상대가 있는 '둘'(二)로 표현된다. "不二면 卽無다. 둘이 아니면 …… 곧 없는 것이다. 상대가 없으면 절대다. 절대는 무다." '둘'은 상대를 뜻하고 "둘이 아니면, 다시 말해 상대가 아니면"이라는 말은 상대를 초월한 절대, 더 이상 비교하거나 맞설 상대가 없는 경지를 말한다. 상대세계를 넘어서면 곧 무(無)의 절대세계에 이른다는 말이다.

불이(不二)는 "상대적 유도 상대적 무도 아닌 것"이다. 다석은 '불이'를

'상대적 유'와 '상대적 무'의 부정과 초월로 설명한 다음에 불이즉무(不二 卽無)의 논의를 '소유'(所有)와 관련시킨다. 다석은 '둘'을 '있음'(有), '소 유'(所有)로 표현한다. 둘(二)은 '두다', '둘', '두어둠'(所有)을 나타낸다. '소 유했다'는 '두어 두었다'는 뜻이다. 상대적 유(有)는 "내가 두어둔" '소유' (所有)이다. 불이(不二), 즉 '둘이 아니'면 '두어 둔 것'이 아니고, 상대적 유, 소유가 아니다. "둘이 아니면 두어 둔 것이 아니다. 둘이 아니니까 두어지지 않았다." '둘 수 있는' '유'(有)가 아니므로, '두어 둔' '유'가 아 니라는 말이다. 상대적인 유무의 차원을 넘어서면 "무엇인가를 두거나 소유할 수가 없다"는 말이다. 상대적 유무를 초월한 절대 무의 세계, '하 나'(하나님, 하늘)의 세계에서는 두거나 소유할 수 없다.

다석은 또한 이 논의를 '나'와 관련시켜서 '둘이 아니면'(不二) "내가 가 진 게 없다. (내가) 두어 둔 것이 없다"는 뜻도 된다고 하였다. "'둘이 아 니다' 할 때는 내가 가진 것이 없다, 두어 둔 것이 없다는 것이다." 다석 에게서 '둘'(二)은 상대적 유와 무, '소유'와 '소유 없음'으로 이해된다. '둘 이 아니다'(不二)라고 하여 상대적 유무를 떠나면 절대의 무에 이른다. 따라서 "둘(有)이 없으면 무(無)다"라는 말은 상대적인 유·무가 없으면 절대의 자리에 가면 "내가 가진 것, 두어 둔 소유가 없다"는 말로 이해 된다. 불이즉무하면, 상대적 유무를 떠나서 절대의 자리에 서면, 가질 수 있는 것, 소유할 수 있는 것이 없다. '절대 하나', '하나님'은 내가 가 지거나 소유할 수 없다. 가지거나 소유할 수 없는 자리에 이르면, 상대 계의 종살이에서 벗어날 수 있다.

다석에 따르면 상대의 유와 무를 넘어서면 절대, 무에 이르는데 절대 와 무에서 드러나는 것이 '하나'이다. 절대와 무의 자리에서 본 '하나'는 언제나 하나이다. '있다', '없다'를 넘어선 절대의 자리에서 본 '하나'가 유일불이(唯一不二), 유일무이(唯一無二)다. 다석은 불이와 무이가 같은 말이라고 하였다. 유일무이, 절대의 '하나'는 상대세계의 사물처럼 구체적으로 특정할 수 없다. 그것은 이 세상에 있는 것도 없는 것도 아닌 무엇이기 때문이다. 다석은 절대의 '하나', 유일무이를 '그저 그런 것 그걸'이라고 한다. 유일무이의 '하나'는 '그저 그런 것'인데 '그것'이라고 확정할 수 없으므로 '그걸'이라고 하였다. 다석은 '걸'을 채 되지 못한 물건이라고 하였다. 절대에 속한 유일무이의 '하나'는 "그저 하나만이고 어디 있는지 알 수 없는 것", "분명히 있으면서" 상대적인 눈으로는 볼 수 "없는 것"이다. 다석은 이것을 "유일오유물"(唯一烏有物)이라고 했다. 여기서 '오유'(烏有)는 까마귀 눈을 뜻하는데 까마귀 눈은 있기는 있는데 그려 놓으면 보이지 않는다. 다석은 "분명히 있으면서 없는 것" 유일무이의 '하나'를 '오유'(烏有)라고 했다.

절대의 하나(유일무이, 유일오유물)는 불이즉무의 진리, "둘이 아니면 가질 수 없다"는 이치를 나타내는 절대진리물(絕對眞理物)이다. 절대의 '하나'가 절대의 진리 자체이다. '절대의 하나'는 가지거나 소유할 수 없는 것이기 때문에 진리이다. 상대세계의 유무를 초월하면 진리에 이르지만, 상대세계의 유무에 사로잡히면 무리(無理)에 빠진다. 다석은 예수가 악마에게 받은 유혹이 바로 상대세계의 유무(有無)를 인정하고 따르는 것이었다고 보았다. 상대적 유무를 인정하고 따르지 않으면 남에게 뒤떨어지고 죽는다는 것이다. 그러나 이러한 악마의 주장은 도둑놈이 도둑질하지 않으면 죽는다는 것과 같은 무리한 주장이라고 다석은 말하였다. 유일불이, 다시 말해 상대적 유무를 초월한 '오직 하나'(唯一)가 절대진리다. 상대세계에서 당장 살아야 하지 않느냐는 무리한 생각 때문에 참 물리를 터득하지 못하게 된다.

다석은 이 유일무이한 '하나'를 원일물(元一物, 원래 하나로 있는 것)이라고 한다. 상대의 유무를 넘어서야 절대진리의 원일물(元一物)에 이른다. 본디의 하나인 원일물이 절대진리 자체(절대진리물)이다. 다석은 '원일물'을 "본디 내가 가지고 있는 것"이라고 하였다. "본디 내가 가진 것"이지만 상대적인 세계에 있는 것이 아니다. 상대세계에 있는 것이 아니므로 원일물불이(元一物不二, 원일물은 둘이 아닌 것)다. 원일물은 상대적 유무에 속하지 않으므로, 상대세계에서는 가질 수 없는 것, 다시 말해 '불이즉무'다. 원일물에 대해서는 "소유한다는 것이 도무지 없다. 있었던 소유조차 잊어야 하는 원일(元一)이다." 불교에서는 '원래무일물'(元來無一物, 원래 아무것도 없다)을 말한다. 다석은 원래무일물은 소극적이고 원일물불이에는 적극적 요소가 포함되어 있다고 하였다. 다석은 원일물불이가 "부처요 하나님"이라고 했고, "원일물불이를 믿는다"고 하였다.

상대세계의 유무에 속하지 않은 원일물, 절대 '하나'가 '내' 속의 속에 있다. 따라서 절대 진리인 '하나'를 이루려면 스스로 힘쓰고 스스로 이루어야 한다. 이것을 다석은 '지인용자성'(智仁勇自誠)이라는 말로 표현했다. 지인용(智仁勇)이 '절대 하나'의 '원일물'을 실현하는 자성(自誠)이다. "그저 알려하고 그저 사랑하고 그저 굴하지 않고 이기려 하는 것은 자기만을 이루는 것이다." 자성(自誠)은 "속 깊이에서 솟아나는 것을 이루자는 것"이다. '속 깊이에서 솟아나는 것'은 원일물인 '하나'이다. 이 '하나'를 이루는 것이 인생의 본분인데, '하나'에 까막눈이 되어서 '하나'를 모르게 되고 본분을 잊게 되었다. 이 '하나'를 가지고 사는 사람은 진리와 천명에 따라 사는 것이고, 하나님의 아들로 사는 것이므로 두려움이 없다. 그래서 다석은 이렇게 말한다. "저녁꺼리가 없어도 천명이면 산다는 신념을 얻어야 한다. 다 도둑질해도 나는 도둑질 않겠다는 용기를 가져야 한다." 다석은 지성이면 감천이라면서 "자성(自誠)하면 하늘이 감동한다"고 하였다. 그러나 다석은 '하나'를 버리고 사는 사람들을 비판하였다. "저만 잘 먹고 잘살겠다는 사람들, 권세 잡고 떵떵거리고 싶어 하는 사람들, 이들의 이기적 행동은 죄다. …… 진리가 아닌데서 나온다."[31]

4) 없이 계신 하나님

톨스토이는 참회록에서 "하나님이 계시다는 것을 믿을 때 우주만물이 살아나고 하나님은 없다고 생각할 때 우주만물이 죽어 간다"고 했다. 하나님을 믿을 때 '나'와 우주만물이 이어지고 생동하는 관계 속에 있다. 하나님은 우주 전체를 생동하게 하는 '하나'이며, 예배의 대상이 되는 유일한 분이다. 믿음에서만 드러나는 하나님을 다석은 '빔'(空)과 '없음'(無)의 차원을 가지면서 '있음의 세계'를 아우르는 전체로 보았다. 다석은 '빔'(空)을 "맨 처음으로 생명의 근원이요, 일체의 뿌리 …… 곧 하나님"이라 하고, 인격적인 하나님을 "유무를 초월"한 "맨 처음 일체"라고 하였다.[33] 하나님은 상대적 유무(有無)의 세계에서는 없으나 상대적 유무를 넘어서 전체를 생동하는 존재로는 있다.

다석에게 '하나'는 '하나님', '하늘'과 동일시되며, 모든 존재와 생명, 역사와 문화의 근거와 토대이다. '하나'를 잃으면 종교문화는 건강할 수도 없고 발전할 수도 없다. 더 나아가서 '하나'는 상대적인 현실을 넘어서 궁극적이고 초월적인 차원을 포함한다. 다석은 상대세계를 넘어서는 '하나'를 '없음'으로 본다. '없음'의 차원을 상실한 '하나'는 상대세계에 매몰된다. 다석에 따르면 유교는 "우주의 근원인 무극(無極)을 잊어버리고 천상(天上)을 생각하지 않았기 때문에" 음양오행의 상대세계에 병들고 발전하지 못했다. 송나라 주렴계가 쓴 태극도설(太極圖說) 첫 머리에 "무극이태극"(無極而太極)이라 했지만, 여기에는 무극·태극에 대한 설명은 없고 주로 음양에 관한 설명이 주를 이루고 있다. 유영모는 이렇게 말했다. "'없'(無)에 가자는 것 …… 이것이 내 철학의 결론이다. …… 이 '없'이 내 속에 있는 것이다."

'없'이 내 속에 있는 것이라고 함으로써 다석은 형이상학적 사변에 빠지지 않고 생명과 얼의 현실 속에서 '없'을 생각한다. '없'(無)은 상대세계와 단절된 것이 아니다. '없'은 상대적 존재(有)의 세계를 초월하면서도 상대적 존재와 함께 전체 하나를 이룬다. 하나님은 '있음'(有)을 나타내는 물질과 '없음'(無)을 나타내는 맘을 통전시키는 '하나'이다. "몬·맘은 둘이 아니고 하나님[큰 하나]만이 계시니라"(物心不二太一存)[34]

이처럼 다석은 '하나'를 '무'와 관련시키지만 '하나'가 '무'에서 시작되거나 '무'로 끝나지 않고, '무'가 '하나'의 한 차원이 된다. 다석에 따르면 "없이 있는 것", "무와 유가 부딪치는 것"이 '하나'다. '하나' 속에 '유'와 '무'가 들어 있다.

다석은 상대와 절대, 유와 무를 아우르는 하나님을 '없이 계신 분'으로 표현했다. '없이 계시다'는 것은 상대적 유무를 초월한 존재를 나타낸다. 상대적 유무에 매이거나 걸리지 않으므로 이 세상에서는 없다고 해도 괜찮은 존재이다. "하나님이 없다면 어떤가? 하나님은 없이 계신다. 그래서 하나님은 언제나 시원하다." 없이 계신 하나님은 "몸이 아니라 얼(靈)이다. 얼은 없이 계시다." 그리고 없이 계신 하나님은 세상에서는 없지만 없어서는 안 되는 존재이고 없으면서 "더 할 수 없이 온전하고 끝없이 큰 것"이다. 따라서 다석은 "없는 것을 믿는다"고 하였고, "인생의 구경(究竟)은 없이 계시는 하나님 아버지를 모시자는 것"이라고 하였다.[36]

없이 계신 하나님은 유와 무를 종합한 전체로서의 하나이다. "유무를 합쳐 신을 만들고(固有虛無一合神), 천지유무를 통하는 것이 신통이다. 신은 하나이다." 전체로서의 하나님의 자리는 온갖 시비를 넘어서서 '하나 됨'에 이르는 자리이다. "시시비비 따지는 것은 내가 지은 망령이요 …… 하나님을 믿고 만족하면 일체의 문제가 그치고 만다. 시비의 끄트머리는 철인의 경지에 가야 끝이 나고 알고 모르는 것은 유일신에 가야 넘어서게 된다."[37] 없이 계신 하나님과 통하면 신통하여 천지유무를 통하고, 옳고 그름, 앎과 모름을 넘어서 하나로 통하게 된다. 옳고 그름과 앎과 모름의 일차원적이고 평면적인 논리와 주장을 넘어서 둥글게 하나로 통하는 '가운데'(中)와 '떳떳함'(公)의 세계는 유무상통(有無相通)하는 없이 계신 하나님의 자리에 가야 열린다.

그러면 어떻게 해야 하나님의 자리에 가서 하나님과 통하게 되는가? 다석은 하나님과 통하는 두 가지 방법을 말하였다. 첫째, 민중의 심정과 처지를 알아서 민중과 같이 걱정하면 "신과 관계가 된다. 신과 관계가 되면 …… 생각하면 알게 된다".[38] 둘째, 없이 계신 하나님과 통하는 길은 '고디'(곧음)뿐이다. "고디만이 하나님과 통할 수 있다. 정직만을 신이 좋아하신다." 정직을 강조한 다석은 "사실이 신의 말"이라고 하였다. 곧은 길만이 마음 놓고 턱턱 걸어갈 수 있는 길이고 이기는 길이라고 하였다.[39] 곧음으로 '하나'(하나님)와 통할 수 있다. 그러나 먼저 '하나'로 되어야 곧을 수 있다. 곧음은 마음의 하나 됨에서 온다. 그러므로 내가 '하나 됨'으로써 전체의 '하나'에 이른다.

3. 통일(統一): 하나님 안에서 하나 됨

1) 통일은 하나님의 일이다

1955년 6월 2일에 다석은 '통일'이란 한시를 썼다.

統一爲言人間譌(통일위언인간와) 歸一成言天道誠(귀일성언천도성)

太初一命宗教義(태초일명종교의) 咸有一德信仰城(함유일덕신앙성)

이것을 풀어 보면 이렇다. "통일하기 위해서 행동하고 말하면 인간은 더욱 어긋나고, 하나로 돌아가 말씀을 이루면 하늘 길을 정성으로 가게 된다. 태초의 한 목숨이 종교의 깊은 뜻이고 함께 한 가지 덕을 품고 사는 것이 신앙의 틀이다."

다석은 통일을 하나님의 일로 보고 사람이 통일을 말하는 것을 싫어했다. 사람은 오직 하나님께 돌아갈 뿐이라는 것이다. 사람의 일은 귀일(歸一)이다. "나는 통일은 싫어한다. 통일은 되는 게 아니다. 하나님께로 돌아가는 귀일(歸一)이라야 한다."[40] '서로 다른 것을 하나 되게 하는' 통일은 하나님이 이루는 것이다. 사람은 하나로 돌아갈 뿐이다. 인간은 자신의 편견과 욕심, 자신의 주장과 관점에서 통일을 추구하기 때문에 인간의 통일은 타자에 대한 폭력과 지배를 전제한다. 다석이 통일을 싫어한 것은 타자의 '스스로 함'과 다름을 존중했기 때문이다. 김흥호는 이 한시와 관련해서 이렇게 말했다. "인간이 통일한다는 것은 있을 수 없다. 통일하는 이는 하나님뿐이다. …… 사람이 통일하겠다는 것은 거짓말이다. 세상에 통일한 자가 있는가."[41]

인류와 우주생명 세계가 하나로 되는 것이 하나님의 뜻이고 예수의 사명이었다고 본 다석은 평생 하나 됨을 추구하였다. 그러나 인간들이 서로 뭉쳐 하나로 되자고 애를 써 왔지만 헛수고에 그치고 말았다. 욕심과 허영, 편견과 분노를 품은 인간이 통일을 하려고 애쓸수록 어긋나고 잘못되므로 다석은 하나 됨을 위하여 조용히 기다릴 줄 알아야 한다고 했다. 흙탕물이 가라앉으려면 호수가 조용하고 잠잠해야 하는 것처럼 세상이 스스로 하나가 될 때까지 조용히 기다리며 지켜봐야 한다는 것이다. 모든 것이 "절로 절로" 될 때까지 내버려 두고 지켜보면

"힌참만 그리히면 모든 것이 제대로 하나 된 것을 너희가 보리라"(1957년 10월 8일 일지).

밖에서 보면 세상과 사회가 '절로 절로', 스스로 하나가 된다고 할 수 있지만 믿음으로 보면 하나님이 하나로 만든다. 사람이 '하나'이신 하나님께 귀일하면 하나님이 인간 사이에 통일을 이루어 준다. 1976년 87세 때 다석은 이렇게 말했다. "나는 나라 하고 하나님을 너라 하였을 때 나를 하나님 너 속에 바쳐서 넣으면 하나님께서 너가 나아지리라고 하신다. 그래 '나너너나'(나를 너 안에 넣으면 '너는 나아진다')이다. 나와 너는 나너(나누어)지는 것인데 여기서는 나너가 하나가 될 수 있다."[42] 나와 너는 갈라지고 나누어지기 마련인데 하나님 안에서는 '내'가 나아지고, 나와 너가 하나로 될 수 있다는 것이다.

하나로 되어 바르게 살려면 하나님께로 올라가야 한다. 상대세계의 물질에 집착하고 향락하면서 땅 위를 기면, 혼란에 빠져 멸망할 수밖에 없다. 하나님을 향해 위로 솟아오를 때 열리는 하늘나라는 "…… 곧 디를 가진 사람들의 나라. 그것은 하나로 통일된 한데나라다." 하나이신 하나님을 향해 올라갈 때 남의 마음을 헤아릴 수 있고 남과 하나 될 수 있다. "남의 슬픔을 내 슬픔으로 가질 때에만 나와 남이 하나가 될 수 있다." 그리고 서로의 삶과 존재에 참여하여 "아픔과 쓴맛을 같이 맛볼 때에만 나와 남 사이를 가로막는 산과 골짜기를 넘어서서 온 세상에 넘치고 넘치는 늠실늠실 춤을 추는 꿈을 이룰 수가 있을 것이다."[43] 서로의 슬픈 심정과 아픈 처지를 하나로 경험할 때 자유와 공평의 대동세상이 열린다.

상대적 유무의 환상에서 벗어나 하나님 안에서 깨어나면 천국이다. 다석은 하나님의 품을 '그늘'이라고 하며, 그늘과 그느름을 가지고 하나님 나라를 설명한다. "그 품속에 앉아 주는 것이 그느름이요 이것이

통치(統治)다. …… 그늘에는 금이 없다. 갈라짐 …… 싸움이 없다. 제 그늘은 자기가 통치하는 자유의 왕국이다." '하나'의 그늘은 쉬는 것이면서 다스리는 것이고 저마다 자유로운 것이다. 하나님의 품인 그늘을 또 이렇게 말한다. "절대세계에는 분열이 없고 문제가 없고 조건이 없다. 거기는 영원한 평화만이 깃들이는 그늘이요 완전과 성숙이 영그는 영원한 그늘이다."[44]

2) 하나를 품은 삶

다석은 '하나'의 품속에 안겨 '하나'를 품고 살려고 하였다. 다석은 '득일'(得一)이라는 한시에서 "다른 게 없어 하나(전체)를 붙잡아 하나님 속으로"(無他得一大我中)라고 했다.[45] '하나를 붙잡는다'는 뜻의 득일(得一)은 노자에 나온다. "예로부터 하나를 붙잡은 것으로는 하늘은 하나를 붙잡아 맑고 땅은 하나를 붙잡아 잔잔하고 정신은 하나를 붙잡아 신령하다"(昔之得一者, 天得一以淸, 地得一以寧, 神得一以靈, 《노자》 39장). 하나는 전체이며 중심이어서 하나를 잃으면 어지럽고 혼란스럽다. 하나를 잡으면 삶에 중심이 생기고 서로 통하고 힘이 생긴다.

다석은 1972년 7월 14일 일지에 쓴 '호ᄋ홉'이라는 글에서 '하나'를 알고 전체 하나로 살 것을 말했다. '호ᄋ홉'은 날자와 년수를 중요하게 생각한 다석이 1900년대를 살면서 '19'를 가지고 생각한 것이다. 같은 해 7월 15일에 쓴 글에서는 1972를 "호ᄋ홉 일워 둔 해"(한 아홉을 이루어 둔 해)로 풀이하였다. '19'를 다석은 '하나 아홉'이라고 하여 '하나를 앎'이라는 뜻으로도 쓰고 있다. 14일에 쓴 다른 글에서 "호ᄋ뿐 ᄋ홉"이라고 함으로써 '한아홉'이 '하나만을 앎'을 뜻함을 알려준다. '호ᄋ홉'이라는 글에서도 '가장 앎'이 '호ᄋ ᄋ홉'이라고 하여 '하나를 앎'이라는 의미를 지녔음을 보여준다. 고어(古語)에서 '~홉다'는 '~스럽다, ~스럽구나'를 뜻한다. 따라서 다식은 '혼ㅇ홉'으로 '혼을 알고픔'을 니다내려 했던 것 같다. 또한 다석은 '아홉'을 'ㅇ업'(아[하나, 한아]없)으로 읽어서 "ㅇ업스니 혼ㅇ홉고져며"(아가 없으니 '한'을 알고자 하며)로 풀이하였다.

다석은 '혼ㅇ홉'을 다시 '왼통하나'와 연결시킨다. 이 글에 따르면 지극한 얇은 '한아 아홉 …… 왼통 하나'다. '한 아홉'은 수의 시작과 끝을 나타내며, '한'은 근원과 시작을 뜻하고 '아홉'(3×3)은 모든 것을 포함한 전체를 뜻한다. '한 아홉'은 '온통 하나'를 나타낸다. 다석은 시간의 시작과 끝을 각자 '제가 가져' '온통 하나'를 사는 것이 단군님의 뜻이라고 하였다. '한아홉'은 '한'을 알고 싶어 하고, '하나와 전체'를 함께 품고 사는 것이다. 김흥호는 '한아홉'을 시천주(侍天主)라고 하면서 이렇게 풀이하였다. "각자가 각자 중심(中心)을 잡아서 온통 하나인 것을 실천하고 확대하여 우주가 한아로 통일되고 흡수되어 …… 왼통한아 통째로 살자는 것이 단군(檀君) 할아버지의 뜻이다. 이 큰 뜻을 알고 세계를 가슴에 품는 것이 한아홉이다."[46]

다석은 하나님을 모시고 하나님과 더불어 즐겁게 사는 삶을 빈탕한데 맞혀놀이라고 했다. 다석에게 하나님은 빔과 없음, 빈탕한데이며, 빈탕한데서만 인간은 자유롭고 기쁘고 하나가 된다. 빈탕한데는 안과 밖이 막힘없는 하나의 세계이며 하나인 하나님을 통해서만 들어가는 세계이고, 빈탕한데서만 하나님을 모시고 사람들과 하나로 살 수 있다. "한데의 근본은 '하나'이다. 이 '하나'를 얻으면 한데를 얻고 그것을 잃으면 한데를 잃는다." '하나'인 "한데에서는 안과 밖이 한데(與) 있게 된다". 빈탕은 '하나' 곧 하나님 앞, 하나님이 계신 자리를 나타낸다. "'빈탕'에 서지 않고서는 하나님 아버지를 아무리 불러 보아야 소용이 없다." 또한 빈탕은 사람의 마음을 나타낸다. "빈탕의 마음은 …… 본시의 나, 가슴 속의 나 곧 한데의 나이다. …… '나'밖에서는 시원한 것을 볼 수 없다."

시원한 빈탕한데는 내 마음속에 있다. 사람은 빈탕한데인 '하나(님)'의 아들(딸)이다. "그 '아들'인 나는 빈탕의 '몸'이며 '한데'의 나이다. 이것 때문에 우리에게 빈탕과 한데가 주어져 있다. '하나'를 떠나서는 빈탕과 한데는 느낄 수 없다."[47] 빈탕한데의 절대적인 빔과 없음에서만 깨끗한 '하나', 하나님을 만날 수 있다.

자기를 비우고 깨뜨린 '빔'과 '없음'에서 드러나는 '하나'가 진리이다. 두려운 것은 '하나'(참, 하나님)밖에 없다. '하나'만 꽉 붙들면 무서운 것은 저절로 없어진다.[48] 빔과 없음의 '하나'를 잡은 사람은 욕심이 없고, "정말 욕심이 없으면 생사도 넘어설 수가 있다. …… 생사를 초월하면 …… 자유요 진리요 사랑이요 무한이요 믿음이다."[49]

'하나'를 본 사람은 '나와 너'의 일치, 하나님과 나의 일치에 이른다. '하나'를 보고 '하나'에 이른 사람에게는 사사로운 자아가 깨지고 '나와 너'의 벽이 무너지고 상대적 유무의 경계가 사라진다. 다석은 '봄눈은 스러지고 눈 봄은 쓰러짐'이라는 글에서 '눈'을 보다가는 쓰러진다고 하였다. 자아가 쓰러져서 상대세계의 일을 포기하고 그만둘 때는 "제 눈을 제가 보게 된다"고 하였다.

봄눈은 스러지고 눈 봄은 쓰러짐

제 눈 제 볼 수 있으면 쓰러질 걸?
적(敵)의 눈 보다간 쓰러지지오
애(愛)의 눈 보다간 쓰러지지도
모든 걸 그만 두는 땐 제 눈 제 보길 걸?
— 1956년 3월 2일 일지

모든 경계와 벽에는 짓밟힌 사랑과 정의, 폭력과 편견, 분노와 한숨이 들어 있다. 모든 사람의 눈에는 '하나'를 향한 사랑과 그리움, 폭력과 분노, 편견과 미움이 들어 있다. '눈'은 '하나'를 향해 열린 창이면서 '하나'로 가는 길을 닫는 자물쇠다. 우리의 눈은 이미 폭력과 편견, 미움과 분노로 차 있고, '하나'에 대해서 닫혀 있으며, 가르고 나누는 데 길들여 있다. 따라서 눈을 보다가는 상처받고 쓰러지기 쉽다. 그러나 상처받은 상대의 눈에서 '너'를 보고 '너'의 눈에 비친 '나'를 보고 '나'의 눈마저 본다면 '제 눈 제 보기'이고 제가 제 눈을 볼 때 '하나'를 보고 '하나'에 이른다.

상대세계의 모든 것을 그만두고 쓰러지는 때 제 눈을 제가 볼 수 있고, 제 눈을 제가 볼 때 '하나'를 보고 '하나'에 이른다. 김흥호는 다석의 '제 눈 제 보기'에 대해서 바울의 회심 사건을 끌어들여 설명한다. "바울은 그리스도를 만나 땅에 쓰러졌다고 한다. 바울이 그리스도를 봄은 제 눈으로 자기의 형상을 보는 것이다."[50] 바울과 예수 그리스도 사이에는 박해자와 박해받는 자의 갈등과 적대감이 있었다. 바울은 박해자로서 자신이 박해하는 예수를 보고 쓰러졌다. 이때 바울은 눈이 멀었고 다시 눈을 떴을 때는 자신이 박해하던 예수의 사도가 되어 '하나'에 이르는 사랑의 복음을 세상에 전했다(행 9:1-22). 박해자 바울이 박해받는 자 예수의 눈에서 제 눈을 보는 순간 바울은 눈이 멀고 쓰러졌다. 눈이 멀고 쓰러진 것은 눈 속에 들어 있던 폭력과 편견, 욕심과 허영, 분노와 미움의 뿌리가 뽑힌 것이며, 상대세계의 모든 가치관과 세계관이 무너진 것이다. 상대적 유무의 세계가 무너지면 절대 '하나'의 새 세계가 열린다.

'하나'이신 하나님을 보는 순간 인간은 쓰러질 수밖에 없고, 자아가 쓰러지면 제 눈으로 제 눈을 보게 된다. 제 눈으로 제 눈을 보고 제 눈 속에서 하나님을 보면 "하나님과 하나가 될 수 있는 내"가 된다. 그리고 "내 정신과 신이 통할 때 눈에 정기가 있고 말에 힘이 있다."[51] '하나'를 품고 '하나'로 사는 사람은 '하나'가 아닌 모든 것에서 자유로우면서 모든 것을 '하나'로 품을 수 있다.

4. 귀일사상의 성격과 의미

다석은 '하나'를 중심에 놓고 '하나'를 추구하고 '하나'로 돌아가려고 했다. 그에 따르면 모든 것이 하나로 이어지고, 하나로 돌아간다. 인류와 뭇 생명, 뭇 사상과 종교가 서로 다름을 인정하고 존중하면서도 하나로 만나고, 인식주관과 인식대상, 절대와 상대도 하나로 통합되고, 인간과 자연과 하나님이 하나로 만나고 통한다.

다석 사상은 '하나'와 '하나로 돌아감'에 집중한다. 삼일신고의 집일함 삼과 회삼귀일에는 하나와 셋, 셋과 하나의 순환적 일치와 역동적 관계가 나타나는데 다석의 관심은 귀일(歸一)에만 집중된 것처럼 느껴진다. '회삼귀일'에서 "셋이 함께 만남"(會三)의 차원이 강조되지 않은 듯이 보인다. 따라서 상대세계의 다원성과 절대세계의 단일성이 서로 균형과 조화를 이루며 역동적으로 결합되는 사고, 경험적이고 현실적인 사고가 더 요청되는 게 아닌가 하는 의문이 제기될 수 있다.

다석 사상을 연구하는 사람은 다석 사상을 향해 제기될 수 있는 비판과 의문에 대하여 겸허히 귀를 기울여야 할 것이다. 다석 사상을 일방적으로 옹호하거나 완벽하고 완결되어 있다고 주장하는 것은 온당하지 않다. 다석의 사상에도 아쉽고 부족한 데가 있을 것이다. 그럼에도 아직 다석 사상이 객관적으로 충분히 연구되고 논의되지 않은 상태에서 다석 사상을 섣불리 비판하고 단정하는 것은 경솔한 짓이다. 위대한 사상가의 사상을 연구할 때는 충분히 그리고 제대로 연구하고 이해한 다음에 문제를 제기하고 비판해야 한다. 다석 사상의 깊이와 의미를 온전

히 드러낸 다음에 다석 사상에 대한 객관적이고 엄격한 비판과 문제제
기가 나올 것으로 기대한다.

이 책에서 나의 구실은 다석 사상의 내용과 성격을 왜곡하거나 과장
하지 않고 충분히 드러나게 하는 데 있다. 나는 여기서 귀일사상을 중
심으로 다석 사상을 어떻게 이해할 것인지 그리고 다석 사상이 지닌 의
미가 무엇인지를 밝히려 한다.

첫째, 다석의 사상은 모든 것을 두루 설명하고 조화와 균형을 갖춘
자기완결적인 이론체계가 아니다. 다석이 집일함삼과 회삼귀일의 명제
와 원리를 가지고 절대와 상대의 균형과 조화를 이루는 체계적인 사상
을 형성했다면, 그의 사상은 깊은 영성과 충만한 생명에너지를 담아내
지 못했을 것이고, 동서고금을 아우르는 대통합과 회통의 사상이 되지
못했을 것이다.

다석이 늘 강조했듯이, '하나'에서 나와 '하나'를 향해 가는 인생과 사
상은 결정되거나 완결된 것이 있을 수 없고 미정고(미완성 원고)로 끝날
수밖에 없다. 다석의 사상은 열려진 사상이며, 위로 올라가고 앞으로
나아가는 실천적 사상이다. 다석의 사상은 삶과 정신을 생동하게 하는
생명철학이고, 삶과 정신을 위로 올라가고 앞으로 나가게 하는 영성 철
학이다. 인간과 세상을 하나로 나가게 하는 변화와 갱신의 철학이고 삶
과 정신을 근본적으로 변혁하는 혁명철학이다.

둘째, 다석의 '하나'는 획일적이고 평면적인 '하나'가 아니라 무한한
깊이와 높이와 넓이를 가지는 '하나'다. '하나'는 상대와 절대, 물질과 정
신, 본능과 이성과 영성의 차원을 아우르는 전체 하나이다. 오히려 복
잡하고 다양한 물질세계, 다수로 이루어진 상대세계가 평면적이고 단
순하고, 낮은 차원으로 이루어져 있다. 물질적 상대세계는 단일한 물리
법칙의 지배를 받고, 생성 소멸하는 운명의 굴레에 갇혀 있다. 그런 의

미에서 상대세계는 단일하고 일면적인 '하나'이고, 전체 '하나'는 많은 차원과 깊고 풍성함을 가진 '여럿'이고 '많음'이다.

다석이 말한 귀일의 '하나'는 '하나'로 나아가는 모든 생명과 정신과 문화와 민족의 시간적이고 생명적인 과정의 역동성을 가지고 있으며, 시간과 공간의 모든 것을 뛰어넘는 초월과 자유를 가지며 무한히 열려진 것이다. 이 '하나'는 '나와 너'에게 또는 '우리'에게 한정될 수 없다. 따라서 다석은 '하나'를 나타내는 하나님, 그리스도, 군자, 님을 '그이'라고 하였다. '그이'는 나와 너, 그리고 모두가 함께 인정하는 이, 믿고 따를 수 있는 이다. 제삼자를 나타내는 '그이'로써 '하나'를 표현한 것은 '하나'가 '나, 너, 그'의 셋을 포함한다는 것을 보여 준다.

'하나'는 전체 하나이고 '나와 너와 그'의 셋은 만물이다. 이 점에서 다석의 '하나'는 "하나를 잡아 셋을 포함하고, 셋이 만나 하나로 돌아간다"는 원리를 함축하고 있다. '하나'는 만물 전체를 하나로 꿰고 아우르며, 만물은 '절로 절로' 서로 만나 대속하고 상생하며 하나로 돌아간다. 다석은 '하나'와 '셋'의 상관관계와 논리를 설명하는 데는 관심이 없고 그런 설명에 만족하지도 않는다. 따라서 '하나'와 '셋'의 관계에 대한 사변적인 논의는 하지 않았다. 다석은 '하나'와 '셋'이 인생과 역사와 우주를 설명하는 신비한 원리나 구조를 보여 주는 것으로 설명하지 않았다.

천부경 풀이에서 나타나듯이 다석은 '하나'와 '셋'을 가지고 인간이 하늘과 땅에 참여하여 '하나'를 세움으로써 '하나'로 나아가는 과정과 움직임을 나타내려고 했다. 다석은 사람을 '셋'(만물)과 관련지음으로써 '하나'와 '셋'에 관한 논의를 사람이 만물을 대표해서 '하나'를 세우고 '하나'로 돌아가는 실천적인 사유와 논리로 만들었다. '하나'는 이미 '셋', 만물 속에 들어차 있고, 만물이 절로 절로 하나로 돌아가는 길을 열고, '만물'을 하나로 이끌고 있다. 만물이 이미 '하나'로 가는 길에 있고 그 길로 가고 있다. 만물이 '하나'로 가는 길의 중심에 사람이 있다. 다석은 만물 속에서 만물과 함께 '하나' 안에서 '하나'를 품고, '하나'와 더불어 '하나'로 가는 길을 간다. 다석의 귀일사상은 그 길을 설명하는 사상이 아니라 그 길을 열고 그 길을 가는 사상이다. 다석의 귀일사상은 《한단고기》와 《삼일신고》에 나오는 삼일철학의 신학적이고 형이상학적인 순환 논리에서 벗어나 천지인 합일의 우주적 실재와 생명진화의 역사적 과정과 목적에 충실한 실천철학이다.

셋째, 다석이 균형 잡힌 이론과 사상의 체계를 만들어 내는 대신에 '하나'에 집중하고 '하나'를 중심에 놓고 '하나'를 지향했기 때문에 깊고 큰 사상의 틀을 형성할 수 있었다. 모든 이론과 설명은 평면이다. 삶과 정신은 입체이고, 삼차원의 입체를 넘어서 위로 앞으로 나아가는 사차원, 무한차원의 존재다. 다석은 전체 하나의 자리에서 모든 것을 보았고, 전체 하나를 향해 나아가려고 했다. '하나'로 모든 것을 통하고 전체를 하나로 잇고, 모든 것을 하나로 실현하고 완성하려고 했다. 서로 다른 차이와 간격, 대립과 모순을 넘어서 모든 것을 하나로 만나고 큰 하나 속에서 크게 하나로 되고, 참되고 영원한 생명에 이르려 했다. 오히려 '하나'에 집중함으로써 다석 사상의 중심과 목적이 분명해지고, 고금동서가 회통하는 대종합을 이루게 되었다. 다석은 깊은 영성과 참된 삶을 추구한 실천적 생활철학자요, 세계와 우주를 하나로 아우르는 체험적 사상가였으므로, '하나'에 집중하고 '하나'를 탐구할 수 있었다. 이로써 다석은 이성과 신앙, 과학과 종교, 개인과 전체를 아우르는 현대적 사상을 형성했고, 본래의 한국 사상과 기독교 사상을 하나로 결합할 수 있었다.

─주(註)

1 박영호 엮음, 《多夕 柳永模 어록》, 두레, 2002. 40쪽.
2 1955년 6월 2일 일지에서 '통일'이라는 한시에서 인위적인 통일을 부정하고 귀일을 주
   장했다. 《다석일지 공부》 1, 60쪽. 《진리의 사람 다석 유영모》 下, 393쪽.
3 임승국 번역 주해, 《한단고기》, 정신세계사, 1998. 235~6, 243~4쪽.
4 박영호 엮음, 《多夕 柳永模 어록》, 두레, 2002. 40쪽.
5 《다석일지 공부》 1, 7쪽.
6 《다석일지 공부》 4, 497쪽.
7 《다석일지 공부》 4, 499~500쪽 참조.
8 1955년 4월 27일 일지에서 '三一哲學合編 一冊'을 금석호 장로에게 주었다고 하는 것으
   로 보아 다석이 한국민족의 고유한 철학인 '삼일철학'에 깊은 관심을 가진 것으로 판단된
   다. 《다석일지》(영인본) 上, 4쪽.
9 1963년 12월 23일과 25일의 일지. 《다석일지》(영인본), 512, 514쪽. 《다석일지 공부》
   4, 497, 501쪽.
10 김상일, 《한철학─한국철학의 과정신학적 해석》, 전망사, 1988, 109~111, 118~125
   쪽. 특히 124쪽 참조.
11 임승국 번역 주해, 《한단고기》, 정신세계사, 1998, 232~3쪽.
12 최동환 해설, 《천부경》, 지혜의나무, 2003, 128쪽.
13 유영모, '매임과 모음이 아니!', 《다석일지》(영인본) 上, 743~4쪽 참조. '하나님'을 찾아
   위로 올라가는 것이 결국 '하나'를 그리워하고 찾는 것이라고 하는 것에 대해서는 유영
   모, '하나', 같은 책, 760쪽 참조.
14 유영모, '하나', 《다석일지》(영인본) 上, 760쪽.
15 유영모, '까막눈', 《다석일지》(영인본) 上, 833쪽.
16 유영모, '여오', 《다석일지》(영인본) 上, 832쪽.
17 유영모, '주일무적', 《다석일지》(영인본) 上, 752쪽.
18 유영모, '무거무래 역무주', 《다석일지》(영인본) 上, 745쪽.
19 함석헌, '새윤리', 《함석헌 전집》 2, 347~348쪽.
20 유영모, '매임과 모음이 아니!', 《다석일지》(영인본) 上, 743쪽.
21 《진리의 사람 다석 유영모》 上, 33쪽.
22 유영모, '하게 되게', 《다석일지》(영인본) 上, 812쪽.
23 유영모, '깨끗', 《다석일지》(영인본) 上, 841쪽.
24 유영모, '하나', 《다석일지》(영인본) 上, 757쪽.
25 유영모, '밀알(2)', 《다석일지》(영인본) 上, 821쪽.
26 박영호 풀이, 《多夕 柳永模 명상록》, 두레, 2000, 307쪽.
27 유영모, '하나', 《다석일지》(영인본) 上, 760쪽.
28 박영호 풀이, 《多夕 柳永模 명상록》, 두레, 2000, 328쪽.
29 유영모, '하나', 《다석일지》(영인본) 上, 757, 760쪽.
30 박영호 풀이, 《多夕 柳永模 명상록》, 두레, 2000, 328쪽.
31 유영모, '까막눈', 《다석일지》(영인본) 上, 833~836쪽.

32 《진리의 사람 다석 유영모》上, 30쪽.

33 《진리의 사람 다석 유영모》下, 86, 138쪽.

34 박영호 풀이, 《多夕 柳永模 명상록》, 두레, 2000, 328, 330, 337쪽.

35 유영모, '정(2)', 《다석일지》(영인본) 上, 737쪽.

36 《진리의 사람 다석 유영모》下, 372쪽.

37 유영모, '여오', 《다석일지》(영인본) 上, 832쪽.

38 '神以知來'(신이지래)를 설명하는 《다석강의》, 230쪽 참조.

39 유영모, '말씀', 《다석일지》(영인본) 上, 887쪽.

40 《진리의 사람 다석 유영모》下, 393쪽.

41 《다석일지 공부》 1, 60쪽.

42 《진리의 사람 다석 유영모》下, 358쪽.

43 유영모, '속알', 《다석일지》(영인본) 上, 863쪽.

44 유영모, '깨끗', 《다석일지》(영인본) 上, 843~4쪽.

45 박영호 풀이, 《多夕 柳永模 명상록》, 두레, 2000, 381쪽.

46 《다석일지 공부》 7, 169~170쪽.

47 유영모, '빈탕한데 맞혀노리', 《다석일지》(영인본) 上, 891~894쪽.

48 유영모, '진리파지', 《다석일지》(영인본) 上, 767쪽.

49 유영모, '속알', 《다석일지》(영인본) 上, 861쪽.

50 《다석일지 공부》 1, 379쪽.

51 유영모, '밀알(2)', 《다석일지》(영인본) 上, 821쪽.

52 《다석강의》, 44, 50, 53쪽.

나가는 글

다석 사상의 성격과 의미

인생과 사상에는 완결된 것이 있을 수 없다고 보았던 다석은 자신의 사상을 완결된 체계로 만들지 않았다. 삶과 역사가 하나 됨을 향해 열려 있듯이 그의 사상과 철학도 생명과 정신의 하나 됨을 향해 그리고 그 하나 됨에로 나가는 실천을 위해 열려 있다. 그의 사상은 내적으로 통합되고 두루 뚫려 있다. 이처럼 열린 구조와 체계를 가지고 있기 때문에 다석 사상은 서로 다른 많은 사상과 정신의 이질적이고 상반된 요소들을 아우르고 소통시킬 수 있었다.

다석은 한국과 동양의 정신과 사상을 바탕으로 기독교 정신과 이성 중심의 서구 근대철학을 받아들임으로써 동서고금의 정신과 사상을 아우르는 대종합의 사상을 형성하였다. 다석 사상에서는 동아시아의 종교사상과 기독교 사상이 중요한 내용을 이룬다. 이 점에서 다석 사상은 종교적인 정신과 사상에서 분리된 서구 근대철학과 대조된다. 종교와 과학, 영성과 이성을 분리시킨 서구 근대철학과 학문의 경향과 방향을 기스르고 다석은 종교와 과학, 이성과 영성의 종합을 추구하였다.

오늘의 급속한 산업화와 세계화 속에서 생태학적 위기와 사회적 양극화, 물질주의와 정신적 황폐화를 극복하고 상생과 평화의 새 인류공동체를 형성하기 위해서는 동서 문화를 통합하고 이성과 영성을 종합하는 철학과 사상이 절실하게 요청된다. 다석 사상은 상생과 평화의 새로운 문명 시대를 열어가는 데 길잡이가 될 수 있다.

이 장에서는 다석 사상의 성격과 특징을 정리하고, 한국 현대 철학에서 다석의 위치를 살펴보고 다석 사상의 현대적 의미를 밝히려고 한다.

1. 다석 사상의 성격과 특징:
동서정신문화를 창조적으로 융합하다

1) 동서고금을 아우르는 사상

유영모 사상은 동서고금을 꿰뚫는 종합의 사상이다. 깊고 두루 통하는 뚫린 사상은 오늘의 삶에 충실했던 그의 체험과 깨달음에서 나왔다. 그의 사상은 머리, 가슴, 몸통으로 체득한 것이다. 빔(空), 없음(無), 합일(한님), 바탈(本性)을 추구한다는 점에서 동양적이고, 십자가 죽음의 치열함과 곧음, 죽음을 넘어서 사는 생명의지, 주체성과 인격적 자유, 평등과 민주, 과학적 이성을 강조했다는 점에서 서구적이다. 유영모가 예수와 석가, 공자와 노자의 정신세계를 품고, 부자유친(父子有親)을 말하면서 생명과 말씀의 줄을 잡으려 한 것은 '옛날'(古)에 통하고, 이제 여기, 한 점만을 찍고, 오늘 하루, "나"를 바로 세워 자유롭고 공평한 대동세계를 열려고 한 것은 '오늘'(今)에 통한다.

믿음의 진리와 씨올의 삶에 이르는 길을 추구했던 유영모는 낡은 이념과 종교의 틀을 깨고 동양과 서양, 고전과 현대에 두루 통하는 삶과 생각에 이르렀다. 진리와 역사(민중)에 대하여 열린 삶을 살았기 때문에 동서 문명이 합류하는 시대정신이 온전히 그의 삶과 정신 속에 스며들었다. 서구 문명과 기독교가 본격적으로 유입된 시기에 나서 살았던 유영모는 서구의 정신과 사상을 받아들였다. 유영모의 영성과 사상은 동양정신과 서양정신의 창조적 결합이다. 서구의 기독교 신앙을 동양적 한국적 정신으로 풀었다. 그의 사상은 기독교적 한국 사상, 한국적 기독교 사상이다. 예수와 민족혼의 만남이고 성경과 동양 사상의 결합이다. 하나님을 향해 솟아오르고, 몸을 산 제물로 드리는 성경의 사상이 무위자연(無爲自然)과 공(空)의 세계를 추구한 동양 사상과 결합되었다. 그리하여 기독교 사상은 동양의 사상에 비추어 새롭게 해석되고 동양의 사상은 기독교 사상에 비추어 새롭게 해석되었다. 동양과 서양의 정신 문화의 지평이 합류함으로써 새로운 정신사적 지평이 생성되었다. 다석은 동서의 정신적 만남과 융합에서 동과 서의 우월과 열등을 말하지 않고 주(主)와 종(從)을 말하지 않았다. 동서고금의 정신과 문화를 살리는 전체 하나의 자리에서 대종합의 사상을 형성하였다.[1]

다석의 삶과 정신에서 기독교와 동양 종교가 만나고, 이성과 영성, 민주정신과 공동체정신이 만났다. 십자가의 곧음과 치열함이 원융합일, 원융무애를 강조하는 동양정신의 편안하고 원만한 동글암, 포용정신과 만난다. 다석은 자신의 삶과 정신 속에서 동양 종교들의 핵심을 체득하고 기독교 신앙을 깊이 받아들여 크고 아름다운 사상과 정신세계를 펼쳤다. 그가 기독교의 울타리를 넘어서 자유롭게 동양의 종교들을 넘나들어도 그의 몸과 삶에 녹아든 정신과 사상의 세계는 편안하고 넓고 깊다.

동서 문명의 충돌과정을 동서 문명의 창조적 융합으로 승화시켜 민주화와 산업화를 이룩한 한국근현대사는 동서 문명의 평화로운 만남의 모범적 사례이다. 특히 기독교를 민족사의 중심에 받아들이면서 민주화와 근대화를 이룩한 것은 새무얼 헌팅턴(Samuel P. Huntington)의 문명충돌론에 대한 반증이며 서로 다른 문명의 창조적이고 평화적인 만남의 모범이다. 더 나아가 다석이 기독교 신앙과 정신을 중심에 받아들임으로써 이룩한 동서 문명의 사상적·정신적 융합은 동서 문명의 갈등과 충돌을 평화적으로 승화시킨 문명사적 업적이다.

2) 주체철학―'나' 철학을 세우다

자기를 부정하며 '하나'(하나님)를 추구하고 '하나'로 돌아갈 것을 역설하면서도 다석은 "나도 조상보다 낫다. 순(舜)은 누구요 나는 누구냐?"고 했고, "해와 달 저게 있는 것인가? 있는 것은 나다"라고 했으며, "내가 길이요 진리요 생명이다"라고 선언함으로써 시종일관 주체철학을 내세웠다. 다석 사상에서 주체인 '나'와 전체인 '하나'(하나님)는 서로 긴장을 이루면서도 서로 뗄 수 없이 결합되어 있다. 주체인 '나'와 전체인 '하나'를 이어주고 결합하는 것이 '생각'이다. 생각을 중심에 놓는 데서 다석 사상의 주체철학적 성격은 더욱 분명해진다. 다석 사상에서 '생각'은 생각하는 주체를 드러내고 주체를 형성하고 새롭게 하기 때문이다.

다석은 생명의 주체로서의 '나', 생각의 주체로서의 '나', 전체 하나로서의 '나'를 추구했고, 사사로운 육적인 '나'와 싸워 이김으로써 전체의 '나'에 이르려 했고, 생각함으로써 끊임없이 '나'를 생성하고 변화시키려 했다.

다석은 한 마디로 '나'의 철학자다. 그는 일관성 있게 '이제 여기의 나'와 우주 전체의 주인으로서의 '나', '한 나', '하나님의 나'를 추구했다. 그에게는 생명뿐 아니라 물질도 물체(物體) 즉 물의 주체가 있다고 보았다. 인식의 주체인 '나'와 인식의 대상인 물체의 주체(본성)가 다 주체로서 실현되고 완성되는 것을 다석은 '하게 되게' 다시 말해 "몸은 몸대로 하고, 몬(물질, 몸)은 몬대로 되게"로 표현하였다.

다석에 따르면 인간의 '나'는 우주의 현상계와 물질계를 넘어서는 단일허공, 절대초월의 세계, 하나님, 영의 세계와 이어져 있다. '나'의 얼굴이 "한없이 깊고 깊다". '나'의 얼굴 속에 지구, 은하계, 우주 전체가 있고 그 우주 전체를 끌어안은 맘, 맘을 품은 영, 하나님이 있다. 다석은 온갖 허영과 욕망을 한 점으로 비우고 그 한 점의 가운데를 찍음으로써 전체가 하나로 되는 대동세계, 자유와 평등의 세계로 단숨에 들어갈 수 있다고 보았다.

다석에게 '나'는 하나님의 아들로서 하나님과 부자유친(父子有親)하는 존재이다. 부자유친은 하나님과 내가 주체와 주체로서 사귀는 것이고 하나님과 함께 물질세계의 주인으로서 물질세계를 실현하고 완성하며 심판하는 것이다. 또한 '나'는 우주만물과 역사 속에서 하나님의 무한한 은혜에 힘입어 사는 존재로서 하나님의 목숨 줄, 얼 줄을 이어야 할 존재이고 우주의 역사에 참여하여 미래를 위해 내 몫을 해야 할 주체이다. 생명과 역사의 주체로서 모든 과거와 오늘의 삶과 현실에 대해서 무한한 책임을 지는 존재이다. '나'는 전체를 위해 '하나'(말씀, 얼)를 살려나가는 사람이다.

다석에 따르면 우주의 본질은 말씀이고, 우주는 움직이고 돌아가는 것이다. 말씀의 줄의 끄트머리인 '나'는 우주의 중심이면서 끝이다.[2] '나'를 우주의 중심과 끝으로 본 다석은 흔히 운명론적으로 해석하는 주역의 근본정신을 "내 생명 내가 산다"로 갈파했다. 다석은 생명의 주체인 '나'는 생각의 주체이며 생각함으로써 생각의 불꽃을 타고 앞으로 나아간다고 했다. 다석에게 '나'는 '나아가는 존재'이며 '나아지는 존재'이다. 생각함으로써 자신을 불태워 새로 태어나는 존재이고 솟아오르고 앞으로 나가는 존재이다. 다석은 삼녹에 빠진 인간세계에서 연대기적인 진보, 직선적인 진보는 없다고 했다. 참된 진보의 원천과 자리는 '나'이다. 그러나 말씀과 참의 끄트머리, 얼 줄의 끄트머리인 '나'는 세상에서 끊임없이 새로 태어나는 존재이고 솟아올라 앞으로 나아가고 나아지는 존재이다. 다석에게 '나'는 생각함으로써 가온 찍기를 함으로써 '나'를 불태움으로써 '나'를 새롭게 형성하는 존재, 늘 '나를 낳는 존재'이다. '내'가 우주의 중심과 끝으로서 늘 새롭게 태어나서 솟아올라 앞으로 나가는 존재이므로 '내'가 생명과 우주와 역사의 길을 내고 '내'가 곧 길이 된다. 길이 따로 있지 않고 '내'가 곧 길이라고 함으로써 다석의 주체성의 철학이 철저하게 된다. 다석은 "나는 길이요, 진리요, 생명이다"라고 한 예수의 말을 자신의 말로 받아들였다. 길과 진리와 생명이 '나'에게서 비롯되고 생겨난다는 것은 주체철학의 절정을 보여 준다.

가온 찍기는 참된 나와 전체의 나로 단숨에 들어가는 돈오(頓悟)의 길이다. 나를 비워서 허공과 무에서 하나의 세계로 참된 나에게로 들어간다는 점에서 불교적이다. 허공과 무의 세계, 전체 하나의 세계, 빈탕한데의 세계에서 놀이를 하려고 했다는 점에서 도교적이다. 그리고 나의 본성, 바탈에서 하나님을 발견하고 그 바탈을 살리고 실현하고 온전하게 하려고 했다는 점에서 유교적이다. '나'와 '전체의 나'를 일치시킨 것은 영혼(아트만)과 우주 신(브라만)을 일치시킨 힌두교와 통한다. 하나님과 인격적 사귐을 말하고 늘 새롭게 태어남을 강조한 것은 기독교적이다. 인간을 생각하는 존재로 보고 역사와 생존의 주체임을 강조한 것은 서구 근대철학과 통한다.

그러나 다석의 '나' 철학은 이 모든 것과 다르다. 불교가 공과 적멸의 세계에서 삼독에 사로잡힌 나에게서 해탈하려고 한 것은 다석과 일치하나 다석은 우주세계, 빈탕한데의 주인으로서의 '나'를 강조한다. 우주와 역사에 대한 '나'의 책임을 강조한다는 점에서 '나'를 끊임없이 낳는다는 것을 강조한다는 점에서 다석은 불교와 다르다. 빈탕한데에서 놀이를 하려고 한 것은 노장사상과 일치한다. 노장사상에서도 세속의 욕망과 집착에서 벗어나 초월적인 자유 속에서 '거닐어 노닐려'(소유요)고 했다. 그러나 장자가 우주와 나의 몸을 하나라고 하고 물질과 세상에서 벗어나 '나'만이 존재한다(獨存)고 했으나 장자는 세상에 대한 '나'의 적극적인 책임을 말하지 않았다. 그러나 다석은 우주를 넘어서서 단일허공, 하나님과 내가 하나라고 하였다. 그리고 신의 아들로서 우주만물의 주인으로서 세상과 인간에 대한 무한책임을 강조하였다. 다석이 하늘, 하나님과 인간의 바탈을 일치시키고, 바탈을 실현하고 완성하려고 한 것은 유교와 일치한다. 장횡거와 왕양명이 하늘과 땅은 부모이고 인간과 만물은 동포형제라고 하여 대동사상을 말하기도 했으나 인간의 철저한 자기부정과 단일허공을 말하지도 않았고 하나님과의 인격적인 친교를 말하지도 않았다. 그러나 바탈을 줄곧 뚫어서 비움으로써 하나님, 영과 소통하려고 한 것은 유교의 지평을 넘어선 것이다. '나'를 끊임없이 새롭게 낳고 빈탕한데의 주인으로서 유희삼매를 추구한 것은 유교와 다르다.

다석이 '나'와 '참 나', 하나님, 우주 전체의 일치를 말한 것은 힌두교와 비슷하다. 그러나 힌두교의 기본 명제인 "네가 바로 그것이다"(Tat tvam asi)는 다석의 '나 철학'의 기본 관심과 다르다. 힌두교에서는 '네'가 바로 '그것'(브라만, 궁극적 존재)이라고 함으로써 세상에서 '너'의 존재를 해소시키고 초월적·궁극적 존재로 승화시킨다. '네'가 바로 그것이라고 함으로써 역사와 사회의 지평에서 초월적·보편적·궁극적 존재의 지평으로 이동한다. 탈역사화, 탈사회화의 방향으로 움직이게 된다. 이에 반해 하나님의 아들로서 세상에서의 무한책임을 강조한 다석은 예수의 십자가의 자리에서 예수(말씀, 영)를 이어서 섬으로써 세상을 구원하는 사랑과 정의의 무거운 짐을 지게 한다. 하나님과의 사귐을 말하고 늘 새로 태어남을 말한 것은 기독교적이지만 나의 본성과 하나님의 일치를 강조하고 단일허공에서 하나님과 놀이를 한다는 것은 기독교의 경계를 넘어선다. 또 다석이 인간을 생각하는 존재와 역사와 사회의 주체로 강조한 것은 서구근대의 철학과 일치하지만 신과 나의 일치를 말하고 앎과 모름, 삶과 죽음을 넘어서는 초월의 세계를 말한다는 점에서 근대철학의 관심을 넘어선다.

다석의 '나 철학'은 동서의 철학들이 결합하여 강력하고 심오하고도 철저한 주체성의 철학으로 형성된 것이다. 새롭게 태어남을 강조하고, 우주와 역사의 창조자인 인격적 유일신 신앙을 내세우는 기독교 사상, 비판하고 저항하는 이성적 주체성을 강조한 근대철학, 천성과 인성의 본성적 일치를 강조한 유교의 천인합일 사상, 인간과 자연의 본래적 생명력을 강조한 노장의 무위자연 사상, 모든 것을 부정하고 초월한 불교의 공사상, 모든 것을 하나로 아우르는 한국의 한사상이 한데 녹아지고 결합하여 강력하고 심오한 주체성의 철학으로 되었다.

그의 주체철학은 형이상학적이고 종교적인 깊이를 가지면서도 구체적인 삶에 뿌리를 둔 생명철학이며 일상생활을 위한 민주적인 생활철학이다. 일상적이고 현실적인 삶의 '나'에서 우주를 넘어서 태공(太空)의 하나님과 하나로 되는 '나'를 포괄하는 철학이다. 다석의 '나'는 늘 새롭게 태어나면서 위로 솟아올라 앞으로 나아가는 '나'이고, 하늘(ㄱ)과 땅(ㄴ) 사이에서 땅에 발을 디디고 꿋꿋이 실천하는 주체로서의 '나'이다.

3) 천지인합일의 철학

다석은 땅에서 곧게 서서 하늘을 추구하고 하늘과 하나 됨을 추구하였다. 하늘을 지향한 다석의 사상은 한국 고유의 천지인 합일사상과 그리스도가 하늘에서 내려왔다가 하늘로 돌아갔다는 요한복음의 신학에 근거한 것이다. 천지인 합일사상은 하늘을 지향하고 하늘과의 소통을 추구함으로써 천지인 합일을 이루려 했고, 요한신학은 세상에서 그리스도를 따라 하늘로 올라가는 것을 구원이라고 생각하였다.[3]

땅에서 솟아올라 하늘로 들어갈 것을 염원했다는 점에서 다석 사상은 영지주의와 비슷하다. 영지주의는 세상에서의 부정적인 경험과 세상의 죄악과 적대성에서 쓴맛을 보고서 물질세계에 대한 혐오와 비관에 빠져 '몸과 세상의 감옥'에서 벗어남을 구원으로 보았다. 본래의 '나'가 초월적 신과 본질이 같다고 보고 '나'와 '신'의 합일에 관한 지식을 추구했다. 유영모도 일제시대와 해방 후 독재정권에서 부정적인 경험을 했고 아우의 죽음으로 몸의 허망함을 의식하고 금욕생활에서 몸을 억압하려고 함으로써 세상과 몸 생활을 부정적으로 보는 경향이 있었다. 다석도 '나'와 '하나님'의 합일을 추구했다.

다석도 몸과 얼을 대조시키고 금욕생활을 강조하면서 위로 올라갈 것을 강조한다는 점에서 영지주의적 경향을 드러낸다. 그러나 다석 사상과 영지주의 사이에는 차이도 분명하게 드러난다. 그 차이를 세 가지로 말할 수 있다.

첫째, 다석 사상이 근거한 천지인 합일 사상은 땅을 배제하거나 무시하는 것이 아니라 하늘에 중심으로 두면서 하늘과 땅과 인간의 합일을 지향한다는 점에서 영지주의와는 구별된다. 몸과 영의 상호적대성을 강조한 영지주의와는 달리 다석은 몸과 영을 통합적으로 보았다. 유기체적인 몸이 건전한 정신을 담는 그릇만이 아니라 건전한 몸이 건전한 정신을 낳는 모체라고 보았다. 더 나아가서 400조 살알 하나하나가 깨어나서 인격, 정신, 얼이 생겨난다고 본 것은 영지주의와는 달리 몸을 신령한 것으로 본 것이다. "맘은 고운 재처럼 가라앉고 몸은 꼿꼿이 솟아올라야 한다"고 말한 것도 몸을 긍정하고 소중하게 본 것을 뜻한다. "척주(脊柱)는 율여(律呂) 몸 거른고"라고 한 것도 몸의 소중함을 밝힌 것이다. "맥박이 뚝딱뚝딱 건강하게 뛰는 소리가 참 찬송이다. 다른 것은 부러워하지 않는다".[4]라고 말한 것도 다석이 몸과 물질을 중심에 놓고 생각한 것을 말해 준다.

둘째, 다석 사상이 근거한 요한신학은 영지주의와 비슷한 점이 있지만 영지주의와 맞서고 영지주의를 극복하려고 했다는 점에서 영지주의와 다르다. 요한복음은 세상에 대한 적대적 태도와 죄악에 대한 이원론적 대립, 육과 영, 위와 아래의 대립과 대조를 강조함으로써 영지주의적 경향을 보인다. 특히 그리스도가 위에서 와서 위로 돌아가며 믿는 이들도 그리스도와 함께 세상에서 위로 올라감으로 구원받는다고 본 것은 영지주의와 통한다. 그러나 요한복음은 살과 피를 부정적으로 보면서도 성육신신학과 공동체적 사고, 앎과 믿음과 삶과 행동의 일치를 강조하고 공동체적 사귐과 섬김을 강조한다는 점에서 영지주의와는 구별된다. 요한복음 3장 16절에서 "하나님이 세상을 이처럼 사랑하사……"라고 한 것도 영지주의와 구별된다.

셋째, 다석은 세상에서 시간적인 차원을 중시했고, '앞으로 나아가고 더욱 나아진다'는 생각을 강조했다는 점에서 물질세계인 세상을 떠나 영적인 하늘의 세계로 올라갈 것을 일방적으로 강조한 영지주의와는 구별된다. 더 나아가서 다석이 도가의 이상적 경지인 화광동진(和光同塵)을 농부의 그을린 얼굴에서 보고, 노동자, 농민, 밥하고 청소하는 여인, 어머니를 구원자로 본 것은 세상에서의 삶을 가치 있고 의미 있게 본 것은 영지주의와 다른 것이다. 그리고 농촌으로 들어가 이마에 땀 흘려 일하고 이웃을 사랑으로 섬기는 삶을 추구한 것도 영지주의와 다르다. 단군이 하늘을 열고 세운 나라를 강조하고 한글철학을 탐구한 것도 영지주의와는 다른 것이다.

다석에게는 금욕적 경향이 있는 것은 분명하다. 한국인에게는 흔히 현실의 삶에 대한 강한 집념과 악착같은 집착과 끈기가 있다. 현세의 삶에 대한 강한 집념이 한국인의 마음을 움직이는 일반 정서라면 이에 대한 심리적 반동으로 현세적 삶으로부터 초연하여, 자연과 하나로 되려는 열망도 있다. 이러한 열망이 한국인의 심리 깊은 곳에 내재해 있다. 한국 역사에는 초월적인 신선의 삶을 추구하는 금욕적인 인물들이 자주 나온다. 가톨릭이 전교되었을 때 남녀관계와 성생활을 초월하여 영적인 삶을 살려는 이들이 많이 나왔으며 이들 가운데 많은 부부들이 해혼하고 금욕생활에 들어갔다. 토착적 영성을 심오하고 아름답게 꽃피웠던 이세종과 이현필도 해혼하고 엄격한 금욕생활을 추구하였다.

다석에게 나타나는 금욕의 경향을 어떻게 보아야 할까? 물질문명이 절정에 달하고 성적 자유가 넘쳐나는 현실에서 다석의 금욕적 경향은 낯설게 여겨진다. 예수도 세상을 지배하는 욕망과 집착에서 자유로운 금욕적 영성을 가지고 있었다. 하루 종일 복음을 전하고 병을 고치고 가난하고 병든 사람과 어울리느라고 지쳤으면서도 밤을 새워 기도하거나 새벽에 기도를 한 것은 예수가 깊은 영성을 추구한 이임을 알려 준다. 가난한 사람이 복이 있다고 하면서 돈과 하나님을 대비시키고 음욕을 품으면 이미 간음한 것이라고 하고, 눈이 범죄 하면 눈을 뽑고 손이 범죄 하면 손을 잘라 버리라고 한 것은 그가 엄격한 금욕의 영성을 추구한 것을 말해 준다. 그러나 예수는 금욕 자체에 집념하지는 않았던 것 같다. 예수가 공적인 삶을 시작하기 전에 악마에게 받은 세 가지 시험은 밥(경제), 기적(종교), 권력(정치)에 관한 것으로서 '성'(性)에 관한 시험은 나오지 않는다(마 4:1-10). 또한 예수는 세리와 창녀 같은 세속적 인간들과 밥과 술을 먹으며 어울림으로써 금욕과는 거리가 먼 자유롭고 분방한 모습을 보이기도 한다. 예수가 버림받고 죽어 가는 인간의 구원을 위해 인간의 삶 속으로 들어갔다면, 다석은 인간의 본성을 회복하기 위하여 인간의 왜곡된 욕망과 경향에 철저히 맞섰다. 그리하여 다석은 대중의 욕망을 자극하고 조장하는 시장경제 시대에 대중의 여론을 움직이는 매스컴과 통신이 지배하는 대중문화 시대에 대중의 욕망과 행태를 거스르고 대중으로부터 철저히 자신을 숨겼다.

영지주의적이고 금욕적인 요소가 다석 사상에서 발견되기도 하지만 다석이 인생의 결론으로 제시한 빈탕한데 맞혀놀이는 영지주의와 금욕의 요소를 넘어서 활달하고 자유로운 사상의 경지를 보여 준다. 다석에게 빔과 없음의 세계인 빈탕한데는 시간과 공간의 한계를 넘어서는 자유로운 세계, 역사와 사회의 상대적인 제약과 경계를 넘나들고 넘어서서 하나로 통하는 세계였다. 그것은 나와 타자, 안과 밖을 통합하고 넘어서고, 몸과 정신, 앎과 행함을 일치시키는 행위이기도 했다. 다석에게 없음과 빔의 절대 하나인 세계로 들어가는 것은 자기에게서 벗어나 참된 '나'에 이르는 길이고 허공과 '나', 우주생명과 '나', 진리 자체와 '나'의 일치에 이르는 길이기도 하였다.

빈탕한데 맞혀놀이를 하는 것은 문화·종교적인 제약과 편견을 넘어서 전통과 현재를 넘어서 동양문명과 서양문명의 차이와 벽을 넘어서 하나로 회통하는 큰 사상과 정신에로 들어가는 일이었다. 그의 말대로 동양문명의 뼈에 서양문명의 골수를 넣는 일은 절대 하나의 세계인 빈탕한데의 자유로움과 열림이 없이는 이루어질 수 없는 일이었다. 자신의 믿음에 굳건히 서면서 다른 종교문화사상을 아무 걸림 없이 받아들일 수 있었던 것은 모든 생명과 정신과 사상이 아무 걸림과 제약이 없는 빈탕한데의 절대 하나인 세계에 들어갈 수 있었기 때문이었다.

또한 빈탕한데의 유희삼매(遊戲三昧)는 탈역사적·탈세상적 유희가 아니었다. 하나님의 아들로서 우주와 생명세계의 주인과 주체로서 사랑의 무한책임을 지는 존재였다. 편견이나 욕심, 상대적인 시비판단의 다툼에서 벗어나 하나님의 사랑과 정의에 몸과 마음을 맞기고 놀자는 것이었다. 자아와 상대세계의 욕망과 집착과 주장이 없는 빈탕한데가 하나님의 정의와 사랑의 세계였다. 정의와 사랑의 빈탕한데에서 우주의 생명과 역사를 완성하는 놀이를 하는 것이다.

그러나 다석에게 빈탕한데의 놀이는 세상을 초월한 피안의 세계에서 근엄하고 완벽한 삶의 자세를 가지고 놀이를 하자는 것이 아니다. 하늘 아버지의 자녀로서 어린아이처럼 유치원 장난하듯이 어리광을 부리며 놀자는 것이다. 아버지 하나님을 닮으려고 애쓰고 아버지에게 가까이 가려고 애쓰는 것은 당연하나 마치 아버지인 것처럼 처신해서는 안 된다는 것이다. 어린아이처럼 상처 주고 상처를 받으며, 다툼 속에서 시련과 고통을 겪으면서 역사와 사회의 현실 속에서 날마다의 삶 속에서 빈탕한데의 놀이를 하자는 것이다. 근엄하고 완벽한 점잖은 행태를 할 때보다 유치원 어린아이처럼 놀이하듯이 인생과 역사를 살아갈 때 아버지의 인정을 받고 영접을 받게 된다는 것이다.

빈탕한데에서 놀이하는 사람은 자기에게 집착하지 않으며, 자연과 타인을 정복하거나 괴롭히지 않고, 자기와 남을 함께 자유와 완성의 길로 이끈다. 이 자유로운 삶의 경지를 다석은 '몸을 몸대로 하고, 몸은 몸대로 되게'로 표현한다. 다석의 '몸대로'는 자연을 정복하겠다는 식의 '맘대로'가 아니다. "서양에는 자연을 정복해야 잘 살 수 있다는 생각이 있는데 동양에서는 그 따위 소리 않는다." 반대로 "몸에 대해 부자연하게 간섭하지 말라. …… 자연을 자연대로! '사람은 사람 노릇하고 몬은 몬들 절로 되게!'"라는 것이다. 이러면 "만족한 세상 온다"는 것이다.[5]

하나님과 생명의 바탈에 이르려면 없음과 빔에 이르러야 하고 없음과 빔에 이르면 물질에 대한 집착과 매임에서 벗어나 하나님의 힘으로 사랑으로 자유롭게 살 수 있다. 하나님의 힘으로 살고 하나님께 맡기고 쉬며 산다는 것은 노장의 무위자연과 통한다. 없음과 빔 속에서 하나님 안에서 하나님을 모시고 살면 마음은 '맘대로 하고', 물성(物性)은 '물성대로 되게' 하여 생명을 완성시킬 수 있다. 빈탕한데서 '맘대로 몸 되게' 살았던 다석은 흙 묻은 신선이고, 약하고 겸허한 초인이며, 어린이 같은 어른(聖人)이다.

2. 한국 현대 철학사에서 다석의 위치
—다산, 동학, 함석헌과의 비교

한국에는 현대 철학이 없다고 한다. 왜 한국 철학자들은 현대 한국 철학을 발전시키지 못했는가? 두 가지 이유를 댈 수 있다. 첫째, 동서 문명이 만나는 문명사적 상황과 현실에도 불구하고 동서 문명을 그들의 정신 안에서 통합하지 못했기 때문이다. 동양정신문화의 주체성을 가지면서도 기독교를 깊이 받아들이고 민중과 함께 씨름하며 민주적이고 과학적인 사상을 추구한 유영모는 자신의 정신 안에서 동서 문명을 통합할 수 있었다. 그래서 그는 동서 문명을 아우르는 철학을 형성할 수 있었다. 둘째, 치열했던 한국근현대사의 고통스러운 역사적·사회적 현실 속에서 진리를 탐구할 수 있는 자유를 누리지 못했기 때문이다. 일제의 식민통치, 남북분단과 전쟁, 군사독재의 폭력과 유혹에 휘둘린 사람들은 그 시대를 이끌어가는 철학을 형성할 수 없었다. 유영모는 혹독한 역사의 시련 속에서도 자신의 정신과 씨올의 자리를 지키는 진실함과 자유를 지녔기 때문에 시대에 충실한 철학을 형성할 수 있었다. 한국근현대사에서 다석 사상이 지닌 위치와 의미를 밝히기 위해서 정약용, 동학, 함석헌과 간략하게 비교하려고 한다.

1) 다산 정약용과의 비교

다석의 사상은 대표적 실학자 다산 정약용의 사상과 비교된다. 다산의 사상은 중국선교사 마테오 리치(1552~1610)의 사상(《천주실의》)에서 큰 영향을 받았다.[6] 다산의 사상을 이해하기 위해서는 리치의 사상의 기본 내용과 성격을 알아야 한다. 아리스토텔레스의 철학과 토마스신학에 기초한 리치의 사상은 중세 가톨릭 신학과 유교의 만남이다.[7] 리치는 '무'(無)와 '공'(空)을 말하는 도교와 불교를 비판하고, '유'(有)와 '성'(誠)을 말하는 유교를 긍정한다. 그는 또한 유교의 옛 경서들에 근거하여 상제와 천주를 동일시한다. 리치는 성리학에서 강조한 천인합일과 물아일체(物我一體)의 전일적 세계관을 거부하고 천지만물과 천주를 구별하였다. 그는 또한 선천적으로 주어진 덕을 부정하고, "덕이란 …… 오랫동안 도의(道義)를 익히고 그것의 실천을 생각함으로써 생겨난다"고 함으로써 개인의 주체적 노력과 실천을 통해 덕이 생겨남을 강조하였다.[8] 리치의 사상에서는 천주와 구별된 천지만물은 과학적 탐구의 대상이 되고, 신과 만물로부터 구별된 인간 개인의 주체가 강조되었다.

리치와 마찬가지로 다산은 "하늘로부터 받은 본래의 본성(덕성)이 인간에게 있으며 인간과 만물이 일체를 이룬다"는 주자학의 가르침을 비판하고, "모든 진리가 하나로 통한다"는 불교의 만법귀일론(萬法歸一論)을 부정하였다.[9] 다산은 사물과 자아를 구별하고, 자연현상으로서의 하늘과 윤리실천의 근거로서의 하나님을 구별하였다.[10] 그는 하나님(上帝)을 "하늘·땅·신·인간(天地神人)의 바깥에서 하늘·땅·신·인간 만물 등속을 조화하고 재제(宰制)·안양(安養)하시는 분"[11]이라고 하었다.

또한 천주와의 관계를 강조하고 개인의 의지적 노력과 실천을 강조한 리치의 도덕사상에서 영향을 받은 다산은 신 앞에서 꾸준히 정성을 다함으로써 중용의 덕에 이른다고 생각했다. 천지만물과 천주를 구별함으로써 자연세계는 과학적 탐구의 대상이 되고, 개인의 의지적 노력과 실천을 강조함으로써 개인의 도덕적 주체를 강조하게 되었다. 이로써 다산은 성리학의 도덕적 형이상학에서 벗어나 근대적이고 실학적인 사유에로 들어가게 되었다.

다산은 보편을 강조하는 공·맹의 본원유학과 개별을 강조하는 서학을 결합하여 근대적인 실학사상을 형성하였다.[12] 그는 본원유학의 심법(心法)을 천명(天命)의 순종과 성실의 실천으로 파악했다. 다산은 인간과 하나님의 관계를 명령과 복종의 관계로 보았다. 김영일은 다산이 천인(天人)관계를 천명으로 파악한 것은 윗사람과 아랫사람 사이의 지배와 복종 관계를 연상시킨다고 하였다. 다산은 중용(中庸)의 중(中)을 '충'(衷, 정성)과 '성'(誠)으로 이해하고 용(庸)을 '떳떳함', '꾸준함'으로 이해했다. 중화(中和)의 덕은 선천적으로 갖추어진 것이 아니라 일상적인 꾸준한 실천의 결과로 얻어지는 것이다. 꾸준한 성실함은 하나님(상제) 앞에서 유지할 수 있고 중용의 성실함은 하나님과 짝하려 하는 '경계하고 신중하며 두려워하는 마음'(戒愼恐懼)이다.

다산의 사상을 다석의 사상과 비교하면 두 가지 차이가 두드러진다. 첫째, 다석은 기독교와 유불도에 회통하는 대통합의 사상에 이르렀다면 다산은 주자학과 불교를 비판하면서 본원유교와 서구의 과학사상과 천주사상을 접목시키고 있다. 다산의 사상에서 동서 정신문화의 만남과 결합은 초기 단계에 있다고 생각된다. 둘째, 다석에게서 하나님과 인간의 관계는 아버지와 아들의 관계로서 친밀하고 인격적이며 자유로운 데 반해서 다산의 경우에 상제와 인간의 관계는 명령하고 복종하는 상하관계로서 유교의 전통적인 언어로 규정되고 있다. 다석에게서 하나님에 대한 인간의 자세는 매우 주체적이고 적극적인데 다산의 경우에 상제에 대한 인간의 자세는 꾸준한 성실함, 경계하고 신중하며 두려워함으로 나타난다.

이것은 다산이 민중에 대한 애정을 가지고 과학적인 사고를 하고 당대의 비판정신을 지니고 있었음에도 불구하고, 왕조시대와 유교전통의 세계관과 가치관을 완전히 벗어나서 민중적 주체성과 민주적 자유에 이르지 못했음을 나타낸다. 시대와 사회의 억압과 제약 속에서 정약용이 천주교에 대한 태도를 여러 차례 바꿔야 했다는 사실이 그의 시대 제약성을 보여 준다.[14] 이런 시대 상황에서 다산이 동서 문명의 정신과 사상을 자유롭고 활달하게 통합하는 사상을 형성하기는 어려웠다.

다산이 유교적 목민관의 관점에서 민본주의에 머물고, 민중을 역사와 사회의 주체로 파악하지 못한 것은 왕조질서 속에 살았던 그의 시대적 한계를 드러낸다.[15] 다산은 민중에 대한 깊은 애정을 가지고 살면서 자신의 사상을 형성했으나 그의 사상은 동학운동에서 시작된 민중의 자각과 해방운동으로 이어지지 못했다. 동학운동에서 비로소 한국의 근현대사는 시작되며 민중의 자각과 민주화운동이 본격적으로 일어났다. 3·1독립운동을 경험한 다석은 민중의식과 민주정신을 가지고 철학을 형성할 수 있었다. 역사와 사회의 밑바닥에서 사는 민중의 주체성과 활달한 자유에 이를 때 온갖 이념적·사회적 제약에서 벗어나 걸림 없는 대통합의 사상에 이를 수 있고 동서정신문명의 깊은 만남과 창조적 결합에 이를 수 있다.

2) 동학과의 비교

왕조 질서의 제약에서 벗어나 민중의 삶의 자리에 설 때 비로소 민중 주체와 사상적 회통의 대종합에 이른다. 원효가 민중의 자리로 내려 갔을 때 모든 종파의 이론들을 회통하는 사상이 나왔듯이 민중의 자리에 내려가 민중의 삶을 함께 체험할 때 민중 주체에 이르고 회통의 사상에 이른다.

서구의 기독교와 근대문화의 충격을 받아 민중적 주체성과 유불선 회통에 이른 것은 최제우였다. 최제우는 중화중심의 전통적 세계관과 조선왕조의 질서에 절망하고, 고통 받는 민중의 삶과 심정을 자신의 삶과 심정에 받아들임으로써 새로운 세계관과 철학에 이를 수 있었다. 최제우는 기독교와 서구 문명의 도전과 충격을 주체적으로 수용하고 유교, 불교, 도교를 아우르며, 민중 주체적이고, 창조적인 종교사상을 형성했다. 시천주사상은 민중의 종교적 · 정신적 주체성의 근거일 뿐 아니라 사민평등의 근거였다. 민중적 · 주체성과 평등성은 사회적 · 시대적 제약에서 벗어나 자유롭고 활달한 사유에 이르게 했고 유교의 울타리에서 벗어나 유불선 회통에 이르게 하였다.

최제우가 시작한 동학운동은 민중의 자각으로 시작한 한국 근현대사의 시작이며, 민주화 운동의 원점이다. 동학은 동서 문명의 충돌을 민중종교철학으로 승화시켰다. 한국 철학계의 원로였던 박종홍은 퇴계나 율곡보다 수운 최제우를 높이 평가했고, 동학에서 창조적인 한국 철학의 가능성을 확인하였다.[16) 박종홍이 박정희의 정치고문이 되면서 동학에 대한 철학적 논의는 사라졌다.

한국근현대사에서 동학은 매우 중요한 위치를 차지하고, 창조적이고 심오한 민중생명철학을 형성했지만 그 나름의 한계를 가지고 있다. 동학은 주문과 부적의 사용에서 보듯이 근대적 · 과학적 사유, 철저한 이성적·합리적 사유를 받아들이지 못했다. 또한 인간정신을 깊이 파고 죄와 악의 뿌리를 뽑는 철저한 사고에 이르지 못했다. 이성을 강조한 근대과학과 인간의 죄악을 철저하게 문제 삼는 기독교의 관점을 받아들이면서 유불선을 회통시키는 종합적 사고는 다석에게서 나온다. 유영모는 기독교 신앙을 바탕으로 유교, 불교, 도교를 아우르면 민중(씨올)을 중심에 세우는 종합적인 사상을 형성했다. 동학이 부적과 주문을 사용하면서 대중적 정서와 감정을 움직인 것과는 달리 유영모는 생각을 사상의 중심에 두고 '나'를 깊이 파고들었다.

이런 차이에도 불구하고 동학과 유영모 사이에는 사상적 유사성이 있다. 유영모도 하나님을 모시고, 사람을 하나님처럼 섬기며, 사람 속에서 하나님의 씨앗을 본다는 점에서 동학의 사상과 비슷하다. 유영모가 동학을 연구하거나 동학에 대해 언급한 내용을 찾아보기 어려우나 유영모 사상과 동학사상 사이에는 놀라운 친근성이 나타난다. '시천주', '인내천', '사인여천'은 모두 '지금 여기의 삶' 속에서 하나님을 만나는 것과 관련 된다. 시천주도 하나님을 지금 내가 모신다는 것이고 인내천도 지금 내 속에 하나님이 있다는 것이며 사인여천도 지금 살아 있는 사람을 하나님처럼 섬기라는 것이다. 모두 지금 여기의 삶에 집중하는 것으로 이해된다. 지금 여기의 삶을 강조한 동학의 사상은 '오늘 여기'의 삶을 강조한 다석 사상과 일치한다.

동학의 종교사상의 핵심은 다석에게서 그대로 발견된다. 다석도 하나님을 머리에 이고 살려고 했고, 사람 속에서 하나님을 만나려 했으며, 사람(민중)을 그리스도(하나님)로 섬기려 했다. 그러나 다석은 생각함으로써 '나'를 새롭게 하고 변화시키며, 앞으로 나가려고 했다는 점에서 동학사상보다 현대적이다. '씨올'(민중)을 어버이처럼 받들고 씨올에게서 그리스도를 보면서도 생각을 중심에 놓고 우주를 하나로 품고 대동세계를 열려고 하였다. 다석은 풀뿌리 민주주의의 철학적 영적 원리를 닦고 실천했다.

3) 유영모와 함석헌의 사상적 관계와 차이

유영모와 함석헌은 한국의 대표적인 현대 철학자이다. 유영모가 동서의 정신문화를 아우르면서도 깊은 영성의 철학을 탐구했다면 함석헌은 역사의 한가운데서 민주와 통일, 주체와 전체를 아우르는 세계평화의 철학을 펼쳤다. 유영모와 함석헌의 정신과 삶은 뗄 수 없이 이어져 있다. 태어난 날도 3월 13일로 같고 세상을 뜬 날도 유영모는 2월 3일, 함석헌은 2월 4일로 잇닿아 있다. 나이는 열한 살 차이가 났으나 1921년에 오산학교 교장과 학생으로 만났던 사제 간의 인연은 길게 이어졌다.

함석헌은 기회 있을 때마다 유영모에게서 가르침을 받았고 유영모는 함석헌을 분신처럼 아꼈다. 함석헌이 공산치하에서 죽을 고비를 넘기고 내려왔을 때 유영모는 함석헌을 극진히 맞이했다. 여운형 등 유명하다는 이들이 찾아와도 무심하던 유영모가 함석헌이 온다는 소식을 듣고 여러 날 전부터 집안 청소를 했는데 이때 따님이 굴뚝 청소를 하다가 다리가 부러졌다고 한다. 함석헌은 북한에서 남한으로 내려온 1947년 3월 17일부터 1959년 말까지 유영모의 강좌에 열심히 참석하였다. 함석헌은 죽을 때까지 유영모를 스승으로 받들었다. 말년까지 "내게 좋은 선생님이 계셨지요" 하면서 다석을 마음으로 기렸다.

그러나 함석헌과 유영모 사이에는 사상과 정신에서 작은 차이가 드러난다. 이런 차이를 1956년과 1957년의 〈다석강의〉에서 엿볼 수 있다. 다석은 1955년 4월 26일부터 1년 후에 죽는다고 선포하고 날마다 자기를 제사드리며 자기와의 싸움을 싸워 나갔다. 이 기간에 사상계의 장준하, 안병욱 등의 끈질긴 요청을 거절하지 못하고 오랫동안 미루다가 함석헌은 결국 1956년 1월호부터 〈사상계〉에 글을 쓰기 시작하면서 사회활동을 시작하였다. '한국기독교는 무엇을 하고 있는가?'(30호 1956년 1월)를 비롯해서 1957년 3월 '할 말이 있다'에 이르기까지 6편의 글을 썼고 대담에 참여했다. 1957년 2월 10일에는 간디 기념행사를 가졌고 같은 해 3월에는 천안에서 씨알농장을 시작했다. 함석헌은 이때 사회와 역사 속으로 깊이 들어갔다.

이 시기에 유영모는 함석헌과는 대조적으로 더욱 깊이 자기 속으로 파고들었다. 1956년 12월 28일의 연경반 강의에서 다석은 《대학》을 풀이하면서 친민(親民)을 "씨알 어뵘"으로 풀이함으로써 씨알이라는 말을 쓰기 시작하였다. 함석헌은 유영모에게서 씨알이라는 말을 듣고 다음 해 3월에 천안에서 씨알농장을 시작하였다. 유영모는 1956년 12월 28일의 《대학》 강의에서 '앎'에서 멈춘 주희의 풀이에 만족하지 못함을 드러내면서 자기 성찰에 몰두했다. 그는 앎의 체득을 위한 깊은 자기성찰을 위해서 1957년 1월 한 달을 휴강하고 2월 1일에 '간디의 가르침: 진리파지(眞理把持)'에 대해서 강의를 했다. 다석은 1월 한 달을 쉬면서 '나'에 대한 생각에 몰두했으며, "특별한 감상(感想)"을 얻어서 그날 밤을 새우고 그 감상을 풀기 위해서 단식까지 했다. 이 강의 시간에 함석헌이 간디 기념행사를 준비하는 것에 대해서 걱정하는 말을 자주 하였다. 간디라는 과거의 한 인간을 기념하는 것은 의미가 없고, "간디의 살을 먹고 간디의 피를 마셔" 간디의 정신을 가지고 사는 것이 중요하다는 것이다. 다석은 단식하는 것도 자기의 살과 피를 먹고 마시는 일이라고 했다. 간디를 말했던 강의에서 다석은 '절대 하나'인 '허공'과 '나'에 생각을 집중하였다. "하나인 허공이 '나'를 차지할 것이고, 허공을 차지한 '나'가 될 것이다. 그러면 '나'의 아침은 분명히 온다." '허공'과 '나'가 하나로 되어야 새로운 나의 삶이 시작된다는 것이다. 이 강의를 끝내면서 나석은 '나'에 대해서 생각을 더 집중하기 위해서 2월 한 달 동안 강의를 쉬겠다고 하였다. 그렇게 한 달을 쉬고 나서 3월 1일에 행한 강의 제목이 '허공과 마음은 둘이 아니라 하나다'였다. 이 강의에서 다석은 자기 인생의 결론으로 '빈탕한데 맞혀놀이'를 제시하였다.[17]

다석이 1955년 4월 26일부터 1956년 4월 25일까지 죽기로 작정하고 죽음을 무릅쓰고 자기와의 싸움을 싸우는 기간에 함석헌은 사회적 발언을 시작한다. 함석헌이 강권에 못 이겨 수동적으로 집필을 시작했다고 해도 다석과 함석헌의 관심과 지향이 꼭 같지 않았음을 알 수 있다. 함석헌은 1953년 '흰손'과 '대선언'을 쓰면서 기독교 전통 교리에서 벗어나 자유로운 신앙선언을 하고 역사와 생명의 바닷속으로 들어왔다. 함석헌은 《성서적 입장에서 본 조선역사》에서부터 일관성 있게 역사와 삶에 대한 관심을 가져 왔다. 남한으로 내려온 후 성경공부 모임과 강연을 통해서 활발하게 대중과의 만남과 소통을 이어 왔다.

이에 반해 다석은 대중과의 소통보다는 자기 내면의 성찰에 힘쓰고 독창적이고 새로운 생각을 만들어 내는 데 집중했다. 그의 말은 너무 어려워 대중과의 소통이 쉽지 않았다. 1957년 2월 1일의 강의에 7명이나 나왔다고 말한 것으로 보아 청중이 적었던 것을 알 수 있다. 김흥호의 증언에 따르면 어떤 날은 아무도 나오지 않아서 다석이 홀로 나왔다가 돌아간 날도 있었다.[18]

함석헌이 사회와 역사 속으로 들어가는 그 시기에 다석은 더욱 '나'와 '하나'인 '절대 허공'에 생각을 집중하고 깊이 파고 들어갔다. 따라서 이 시기 이후 다석은 1955년에 〈새벽〉 7월 호에 '제소리'를 썼을 뿐 공개적인 지면에 일체 글을 쓰지 않았고 더욱 은둔하게 되고 함석헌은 사회와 역사의 중심으로 더욱 파고 들어갔다. 1963년 대광고등학교에서 함석헌이 군사정권에 반대하는 강연회를 할 때 다석이 자리를 함께

한 것으로 보아서 이 때까지 둘 사이에 인간적인 관계가 잘 유지되었음을 알 수 있다.

다석과 함석헌의 사상에서 경향적 차이를 확인할 수 있지만 그 차이가 과장되어서는 안 된다. 다석이 정신을 깊이 파고들었지만 한글, 민족과 나라(등걸나라)에 대한 관심이 없다고 할 수 없듯이, 함석헌이 사회와 역사 속으로 들어갔지만 형이상학적이고 종교적인 깊이가 없다고 할 수 없다. 둘 다 내면과 종교의 형이상학적 깊이와 관심뿐 아니라 삶과 역사에 대한 관심을 가지고 있었다. 다만 다석은 내적 깊이와 철학적인 성찰에 집중했고 함석헌은 사회와 역사 속에서 종교와 철학의 깊이를 가지고 활달하게 생각을 펼쳤다.

다석은 우리말과 글에 대한 탐구와 동양경전에 대한 연구, '나'에 대한 탐구를 통해 '나' 철학의 형성에 몰입했지만, 함석헌은 안창호, 이승훈, 조만식을 이어서 역사와 사회 속에서 '나 철학'을 실천하고 펼치려하였다. 유영모와 함석헌의 사상은 경향의 차이를 보이지만 뗄 수 없이 결합되어 있다. 유영모의 철학이 뿌리라면 함석헌의 철학은 가지와 꽃과 열매라고 할 수 있다.

4) 유영모의 두 벽: 함석헌과 이승훈

다석은 오산학교에서 남강 이승훈을 스승으로 함석헌을 제자로 사귀었다. 흔히 다석이 이승훈을 기독교로 개종시킨 것으로 알려졌는데 이것은 사실이 아니다. 다석이 오산학교에서 처음으로 가르치기 시작했던 1910년 이전에 이승훈은 이미 기독교인이었다는 것이 역사적 사실로 확인된다. 1909년 1월 31일에 순종 임금이 평안북도 정주에 왔을 때 기독교 신자로서 신교육에 열심인 이승훈을 만났다는 통감부 기밀보고서의 역사적 기록이 남아 있다. 1919년 삼일운동 후에 법원에서 받은 신문조서에서 11년 전에 기독교인이 되었다고 말하는 것으로 보아 이 승훈은 1908년에는 기독교인이 된 것으로 추정된다.[19]

기독교 대표로서 3.1운동을 주도한 이승훈과 해방 후 민주화운동을 주도한 함석헌 사이에 유영모가 있다. 유영모는 1921년에 오산학교 교장으로 1년 동안 가르쳤는데 이때 학생이었던 함석헌을 만났다. 그 후 유영모와 함석헌은 스승과 제자로서 긴밀한 관계를 유지했다. 유영모는 이승훈과 함석헌이 자신의 삶과 정신의 두 벽이라고 말할 만큼 이승훈과 함석헌을 가까이 깊이 느꼈다. "서(西)에 함옹이 있으면 동(東)에 남강 선생이 있어 커다란 벽 둘레 안에 내가 있다고 믿었다오."[20] 유영모가 '함석헌'과 '이승훈'이 자신의 삶과 정신을 둘러싸고 지켜 주는 벽이라고 한 것은 세 사람 사이에 끊을 수 없는 삶과 정신의 결속이 있음을 말한 것이다.

함석헌도 자신의 삶과 정신과 사상의 스승으로서 이승훈과 유영모를 인격적으로 가까이 깊이 느꼈다. 그에게 이승훈은 역사적 실천의 스승이고 유영모는 정신과 사상의 스승이었다. 이 세 사람이 이처럼 긴밀한 관계를 가지고 있으므로 다석의 삶과 사상은 이승훈, 함석헌과 함께 다석이 속했던 민족정신사의 맥락을 떠나서는 이해하기 어렵다. 유영모의 삶과 사상은 함석헌과 이승훈의 관계 속에서 이해되어야 한다. 세 사람은 오산학교를 통해서 한국근현대사의 중심과 결합되어 있다.

3. 다석 사상의 현대적 의미

1) 현대 사상과 다석 사상

현대 사상에 가장 큰 영향을 준 사상가는 카를 마르크스, 지크문트 프로이트, 프리드리히 니체다. 이들의 사상이 현대 사상의 정신과 풍토를 형성했다. 이들에 비추어 보면 유영모의 정신과 사상이 지닌 의미와 성격을 가늠할 수 있다.

마르크스는 유물사관에 기초해서 물질적 생산력을 강조하고 노동계급의 해방 투쟁과 노동에 기초한 평등사회를 추구했다. 유영모도 노동을 강조하고 민주적 평등을 강조했다. 그러나 유영모는 계급투쟁이 아니라 "스스로 십자가를 지는" 자발적 헌신성(사랑)을 내세우고 물질적 생산력보다는 생각과 영성을 강조했다. 그에게 자유와 공평의 대동세계는 투쟁을 통해서 쟁취되는 게 아니라 씨올들이 스스로 일어서서 '하나의 세계'로 돌아감으로 이루어진다. 자기부정과 영성적 일치를 추구한 유영모가 자기부정과 천인합일의 동양적 전통에 서 있다면, 마르크스는 투쟁적인 집단적 자아실현을 추구했다는 점에서 서구사상의 전통에 서 있다.

프로이트는 인간이성이 주도하는 의식보다 욕구가 주도하는 무의식이 인간의 존재와 행동을 규정한다고 말했다. 그는 무의식에서 리비도(육욕)가 인간의 의식을 지배한다고 봄으로써 인간 내면의 심층적 차원을 드러내고 성의 해방을 가져왔다. 유영모도 의식보다 무의식, 밝음보다 어두움이 인간의 본성을 드러내고 규정한다고 보고, 인간의 내면세계를 깊이 파고들어 내면의 심층세계를 탐구하고 드러냈다는 점에서 프로이트와 통한다. 다석도 식욕과 육욕이 강력한 힘이라는 것을 인정한다. 그러나 유영모는 식색(食色)을 끊고 육욕에서 자유로워져서 육신과 물질의 세계를 초월한 정신과 영성의 세계를 추구했다는 점에서 프로이트에 정면 도전했다. 다석은 인간의 식욕과 색욕이 인간의 자연스러운 본성을 거스르고 있다고 보고 인간의 본성을 회복하려 하였다.

니체는 서구의 이성적 도덕적 사유와 기독교 인생관에 맞서 "신은 죽었다"고 선언하고 선과 악의 피안에서 원초적 생명력을 긍정하며 원초적 생명의지에 따라 아무 속박이나 매임 없이 살 것을 추구했다. 신이 죽었다는 것은 밖에서 '나'를 규제하고 지배할 존재가 없어졌다는 뜻이고 이성과 도덕의 규정과 질서를 거부한 것은 하늘과 땅, 동서남북의 좌표와 규정을 폐지하고 '나' 중심으로 돌아온 것이다. 모든 것의 중심에 '내'가 있다. '나'를 규제할 것은 없다. 지금 여기의 나가 중심이고 주체이다. 니체는 원초적 생명의 힘을 추구했다.

유영모도 근원적 생명기운(元氣)에로 돌아가려 하고 살고 죽고, 선하고 악하고, 높고 낮고의 규정과 차이를 넘어서서, 있는 것은 '이제, 여기'의 '나'뿐이라고 한 것은 니체의 생각과 상통한다. 하나님을 '없이 계신 님'이라 하고 공(空)에서 하나님의 마음과 존재를 보고, '나'를 중심에 놓은 것도 니체와 일맥상통한다. 그러나 본능적 생명력을 넘어서 육욕의 부정과 자기부정을 통해 하나님과 일치하고, 타자를 섬기는 사랑을 강조한 것은 니체와 다르다. 타자와의 화해와 일치, 서로 살리고 돌보는 생태학적 원리를 추구한 유영모는 원초적 본능적 생명력, 신화적 힘을 추구한 니체와는 다르다. 니체의 생명철학은 서구의 비윤리적 생명력, 정복자적이고 전투적인 생명력 사상을 잇고 있다. 자아와 타자(자연과 타인)의 갈등과 대립을 전제한 서구철학(니체)에서는 생명력에 대한 열광과 허무주의와 불안이 공존한다. 자연친화적이고 타자와의 공생을 추구한 동양 사상(유영모)에서는 허무와 불안이 나타나지 않는다.

2) 다석 사상의 현대적 의미와 성격

유영모 사상은 물질과 정신, 이성과 영, 유와 무, 주인과 노예의 이원론적 경향을 지닌 기존의 서구사상에 대한 대안적 사상이다. 유영모는 '없음'과 '빔', '나'와 '하나'의 세계를 추구한다. 그가 추구한 세계는 물질과 이성의 빛이 들어갈 수 없는 어둠의 세계, 인식론적 모름의 세계이다. 빛과 존재에 집착하는 철학은 생명과 존재의 깊이, 없음과 빔, 하나의 세계를 말할 수 없다. 유영모의 사유의 중심에는 없음과 빔, '하나'(님)이 있다. 그것은 살고 죽고, 잘하고 못하고, 높고 낮고를 넘어서 그 가운데 열리는 새로운 차원의 세계, 공존과 상생의 세계이다.

또한 유영모 사상은 모든 것을 뭉뚱그려 하나로 통합하는 동양의 일원론적 합일사상을 넘어서 개성적 주체성과 전일적 전체성을 함께 강조하며, 우주와 인간을 역동적인 변화와 운동 속에서 파악하고, 모순과 갈등 속에서 끊임없는 진화와 완성을 추구한다. 다음과 같이 정리할 수 있다.

첫째, 타자와의 공생과 상생을 이루는 생태학적 사고이다. 서구철학에서 '나', '너'는 타자, 만물과 구별된 개체적 실체이다. 실존적 자아도 만물과 구별되는 독립된 존재다. '나'는 바깥세계, 타자와 긴장과 갈등 속에 있다. 다석은 '나'에 집중하지만 '나'는 자연과 타인과 하나님에 대해서 무한히 열리고 뚫려 있다. 자연의 생명은 '나' 안에서 '나'와 함께 실현되고 완성된다. 말씀을 깨달은 인간의 '나'는 만물과 하나로 된 존재이면서 만물을 섬기는 존재다. '나'는 주체이면서 전체이다.

둘째, 깊은 영성의 사상이다. 다석의 생명사상은 햇볕과 물질의 빛에 기초한 생명력사상이 아니라 깊은 영성을 지닌 사상이다. 유영모는 몸과 숨을 강조하지만 낮보다 저녁, 빛보다 어둠을 존중한다. 이성과 물질에 기초한 태양숭배를 거부한다. 어둠이 빛보다 크고, 물(物)은 공(空)이라고 하면서, 생각으로 내 속의 속을 파고들어 어둠의 신령한 세계, 영원한 생명, 초월과 하나 됨에로 돌아간다.

셋째, 그는 속세의 기독교 선승이다. 해혼(解婚)하고 하루 한 끼 먹고 온종일 널빤지에 무릎 꿇고 앉아 생각에 몰두한 유영모는 기독교의 선승이다. 불립문자를 내세우며 생각을 끊고 절대의 사유 세계에 들어

가려 했던 산속의 선승들과 다르다. 유영모는 가정에서 민족사회 안에서 생각하고 명상했으며, 이성적·과학적 사유에 힘썼고 말과 개념을 닦아 냈다.

넷째, 결정론을 거부하고 미정론(未定論)을 내세웠다. 인생은 끝날 때까지 미정이다. 따라서 무슨 종교, 신조, 사상으로 평안을 얻지 못한다. "마음을 마음대로"함으로써 미정의 인생을 완결해 간다.[21] 다석의 사상은 닫힌 체계가 아니라 열린 구조이고 체계이다. 그의 사상은 초월의 세계와 타자를 향해서 그리고 실천을 위해 열려 있다.

"마음을 마음대로"는 말 그대로 모든 매임과 집착에서 벗어나 마음의 자유를 얻고 마음이 주체적으로 스스로 하는 경지를 뜻한다. 지금 이 순간의 삶을 내가 어떻게 사느냐에 내 삶이 달려 있다. 몸을 강조하고 결정론을 거부하고 지금 이 순간에서의 삶에 집중한 것은 몸의 느낌을 존중하고 삶의 우발성을 강조한 서구철학의 포스트모더니즘과 통한다. 그러나 다석이 의지적인 면을 강조하고 초월적 영성의 세계를 말하는 것은 포스트모더니즘과 다르다.

다섯째, 체험적 종교일원론이다. 모든 종교가 하나로 통한다고 보았다. 그의 종교일원론은 종교다원론을 전제하면서 종교들의 근원적 일치와 소통을 말한다. 존 힉이 종교다원론을 주장한 것보다 70여년 앞서 종교일원적 신앙을 펼쳤다. 그의 종교일원론은 머리에서 이론적으로 제시된 게 아니라 삶과 정신 속에서 체험적으로 나온 것이다. 기독교 신앙의 깊은 자리에서 다른 종교들과 두루 통하는 것을 깨달았다. 머릿속에서 이론으로 만들어진 종교다원주의가 아니라 몸과 마음과 혼으로 체득한 종교일원사상이므로 살아 있고 구체적이다.

오늘과 내일의 삶을 위한 유영모 사상의 의미를 아래와 같이 정리할 수 있다.

첫째, 기독교 신앙과 동양 종교의 창조적 만남을 이루고 하나로 꿰뚫었다. 동서 사상과 종교와 정신의 회통과 통전은 지구화시대에 인류의 평화를 위한 초석이 될 수 있다.

둘째, 앞으로 전개될 풀뿌리 민주시대와 서비스 중심의 사회를 위한 철학적 지침과 안내를 줄 수 있다. '나'를 하나님의 자녀로서 우주와 역사의 중심에 세우면서도 '나'와의 싸움을 통해 '나'를 이김으로써 자유와 평등의 대동정의를 지향했던 다석의 사상은 민주와 섬김의 철학으로 높게 평가되어야 한다.[22]

셋째, 산업기술과 정보통신의 혁명으로 촉진된 감각적인 물질문명 속에서 인간의 정신은 고갈되고 파괴된다. 자본과 시장경제를 중심으로 추진되는 세계화 속에서 사회는 양극화되고 자연생태계와 공동체는 파괴된다. 정신이 황폐화하고 공동체와 생태계가 파괴되는 현실 속에서 깊은 영성을 탐구하고 상생과 공존의 길을 여는 데 다석 사상이 기여할 수 있다.

—주(註)

1   《다석강의》, 310~313쪽 참조.
2   《다석강의》, 249~50, 296, 307쪽.
3   요한복음에서는 하나님으로부터 보냄을 받은 그리스도가 세상에서 구원을 이루고 다시 하나님이 계신 위(하늘)로 올라갔다는 생각이 분명하게 나온다. 그리고 믿는 사람들도 그리스도를 따라 위로 간다는 생각도 나타난다. 요한복음 14:1-4; 16:25-28 참조. 그러나 믿는 사람들은 당장 하늘로 올라가지 않고 세상에서 시련을 당하며 믿음으로 견뎌야 한다는 생각도 분명하게 나온다(요 17:15). 요한복음에는 믿는 사람들이 위로 올라가려는 노력을 보여 주지 않는다. 다석은 그리스도를 따라 하늘 길을 가는 것이 인생의 길이고 구원받는 길이라고 보았다. 《다석일지》(영인본) 上, 163~4쪽.
4   박영호 엮음, 《多夕 柳永模 어록》, 두레, 2002. 233쪽.
5   유영모, '하게 되게', 《다석일지》(영인본) 上, 809~810쪽.
6   김영일, 《丁若鏞의 上帝思想》, 경인문화사, 2003, 48~9쪽, 261쪽 이하.
7   송영배, '유교와 기독교의 충돌과 대화의 모색', 《교우론, 이십오인, 기인십편》, 서울대출판부, 2000, 507쪽.
8   마테오 리치, 《천주실의》, 송영배 외 옮김, 서울대학교 출판부, 2003, 73~4, 103, 192, 200쪽 이하, 221, 348쪽.
9   윤사순, 《韓國儒學思想論》, 열음사, 1986, 138쪽. 《丁若鏞의 上帝思想》, 83, 87쪽.
10 《丁若鏞의 上帝思想》, 96~7쪽.
11 丁若鏞, 《與猶堂全書》, 景仁文化史 影印刊 1982. II, 36/24a.
12 《丁若鏞의 上帝思想》, 236~240, 268쪽.
13 금장태, '茶山의 天槪念과 天人關係論', 《哲學》, 제25집, 1986, 48쪽.
14 《丁若鏞의 上帝思想》, 98, 233~8, 45쪽.
15 다산이 '탕론'(湯論)과 '원목'(原牧)에서 역성혁명을 옹호하고 민주주의의 원리와 가능성을 시사하지만, 민중이 정치와 역사의 주체임을 일반적으로 그리고 실천적으로 선언하는데 이르지는 못하였다. 다산이 새 시대를 예감하였지만 유교적 세계관과 조선왕조의 사회적 제약 속에서 새 시대에 참여하지는 못하였다. 정약용, 《다산논설집》, 박석무·정해염 편역, 현대실학사, 2001, 68~70, 345~6쪽.
16 박종홍은 퇴계와 율곡의 비문을 쓸 때는 "훌륭한 학자요 뛰어난 선비"라고 썼으나 수운에 대해서 쓸 때는 "거룩한 성인"이라며 지극한 감동과 숭모의 마음으로 썼다. 박종홍은 자유와 평등의 이념이 담긴 동학은 한민족의 독창적 사상이라고 높이 평가했다. 그러나 그는 동학의 정신과 이념을 발전시키지 못하고, 박정희 정권의 정치고문으로 국민교육헌장을 쓰고 말았다. 박종홍, 《한국사상사논고》, 서문당, 1977, 227쪽.
17 《다석강의》, 431~2, 445, 446쪽 이하, 458쪽 이하.
18 김흥호, '늙은 유영모 선생님', 《제소리: 다석 류영모 강의록》, 솔, 2001, 24쪽.
19 순종이 관서지방을 순행하던 중 1909년 1월 31일 평안북도 정주에 머물렀을 때 민심의 동향에 관한 일제 통감부 기밀 보고서 가운데 이승훈과 관련된 부분이다. "…… 定州 같은 어가가 머무는 곳(御駐輦場)에서는 수십명의 奉迎者를 朕[순종]이 얼굴을 볼 수 없다고 하여 명령을 내려 特志者로서 前高等官들 외에 특히 儒生長 盧德濟 耶蘇 信徒로서 신

교육 열심가인 李昇薰이라는 자에게 拜謁하게 하시고 교육 및 단체 노년 등에게 다대한 하사금을 내렸기 때문에 크게 인심을 자극했다." 김승태, '남강 이승훈의 신앙행적에 관한 몇 가지 문제', 한국기독교 역사학회 엮음, 《한국기독교와 역사》, 제17호, 한국기독교 역사연구소, 2002, 9~10쪽 참조.

20 유영모, '제자 함석헌을 말한다', 《올다이제스트》(1964년 12월 호), 《다석일지》(영인본) 上, 688쪽. 이승훈과 함석헌이 다석의 벽이라고 한 것은 이들이 다석의 정신세계를 지켜주고 다석이 의지하는 존재였음을 밝힌 것이다.

21 《다석일지》(영인본) 上, 809~12쪽.

22 '나'를 비우고 대동정의(大同正意)에 이르는 것을 강조한 《다석강의》, 35~7, 106~8, 132~3쪽 참조.

— 참고문헌

1. 유영모의 글

1) 단행본
柳永模,《多夕日誌》, (上·中·下, 영인본), 김흥호 편, 1982.
＿＿＿＿,《다석일지》, 홍익재 4권.
＿＿＿＿,《씨알의 말씀》, 홍익재, 1989.
＿＿＿＿,《다석강의》, 현암사, 2006.
＿＿＿＿,《다석 마지막 강의》, 두레, 2010.
＿＿＿＿,《다석 마지막 강의―육성으로 듣는 동서회통의 종교사상》, 박영호 풀이, 교양인,
2011.
＿＿＿＿,《다석 씨알강의: 1959~1961 강의록 45편》, 주규식(기록), 박영호(풀이), 교양인,
2015.
＿＿＿＿, 박영호 [공역해],《에세이 中庸: 마음 길 밝히는 지혜》, 星泉文化財團, 1994.
＿＿＿＿, 박영호 [공역해],《공자가 사랑한 하느님―다석 강의로 다시 읽는 중용 사상》, 교양
인, 2010.
＿＿＿＿, 박영호 엮음,《다석 유영모 어록: 다석이 남긴 참과 지혜의 말씀》, 두레, 2002.
＿＿＿＿, 박영호 엮음,《죽음에 생명을 절망에 희망을: 씨알의 메아리 多夕語錄》(다석어록),
홍익재, 1993.
＿＿＿＿,《다석 유영모 명상록》, 박영호 풀이 , 두레, 2001.

2) 잡지 기고문
'나의 一二三四', 〈靑春〉(최남선 발행) 2호.
'활발'(活潑), 〈靑春〉 6호
'농우'(農牛), 〈靑春〉 7호
'오늘', 〈靑春〉 14호
'무한대', 〈靑春〉 15호
'인격적 위대의 호표현 남강 南崗 이승훈 李承薰 先生님', 〈동명〉(최남선 발행)
'자고 새면', 〈동명〉
'결정함이 있으라', 〈성서조선〉 135호, 1933년
'고 삼성 김정식 선생님', 〈성서조선〉 (1937년 4월 15일)
'호암문일평 형이 먼저 가시는데', 〈성서조선〉(1939년 4월 5일)
'저녁찬송', 〈성서조선〉, 1939년
'기별 낙상유감', 〈성서조선〉 152호, 1941년
'소식', 〈성서조선〉 154호, 1941년
'소식 2', 〈성서조선〉 155호.
'려(欲)를 길러라', 〈성서조선〉 155호
'소식 3'(녹임의 깃븜), 〈성서조선〉 155호
'부르신지 38년 만에 믿음에 들어감', 〈성서조선〉 157호

'소식 4 우리가 뉘게로 가오리까', 〈성서조선〉 158호
'이것이 주의 기도요, 나의 소원이다', 〈성서조선〉 158호
'제소리', 〈새벽〉 7월 호, 1955년.
'제자 함석헌을 말한다'(구술), 〈올다이제스트〉 12월 호, 1964년.

2. 다석 사상 연구서

1) 단행본
김흥호 저, 《다석일지 공부》 1-7, 솔, 2001.
_____ 편, 《제소리: 다석 유영모 강의록》, 솔, 2001.
_____ 이정배[공]편, 《(다석 유영모의)동양 사상과 신학: 동양적 기독교 이해》, 솔, 2002.
박영호 저, 《진리의 사람 다석 유영모》(上·下), 두레, 2001.
_____, 《씨올》, 홍익재, 1985.
_____, 《莊子: 자유에 이르는 길, 다석 유영모의 사상과 함께 읽는 莊子》, 두레, 1998.
_____ 역해, 《다석 유영모 명상록: 진리와 참 나》, 두레, 2000.
_____, 《다석 유영모—우리 말과 글로 철학한 큰 사상가》, 두레, 2009.
_____, 《공자가 사랑한 하느님—다석강의로 다시 읽는 중용사상》, 교양인, 2010.
_____, 《다석 전기—류영모와 그의 시대》, 교양인, 2012.
김흡영 저, 《가온찍기: 다석 유영모의 글로벌 한국신학서설》, 동연, 2013.
박재순 저, 《다석 유영모의 철학과 사상》, 한울, 2013.
_____, 《씨올사상》, 나녹, 2010.
_____, 《다석 유영모—가난 공동체 생명으로 배우다》, 제정구 기념사업회, 2011.
박경미 외 지음, 《서구 기독교의 주체적 수용: 유영모, 김교신, 함석헌을 중심으로》, 이화여
자대학교출판부, 2006.
씨올사상연구소 편, 《모색: 씨올철학과 공공철학의 대화》, 나녹, 2010.
씨올사상연구소 편, 《유영모·함석헌의 철학: 생각하는 백성이라야 산다》, 나녹, 2010.
오산창립100주년기념사업회, 《유영모 선생과 함석헌 선생의 생명사상 재조명: 제2회 학술세
미나》, 오산창립100주년기념사업회, 2005.
오정숙, 《다석 유영모의 한국적 기독교》, 미스바, 2005.
이기상, 《(다석과 함께 여는)우리말 철학》, 지식산업사, 2003.
이정배, 《없이 계신 하느님, 덜 없는 인간—다석 신학의 얼과 틀 그리고 쓰임》, 모시는 사람
들, 2009.
이정배, 《빈탕한데 맞혀놀이: 多夕으로 세상을 읽다》, 동연, 2011.
정양모, 《나는 다석을 이렇게 본다》, 두레, 2010.
정양모 외, 《하루를 일생처럼》, 두레, 2011.

2) 학술지
유영모, '제 소리', 〈새벽〉(1955. 7.), 새벽사.
김영건 評, '이 땅에서 '제소리'를 낸다는 것?:《제소리》(김흥호 編) 書評', 〈서평문화〉 44집,
2001.
김흥호, '동양적으로 이해한 다석 유영모의 기독관', 〈詩文學〉 299, 1996.
김정호, '다석 선생의 '하나'에 대하여', 〈詩文學〉 299, 1996.

빅규홍, '多夕 柳永模의 時調研究', 〈時調學論叢〉 22집, 2005.

_____, '다석 유영모 시조의 특질', 〈時調學論叢〉 23집, 2006.

박명우, '우리말로 학문한 사람: 다석 유영모', 〈사이〉 제1호, 지식산업사.

박영호, '多夕 柳永模 思想은 혼합신앙인가', 〈詩文學〉 299, 1996.

윤석빈, '다석 유영모와 마르틴 부버의 관점에서 본 사이존재로서의 인간', 〈東西哲學硏究〉, 한국동서철학연구회논문집, 38호, 2005.

李基相, '"태양을 꺼라!" 존재 중심의 사유로부터의 해방, 다석 사상의 철학사적 의미', 〈인문학연구〉 4, 1999. 한국외국어대학교외국학종합연구센터 인문과학연구소.

_____, '다석 유영모에게서의 텅 빔과 성스러움', 〈철학과현상학연구〉 16집, 2001.

_____, '존재에서 성스러움에로! 21세기를 위한 대안적 사상모색: 하이데거의 철학과 유영모 사상 에 대한 비교 연구', 〈해석학연구〉 8집, 2001.

_____, '多夕 유영모의 인간론, 사이를 나누는 살림지기', 〈씨알의소리〉 174호, 2003.

이영호, '다석 유영모의 생애와 사상: '바른소리치김(정음교)'', 〈현대종교〉 361호, 2004.

정양모, '다석 유영모의 신앙', 〈종교신학연구〉 6집, 1993.

최인식, '다석 유영모의 영과 몸의 신학: 《다석어록》을 중심으로', 〈神學과宣敎〉 30집, 2004.

3. 다석 사상연구 관련도서

김경재, '씨올사상의 신학적 조명', 咸錫憲先生 追慕文集, 50쪽.

김기석, 南岡 李承薰 한국학술정보(주), 2005.

김영일, 《丁若鏞의 上帝思想》, 경인문화사, 2003.

김용준, 《내가 본 함석헌》, 아카넷, 2006.

디트리히 본회퍼, 《윤리》, 손규태 역, 대한기독교서회, 1974.

디트리히 본회퍼, 《창조, 타락, 유혹》, 문희석 역, 대한기독교서회, 1976.

마테오 리치, 《천주실의》, 송영배 외 옮김, 서울대학교출판부, 2003.

무심 편집, 《온 세상은 한 송이 꽃─숭산 선사 공안집》, 현암사, 2001.

박선균, 《1970년대 수난과 저항지 씨올소리 이야기》, 도서출판 선, 2005.

박선주, 《고인류학》(대우학술총서 논저 445), 아르케, 1999.

박재순, '한국적 생명 이해와 생명신학의 모색', 〈사이─우리말로 학문하기 모임〉 통권 3호 (2003년 가을), 지식산업사, 2003.

박재순, '한국적 생명 이해와 생명신학의 모색', 〈사이─우리말로 학문하기 모임〉 통권 3호 (2003년 가을), 지식산업사, 2003.

박종홍, 《한국사상사논고》, 서문당, 1977.

박종홍, '한국사상연구에 관한 서론적인 구상', 《박종홍 전집》 4권, 형설출판사, 1980.

송영배, '유교와 기독교의 충돌과 대화의 모색', 《교우론, 이십오언, 기인십편》, 서울대출판부, 2000.

숭산문도회 엮음, 《世界一花─가는 곳마다 큰 스님의 웃음》 불교춘추사, 2001.

숭산문도회 엮음, 《世界一花 2─큰 스님과의 대화》, 불교춘추사, 2001.

숭산문도회 엮음, 《世界一花─산은 푸르고 물은 흘러간다》, 불교춘추사, 2001.

에드워드 윌슨, 《통섭》, 최재천·장대익 옮김, 사이언스북스, 2005.

《역해종경(譯解倧經) 4부 합편》, 대종교출판사, 개천 4456(1999).

우실하, 《전통문화의 구성원리》, 소나무, 1998.

유병덕 편저, 《한국민중종교사상론》, 시인사, 1985.

이동환 역해, 《중용》, 현암사, 2008.

이상은 역주, 《正本新譯版 四書五經: 大學中庸》1, 삼성문화사, 1993.

이정호, 《訓民正音의 構造原理—그 易學的 硏究》, 아세아문화사 1990.

이정호, 《원문대조 국역주해 정역》, 아세아문화사, 1996.

이정호, 《원문대조 국역주해 정역》, 아세아문화사, 1996.

이준모, 《밀알의 노동과 共進化의 敎育》, 한국신학연구소, 1994.

임승국 번역 주해, 《한단고기》, 정신세계사, 1998.

조지 나이트, 《나는 나다: 이것이 나의 이름이다》, 최성일 편역, 한신대학교 출판부, 2003.

최남선, '불함문화론', 〈신동아〉 (1972년 1월)

최동환 해설, 《천부경》, 지혜의나무, 2003.

〈함석헌 전집〉 1~20, 한길사, 1983.

한국기독교 역사학회 엮음, 〈한국기독교와 역사〉 제17호, 한국 기독교 역사 연구소, 2002.

한신대학교 학술원 신학연구소 엮음, 《한국개신교가 한국근현대의 사회·문화적 변동에 끼친 영향 연구》, 한국신학연구소, 2005.

함석헌, '씨올', 〈함석헌 전집〉 14, 한길사, 1985.

함석헌, '우리 민족의 理想', 《뜻으로 본 한국역사》 함석헌 전집 1권, 한길사, 1983.

함석헌, '상식적인 믿음', 〈함석헌 전집〉 5권, 한길사, 1984.

함석헌, '씨올', 〈함석헌 전집〉 14권, 한길사, 1985.

홍성호, '홍성호 기자의 '말짱·글짱': 잃어버린 말 '하제'", 〈한국경제〉(2011년 4월 22일).

S.P. 램프레히트, 《서양 철학사》, 김태길 외 옮김, 을유문화사, 1980.

Dietrich Bonhoeffer, *Widerstand und Ergebung*, München: Chr. Kaiser Verlag, 1970.

Dietrich Bonhoeffer, *Nachfolge*. 〈DBW〉 vol. 4, Chr. Kaiser Verlag, 1989.

Dietrich Bonhoeffer, *Ethik*, Chr. Kaiser Verlag, 1975.

Elizabeth Schüssler Fiorenza, *In Memory of Her: A Feminist Theological Reconstruction of Christian Origins*, New York: Crossroad, 1984.

G. Christopher Stead, "Logos", *Theologische Realenzyklopädie Band XXI*, Walter de Grueyter · Berlin · New York, 1991.

Karl Barth, *Kirchliche Dogmatik*, II/1. Evangelisher Verlag, 1948.

Leo Strauss, "An Introduction to Heideggerian Existentialism", 27-46 in *The Rebirth of Classical Political Rationalism*, ed. Thomas L. Pangle (Chicago: U of Chicago P, 1989)

Martin Luther, "The Bondage of The Will", in *Martin Luther's Basic Theological Writings*, ed. by Timothy F. Lull, Fortress Press, 1989.

René Descartes, *Discourse on Method*, tr. by Laurence J. Lafleur Indianapolis, 1956.

다석 유영모

The Life and Thought of Daseok Yu Youngmo

지은이 박재순
펴낸곳 주식회사 홍성사
펴낸이 정애주
국효숙 김경석 김의연 김준표 박혜란 오민택
오형탁 임영주 주예경 차길환 허은

2017. 3. 13. 초판 발행 2021. 3. 31. 2쇄 발행

등록번호 제1-499호 1977. 8. 1.
주소 (04084) 서울시 마포구 양화진4길 3 전화 02) 333-5161 팩스 02) 333-5165
홈페이지 hongsungsa.com 이메일 hsbooks@hongsungsa.com 페이스북 facebook.com/hongsungsa
양화진책방 02) 333-5161

ISBN 978-89-365-0344-4 (03100)